संचार भाषा हिन्दी

संचार भाषा हिन्दी

प्रो. सूर्यप्रसाद दीक्षित

पूर्व विभागाध्यक्ष : हिन्दी तथा पत्रकारिता
लखनऊ विश्वविद्यालय

लोकभारती प्रकाशन

पहली मंजिल, दरबारी बिल्डिंग, महात्मा गाँधी मार्ग, इलाहाबाद-1

लोकभारती प्रकाशन
पहली मंजिल, दरबारी बिल्डिंग, महात्मा गाँधी मार्ग
इलाहाबाद-211 001

वेबसाइट : www.lokbhartiprakashan.com
ईमेल : info@lokbhartiprakashan.com

शाखाएँ : 1-बी, नेताजी सुभाष मार्ग, दरियागंज
नई दिल्ली-110 002
अशोक राजपथ, साइंस कॉलेज के सामने
पटना-800 006 (बिहार)

प्रथम संस्करण : 2012

मूल्य : ₹ 350

इण्डियन प्रेस प्राइवेट लिमिटेड
इलाहाबाद-211002 द्वारा मुद्रित

SANCHAR BHASHA HINDI
by Surya Prasad Dikshit

ISBN : 978-81-8031-708-8

प्रथमतः

इधर यह अनुभव किया जा रहा है कि पत्रकारिता प्रशिक्षण का मूलाधार तथा मूलध्येय है—संचार भाषा का प्रशिक्षण। शेष कार्य, जैसे-समाचार संकलन, पृष्ठ विन्यास, विज्ञापन-संचय आदि प्रायः यान्त्रिक हो गये हैं। इन्हें कम्प्यूटर द्वारा किया जाने लगा है। असली पत्रकारिता है—'स्टोरी के लिए सर्वोत्तम शब्दावली का चयन, उत्तमोत्तम शीर्षकीकरण, समाचार का सार्थक संक्षेपण अर्थात् सुसन्तुलित भाषा लेखन। उदाहरणार्थ यदि भारतीय टीम ने आस्ट्रेलिया पर विजय प्राप्त कर ली तो भारत विजयी या आस्ट्रेलिया पराजित की जगह शीर्षक दिया जाता है 'भारतीय शेरों ने कंगारुओं को रौंदा' अथवा धूल चटायी तो इसका कई गुना ज्यादा प्रभाव पाठक पर पड़ता है। यह भाषा-संवेदना का प्रश्न है, जिसके अन्तर्गत यह सिखाया-समझाया जा सकता है कि किस शब्द की और किस पदबन्ध की क्या, कैसी तथा कितनी तासीर है। यह भाषा-संवेदना देशकाल, आयुवर्ग, आयवर्ग, बौद्धिक स्तर, लिंगीय विभाजन, वर्ग विभाजन और श्रोता-दर्शक-पाठक की मनोवृत्तियों के अनुसार भिन्न-भिन्न प्रकार की होती है। दूसरी ओर इसके कुछ सर्वसामान्य लक्षण भी हैं। संचार भाषा प्रशिक्षण का तकाजा यह है कि हम शब्द-प्रति-शब्द की नजाकत, नफासत को समझें, शब्दमर्म को पकड़ें और अपने प्रयोजन के अनुकूल एक-एक प्रोक्ति को ऐसा रूप दें कि वह सर्वोत्तम क्रम से सर्वोत्तम (फिटेस्ट) उद्‌गार बन जाये।

इस पुस्तक-प्रणयन के पीछे यही अन्तःप्रेरणा रही है। इस दिशा में मुझे संचारकर्मियों ने प्रेरित किया। मैंने जब कुछ आलेख शोध-पत्रों में प्रकाशित कराये तो अनेक संचार विशेषज्ञों ने मेरी पीठ थपथपायी। अस्तु, इन सभी महानुभावों के प्रति आभार व्यक्त करता हुआ मैं मात्र इतना ही दावा (सविनय) कर सकता हूँ कि हिन्दी में इस विषय पर किया गया मेरा प्रयास एक प्राथमिक प्रस्थान है। आशा है कि इसके उत्तरोत्तर विकास के लिए अब संचारविद् और भाषाविद् संयुक्त रूप से सक्रिय होंगे। मेरा अनुमान है कि हिन्दी भाषा में संवेदन तत्त्व बहुत हैं। इसीलिए

हिन्दी फिल्मी गीतों, संवादों और विज्ञापनी नारों को सुनकर अर्थ पूरी तरह से समझे बिना भी दूर देशी, विभाषी तक झूमने लगते हैं। यह भाषा चूँकि डेढ़ हजार वर्षों से लगभग एक अरब लोगों द्वारा नित्य घोटी जा रही है, इसलिए होम्योपैथी दवा की तरह इसकी 'पुटेन्सी' बहुत बढ़ गयी है। इसे समझ लेना ही सबसे बड़ा भाषा-बोध होगा। संचार भाषा का अध्ययन करते हुए यही मेरा मूल मन्तव्य तथा ध्येय धर्म रहा है।

मैंने लखनऊ विश्वविद्यालय में लगभग एक दशक तक संचार भाषा का प्रशिक्षण देते हुए यह अनुभव किया कि एक अनुशासन के रूप में इस विषय का व्यवस्थित संज्ञान कराया जाना चाहिए। यह पुस्तक उसी सदिच्छा का सुफल है। इसके लेखन के लिए श्री दिनेश जी एवं श्री आमोद जी ने मुझे बहुशः प्रेरित किया है, तदर्थ उनके प्रति आभार-विशेष आभार उनके प्रति, जो इसे पढ़ेंगे और अपने सुझावों से मुझे अनुगृहीत करेंगे।

साभिवादन—

पत्रकारिता दिवस-2011 —**प्रो. सूर्यप्रसाद दीक्षित**

'साहित्यिकी'
डी-54 निराला नगर,
लखनऊ-226020

अन्तर्वस्तु

संचार और जनसंचार

यह शब्द चर् के पूर्व सम् उपसर्ग के योग से बना है, जिसका अर्थ है सम्यक् (सही) ढंग से बढ़ना, फैलना, चलना अर्थात् विधिवत् प्रचारित-प्रसारित होना। यह संचार दो तरह से होता है। प्रथम, आभ्यान्तरिक यानी अन्तःकरण से सम्बन्धित और द्वितीय बाह्यान्तरिक। इसे वैयक्तिक एवं अन्तर्वैयक्तिक (इण्टर पर्सनल-इण्ट्रापर्सनल) वर्गों में भी विभाजित किया गया है। संचार का एक घटक होता है जन (मास) और दूसरा समूह विशेष (ग्रूप)।

इसके चार मुख्य तत्त्व माने जाते हैं—1. श्रोता 2. प्रभाव 3. माध्यम 4. सन्देश। इसकी कार्य-प्रक्रिया रूप, रस, गन्ध, स्पर्श, शब्द इन पाँच ऐन्द्रिय संवेदनों द्वारा सम्पन्न होती है। संचार के भिन्न-भिन्न प्रकार हैं, जो वर्ग, वय, गति, मुद्रा, लिंग और परिवेश के अनुसार चरितार्थ होते रहते हैं।

संचार के अनेक चरण होते हैं। इसके कई पक्ष-प्रतिपक्ष भी हैं, जैसे—सम्प्रेषक, मार्ग या प्रक्रिया, माध्यम, संचार वाहक (ओपीनियन लीडर) लक्ष्यभूत वर्ग (श्रोता, दर्शक, पाठक) प्रति पुष्टि पुनःप्रेषक, बाधा आदि।

जनसंचार की इस प्रस्तुति के प्रमुख सोपान हैं—1. संकलन (रिपोर्टिंग) 2. लेखन (रूपाकार) 3. श्रव्य दृश्य रूपान्तरण 4. सम्पादन 5. प्रकाशन अथवा प्रस्तुतीकरण।

संचार के उपादानों में सबसे मुख्य है भाषा। इसकी सृष्टि ध्वनि से मानी जाती है। यादृच्छिक प्रतीकों की सार्थक ध्वनि समष्टि को भाषा कहा जाता है। भाषा का जन्म भारतीय मिथकों के अनुसार नटराज शिव के डमरूनाद से हुई है। उसे महर्षि पाणिनि ने व्याकरणबद्ध किया। कई भाषाविदों-यास्क, कात्यायन, पतंजलि, भर्तृहरि, हेमचन्द्र आदि ने उसे सुगठित किया और विश्वस्तर के अनेक भाषा-वैज्ञानिकों ने उसे विश्लेषित किया, जैसे—बूमफील्ड, कैलाग, चान्स्की, टर्नर, देरीदा आदि। इनके अनुसार भाषा मुख्यतः प्राकृतिक ध्वनियों के अनुकरण से निर्मित हुई है। यह निर्माण-प्रक्रिया निरायास भी चलती है और सायास-सचेतन भी।

कुछ शब्द तथा पदबन्ध स्वतः निर्मित होते रहते हैं और कुछ सोद्देश्य बनादे भी जाते हैं, जैसे-पा।रभाषिक पदावली एवं कूटपद। दोनों प्रकार की पद्धतियों का उपयोग करके एक मिश्रित प्रणाली स्थापित हो जाती है, जो उच्चरित, लिखित तत्सम, तद्भव, देशज तथा आयातित शब्द भण्डार की वृद्धि करती जाती है।

विद्वानों ने संचार भाषा की तीन स्थूल भेद किये हैं— 1. लिखित 2. मौखिक 3. देहभाषा, जो प्रतीकों या चिह्नों के सहारे चलती है। गौण रूपों में चित्रभाषा, मूकबधिरों की भाषा, कूट भाषा, ब्रेल लिपि, मिथकीय भाषा, मशीनी भाषा आदि का नामोल्लेख भी किया जा सकता है।

सम्प्रति मुख्य संचार-सिद्धान्तों में लगभग एक दर्जन प्रभेद विचारणीय हैं, यथा-

1. शारीरिक संकेत, आर. हिन्दे के अनुसार शरीर के 10 प्रत्यंगों के कायिक संकेत कुछ विशिष्ट मन्तव्यों को इंगित करते हैं, जिनसे उसके भावों का संचार होता रहता है।

2. संवाद या वार्त्तालाप, जिसमें वक्ता, श्रोता और वार्त्ता की निश्चित भूमिका होती है।

3. लासवेल का सिद्धान्त, जिसमें प्रेषक, सन्देश, माध्यम, श्रोता और प्रभाव का विश्लेषण किया जाता है।

4. गवनर का सिद्धान्त, जिसमें अभिव्यक्ति ग्राह्यता, प्रभावान्विति, सामग्री की उपलब्धता और व्यवस्था-विश्लेषण को विशेष महत्त्व दिया गया है।

5. कार्ल डाइच का सिद्धान्त जिसके पक्ष हैं—एकीकरण, तथ्य, प्रवाह, भावी सूचना तथा मापन-सुविधा।

6. डेविस वलेन्स का सिद्धान्त-जिसके मुख्य अंग हैं—स्रोत, सन्देश, साधन और ग्राहक।

7. फ्रैंक और कुपू स्वामी के मत, जिनमें प्रायोजित संचार की प्रक्रिया बतायी गयी है।

मेरे मतानुसार उपर्युक्त वर्गीकरण में मात्र शब्दों का अन्तर है। इनसे भिन्न मेरे मुख्य विचार बिन्दु हैं—

(क) संचार-सम्प्रेषण शब्दातीत भी होता है

(ख) शब्द का घनिष्ठ सम्बन्ध कर्म से होता है। कर्म मौन होकर भी मुखर (मर्मस्पर्शी) हो जाता है और कर्मवंचित शब्द प्रोपेगण्डा बनकर रह जाता है।

(ग) प्रत्येक भाव स्वतः स्पन्दित होकर लक्ष्यभूत व्यक्ति तक पहुँच जाता है।

(घ) संचार की एक अपरिभाषेय प्रविधि भी है, जैसे—टेलीपैथी, योग, परा विद्या आदि।

प्राचीन काल से अद्यावधि संचार के साधन रहे हैं—शिलालेख, गुहा, टेराकोटा, भित्तिचित्र, स्तम्भ, स्मारक, दुर्ग, स्तूप, पूजास्थल, तीर्थ, गुरुकुल, पण्य, ललित कलाएँ, व्यापारी, नर्तक, गायक, वादक, कलाकार, ज्योतिषी, साधु-सन्त, गुप्तचर धावक, पत्रकार, प्रवाचक, कवि, लेखक, मीडिया कर्मी, प्रजा वर्ग, कुछ विशिष्ट पशु-पक्षी आदि। आज यह विद्या एक स्वतन्त्र अनुशासन के रूप में सुगठित हो गयी है। वस्तुतः वर्तमान विश्व का समस्त प्रशासन, जनसम्पर्क, सूचना, प्रसारण और विपणन मुख्यतः जनसंचार पर ही निर्भर है। अतएव इस दशक में द्रुत संचार के अनेक उपकरण विकसित हो गये हैं। अब तक जिसे पत्रकारिता कहते थे, वह भी अब जनसंचार रूप में परिणत हो गयी है।

•

भारत की प्राचीन-अर्वाचीन संचार-व्यवस्था

भारत संचार शक्ति का युगयुगीन केन्द्र रहा है। भारतीय पौराणिक कथाओं में नारद मुनि और संजय, इन दोनों को प्रमुख सामाचार वाहक मानक जा सकता है। नारद मुनि देवताओं एवं मनुष्यों के बीच सन्देश लाने-ले जाने का कार्य सम्पादित करते थे। नारदजी को एक प्रकार से समाज में पत्रकारीय सुरक्षा प्राप्त थी, अतः न्याय और सत्य के पक्ष में वे सत्य को तोड़-मरोड़कर भी प्रस्तुत कर देते थे।

महाभारत के संजय एक पौराणिक युद्ध संवाददाता के रूप में प्रसिद्ध हैं। उन्होंने महाभारत युद्ध का आँखों देखा वर्णन अन्धे कुरुराज धृतराष्ट्र को सुनाया था। इस कथा से इस प्रकार का आभास होता है कि उस काल में भी कुछ इलेक्ट्रानिक यन्त्र अथवा तन्त्र-मन्त्र संचार के लिए प्रयुक्त होते थे, जिनका फार्मूला कहीं खो गया है। सम्भव है, यह मात्र मिथ ही हो। उपर्युक्त मिथकीय कथाओं के अतिरिक्त भारतीय इतिहास में ऐसे अनेक दिग्गज हुए हैं, जिन्होंने संचार के क्षेत्र में अभूतपूर्व योगदान किया है। इनमें से सर्वप्रमुख थे-कौटिल्य (चन्द्रगुप्त मौर्य के प्रसिद्ध मन्त्री) जिन्होंने सूचना प्रसारण एवं गुप्तचरी की एक विशद व्यवस्था स्थापित की थी, जो तत्कालीन बड़े राजतन्त्रों के अनुकूल थी। उन्होंने सर्वप्रथम प्राचीन संचार तन्त्र का सूत्रपात किया। इसके पहले कुछ सूत्र पाणिनि ने दिये थे। पाणिनि व्याकरण में जनसंचार कर्मियों की छह श्रेणियाँ हैं—1. प्रवर्तक 2. कर्त्ता 3. निग्रहार्थ 4. उदासार्थ 5. बसीठ 6. आक्रान्तिक। इन सबके कर्त्तव्य-कर्म प्राचीन भारत में निर्धारित थे।

महामति चाणक्य (कौटिल्य) के अर्थशास्त्र में वर्णित है कि किस प्रकार समाचार वाहक गुप्तचरों के माध्यम से सूत्र संवाद एकत्र किया जाता था। इन गुप्तचरों की दो श्रेणियाँ थीं—1. चर 2. संचर। कौटिल्य ने इनके चार भेद किये है—1. प्रतिकर्ष 2. धावक 3. यौजनिक 4.यौजनसतिक। आचार्य कौटिल्य गुप्तचरी के लिए संन्यासियों, व्यापारियों, सेवकों, नर्तकों, गायकों, ज्योतिषियों आदि तक का उपयोग करते थे।

मौर्यकालीन राज्यों में प्रायः भाट, पुरोहित, मालिनें इत्यादि भी समाचार-वाहक नियुक्त होती थीं। हरकारे, दूत एवं सन्देशवाहक तो समाचार एव सन्देश लाने-ले जाने का कार्य करते ही थे। बाद में साँड़िया सवार, कबूतर, हंस, काग आदि पक्षी भी सन्देशवाहक के रूप में प्रयुक्त होने लगे। दन्त कथाओं में बादल, पवन, भ्रमर और सरिता का भी सन्देशवाहकों के रूप में वर्णन मिलता है। महाकवि कालिदास का काव्य 'मेघदूतम्' में मेघ को सन्देशवाहक के रूप में प्रस्तुत किया गया है। तात्पर्य यह कि जड़-चेतन सब संचारमय था।

इसी विकासक्रम में सम्राट अशोक के शासनकाल में जनसम्पर्क के लिए शिलालेखों का प्रयोग होने लगा था। अशोक ने जनता तक अपनी बात पहुँचाने के लिए तथा लोगों को धर्म, राजनय आदि विषयों से अवगत कराने के लिए शिलाओं तथा स्तम्भों पर कई धार्मिक तथा सामाजिक निर्देशों को उत्कीर्ण कराया था। उनके अनुसार जनसंचार के मुख्य चार स्रोत थे—1. उदास्थि 2. गृहपालिक 3. वदेहक 4. तापिस। अशोक के शिलालेख आज भी देश-विदेश में कई स्थलों पर विद्यमान हैं। कालान्तर में, इसी प्रकार के कुछ प्रयोग गुप्तकाल में दिखायी देते हैं। विक्रम बेताल की कथाएँ (बैताल पचीसी) इसकी साक्षी हैं। भारतीय लोकवार्त्ताएँ ऐसे गुप्त, किन्तु अन्तर्वैयक्तिक जनसम्पर्क से ओत-प्रोत हैं।

आधुनिक भारत में मुगल साम्राज्य की स्थापना के बाद समाचार साधनों के क्षेत्र में नये युग का आरम्भ हुआ। आज जिसे हम 'प्रेस' कहते हैं, उसका स्वरूप इसी समय में बनना शुरू हुआ था। मुगलों ने संचार सेवाओं के लिए कई सूचनाधिकारियों की नियुक्ति की थी। इस काल के संवाद लेखकों को 'वाकिया नवीस' कहा जाता था। ये 'वाकिया नवीस' विशेष घटनाओं के समाचार संगृहीत करके समाचार-पुस्तिकाओं में लिखते थे, जो सरकार के सभी केन्द्रों पर उपलब्ध रहती थीं। इसी प्रकार गुप्तचर व्यवस्था के अन्तर्गत समाचार भेजनेवालों को 'खुफिया नवीस' कहते थे। उन दिनों समाचार संकलित और प्रेषित करनेवाले हरकारे द्वारा भेजा करते थे। प्राप्त प्रमाणों के अनुसार बहादुरशाह के शासनकाल में हस्तलिखित सिराज उल अखबार निकलता था। उसके दरबार के कुछ अमीर उमरा भी हस्तलिखित अखबार निकालते थे जो 'अखबार नवीस' कहलाते थे।

इधर यह भी संकेत मिला है कि अलाउद्दीन खिलजी ने 1296 ए.डी. में घुड़सवार धावकों (हरकारों) की व्यवस्था की थी, जो अपने-अपने आबण्टित क्षेत्र में पीठ पर गट्ठर लादकर सूचनाएँ पहुँचाते रहते थे। दूसरा प्रयोग सिकन्दर लोदी (1488-1518) में किया था, सेना की ओर से अलग-अलग स्थानों पर 'फरमानों' की नियुक्ति करके। इसी क्रम में चंगेज खाँ का विरोध करते हुए बाबर

ने आगरा से काबुल के बीच घुड़सवार सन्देशवाहक रखे। इस दिशा में सर्वाधिक विशिष्ट व्यवस्था की शेरशाह सूरी ने। उसने अपने पचवर्षीय शासनकाल में सिन्ध से ढाका तक लगभग दो हजार कि.मी. की जी. टी. रोड बनवाकर स्थान-स्थान पर 1700 'सराय' बनवाकर, तीव्र गतिवाले साँड़िया सवारों, घुड़सवार डाकियों और खबरदारों का जाल फैलाकर।

मराठाराज्य विशेषतः शिवाजी के शासनकाल में भी इसी प्रकार की संचार-व्यवस्था के कुछ साक्ष्य प्राप्त हुए हैं, जिससे देशी-विदेशी संचार की प्रतिस्पर्द्धा के संकेत मिलते है। मुगलकालीन भारत में दैनिक 'न्यूज शीट्स' के निकाले जाने के प्रमाण भी मिलते हैं। सम्प्रति वे लन्दन की रायल एशियाटिक सोसाइटी में संगृहीत हैं।

प्राप्त प्रमाणों के आधार पर यह कहा जा सकता है कि भारत के पुर्तगाली मिशनरियों ने सन् 1550 में पहला प्रिंटिंग प्रेस स्थापित किया था। इस प्रेस का मुख्यतः उपयोग ईसाई धर्म की पुस्तकें छापने के लिए किया जाता था। यह उल्लेखनीय है कि भारत में छापाखानों के बावजूद मुद्रित समाचार-पत्रों का सूत्रपात विलम्ब से हुआ, क्योंकि सत्तारूढ़ अंग्रेज सरकार समाचार-पत्रों के प्रति शंकालु थी। वह किसी भी तरह की आलोचना नहीं सह सकती थी, फिर भी इंग्लैण्ड से प्रेरणा लेकर भारत में देर-सबेर पत्रकारिता प्रारम्भ हो ही गयी। कुछ अंग्रेजों को ईस्ट इण्डिया कम्पनी से शिकायत थी। उन्होंने ही भारत में सबसे पहले समाचार-पत्र शुरू किया। इस दिशा में सबसे पहला साहसिक प्रयास विलियम बोल्ट्स ने किया। सितम्बर, 1768 में इन्होंने कलकत्ता के कौन्सिल हाल और सार्वजनिक स्थानों पर इस आशय का नोटिस चिपकाया कि छापाखाना के कारण समाज के साथ सम्प्रेषण में बहुत कठिनाई हो रही है, अतः जो भी व्यक्ति मुद्रण का काम जानते हों, उनको प्रोत्साहन देने के लिए हम तैयार हैं। उनके पास लिखित रूप में पुष्कल सामग्री (जानकारी) है, जो इच्छुक व्यक्तियों की सहायता से निरन्तर छपती रहेगी। दुर्भाग्यवश कम्पनी ने बोल्ट्स पर विघटनकारी प्रवृत्तियों को प्रोत्साहित करने का अभियोग लगाकर उन्हें इंग्लैण्ड भेज दिया और यह प्रकाशन स्थगित हो गया। किन्तु एक दशक बाद दूसरा प्रयास हुआ, जिससे भारत का पहला समाचार-पत्र 'बंगाल गजट' अथवा 'हिक्की गजट' प्रकाश में आया।

जेम्स आगस्ट्स हिक्की ने मन और आत्मा की स्वाधीनता के नाम पर कलकत्ता से 29 जनवरी, 1780 ई. को 'कलकत्ता जनरल एडवरटाइजर' (जो 'हिक्कीज गजट' या 'बंगाल गजट' के नाम से भी जाना जाता था।) नामक साप्ताहिक पत्र का प्रकाशन प्रारम्भ कर भारतीय पत्रकारिता की नींव डाली। भारत का यह पहला

समाचार-पत्र अंग्रेजों द्वारा अंग्रेजी भाषा में साप्ताहिक के रूप में प्रकाशित हुआ था। यह पत्र प्रकाशन के पीछे की आपसी प्रतिद्वन्द्विता ही मुख्य कारण थी। इसमें सरकार की आलोचना भी छपती थी। फलतः हिक्की को पहले कारावास मिला, बाद में सन् 1782 में उसके प्रेस को जब्त कर लिया गया और यह पत्र सदा-सर्वदा के लिए बन्द हो गया, फिर भी पत्र प्रकाशन का सिलसिला नहीं समाप्त हुआ।

कालक्रम में भारतीय भाषाओं में कुछ पत्र निकले-

1. श्री रामपुर (कलकत्ता) के मिशनरियों ने सन् 1818 में एक मासिक पत्र 'दिग्दर्शन' प्रकाशित किया। उन्होंने इसी मास से 1837 में एक गुजराती पत्र प्रकाशित किया।

2. इन्ही मिशनरियों के द्वारा 'समाचार दर्पण' का भी प्रकाशन किया गया। इन पत्रों की भाषा अंग्रेजी तथा बंगाली थी। इनका उद्देश्य था ईसाई धर्म का प्रचार करना।

3. ऐसा माना जाता है कि 'दिग्दर्शन' हिन्दी और बँगला का पहला अखबार था किन्तु इसके हिन्दी संस्करण का कोई प्रमाण प्राप्त नहीं हुआ है।

4. 1818 में गुजराती 'मुम्बई समाचार' का प्रकाशन हुआ।

5. इसी बीच फारसी पत्र 'जाने जहनुमा' निकाला गया।

6. इसी अवधि में राजा राममोहन राय, जो उदारवादी, सुधारवादी नेता थे, ईसाई धर्म प्रचार के कारण चिन्ताग्रस्त हो गये कि विजातीय धर्म प्रचार भारतीय संस्कृति के वैशिष्ट्य को कहीं समाप्त न कर दे? इसी वैचारिक संघर्ष के प्रभाववश उन्होंने सन् 1820 में 'संवाद कौमुदी' नामक पत्र बँगला भाषा में शुरू किया।

7. अपने विचारों के वृहत्तर प्रसार के लिए फारसी में 'मिरातुल अखबार' का प्रकाशन 1821 में किया गया।

8. राममोहन ने 'ब्राह्मनिकल' मैगजीन का प्रकाशन शिवप्रसाद शर्मा के छद्म नाम से किया। इस बीच वैचारिक संघर्ष के कारण कलकत्ता में दो दल हो गये थे। एक कट्टरपन्थी था, दूसरा उदार प्रगतिशील सुधारकों का दल था, जिसके नेता राजा राममोहन राय थे। इस दल के विचारों का प्रचार 'संवाद कौमुदी', 'कलकत्ता जनरल' तथा 'मिरातुल अखबार' द्वारा किया जा रहा था।

9. इसी क्रम में शुरू हुआ पहला हिन्दी-पत्र 'उदन्त मार्तण्ड', प्रथमांक 30 मई, 1826 ई.।

इस नयी संचार-व्यवस्था के समानान्तर चल रही पारम्परिक संचार-प्रणाली भी विचारणीय है।

1. यहाँ जनजातियों में समाचार के प्रचार-प्रसार के लिए कई अलग-अलग तरीके प्रचलित थे, जैसे—विद्रोह की सूचना एक रस्सी में गाँठ बाँधकर दी जाती थी। अलग स्थानों पर भेजे जाने पर उस रस्सी में वहीं और गाँठें बाँधी जाती थीं। प्रेम और सन्धि के समाचार पान भेजकर दिये जाते थे। इसे प्रतीकात्मक संचार कहा जा सकता है।

2. इस युग में मानव वायरलेस-प्रसारण भी देश के कुछ हिस्सों में प्रचलित थे। इसके द्वारा सूचनाएँ चिल्लाकर दूसरी जगह तक पहुँचायी जाती थीं। इस प्रकार मौखिक समाचार गन्तव्य तक पहुँच जाता था, साथ ही उत्तर भी। 1857 के गदर की सूचना जिस प्रकार कमल और रोटी द्वारा पहुँचायी गयी, उसे एक विशिष्ट प्रतीकात्मक प्रयोग कहा जा सकता है।

3. प्राचीन संचार की एक प्रणाली है—श्रुति व्यवस्था। इस देश में वेदों, पुराणों और शास्त्रों का वाचन कथावाचकों (मनीषियों) द्वारा लिपि के प्रचलन के पूर्व किसी लिखित माध्यम के बिना निरन्तर होता रहा है। हजारों वर्षों तक मुख का वाचन ही जनसंचार का मूल माध्यम रहा है। भ्रमणकारी महात्माओं, संन्यासियों, जैसे—बुद्ध, महावीर, शंकराचार्य, नानक, समर्थगुरु रामदास, तुकाराम आदि ने इसी माध्यम का सहारा लेते हुए पद-यात्राओं के माध्यम से अपने-अपने सन्देशों का प्रचार-प्रसार किया है। जनसंचार के इन्हीं तरीकों का इस्तेमाल भारतीय इतिहास में अन्यान्य सन्तों, सूफियों, दरवेशों, फकीरों, भक्तों आदि के द्वारा किया जाता रहा है। बापू ने स्वतन्त्रता-संग्राम के दौरान राजनीतिक जागृति के लिए तथा बाद में देश में कौमी एकता लाने के लिए दाण्डी यात्रा द्वारा लोगों से सीधे सम्पर्क साधा एवं वाचिक माध्यम से लोगों तक अपनी बात पहुँचायी। इसी प्रकार भाषण, सम्मेलन, बहस, वार्त्ता, शिलालेख आदि का प्रयोग मनीषी-सन्तों ने समय-समय पर संचार के लिए किया है।

4. मेले-ठेले यहाँ संचार स्रोत माने जाते हैं। प्राचीन भारत में कुम्भ मेले जनसंचार के सबसे प्रसिद्ध माध्यम थे। इनमें धर्माध्यक्षों, तीर्थयात्रियों और व्यापारियों का भारी संख्या में आवागमन होता था। ये मेले वस्तु विनिमय का केन्द्र होने के साथ ही विचार-विनिमय तथा सूचना एवं समाचार विनिमय के केन्द्र भी थे। इधर मेलों को फिर प्रश्रय दिया जाने लगा है। भारत की विविधतापूर्ण जनसंख्या के अनुरूप अनेकानेक मेले, त्योहार, बाजार आदि सम्पूर्ण देश में वर्षपर्यन्त आयोजित होते रहते हैं। प्राचीन भारत में जलपोत और श्रेष्ठियों (सेठों) के सार्थवाह विपणन के साथ ही जनसंचार के प्रमुख स्रोत थे।

5. यात्राएँ हमारी आश्रमवादी हिन्दू संस्कृति का अभिन्न अंग हैं। संन्यासी, परिव्राजक का अर्थ ही है—यायावर, घुमक्कड़ यानी सचल जन-सम्पर्क। फाह्यान,

ह्वेनसांग, मार्कोपोलो-जैसे यात्री प्राचीन जनसंचार के मूल माध्यम रहे हैं। इनके अभियानों में अनेक व्यक्ति एकत्र होते रहे हैं। वे नये-नये सम्बन्ध स्थापित करते हुए पुराने सम्बन्धों का नवीनीकरण करते रहे हैं। आज भी हम विभिन्न महोत्सवों की यात्रा करते हुए उनके सामूहिक क्रियाकलाप, जैसे—गाना-बजाना, नृत्य, संगीत, खेलकूद आदि में भाग लेते हैं और साथ ही सूचनाओं एवं समाचारों का आदान-प्रदान भी करते हैं।

6. प्राचीन संचार में 'नदी संस्कृति' की बड़ी भूमिका रही है। नदियों और तालाबों के घाट, मन्दिर, चौपाल, धार्मिक स्थल, कुण्ड आदि भी प्राचीन काल में संचार एवं प्रचार के प्रमुख स्रोत रहे हैं। ये स्थल तक सूचना के आदान-प्रदान के प्रमुख स्थल थे और साथ ही वे जनता की प्रतिक्रिया तक 'फीडबैक' प्राप्त करने के प्रमुख स्रोत भी थे।

7. प्राचीन भारतीय समाज में कारीगरों और शिल्पी पर्यटकों के आवागमन ने (जो जल मार्गों के द्वारा सुलभ हो गया था) न केवल संचार एवं व्यापार को बढ़ावा दिया, वरन् देश की सांस्कृतिक एकता को भी सुगठित किया।

8. भारत विद्या के प्रमुख केन्द्रों के गुरुओं ने यथासम्भव जन-माध्यमों (दृश्य एवं श्रव्य) को सूचना के प्रचार के लिए प्रयुक्त किया। उन्होंने कथावाचन, धार्मिक गीत, संगीत, पौराणिक आख्यान, नाटक, चित्रकला, मूर्तिकला, नृत्यकला तथा भक्तिपरक पुस्तकों को संचार के माध्यमों के रूप में प्रयुक्त किया। शिक्षण संस्थानों ने भी काफी महत्त्वपूर्ण भूमिका निभायी। गुरुओं एवं शिक्षकों के आश्रम ज्ञान-विज्ञान तथा ललित कला के प्रसार केन्द्र बन गये। बड़े विश्वविद्यालय, यथा—तक्षशिला, नालन्दा, विक्रमशिला, काशी एवं उज्जैन उच्चतर शिक्षा तथा विशिष्ट ज्ञान के केन्द्र के रूप में स्थापित हुए। वाचिक संचार का निरन्तर अभ्यास इन विश्वविद्यालयों, आश्रमों एवं गुरुकुलों में सतत होता रहता था।

9. शैक्षिक संचार के इस स्रोत से ही जुड़ा रहता था—पारम्परिक अथवा लोक संचार माध्यमों का विशाल भण्डार, जिसने संचार को अधिक अर्थवान् तथा ग्राह्य रूप प्रदान किया तथा उसे देश की मुख्य सांस्कृतिक धारा से जोड़कर उसे अधिकाधिक समृद्ध किया।

10. समाज के निचले स्तर पर अधिकतर जनसंचार लोक माध्यमों से हुआ। पारम्परिक संचार माध्यमों के 'वृहद् कोश' में निम्नवत् सम्मिलित किये गये हैं—

(क) लोक कलाएँ तथा संगीत, जैसे—ग्रामीण थियेटर, कठपुतली, वार्त्ताएँ, कथाएँ, लोकगीत, आख्यान, किस्से, कहानियाँ, गायन आदि।

(ख) श्रोताओं एवं दर्शकों से युक्त परिस्थितियाँ, जैसे—त्योहार, मेले, सामाजिक रीतियाँ, विशेष उत्सव तथा ग्रामीण मेले।

(ग) जनजातीय सामाजिक संस्थाएँ, जैसे—घोटुल (मध्य प्रदेश), घुमकुरिया (बिहार) तथा समाज के प्रतिनिधि, जैसे—ग्राम-मुखिया, वैद्य, हकीम आदि।

(घ) ग्रामीण लोक कलाएँ (हस्तशिल्प) आदि।

वस्तुतः इन संचार माध्यमों की जड़ें स्थानीय संस्कृति में होती थीं। इनकी अपनी स्थानीय पहचान होती थी तथा इनकी लागत कम होने के कारण इनको अभिनीत करना सर्वसुलभ था, जिसके कारण ये भारतीय समाज में संचार के प्रमुख उपकरण होने के साथ ही मनोरंजन के प्रमुख साधन भी थे। लोक संचार की ये शैलियाँ समय परिवर्तन के साथ-साथ विभिन्न स्थानों पर विकसित हो गयीं, जैसे—तमाशा (महाराष्ट्र), कविगान, जात्रा (पश्चिम बंगाल), सवाल-जवाब, नौटंकी (उत्तर भारत), ओट्टन, थुलाल (केरल), यक्षगान (कर्नाटक) इत्यादि, जो कालान्तर में जनसंचार के प्रचलित माध्यम बन गये।

उपर्युक्त पारम्परिक संचार माध्यम तथा लोक कलाएँ अपने प्रतिभाशाली कलाकारों तथा समूहों के साथ पूरी जिम्मेदारी निभाती हुई गाँवों तथा शहरों के मध्य विचारों, व्यवहारों तथा शैलियों का प्रचार-प्रसार करती रही हैं। इन्होंने समाज में बदलाव लाने हेतु स्वयं प्रचार के वाहनों के रूप में कार्य किया। इन्होंने सामाजिक सुधार को प्रेरित किया तथा बदलाव के कई उपकरण प्रदान किये।

11. इस देश में लोक कलाकारों के अतिरिक्त सामान्य नागरिक भी सूचना के समर्थ संवाहक रहे हैं। इनमें प्रथम श्रेणी में हैं—सामाजिक संस्थाओं के स्थानीय पदाधिकारी, जैसे-धार्मिक संस्थाओं एवं मठों के प्रमुख, ग्राम पुरोहित (जो विवाह तथा अन्य सामाजिक संस्कार सम्पन्न कराते हैं) ग्रामीण मन्दिरों के पुजारी, पीर, औलिया, शिक्षक, अनुवादक, संगीतज्ञ आदि। दूसरी श्रेणी में हैं वे कर्मचारी, जो गाँवों में दैनन्दिन कार्य करते हैं, जैसे—नाई, धोबी, सुनार, मोची, दाई आदि। तीसरे हैं, गाँवों में प्रायः आनेवाले विशिष्ट श्रेणी के लोग, जैसे—पत्रवाहक, फेरीवाले, पण्डे, व्यापारी आदि। ये सभी लोग गाँवों में सूचना का प्रवाह बनाये रखने के प्रमुख माध्यम हैं। इस प्रकार स्पष्ट है कि प्राचीन भारत में पारम्परिक संचार-व्यवस्था मुख्यतः वाचिक थी, क्योंकि तब तक लिखित शब्द को प्रसारित करने की तकनीक विकसित नहीं हुई थी। आधुनिक काल के विपरीत, जहाँ अत्याधुनिक यन्त्र संचार के मुख्य साधन हैं, प्राचीन भारत में संचार तन्त्र पूर्णतया मनुष्य पर आधारित था। आज भी इनके अवशेष हमारी लोकप्रथाओं में देखे जाते हैं, जैसे—पुत्र जन्मोत्सव पर थाली बजाना, पुत्री जन्म पर तवा बजाना, बारात आने

पर गोला दागना, नाई के हाथों 'आशय' भेजना तथा विशिष्ट अवसरों पर डुग्गी पिटवाना आदि।

इस विवरण का निष्कर्ष यह है कि प्राचीन भारत में संचार-व्यवस्था पर्याप्त विकसित थी। हमारी योग-साधना ने सहज ज्ञान, सम्मोहन, मारण, उच्चाटन, वशीकरण, आह्वान आदि का इतना विकास कर लिया था कि आज उस पर वैज्ञानिक ढंग से पुनर्विचार करने की आवश्यकता पुनः अनुभव की जा रही है। शकुन-अपशकुन, स्वप्न, पूर्वाभास, पूर्वजन्म-स्मृति, दिशाशूल आदि मात्र परामनोविज्ञान के विषय नहीं हैं, बल्कि उनका एक भौतिक प्रारूप भी है। इसका मात्र वैज्ञानिक फार्मूला खोज निकालने की जरूरत है। यदि पुरानी योगविद्या जाग्रत हो जाये तो उसके समक्ष टेलीफोन, टेलेक्स, माइक्रोसॉफ्ट, आप्टिकल फाइबर, केबल, डॉटकॉम, इण्टरनेट, सॉफ्टवेयर, हार्डवेयर अर्थात् नवीनतम संचार उपकरण फीके पड़ जायेंगे। यों इस योग विद्या की जब तक पुनः प्रतिष्ठा नहीं हो जाती, तब तक उसे सदिच्छा शक्ति के रूप में ही मान्यता देनी होगी। इतना निश्चित है कि इन पारलौकिक विधाओं में भारत बहुत सम्पन्न रहा है।

इसी क्रम में विचारणीय है आधुनिक संचार तकनीक। यह वैज्ञानिक युग की आवश्यकताओं और आधुनिक तकनीकी विकास का सुपरिणाम है। यह संचार की पुरानी तकनीकों से कहीं अधिक प्रभावशाली है। इसका प्रभाव क्षेत्र भी कई गुना अधिक विस्तृत है। आधुनिक संचार तकनीक का मूल आधार है कम्प्यूटर। इण्टरनेट विश्व का सबसे बड़ा कम्प्यूटर नेटवर्क है, जो पूरी दुनिया के कोने-कोने में फैला हुआ है। इसका आरम्भ अमेरिकी रक्षा विभाग से हुआ था। आज यह सर्वत्र व्याप्त हो गया है।

नये संचार का आज मुख्य उपकरण है केबल नेटवर्क। केबल के माध्यम से टी.वी. कार्यक्रमों का प्रसारण सन् 1950 के लगभग शुरू हुआ। प्रारम्भ में केबल का इस्तेमाल पहाड़ी इलाकों में टी.वी. प्रसारण में सुधार लाने के लिए किया गया था। कालान्तर में केबल की सहायता से टी.वी. पर एक साथ कई चैनल दिखाना सम्भव हुआ। इसके साथ ही डिश टी. वी. की लोकप्रियता एवं फैलाव में काफी वृद्धि हुई है।

इस जाल जंजाल के माध्यम से दर्शक टी.वी. की विभिन्न सुविधाओं का मनमाना लाभ उठा सकते हैं। उसके द्वारा धनराशि देकर अपनी पसन्द के प्रोग्राम देख सकते हैं। संचार उपग्रहों के विकास से एक देश से दूसरे के बीच प्रसारण सम्भव हो गया है। आधुनिक संचार तकनीक, जो आज विश्व में प्रचलित हो रही है, इस प्रकार हैं—

1. टेलीकान्फ्रेन्सिंग—इस तकनीक में अलग-अलग स्थानों एर स्थित एक या अनेक व्यक्ति, विभिन्न प्रकार की श्रव्य दृश्य सूचनाओं (जैसे—आँकड़े, भाषण, ग्राफ, चित्र आदि) का आपस में आदान-प्रदान कर सकते हैं। संचार व कम्प्यूटर को आपस में सम्बद्ध कर देने से यह टेलीकान्फ्रेन्सिंग सम्भव हो जाती है। टेलीकान्फ्रेन्सिंग कई प्रकार की होती है, जैसे—

(क) कम्प्यूटर कान्फ्रेन्सिंग—इसमें केवल कम्प्यूटर डाटा का आदान-प्रदान हो सकता है।

(ख) ऑडियो कान्फ्रेन्सिंग—इसमें भाग लेनेवाले लोग अलग-अलग जगह होते हुए भी एक-दूसरे से वार्त्तालाप कर सकते हैं।

(ग) ऑडियो ग्राफिक कान्फ्रेन्सिंग—यह ऑडियो कान्फ्रेन्सिंग का ही एक विकसित रूप है, जिसमें कम्प्यूटर और श्रव्य डाटा के अतिरिक्त स्टिल ग्राफिक्स जैसे—मानचित्र, रेखाचित्र आदि का भी आदान-प्रदान हो सकता है।

(घ) वीडियो कान्फ्रेन्सिंग—यह टेलीकान्फ्रेन्सिंग का विकसित रूप है, जिसमें श्रव्य सामग्री के साथ-साथ गतिशील चित्रों का आदान-प्रदान सम्भव हो जाता है।

(ङ) टेलीटेक्स्ट—यह संचार की नयी तकनीक है। इससे पुस्तक के कई पन्नों में समाहित होनेवाली सूचनाएँ, जैसे—मौसम की नवीनतम सूचनाएँ, स्टाक एक्सचेंज की सूचनाएँ, गाड़ियों में आरक्षण की स्थिति सम्बन्धी सूचनाएँ टी.वी. चैनलों के माध्यम से प्रसारित की जा सकती हैं। इस तकनीक में यह सुविधा भी है कि दर्शक उस पन्ने को, जिसमें उनके लिए विशेष उपयोगी सामग्री है, अलग से छाँटकर देख सकते हैं।

(च) रेडियोटेक्स्ट—इसे रेडियोडेट सिस्टम भी कहते हैं। यह तकनीक टेलीटेक्स्ट के समान ही है। अन्तर केवल यह है कि इसमें टी.वी. की जगह रेडियो का प्रयोग होता है। इसमें एफ.एम. रेडियो के माध्यम से सूचनाएँ भेजी जाती हैं। इस सूचना को पानेवाला व्यक्ति एक डिकोडर की सहायता से इसे अपने कम्प्यूटर पर आसानी से देख सकता है।

(छ) वीडियो टेक्स्ट—यह तकनीक टेलीटेक्स्ट और रेडियोटेक्स्ट के समान ही है। इस तकनीक में सार्वजनिक टेलीफोन और कम्प्यूटर का प्रयोग होता है। इसमें सूचनाएँ कम्प्यूटर के माध्यम से भेजी जाती हैं और इन्हें कम्प्यूटर के माध्यम से प्राप्त किया जा सकता है।

सम्प्रति भारत सूचना विज्ञान के क्षेत्र में काफी अग्रणी भूमिका निभा रहा है। कई समाचार-पत्र सैटेलाइट से सीधे जुड़े हैं। देश में लाखों निजी कम्प्यूटर हैं।

इण्टरनेट का विकास बहुत तेजी से हो रहा है। भारत की सूचना प्रौद्योगिकी से प्रभावित होकर माइक्रोसाफ्ट विशेषज्ञ बिल गेट्स ने कई नये समझौते किये हैं। यह देश एशिया में जापान के बाद दूसरा श्रेष्ठ सस्ता सुपर कम्प्यूटर बनाने में सफल हो गया है। तेज गतिवाले कम्प्यूटर निरन्तर बढ़ रहे हैं। यहाँ ई.गवर्नेन्स, आप्टिकल फाइबर, डॉटकॉम, फ्रेन्चाइजी आदि का विकास तेजी से होता जा रहा है। इस कारण भावी सूचना क्रान्ति का नाभिकीय केन्द्र भारत बन सकता है।

वर्तमान संचार-साधनों में सर्वाधिक लोकप्रिय हैं मोबाइल तथा लैपटाप। ये चलते-फिरते विश्व ज्ञान कोश हैं। इण्टरनेट और सैटेलाइट से जुड़ जाने के कारण मोबाइल बहूद्देश्यीय हो गया है। वायरलेस कम्युनिकेशन पर आधारित मोबाइल इस समय भारत का सबसे बड़ा संचार साधन है। कुछ ऐसी ही स्थिति पेजर, स्मार्ट फोन, ई-पैड, टैबलेट, माइक्रोब्राउजर आदि की है। इरा बेतार संचार को 'वैप' कहते हैं। उपयोगिता के अनुसार दूसरा लोकप्रिय माध्यम है—ए. टी. एम.। इसका भी सुदूर गाँवों तक विस्तार होता जा रहा है। इधर टच टेक्नोलॉजी ने कई नये उपकरण विकसित किये हैं, जैसे—वी. ओ. आई. पी., एन. एफ. सी., जी. पी. आर. एस.। इनके कारण हैण्ड सेट, कम्प्यूटर माउस, की-बोर्ड, प्रिण्टर, पेनड्राइव, कैमरा, फोटो कॉपियर, पेजर, फैक्स, सर्च इंजन, फेस बुक, ट्यूटर, ब्लॉग, स्पाट, साइबर वार, साउण्ड कार्ड स्पीकर, माइक्रोफोन, इण्टरनेट टेलीफोनी आदि। इन तकनीकों द्वारा सूचना का प्रेषण-अन्तरण बढ़ता जा रहा है।

•

जनसंचार के नये-नये प्रकार

21वीं सदी संचार क्रान्ति की शताब्दी है। इधर इण्टरनेट के माध्यम से कई नयी तकनीकें विकसित हो गयी हैं। जैसे—

1. टच टेक्नोलॉजी—इसका आविष्कार एक चमत्कारिक घटना है। इसके द्वारा कलाई में बँधी घड़ी में फोन तथा सूचना केन्द्र की व्यवस्था कर दी जाती है, जिससे पूरे शरीर में स्वतः प्रेरित संचार होने लगता है। दाहिने हाथ की उँगली कान में रखते ही समाचार सुनायी देने लगते हैं। इस तकनीक के पूर्णतः लागू हो जाने पर सारे बाह्य यन्त्र निरर्थक हो जायेंगे। स्पर्श मात्र से ही मानव-मानव के बीच हर प्रकार की संवेदना और सूचना संचारित की जा सकेगी। मोबाइल एवं रेलवे आरक्षण की जानकारी हेतु इसका प्रयोग किया जाने लगा है।

2. ब्लू टूथ तकनीक—इसके अन्तर्गत दो उपकरणों को परस्पर जोड़ा जाता है, जैसे—मोबाइल को कम्प्यूटर से। प्रायः सौ किलोमीटर क्षेत्र के सभी इलेक्ट्रानिक सूत्र इस प्रणाली द्वारा कम्प्यूटर से स्वतः सम्बद्ध हो जाते हैं और रेडियो तरंगों द्वारा अपना संचार कर लेते हैं।

3. वैप तकनीक—वायरलेस एप्लीकेशन प्रोटोकाल (V.A.P.) ऐसी तकनीक है, जिसका प्रयोग मोबाइल, पेजर, स्मार्ट फोन और रेडियो को सीधे इण्टरनेट से जोड़ देता है। यह तकनीक CDDGSMCDMA के साथ कार्य कर सकती है। इस सॉफ्टवेयर को माइक्रो ब्राउसर कहते हैं।

4. N.F.C. तकनीक (नियर फील्ड कम्यूनिकेशन तकनीक)—इसमें भी दो उपकरणों को जोड़ने के लिए तार की जरूरत नहीं होती। इन्हें आपस में केवल छुवाना पड़ता है। इनके द्वारा फाइल तथा आँकड़ों का अन्तरण किया जा सकता है।

5. रिसोर्स डिस्क्रिप्शन फ्रेम वर्क (R.D.F.)—यह तकनीक किसी वेबसाइट पर उपलब्ध सूचनाओं की जानकारी देती है। इससे वेबसाइट के साइट मैप, वेबसाइट परिवर्तन की तिथियाँ, सर्च इंजन द्वारा खोजे गये शब्द और वेब पेज की सूचनाओं का विवरण प्राप्त होता है।

6. वायस ओवर इण्टरनेट प्रोटोकाल (VOIP)—इसका प्रयोग इण्टरनेट, टेलीफोन के लिए होता है। ये सस्ते पड़ते हैं। यदि हमारे पास साउण्ड कार्ड, स्पीकर इण्टरनेट कनेक्शन और माइक्रोफोन हैं, तो स्काई को डाउन लोड करके हम कहीं भी काल कर सकते हैं।

7. जनरल पैकेट रेडियो सर्विसेज (GPRS) तकनीक—इसमें सेलफोन है जो हर समय नेट से जुड़ा रहता है। इससे ई-मेल की तुरन्त जानकारी से दूर रहकर भी हम अपने संचार यन्त्रों को चला सकते हैं।

8. वीसैट (सैटेलाइट) तकनीक—इसे छतरीवाली तकनीक कहा जा सकता है। यह सूचना का एक आकाश निर्मित करती है। अब तक गुगल पर जो समाचार मिलते हैं, उसमें यह कई गुना वृद्धि कर देती है।

9. पेन ड्राइव—इसे थम्ब, फ्लैश या रिमूवल डेस्क भी कहते हैं। कलम के आकार का यह कम्प्यूटर जेब में रखा जा सकता है।

इस बीच इण्टरनेट सूचनाओं का अघट भण्डार बन गया है। भारत में इसका प्रचलन बढ़ता जा रहा है। मुख्य कठिनाई भाषा की है। अब हिन्दी में ई-मेल सुविधा उपलब्ध हो गयी है। दिनोंदिन नेट पर वेबसाइटें बन रही हैं, जैसे-ई-सन्देश, सर्चिंग (गुगल) आदि। अब यहाँ कई अखबार आन लाइन मिलने लगे हैं। हिन्दी नेस्ट डॉट कॉम, अनुभूति, कार्यालय, सार-संसार डॉटकॉम अभिव्यक्ति, वागर्थ, सरस्वती, भारत-दर्शन, वेदान्त जीवन, शब्दकोश आदि दर्जनों हिन्दी वेबसाइटें इस बीच कार्यरत हैं। इसके अतिरिक्त वेबलॉग या ब्लॉग के माध्यम से हिन्दी में अपने विचार अंकित किये जा सकते हैं।

10. एनीमेशन—यह फिल्मांकन की नयी पद्धति है, जिसमें चित्रकारी के माध्यम से ही ऐक्शन फिल्म का सारा कार्य सम्पन्न कराया जाता है। एनीमेशन द्वारा सेट बनाये बिना एक-से-एक भीषण, भयानक, विराट् दृश्य रूपायित किये जा सकते हैं, जैसे—प्रलय का घटित होना, ग्रहों-उपग्रहों का टूट-टूटकर अलग हो जाना, ज्वालामुखी का विस्फोट इत्यादि। इससे पहले एक ढाँचा तैयार किया जाता है, फिर कुछ स्थूल आकृतियाँ बनायी जाती हैं। उसके पश्चात् तस्वीरों को ग्रिड से जोड़ दिया जाता है। शूटिंग के पहले हर ऐक्शन उसकी पृष्ठभूमि और उसके प्रभाव का मापन करके उसके सॉफ्टवेयर के साथ समायोजित किया जाता है। अभी तक वह तकनीक समयसाध्य और व्ययसाध्य अधिक है, लेकिन इसने हर प्रकार की शूटिंग को सम्भव बना दिया है। इसके माध्यम से पूरे ब्रह्माण्ड का ज्ञान दर्शकों को दिया सकता है।

वीडियो कला में अब तक ऐसे दृश्यों को दर्शाने के लिए कार्टून-फिल्म, टेलीड्रामा, डाक्यू ड्रामा आदि का उपयोग किया जाता रहा है। अब उनकी स्थानपूर्ति इस तकनीक ने कर ली है। इन सब उपकरणों के सहारे एक नया उद्योग शुरू हो गया है, जिसे कहते हैं—'मीडिया ऐण्ड इण्टरटेनमेण्ट इण्डस्ट्री। यह पूरा धन्धा विश्व में आज पैंतालीस हजार करोड़ डालर तक फैल गया है। रेडियो ने तो इसके आधार पर I.S.O.M.E.S. नाम से इण्टरटेनमेण्ट स्टडीज शुरू कर दी है, जिसमें एयर टाइम सेल्स तथा क्रियेटिव रेडियो प्रोग्रामिंग पर विशेष जोर दिया जा रहा है। उसने एक नया आविष्कार किया है, जिसे 'मोटीकान्स' कहते हैं। ये प्रविधियाँ अपेक्षाकृत अधिक सम्प्रेषणशील तथा प्रभावशील हैं।

इस प्रकार स्पष्ट है कि जनसंचार माध्यमों से जुड़ी हुई नूतन प्रविधियाँ निरन्तर अपने को बदलती जा रही हैं और बहुत तेजी से विकसित हो रही हैं। अभी पचास वर्ष पूर्व विकसित तार-फोन, टेलीप्रिण्टर काफी बदल गये हैं। जब तक किसी नये संचार साधन का आज संज्ञान प्राप्त होता है तब तक उसका अतिक्रमण हो जाता है। यह एक सुखद स्थिति है।

11. उपग्रह संचार—विज्ञान ने पूरे विश्व में संचार का जाल बिछा दिया है। यह सिद्ध हो गया है कि यदि पृथ्वी से 35779 किमी. की ऊँचाई पर एक उपग्रह 3.074 किमी. की प्रति सेकेण्ड की गति से पृथ्वी के चारों तरफ चक्कर लगाये तो उपग्रह और पृथ्वी स्थिर हो जायेंगे और एक-दूसरे को पूर्णतः परिलक्षित करा देंगे।

संचार के लिए फ्रिक्वेन्सीज की आवश्यकता होती है। फ्रिक्वेन्सीज को बढ़ाते रहने पर एक स्थिति ऐसी आती है जबकि आकाश में छोड़ी जानेवाली फ्रिक्वेन्सीज वायुमण्डल से परिवर्तित होकर पृथ्वी पर नहीं आती हैं, बल्कि आयोनाजफैयर को चीरती हुई ब्रह्माण्ड में चली जाती हैं। यदि एक उपग्रह पृथ्वी के साथ स्थिर अवस्था में हो जाता है तो वह इन फ्रिक्वेन्सीज को ग्रहण करके उन्हें पृथ्वी पर भेज सकता है।

आज पूरे विश्व में संचार के लिए अधिकाधिक फ्रिक्वेन्सीज का उपयोग होने लगा है। इस उपग्रह तकनीक द्वारा उपग्रह संचार के क्षेत्र में एक अपूर्व क्रान्ति हो गयी है। हमारी पृथ्वी का आकार इतना है कि एक उपग्रह पृथ्वी के निकट एक तिहाई से कुछ ही ज्यादा हिस्से को देख सकता है। पूरे विश्व में देखने के लिए कम-से-कम तीन उपग्रहों की आवश्यकता हमें है। विश्व के वैज्ञानिकों ने अन्तरिक्ष में उपग्रह भेजने का जो प्रासंगिक प्रयास किया उसमें उपयुक्त रॉकेट टेक्नोलॉजी उपलब्ध न होने के कारण उपग्रहों को पृथ्वी से बहुत अधिक ऊँचाई तक ले जाना सम्भव नहीं

हा पाया। अस्तु, उपग्रहों को पृथ्वी के निकट ही स्थापित किया गया। इन कक्षाओं मे उपग्रहों और पृथ्वी की गति एक समान नही थी। अतः संचार के क्षेत्र में बहुत अधिक प्रगति नहीं हो सकी।

सोवियत संघ ने पहला नीची कक्षा का उपग्रह 'स्पुतनिक' 1957 में छोड़ा। इसके बाद सन् 1958 में अमेरिका ने स्कोर नामक उपग्रह छोड़ा। 1963 में अमेरिका ने नासा द्वारा सिन्कोन नामक पहला उपग्रह जियो स्टेशनरी कक्षा में स्थापित किया। इस उपग्रह ने 1964 में टोकियो में हुए ओलम्पिक खेलों के टेलीविजन चित्र प्रसारित किये। पहले व्यापारिक संचार उपग्रह इन्सेट-1 को कामसेट अमेरिकी कम्पनी ने अटलाण्टिक सागर पर जियोस्टेशनरी कक्षा में स्थापित कराया। 'ऐनिक' नामक घरेलू उपग्रह कनाडा की टेलसेट द्वारा स्थापित किया गया। विश्व के हजारों वैज्ञानिकों ने परस्पर मिलकर 'बिगबैंग' नाम से ब्रह्माण्ड की खोज का जो ऐतिहासिक प्रयास किया, दूसरी ओर इस बीच अन्तरिक्ष की जययात्रा में चीन ने जो कीर्तिमान स्थापित किया, उससे इन्फार्मेटिक्स का अभूतपूर्व विकास हुआ है।

भारत का पहला उपग्रह आर्यभट्ट 19 अप्रैल, 1975 को सोवियत संघ की सहायता से छोड़ा गया। 360 किलोग्रामवाले इस उपग्रह ने हमारे वैज्ञानिकों को बहुत जानकारी दी। इसी क्रम में 7 जून, 1979 को भास्कर-1 तथा 20 नवम्बर, 1981 को भास्कर-2 भी सोवियत संघ के रॉकेटों द्वारा अन्तरिक्ष में छोड़े गये। ये पृथ्वी के बारे में जानकारी प्रदान करनेवाले प्रयोगात्मक उपग्रह थे। इनके बाद रोहिणी, एप्पल का सफल प्रक्षेपण हुआ। 20 अप्रैल, 2011 को भारत ने स्वतन्त्र रूप से अपने सफल प्रक्षेपण करके अन्तरिक्ष क्षेत्र में अपनी सत्ता सिद्ध कर दी है। निश्चय ही संचार क्षेत्र की ये उपलब्धियाँ ऐतिहासिक महत्त्व की हैं।

सम्प्रति भारत अन्तरिक्ष में महाशक्ति बन गया है। नासा की तरह हमारी संस्था इसरो ने कई नये कीर्तिमान स्थापित किये हैं। इसके तत्त्वावधान में श्रीहरिकोटा स्थित अन्तरिक्ष केन्द्र से अत्याधुनिक रिमोट सेंसिग अन्तरिक्षयान रिसोर्स सेण्टर और रूस एवं सिंगापुर के दो छोटे उपग्रहों का पीएम एलवीसी 16 से लांच किया गया। इस उपग्रह को पृथ्वी की कक्षा में सफलतापूर्वक स्थापित कर भारत अब अमेरिका, फ्रांस, रूस, चीन आदि देशों की श्रेणी में पहुँच गया है। इसका प्रारम्भिक प्रयोग 23 अप्रैल, 2006 को किया गया था, जब इटली के खगोल उपग्रह 'एंजिल' का प्रक्षेपण किया गया था। इसके बाद 'इसरो' ने दूसरे देशों के कई उपग्रह अन्तरिक्ष में भेजे। इस समय 2468 उपग्रह अन्तरिक्ष में घूम रहे हैं। नया उपग्रह अपूर्व गति सम्पन्न है और गुरुत्वाकर्षण से मुक्त है। इस सेट का विशेष लाभ किसानों को मिलेगा। यह बाढ़, सूखा, भूकम्प की पूर्व सूचना देगा। पृथ्वी के भीतर सुरक्षित

खनिज, वन सम्पदा, पहाड़ों की बर्फ, समुद्री जहाजों की दिशा, भूमिगत जल स्तर और प्राकृतिक आपदाओं की सूचनाएँ इससे प्राप्त हो जायेंगी। इस आविष्कार के पीछे 18 वर्षों की साधना है। 1962 में डॉ. साराभाई के नेतृत्व में 'इण्डियन नेशनल कमेटी फार स्पेस रिसर्च' की स्थापना हुई थी। इसे 2008 में 'मून मिशन' की सफलता मिली। चन्द्रयान-1 ने चाँद पर पानी की खोज की। इन उपग्रहों से जनसंचार की दिशा में भी असाधारण अभिवृद्धि होगी।

भाषिक अभिव्यक्ति और संचार-माध्यमों का अन्तस्सम्बन्ध

1. भाषा का स्वरूप

भाषा शब्द 'भाष्' धातु से बना है। इसका अर्थ है, बोलना या व्यक्त करना। इस प्रकार भाषा का अर्थ हुआ-वह तत्त्व जिसके द्वारा हम परस्पर कुछ कहते हैं। बाद में इसमें एक तत्त्व और जोड़ा गया। वह है चिन्तन अथवा विचार करना। विचार के सूत्र भी भाषा के माध्यम से ही प्रकट होते हैं। विचार की दो अवस्थाएँ होती हैं। पहली अवस्था में हम अपने 'मनस्' या आत्मन् से मूक वार्त्तालाप करते हैं। जब वह मूक वार्त्तालाप कोई स्वरूप धारण कर लेता है तो चिन्तन बन जाता है। दूसरी अवस्था में यह चिन्तन हमारे वाक् तन्त्र पर अर्थात् ओंठों पर उतर आता है। तब हमारे विचार ध्वन्यात्मक हो जाते हैं और भाषा का रूप धारण कर लेते हैं। अधिकतर भाषाविदों का यह मत रहा है कि ध्वनि-प्रतीकों द्वारा अपने विचार को व्यक्त करने का माध्यम और उसकी प्रविधि एवं प्रक्रिया ही भाषा है। भाषा के इन ध्वनि-प्रतीकों को हर देश-काल में स्वयं समाज ही गढ़ता रहता है। ये ध्वनि-प्रतीक पाँच प्रकार के होते हैं, जो पंचज्ञानेन्द्रियों द्वारा ग्रहण किये जाते हैं। इनमें कुछ ध्वनियाँ मूर्त होती हैं और कुछ अमूर्त। भारतीय दर्शन में माना गया है कि रूप, गन्ध, रस, स्पर्श, शब्द—ये पाँच मूल संवेदन हैं अर्थात् ज्ञानेन्द्रियाँ ग्राह्य तत्त्व हैं। चिन्तन करते और उसे व्यक्त करते हुए मनुष्य आवश्यकतानुसार इनका उपयोग करता है। इन ज्ञानेन्द्रियों के माध्यम से दो प्रकार के भाषिक रूप बनते हैं। एक वाचिक रूप, जिनमें स्पष्टतः कुछ ध्वनियों का उच्चारण वक्ता के मुख से होता है। दूसरे अवाचिक रूप, जिसमें कोई शब्द या ध्वनि उच्चरित नहीं होती। केवल भाव व्यक्त होता है, कभी देह भाषा या अनुभाव के रूप में और कभी प्रतीकों, कूट पदों यानी कोड्स के रूप में। उदाहरणार्थ ताली पीटना समर्थन और सराहना की प्रतीक भाषा है। हरा सिग्नल दिखाना या लाल बत्ती दिखाना भी प्रतीक या संकेत भाषा है। कुछ लोग इसमें अपने-अपने 'कोड' अर्थात् गोपनीय संकेत भी बना लेते हैं।

जैसे—क।ली स्याही में लिखने का तात्पर्य हो सकता हं 'अस्वीकार' और नीली स्याही में ।लखने का तात्पर्य होगा 'स्वीकृत'।

भाषा के क्षेत्र में देश-विदेश में बहुत चिन्तन हुआ है। इस क्षेत्र में चाम्स्की, ट्रेमर, स्वीट आदि ने बहुत विचार किया है। इनसे हजारों वर्ष पहले हमारे देश में पाणिनि, यास्क, पतंजलि, भर्तृहरि, कात्यायन आदि ने भाषा तत्त्व की बड़ी गहन मीमांसा की है। सबका मिला-जुला निष्कर्ष यही रहा है कि भाषा मूलतः नाद तत्त्व तथा शब्द ब्रह्म है। वही प्रणव ओंकार है। उसके बिना संसार का कोई कार्य सम्भव नहीं है। यद्यपि जितना हम सोचते हैं, सबको उसी अनुपात में, उतने ही वज़न के साथ, हू-ब-हू, उसी मनचाहे अर्थ में प्रकट नहीं कर पाते हैं, बल्कि आत्माभिव्यक्ति की आकुलता तथा चेष्टा से हम निरन्तर जूझते रहते हैं। वैज्ञानिकों का मत है कि भाषा अपनी अभिव्यक्ति का सबसे अनगढ़ माध्यम है, इसलिए भाषा में जितने उपकरणों, उपादानों का प्रयोग किया जाता है, उनमें प्रायः सब-के-सब अस्थिर होते हैं। भाषा के उपादान—वाक्य, शब्द, रूप, ध्वनि उच्चारण आदि निरन्तर बदलते रहते हैं। शब्दों में कभी अर्थ परिवर्तन हो जाता है और कभी अर्थ विपर्यय। कोई शब्द लम्बे अर्से तक यथावत् स्थिर नहीं रहता। कालक्रम में या तो अर्थ लोप होता है या अर्थ ह्रास हो जाता है अथवा उसका अर्थ-विकास होता है। इसलिए जो तात्पर्य हम व्यक्त करना चाहते हैं, वह पूरा-का-पूरा प्रकट नहीं हो पाता। इस सीमा के बावजूद आत्माभिव्यक्ति को प्रकट करने का सबसे सरल-सहज साधन भाषा ही है। उस पर किसी का सर्वाधिकार तो नहीं हो पाता, किन्तु निरन्तर तथा अधिकाधिक प्रयास करने से हमें सर्वोत्तम क्रमवाले सर्वोत्तम शब्दों तथा प्रोक्तियों की प्राप्ति हो सकती है। लेखन तथा सम्भाषण दोनों में अभिव्यक्ति की सफलता का सर्वोपरि लक्षण है 'बेस्ट वर्ड इन द बेस्ट आर्डर' अर्थात् जिस सन्दर्भ में हम बात कर रहे हों, उस सन्दर्भ के सबसे सटीक शब्द की खोज, साथ ही सही क्रम में प्रयोग। क्रम के बदल जाने से अर्थ में अन्तर आ जाता है। जैसे—'मै जाता तो हूँ/, तो मैं जाता हूँ/ जाता तो मैं हूँ/ मैं तो जाता हूँ आदि वाक्यों में तो शब्द की हेराफेरी से अर्थ में कई अन्तर आ गये हैं। एक शब्द अपने सही स्थान पर ही अपना सही अर्थ व्यक्त करता है। इसी के साथ सबसे उपयुक्त शब्द की खोज यथाशीघ्र कर लेना एक कठिन क्रिया है। कुछ शब्द समानार्थी या पर्यायवाची होते हुए भी अलग-थलग वजन रखते हैं। यदि हम 'पुस्तक पढ़ने', 'पोथी बाँचने', 'पोथा रटने' का अन्तर समझ लें तो यह उदाहरण स्पष्ट हो जायेगा। लिखते-लिखाते या बोलते हुए कई बार हम अज्ञानवश या हड़बड़ी के कारण सर्वोत्तम शब्द नहीं चुन पाते और कुछ वैसा लिख या कह जाते हैं जो हमें अभीष्ट नहीं होता, इसलिए भाषा को यादृच्छिक ध्वनि-प्रतीक कहना

समीचीन नहीं है। हम जैसा चाहते हैं वैसे शब्द तो कभी खोज ही नहीं पाते। गोस्वामीजी ने सही ही कहा है—'लिखत सुधाकर गा लिखि राहू'। चाहते तो थे चन्द्रमा का चित्र बनाना, पर बन गया राहु का। बहुत कम कवि, लेखक ऐसे होते हैं जिनको भाषा पर पूर्णाधिकार प्राप्त हो जाता है। महाकवि तुलसीदास के शब्दों में 'कबिहि अरथ आखर बल साँचा' अर्थात् कवि को शब्द और अर्थ की सच्ची शक्ति प्राप्त हो जाती है और वह अपनी भागवती प्रज्ञा के सहारे अपने हृदयांगन में वाणी को इशारे पर नचाता हुआ चलता है। उसके स्मरण करते ही वाणी की देवी सरस्वतीजी उसके पीछे-पीछे दौड़ने लगती हैं अर्थात् भाषा भावानुगामिनी हो जाती है। उनके शब्दों में—"जिमि मुख मुकुर मुकुर निज पानी। गहि न जाये अस अद्‌भुत बानी।।"

कवि उर अजिर नचावहि बानी।
सुमिरत सारद आवत धाई।

किन्तु ऐसी सिद्धावस्था बड़ी दुर्लभ होती है। अधिकतर वक्ता और भाषा प्रयोक्ता तो अभिव्यक्ति की भावाकुलता से जूझते दिखायी देते हैं।

भाषा का सर्वोपरि गुण है सम्प्रेषण, अर्थात् जो जितना चाहे, वह अर्थ उसी अनुपात में लक्ष्यभूत श्रोता एवं पाठक तक पहुँच जाये। इसके लिए एक-एक शब्द को देखने चखने, सूँघने टटोलने और आजमाने की जरूरत होती है। इसे ही भाषा-संवेदना कहा जाता है। आज संचार भाषा में इसी की सर्वोपरि उपयोगिता मानी जा रही है।

भाषा का उद्‌भव एवं विकास

भाषाविदों ने स्वीकार किया है कि भाषा एक रहस्यमय तत्त्व है। उसकी उत्पत्ति के सम्बन्ध में विभिन्न देशों में बहुत वाद-विवाद हुआ है। अभी चिन्तन का क्रम जारी है। यह मानव विज्ञान का विषय है, पुरातत्त्व का विषय है और दर्शन का भी विषय है। अनुमान के आधार पर कहा जा सकता है कि भाषा का आविष्कार मानव जाति में लाखों वर्ष पूर्व हुआ है। 'बाइबिल-ओल्ड टेस्टामेण्ट' में इसके सम्बन्ध में कुछ कथन मिलते हैं। भारत, मिस्र, अरब आदि देशों में भी कुछ स्फुट विचार-सूत्र प्राप्त होते हैं। 18वीं सदी के कुछ भाषावैज्ञानिकों जैसे-ब्रासेस, रूसो, हर्डर आदि ने भाषा-उत्पत्ति के कुछ सिद्धान्त बताये हैं। उनका विस्तार बाद में ग्रिम, डार्विन, मैक्समूलर, टेलर आदि ने किया है। उनके विभिन्न मतों को निम्नलिखित सिद्धान्तों में वर्गीकृत किया जा सकता है—

1. दैवी सिद्धान्त- बौद्धों, जैनियों और अनेक भारतीय पण्डितों का यह मत रहा है कि भाषा अनादि तथा अनन्त है। भारत में संस्कृत को देवभाषा कहा गया

है। वेद को ईश्वर की वाणी माना गया है। कैथोलिक ईसाई/हिब्रू को सभी भाषाओं की जननी मानते हैं। मुसलमान कुरान को खुदा का कलाम कहते हैं। तात्पर्य यह है कि हर धर्म, देश और काल में भाषा को ईश्वर प्रदत्त घोषित किया गया है, जो वैज्ञानिक दृष्टि से एक अति विश्वास मात्र है।

2. विकासवादी सिद्धान्त-डार्विन के इस सिद्धान्त के अनुसार भाषा का विकास धीरे-धीरे हुआ है, लेकिन यह स्पष्ट नहीं है कि यह विकास किस भाषा और किस अर्थ ध्वनि का कब कैसे हुआ है?

3. अनुकरण सिद्धान्त-इसे 'डिग-डांगवाद या अनुरणन सिद्धान्त भी कहते हैं। इसका तात्पर्य है कि मनुष्य के मुँह से कुछ विशेष प्रकार की ध्वनियाँ प्रकट होती रहती हैं। उन्हीं को मिलाकर विश्व मानव ने लगभग 3 हजार धातुएँ बनायी हैं। इन दिनों उनमें से लगभग 4-5 सौ धातुएँ शेष हैं।

4. निर्णय सिद्धान्त-कुछ विद्वानों का मत है कि जब देह भाषा अपर्याप्त सिद्ध हो गयी तो मनुष्यों ने एक जगह एकत्र होकर कुछ ध्वनि संकेत बनाये, जिनसे कई शब्द निर्मित हुए और फिर कुछ भाषाएँ ढल गयीं। आज भी पारिभाषिक शब्दों का निर्माण इसी पद्धति से हो रहा है।

5. ध्वन्यात्मक अनुकरण सिद्धान्त-इस सिद्धान्त के अनुसार विभिन्न प्रकार की क्रियाओं से होनेवाली ध्वनि के आधार पर शब्द बना लिये गये, जैसे-मोटर के लिए पों-पों, 'पत्' की आवाज के अनुसार पत्ता, घन की आवाज में 'घण्टा'। कुछ ध्वनियाँ दृश्य के साथ भी चलती हैं, जैसे-झकझक, चकचक आदि।

6. अभिव्यक्ति सिद्धान्त-मनुष्य विभिन्न प्रकार की ध्वनियों के सहारे अपने भावों की अभिव्यक्ति करता है। उन्हें सम्बोधन या विस्मयादिबोधक कहा जाता है। इन ध्वनियों के माध्यम से मूल मनोभाव जैसे—ओ, छिः, धिक्, आह, अरे, हाय, हलो, वाय आदि सहजतः प्रकट होते हैं। धीरे-धीरे ये शब्द भाषा का रूप ले लेते हैं।

7. श्रम परिहार सिद्धान्त-कुछ विद्वानों का मत रहा है कि परिश्रम करने से जब तीव्र स्पन्दन होता है तो उसी प्रकार की कुछ ध्वनियाँ, जैसे-हियो, छियो, यो, हे, हूँ आदि स्वतः प्रकट होती हैं। यह भाषा श्रम गीतों में खोजी जा सकती है।

8. इंगित सिद्धान्त-इसकी खोज डार्विन, राये रिचर्ड, जान्सन आदि ने की। इन विद्वानों के अनुसार भाषा का विकास चार सोपानों में हुआ है। सर्वप्रथम भाव व्यञ्जक ध्वनियों (भय, क्रोध, दुःख, हर्ष, भूख, प्यास, काम) का प्राकट्य हुआ। दूसरे स्तर पर मनुष्य ने विभिन्न जीवों और प्राकृतिक पदार्थों का ध्वन्यात्मक

अनुकरण करके शब्द बनाये। तीसरी अवस्था संकेतात्मक शब्दों की कही जा सकती है, जिसे आज 'देह भाषा' माना जा रहा है। चौथी अवस्था में सूक्ष्म-से-सूक्ष्म भावों के लिए शब्द बनाये गये हैं। भाषाविदों ने मूल भावों से लगभग 200 शब्दों को जोड़ा है और यह सिद्ध किया है कि प्रायः 'र' से यह ध्वनि आरम्भ होती है तथा 'म' से समाप्त होती है।

9. 'टाटा' सिद्धान्त-आदि मानव ने जाने-अनजाने अपने विभिन्न अवयवों को उच्चारणों के साथ जोड़ लिया। इन्हीं से स्वर और व्यञ्जनों का विकास हुआ।

10. संगीत सिद्धान्त- डार्विन और स्पेन्सर का यह मानना था कि भाषा की उत्पत्ति खेल-खेल में हुई है। मनुष्य खाली समय में गुनगुनाने का आदी होता है। धीरे-धीरे उसकी निरर्थक ध्वनियों को एक सार्वजनिक अर्थ मिल गया और वह भाषा चल निकली।

11. सम्पर्क सिद्धान्त-यह एक मनोवैज्ञानिक दर्शन है। चूँकि मनुष्य एक सामाजिक प्राणी है, इसलिए साहचर्य एक स्वाभाविक मनोभाव है। हम परस्पर अपनी-अपनी प्रतिक्रियाएँ एक-दूसरे के समक्ष प्रकट करते रहते हैं। उसी से कई प्रकार की ध्वनियाँ निर्मित होती रहती हैं। यही कारण है कि संसार की सभी भाषाओं में रोने, हँसने, चिल्लाने, पुकारने के शब्द प्रायः एक-जैसे हैं।

12. समन्वित सिद्धान्त-इस मत के अनुसार मनुष्य ने उपर्युक्त कई सिद्धान्तों को मिलाकर भाषा का निर्माण किया है। उसने बहुत-सारे शब्द अनुकरण के सहारे बनाये। बहुत तरह के शब्द भावावेश से निर्मित हो गये। अनेक प्रतीकात्मक शब्द उसने गढ़ लिये। धीरे-धीरे कहावतों, मुहावरों का विकास हुआ। क्रमशः स्थूल की जगह सूक्ष्म भाषा का विकास होता गया। अभी भी इसका विकासक्रम जारी है। वस्तुतः समेकित भाषा का यह सिद्धान्त ही सम्प्रति सर्वाधिक स्वीकार्य प्रतीत होता है।

भाषा के प्रमुख रूप

सम्प्रति भाषा के कई रूप दिखायी देते हैं, जैसे-**असभ्य वर्गों तथा आदिवासी जनजातियों की भाषा-**संसार में कुछ ऐसे भी समुदाय हैं, जिनकी भाषा में लगभग 1 हजार शब्द ही रह गये हैं और उन्हीं से वे अपना काम निकाल लेते हैं, जबकि एक औसत समुन्नत भाषा में 50 लाख के आस-पास शब्द अपेक्षित हैं।

पूरे विश्व में इन दिनों 18 हजार के आस-पास भाषाएँ गिनी जा रही हैं। इस बीच छोटे समुदायों की भाषा का बड़ी तेजी से लोप हुआ है। कुछ भाषाएँ तो ऐसी हैं, जिनको बोलनेवाले दो-चार व्यक्ति ही संसार में बचे हैं।

कुछ विद्वानों का मत है कि सूचना प्रौद्योगिकी के आ जाने के कारण लिखित भाषाएँ तेजी से लुप्त होती जा रही हैं। अब केवल भाषा कम्प्यूटिंग शेष रहेगी। जो भाषा इण्टरनेट पर नहीं ढल पायेगी वह नष्ट हो जायेगी। कुछ वैज्ञानिकों ने यह भविष्यवाणी की है कि 20-25 वर्षों बाद कामकाजी भाषा के रूप में लगभग सौ-पचास भाषाएँ ही बचेंगी।

2. बच्चों की भाषा- हर देश-काल में बच्चों के उच्चारण और अशब्द प्रयोग एक अलग प्रकार की भाषा को जन्म देते हैं। यह सिद्ध कर दिया गया है कि बालक सबसे पहले ओष्ठ्य ध्वनियों (प से म) का उच्चारण करता है, इसलिए कि उसका स्वर यन्त्र शुरू में अविकसित रहता है। धीरे-धीरे वह ध्वनि शब्द, वाक्य, व्याकरण, वर्तनी, उच्चारण लिपि आदि को अपनाता है।

3. वाचिक भाषा-जिसे उच्चरित भाषा भी कहा जा सकता है। यह काफी-कुछ यथावत् लिखी, पढ़ी, बोली और समझी जा सकती है।

4. आंगिक भाषा-जो विभिन्न संकेतों के सहारे चलती है और अलग-थलग प्रकार के अर्थ देती है।

5. कूट भाषा-इसमें अनेक गूढ़ अर्थ होते हैं। मन्त्रों से लेकर गोपनीय भाषा तक इसके नमूने देखे जाते हैं।

विद्वानों ने मुख्यतः दो भाषिक आधार माने हैं। एक मानसिक, दूसरा भौतिक। इनके सहारे दो प्रकार की भाषाएँ निर्मित होती हैं—एक आन्तरिक, दूसरी बाह्य भाषा। भाषा की प्रकृति पर विचार करते हुए अधिकतर विद्वानों का यह मत रहा है कि भाषा अर्जित सम्पत्ति है, न कि पैतृक सम्पत्ति। यह एक सामाजिक तत्त्व है, जो परम्परा से प्राप्त होता है। हम अनुकरण द्वारा उसे सीखते हैं, भरसक बदलते रहते हैं और अपनी-अपनी संरचना करते रहते हैं। सतत विकसित होते रहने के कारण इसका कोई अन्तिम रूप नहीं होता है। हर भाषा की एक परिधि होती है और उसके इतिहास का एक कालखण्ड भी होता है। भाषा का यह भी लक्षण है कि यह क्रमशः सरलता और प्रौढ़ता की ओर बढ़ती रहती है।

भाषा के इस विकास के अनेक कारण बताये गये हैं, जैसे—1. परिस्थिति 2. सांस्कृतिक प्रभाव 3. सामाजिक अवस्था 4. व्यक्ति की निजता 5. जातीय मनोवृत्ति 6. प्रयत्न लाघव की प्रवृत्ति (7) शारीरिक अन्तर इत्यादि।

भाषा में जो परिवर्तन होता रहता है, उसे अर्थ संकोच, अर्थ लोप, अर्थ विपर्यय, अर्थ ह्रास आदि में वर्गीकृत किया जा सकता है।

भाषा के विभिन्न प्रयोजन

प्रत्येक जीवन्त भाषा इन रूपों में व्याप्त दिखायी देती हैं—1. मानक भाषा, 2. जनपदीय विभाषा, 3. बोली या उपबोली।

प्रयोजन की दृष्टि से मानक भाषा को हम निर्म्नलिखित वर्गों में विभाजित कर सकते हैं—

1. बोलचाल की कामकाजी (क्षेत्रीय) भाषा
2. राजभाषा
3. शिक्षा की माध्यम भाषा
4. जन-माध्यमों की संचार भाषा
5. सृजनात्मक लेखन की भाषा
6. यन्त्रों द्वारा चालित (मशीनी) भाषा आदि।

इन्हीं में से राष्ट्रभाषा तथा सम्पर्क भाषा की रचना होती है। जो मानक भाषा नहीं बन पाती, उसमें अपभाषा, कृत्रिम भाषा, मिश्रित भाषा, 'पिंजिन' या 'क्रियोल' के तत्त्व ज्यादा पाये जाते हैं। इस बीच समाज मनोभाषिकी-जैसे विषय का विकास हुआ है, जिसमें स्त्री भाषा, पुरुष भाषा, जाति भाषा-जैसे श्रेणीकरण भी किये गये हैं।

भाषाविदों ने संसार की भाषाओं का वर्गीकरण करते हुए अनेक परिवार स्थापित किये हैं। इनमें उल्लेखनीय हैं—

1. द्रविड़ परिवार
2. चीनी एकाक्षरी परिवार
3. सेमेटिक, हैमेटिक (सामी, हामी) परिवार
4. अल्टाइक परिवार
5. काकेशियन परिवार
6. जापानी परिवार
7. मलय परिवार
8. आष्टो परिवार
9. बुशमैन परिवार
10. बाण्टू परिवार
11. सूडान परिवार
12. अमेरिकी परिवार
13. भारोपीय परिवार आदि।

भारोपीय परिवार में संस्कृत, पालि, प्राकृत, अपभ्रंश, फ्रेंच, अवेस्ता, ग्रीक, लैटिन, अंग्रेजी, रूसी, जर्मन, स्पेनी, पुर्तगाली, इटैलिक, फारसी, बाँग्ला, गुजराती, मराठी और हिन्दी का समावेश किया गया है। इस परिवार का क्षेत्र बहुत व्यापक है। इसमें सर्वाधिक बोलियाँ हैं, सबसे बहुमूल्य साहित्य है और सर्वाधिक भाषापरक कार्य इनमें हुआ है। विद्वानों ने इस परिवार के भी दो भेद किये हैं— एक केन्तुम, दूसरे सेतुम, जिसमें हिन्दी को स्थान दिया गया है। इसे मूलतः आदि भाषा वर्ग भी कहा जा सकता है। इस वर्ग में भी अनेक शाखाएँ हैं, जिनमें भारत, ईरानी भाषा सबसे महत्त्वपूर्ण मानी गयी है। यह वर्ग ईसा के 5 हजार वर्ष पहले से सक्रिय है। इसमें संस्कृत और अवेस्ता, दोनों का लगभग समानान्तर विकास हुआ है।

हिन्दी भाषा के विकास को हम 3 काल-खण्डों में स्थापित कर सकते हैं—

1. अपभ्रंश-'पुरानी हिन्दी'

2. मध्यकालीन हिन्दी—जिसकी साहित्यिक भाषाएँ हैं, ब्रज, अवधी, राजस्थानी, मैथिली, भोजपुरी आदि।

3. आधुनिक हिन्दी भाषा, जिसका स्वरूप गठन संस्कृत तथा भारतीय भाषाओं के अतिरिक्त अरबी, पश्तो, फारसी, फ्रेंच, अंग्रेजी, डच, पुर्तगाली, ग्रीक आदि से मिल-जुलकर हुआ है।

डॉ. ग्रिसर्यन ने इसे 5 वर्गों में विभाजित किया है—

1. पूर्वी 2. पश्चिमी 3. पहाड़ी 4. राजस्थानी 5. बिहारी

हिन्दी भाषा उत्तर भारत के 10 राज्यों की मातृभाषा है। इसमें लगभग 250 बोलियाँ हैं। क्रमशः यह विश्व भाषा की दिशा में बढ़ रही है। संघ की राजभाषा तो है ही। इसका भविष्य अनेक सम्भावनाओं से ओत-प्रोत है।

भाषा-संवेदन, भाषिक संचरण और सम्प्रेषण की प्रक्रिया

वैज्ञानिकों के मतानुसार लगभग 20 अरब वर्ष पूर्व एक विस्फोट अर्थात् ध्वनि के कारण यह भूमण्डल ब्रह्माण्ड से पृथक् हो गया था और तभी उसमें जीवों की सृष्टि शुरू हुई थी। निष्कर्ष यह कि सृष्टि का आदि है 'नाद' जिसे भारतीय दर्शन में 'शब्द ब्रह्म' कहा गया है और जिसका व्यावहारिक रूप है—भाषा। यही वाक् तत्त्व मनुष्यता का मूल प्रस्थान बिन्दु है। बाइबिल में कहा गया है—"इन दि बिगनिंग देयर वाज द वर्ड'। हमारे देश में यह भी एक मान्यता रही है कि लौकिक भाषा शिव की ताण्डव नृत्य मुद्रा में बजाये गये डमरू की 14 थापों से पैदा हुई। उन्हें ही पाणिनि ने अष्टाध्यायी में ढालकर व्याकरण की सृष्टि की, जो अद्यावधि प्रचलित है।

भूमण्डल पर जीव की (याकि जीवन की) सत्ता लगभग 1 करोड़ वर्षों से है। पुराविदों का अनुमान है कि विगत 40 लाख वर्ष पूर्व लंगूर, चिम्पैजी आदि ने कुछ ऐसी ध्वनियाँ निकालीं, जो मानव-ध्वनियों के सन्निकट थीं। जब मानव का जन्म हुआ तो लगभग 1 लाख वर्ष तक उसने गुहावास किया और तभी कण्ठ ध्वनियों का आविष्कार किया, जिससे कालान्तर में मनुष्य में एक विशिष्ट स्थायी भाषिक संवेदना का जन्म हुआ। इस आदिमानव ने भित्तिचित्र में भाषा को रूप-संवेदना में ढालने अर्थात् भाषा को दृश्य बनाने का प्रयास किया। धीरे-धीरे संवादात्मक अभिव्यक्ति की शुरुआत हुई। ईस्वी सन् के हजारों वर्ष पूर्व रचित ऋग्वेद की कई ऋचाओं में यम-यमी, इन्द्र-मरुत, पुरूरवा-उर्वशी आदि के जो कथोपकथन दिये गये हैं, वे भारतीय भाषा के श्रावणिक बिम्ब अर्थात् श्रुति-संवेदन के प्रमाण हैं। वेद को 'श्रुति' कहना इसी उच्चरित शब्द के श्रव्य होने का प्रयोग है। इस प्रकार शब्द के सम्प्रेषण व्यापार की शुरुआत हुई। पश्चिम में काफी बाद में प्लेटो-सुकरात के संवादों से यह प्रक्रिया विकसित हुई है और कालक्रम में विश्व संचार में परिणत हो गयी है।

भाषाविदों का मत है कि सम्प्रेषण के लिए जरूरी है Vocal Motoric System की सही सक्रियता। हमारे मुख-विवर में अनेक स्वर-यन्त्र हैं। ये वक्ता की मनोनुभूतियों के अनुरूप सक्रिय होते हैं। इनकी ध्वनि-समष्टि ही भाषा का रूप धारण करती है और कालक्रम में वक्ता एवं श्रोता के मन में भाषा-संवेदना के रूप में परिणत हो जाती है। कठिनाई केवल मूक-बधिर व्यक्तियों के समक्ष रहती है। इसीलिए उनके सम्प्रेषणार्थ 'साइन लैंग्वेज' का आविष्कार करना पड़ा है और दृष्टिहीनों के लिए 'ब्रेललिपि' बनानी पड़ी है। शेष सभी मनुष्यों की स्वर-तन्त्रिकाएँ लगभग समरूप हैं। हजारों वर्ष पूर्व की बनमानुष स्त्री बाशूलाना से लेकर आज तक के स्त्री-पुरुषों में इस भाषा-संवेदना का कोई आमूलचूल परिवर्तन नहीं हुआ है। हमारे दैनिक जीवन में परिवर्तन भाषा की जातीय प्रकृति का या शब्द संस्कृति का होता है, न कि आदिम भाषा-संवेदना का। हाँ, मानसिक अवस्था से शब्दार्थ-ग्रहण की क्षमता जरूर प्रभावित होती है, जैसे—6 माह तक नवजात केवल 1 शब्द (ओष्ठ्य ध्वनि) बोलता है और 6 वर्ष की अवस्था तक पहुँचते-पहुँचते वह समस्त भाषिक संवेदनाओं से ओतप्रोत हो उठता है।

इसी प्रकार का अन्तर देखा जा सकता है—भाषिक तत्त्वों में। भाषा-संवेदना इस प्रकार त्रिकोणात्मक होती है—1. Ethos (वक्ता का विश्वास) 2. Pathos (वक्ता की करुणा) 3. Logos (वक्ता की तर्क बुद्धि)। उपर्युक्त तत्त्वों के अनुरूप वक्ता शब्द चयन करता है। वह भरसक स्पष्टता लाता है और अपने सम्भाषण में आयतन (Volume), गति (Speed), आरोहावरोह (Voice Modulator), अन्तराल (Pause), लहजा (Excent) आदि का विन्यास करता है। श्रोता इसकी संरचना अपनी मनोमुद्राओं के अनुरूप करता है, यानी औचित्य, सम्प्रेषणशीलता आदि का निर्माण करता है। तात्पर्य यह है कि भाषा-संवेदना व्यष्टि-समष्टि का उभयपक्षीय आदान-प्रदान है। इसके मुख्य बिन्दु हैं—सहजता, मितव्ययता, चित्रात्मकता, तारतम्य, सार्थकता आदि। यह संवेदना पंच ज्ञानेन्द्रियगम्य है, इसलिए भाषा-संवेदना को ऐन्द्रिय संवेदनाओं के परिपार्श्व में ही विधिवत् समझा जा सकता है।

मानवीय संवेदनाओं की प्रक्रिया एवं प्रकृति

मनुष्य सभी चेतन प्राणियों में सर्वोपरि है। उसे श्रेष्ठता एवं आधिपत्य प्रदान करनेवाला तत्त्व है—आत्मबोध। बोध यानी अनुभव ही मनुष्य को समस्त जीवधारियों में शीर्ष पद पर प्रतिष्ठित किये हुए है। यह सुविदित है कि जन्मकाल के कुछ समय बाद तक शिशु का मानस कोरे कागज की भाँति होता है किन्तु शनैः-शनैः वह भरता जाता है। कैसे? उत्तर है—अनुभव से। निश्चय ही अनुभव हमारे समस्त ज्ञान का स्रोत है। हमारे समस्त ज्ञान का आधार हमारा अनुभव ही होता है और यह अनुभव, किसी-न-किसी रूप में हमारे इन्द्रिय-प्रत्यक्ष का ही परिणाम होता है।

बाह्य जगत्-सम्बन्धी ये सारे ज्ञान हमें ज्ञानेन्द्रियों के द्वारा ही मिलते हैं। अपनी ज्ञानेन्द्रियों के माध्यम से ही हम प्रकाश, ध्वनि, गन्ध, ताप (गर्मी-सर्दी) आदि का अनुभव प्राप्त करते हैं। इन्हें ज्ञानेन्द्रियों (Sense organs) या ग्राहक (Receptors) भी कहते हैं। ज्ञानेन्द्रियाँ विभिन्न नाड़ियों द्वारा मस्तिष्क को निरन्तर सन्देश प्रेषित किया करती हैं। जब पूर्व ज्ञान के आधार पर हमें उनका कोई सुसंगठित बोध होता है तो उसे प्रत्यक्षीकरण कहा जाता है। पर अपने पृथक् अस्तित्व के कारण ये संवेदनाएँ कही जाती हैं। एक प्रकार से यह भी कहा जा सकता है कि संवेदना प्रत्यक्षीकरण का मूल आधार है।

हमारी इन्द्रियाँ तरह-तरह के प्रत्ययों को हमारे मानस में पहुँचाती हैं, जैसे- नीला, पीला, तीखा, खट्टा, नर्म, कठोर आदि। हमारे अधिकांश प्रत्ययों का यह विशाल स्रोत, जो पूर्णतः इन्द्रियों पर आधृत है, संवेदना नाम से अभिहित किया जाता है। इसका आधार बाह्य भौतिक वस्तुएँ ही होती हैं। एक नवजात शिशु को आँख खुलते ही अपने चतुर्दिक् रंग-रूप से भरा स्वर्णिम संसार दिखायी देता है। वह चाहे या न चाहे, इन्द्रियों के विषय उसके मन पर प्रत्यय अंकित करते चले जाते हैं। जैसे—एक दर्पण के सामने रखी वस्तु का प्रतिबिम्ब दर्पण पर पड़ता ही है, (वह चाहे या न चाहे) उसी प्रकार चारों ओर की वे वस्तुएँ, जो हमारी इन्द्रियों की सीमा-रेखा में आती हैं, मन पर अपना प्रभाव डालती हैं। जैसे—शिशु जन्म के बाद सिर्फ अपनी माँ को देखता है। वह अन्य चेहरों के प्रत्ययों से काफी समय तक अनजान रहता है। ज्यों-ज्यों वह दूसरे आदमियों के चेहरे देखता है, उसके मन पर उनके प्रत्यय बनने शुरू हो जाते हैं। एक ही वस्तु से हम एक साथ कई संवेदनाएँ भी ग्रहण कर सकते हैं। जैसे—जलती मोमबत्ती को आँख से देखकर हमें उसके रंग की प्रतीति और हाथ से छूकर उसकी उष्णता की प्रतीति होती है।

आज यदि हमारे पास केवल एक ही इन्द्रिय होती तो हम किसी एक वस्तु का सिर्फ उससे ही सम्बन्धित अनुभव प्राप्त कर पाते। इसी प्रकार 21वीं शती में हमारे लिए छठी या सातवीं या आठवीं इन्द्रिय से सम्बन्धित अनुभव अभी कल्पनातीत है। फिलहाल इस समय हमारी चेतना पर जो बिम्ब बनते हैं, वे या तो एक इन्द्रिय के माध्यम से प्रविष्ट हुए होते हैं या एक से अधिक इन्द्रियों के माध्यम से। वृक्ष की ऊँची शाखा पर खिले गुलाब की संवेदना पहले केवल दृष्टिपरक होती है। फिर उसे तोड़कर हाथ में ले लेने पर वह स्पर्शपरक और सूँघने पर घ्राणपरक भी बन जाती है। जब कोई उत्तेजना किसी ज्ञानेन्द्रिय को प्रभावित करती है, तब उस ज्ञानेन्द्रिय में एक रासायनिक परिवर्तन होता है, जिसे स्नायु-प्रवाह कहते हैं। यह स्नायु-प्रवाह

नाड़ियों के सहारे मस्तिष्क तक पहुँचता है। उस समय की घटित हानेवाली यह मानसिक प्रक्रिया ही सवदना कहलाती है।

संवेदना का स्वरूप

मनोविज्ञान के अनुसार संवेदना का कोई स्पष्ट स्वरूप नहीं होता। मनोवैज्ञानिकों की मान्यता है कि किसी व्यक्ति को शुद्ध संवेदना नहीं प्राप्त हो पाती, क्योंकि संवेदना की मानसिक प्रक्रिया नितान्त अर्थहीन होती है। इस प्रक्रिया में हमें किसी उत्तेजना का ज्ञान नहीं होता, मात्र आभास होता है। वस्तुतः जब हमें किसी वस्तु को देखकर उत्तेजना का कोई आभास होता है तो हम उसमें अर्थ भी संयुक्त कर देते हैं। अर्थ चाहे सही हो या गलत, लेकिन उससे जुड़ता अवश्य है। उदाहरण के लिए एक शिशु जिसने केवल आम का फल देखा और खाया है, अंगूर को देखकर उसे वह पहले खाने की वस्तु नहीं समझ पाता। वह उससे खेलना प्रारम्भ कर देता है। भले ही यह अर्थ गलत था, लेकिन उसने लगाया अवश्य। इसीलिए यह माना जाता है कि शुद्ध संवेदना किसी की भी नहीं हो सकती। फिर भी यह मनोवैज्ञानिक अध्ययन का महत्त्वपूर्ण आधार है। जिस तरह बिन्दु की परिभाषा करते हुए कहा गया है कि उसका कोई अस्तित्व नहीं होता है, तथापि वह रेखागणित का मूल आधार बन जाता है, क्योंकि तरह-तरह की ज्यामितिक समस्याओं का समाधान बिन्दु की कल्पना करने से ही होता जाता है। उसी तरह यद्यपि शुद्ध संवेदना का कोई बाह्य प्रमाण नहीं दिया जा सकता है, तब भी उसकी उपेक्षा नहीं की जा सकती, क्योंकि वही विभिन्न ज्ञानात्मक प्रक्रियाओं की व्याख्या का मूलाधार है। प्रत्यक्षीकरण, चिन्तन, तर्क आदि ज्ञानात्मक प्रक्रियाओं को समझने के लिए संवेदना का अध्ययन आवश्यक है।

जैव संचेतना एवं भाषा-संवेदना का अन्तस्सम्बन्ध

पंचभूत—	पृथ्वी	जल	वायु	अग्नि	आकाश
पंचतत्त्व—	गन्ध	रस	स्पर्श	रूप	शब्द
मनःप्रवृत्तियाँ—	धैर्य	रसिकता	गति	तेज	उन्मुक्तता
पंचेन्द्रियाँ—	नासिका	जिह्वा	त्वचा	नेत्र	कान
पंचभाषा संवेदनाएँ—	स्थिरता	प्रवाह	आवेग	ओज	सृजनात्मकता

पंचवायु और उनका निवास स्थल 1. प्राण (हृदय) 2. अपान (गुदा) 3. समान (नाभि) 4. उदान (कण्ठ) 5. व्यान (शरीर)। इनका पूरा विचार करके भाषा का समग्र कोटि निर्धारण किया जा सकता है।

उपर्युक्त तालिका से स्पष्ट है कि—

1. पृथ्वी से गन्धानुभूति प्राप्त होती है। पृथ्वी का आश्रय लेने से धैर्य प्राप्त होता है। यह तत्त्व भाषा में स्थिरता-दृढ़ता भरता है। यह पार्थिव तत्त्व नासिकेन्द्रिय का विषय है।

2. जल से रस तत्त्व मिलता है। यही मूल स्वाद है। यही प्रकारान्तर से रक्त बन जाता है। यह रसनेन्द्रिय का विषय है। इससे व्यक्ति में रसिकता की और भाषा में सरसता तथा प्रवाह की सृष्टि होती है।

3. वायु तत्त्व से स्पर्शानुभूति होती है, जो धर्मेन्द्रिय का विषय है। इसका गुण है गतिशीलता। यह भाषा में आवेग भर देता है।

4. अग्नि से रूप बनता है। इसे नेत्रेन्द्रियाँ ग्रहण करती हैं। इसका गुण है ताप एवं तेज और भाषिक ओज।

5. आकाश का धर्म है शब्द, जिसे धारण करती है कर्णेन्द्रिय। इसका गुण है उड्डयन (मन की उड़ान) और कर्म है स्पन्दन। इससे भाषा में सर्जनात्मक कल्पना की सृष्टि होती है। भारतीय दर्शन में यह माना गया है कि समस्त जैव चेतना इसी ऐन्द्रिय सन्निकर्ष से उत्पन्न होती है। ये चेतनाएँ ही भाषा-संवेदना को जन्म देती हैं।

भाषा को 'ज्ञानेन्द्रियों का अनुभव माना गया है। यह हमारी देह-रचना की वह सर्वप्रथम सचेतन प्रक्रिया है, जिसमें हमें वातावरण की ज्ञानोपलब्धि होती है। यह हमारे मन की चेतना की वह अवस्था-विशेष है, जिससे हमें जगत् की वस्तु-विशेष का ही बोध न होकर उसके गुणों का भी बोध होने लगता है। मनोविज्ञान में इसका यही अर्थ ग्रहण किया जाता है।

भाषा-संवेदना की विशेषताएँ

अपने अन्तर्निहित गुणों के कारण ही प्रत्येक वस्तु अपना अस्तित्व एवं महत्त्व बनाये रखने में समर्थ होती है। बर्फ का गुण है, उसका ठण्डापन। इसे हटा दीजिये तो बर्फ का अस्तित्व समाप्त हो जायेगा। व्यक्ति की भाषा-संवेदना भी अपनी विशेषताओं के कारण पहचानी जाती है। इस प्रकार वह मनोवैज्ञानिक अध्ययन का मूलाधार बन जाती है। इसकी विशेषताएँ निम्नलिखित हैं—

1. भाषा-संवेदना की सबसे बड़ी विशेषता है उसकी प्रकृति। एक विशिष्ट भाषा-संवेदन दूसरे से सर्वथा भिन्न होता है। उसी प्रकार जैसे—रंग, ध्वनि, स्वाद, गन्ध, स्पर्श आदि की संवेदनाएँ एक-दूसरे से पर्याप्त पृथक् होती हैं। भाषा-संवेदना के लिए उत्तेजकों की आवश्यकता होती है, जिससे सम्बन्धित गुण ही हमसे उक्त संवेदना उत्पन्न कर देता हैं। दृष्टि-सम्बन्धी संवेदना में लाल, पीला, नीला, हरा, सफेद, भूरा और काला—ये सात रंग प्रधान माने जाते हैं। अन्य रंग इन्हीं के संयोजन से बनते हैं। स्वाद-सम्बन्धी संवेदना में मधुर, क्षार, खट्टा और

कड़ुआ—ये चार प्रधान प्रकृतियाँ मानी जाती हैं। इसी प्रकार अन्य संवेदनाओं की भी अपनी (निजी) प्रकृति रहती है।

2. प्रत्येक भाषा-संवेदना में तीव्रता का गुण अनिवार्य रूप से समाहित रहता हैं। कभी कहीं दूर से आती संगीत की स्वर-लहरियाँ हमारे कानों में मिसरी घोलती हैं, किन्तु कभी ध्वनि विस्तारक यन्त्र का तेज स्वर हमारे कान फोड़ने लगता है। दोनों ही श्रवण-संवेदनाएँ हैं, पर ये तीव्रता या मन्दता के कारण एक-दूसरे से भिन्नता लिये होती हैं।

3. भाषा-संवेदन का सत्ताकाल (अवधि) भी उसकी एक प्रमुख विशेषता है। यदि कोई चित्र हमें दूरदर्शन के परदे पर क्षणांश के लिए देखने को मिलता है तो उसकी भाषा-संवेदना एक तरह की होती है और अगर वही चित्र हमें समाचार-पत्र के पृष्ठ पर लम्बे समय के लिए देखने को मिलता है, तो उसकी संवेदना भिन्न प्रकार की होती है। दोनों भाषा-संवेदनाओं का यह अन्तर उनके सत्ताकाल के कारण होता है।

4. भाषा-संवेदना की एक अन्य विशेषता है—स्पष्टता। यह उत्तेजना की तीव्रता पर और सत्ताकाल (अवधि) पर निर्भर रहती है। जो उत्तेजना जितनी तीव्र होती है, वह उतनी ही देर तक टिकी रहती है। उसकी स्पष्टता भी उतनी ही अधिक होती हैं। आकाश से हो रही बूँदा-बाँदी जब बहुत धीमी होती है तो हमें कभी-कभी अपने शरीर पर बूँदों के गिरने का आभास तक नहीं होता। वर्षा की गति तेज होते ही स्पर्श-संवेदना एकदम सक्रिय हो जाती है। तब उसकी भाषिक अभिव्यक्ति में भी वैसी ही तेजी का आ जाना स्वाभाविक है।

5. भाषा-संवेदना का विस्तार भी उसकी एक विशेषता है, जो उद्दीपक द्वारा प्रभावित क्षेत्र पर निर्भर होता है। यदि हम किसी वस्तु को पहले एक उँगली से छुएँ और फिर अपनी पूरी हथेली से। दोनों बार भिन्न प्रकार की स्पर्श संवेदना होगी। हम अपनी हथेली पर एक सिक्का रखने के बाद अगर दूसरा सिक्का रख लें तो इससे भाषा-संवेदना की तीव्रता बढ़ जायेगी। संवेदना का विस्तार भी बढ़ जायेगा।

भाषा-संवेदना के प्रकार

संवेदना का वर्गीकरण कई आधारों पर किया गया है, जिसमें ज्ञानेन्द्रियों के आधार पर किया गया यह वर्गीकरण सर्वाधिक मान्य है—

(क) विशिष्ट संवेदना, जिसका सम्बन्ध बाह्य ग्राहकों से होता है। बाह्य ज्ञानेन्द्रियाँ, शरीर के बाहरी भाग में रहती हैं और बाह्य जगत् की भौतिक उत्तेजनाओं को ग्रहण करती हैं। ये बाह्य ग्राहक ज्ञानेन्द्रियाँ हैं—आँख, कान, नाक, जीभ तथा त्वचा। इन सभी से सम्बन्धित अपनी विशिष्ट संवेदनाएँ होती हैं, जैसे—नेत्र से

सम्बन्धित रूप संवेदना, कानों से सम्बन्धित श्रवण संवदना, जिह्वा से सम्बन्धित स्वाद (रस) संवेदना। नाक से सम्बन्धित गन्ध संवेदना तथा त्वचा से सम्बन्धित त्वक् (स्पर्श) संवेदना।

(ख) अन्तरावयव संवेदना का सम्बन्ध आन्तरिक ग्राहकों से होता है। कुछ ऐसे ग्राहक जो शरीर के भीतर होते हैं और आन्तरिक प्रेरणाओं से ही उत्तेजित होते हैं, आन्तरिक ग्राहक कहलाते हैं। अँतड़ियाँ, हृदय आदि इसी प्रकार के ग्राहक हैं।

(ग) स्नायविक या गति संवेदना का सम्बन्ध मध्य ग्राहकों से होता है। कुछ ऐसे ग्राहक, जो मांस पेशियों तथा जोड़ों में पाये जाते हैं, मध्य ग्राहक कहलाते हैं। इनसे सम्बन्धित संवेदना स्नायविक या गति संवेदना कहलाती है।

विशिष्ट भाषिक संवेदनाएँ

इन संवेदनाओं को विशिष्ट संवेदना इसलिए कहा गया है, क्योंकि इनमें से प्रत्येक के लिए एक विशिष्ट ग्राहक और विशिष्ट उत्तेजना की आवश्यकता होती है। जैसे—

1. दृष्टि संवेदना—इसके लिए ग्राहक आँख है और उत्तेजना है प्रकाश। कर्मेन्द्रियों में इसका सम्बन्ध मुख से है।

शरीर की ज्ञानेन्द्रियों में आँख का महत्त्व सर्वाधिक है। आँख के न रहने पर पूरे संसार में ही अँधेरा हो जाता है। प्रकाश को पा लेने से आँख उत्तेजित हो जाती है। प्रकाश की ये लहरें पहले नेत्रों के चित्रपट तक पहुँचती हैं। वहाँ कुछ शिराओं में दृश्य की धाराएँ उत्पन्न होती हैं और तब मस्तिष्क के सहयोग से हमें दृष्टि-सम्बन्धी संवेदना प्राप्त होती है। यही रूप बिम्ब अन्ततः शब्द बिम्ब के रूप में अंकित या मुखरित होने लगता है।

दृश्य माध्यमों में दिनोंदिन रूपात्मक विकास होता जा रहा है। इससे दृश्य और द्रष्टा, दोनों में चाक्षुष संवेदना का बदलाव तेजी से हो रहा है। जैसे-अब फिल्मों तथा धारावाहिकों में नायक से ज्यादा खलनायक को चित्रित किया जाता है। प्रत्येक फिल्म में शूटर, फाइटर, सीरियल किलर, रफ एण्ड टफ, मसल्स मैन, गैंगस्टर आदि की अनावश्यक भीड़ दिखायी देती है। ध्यानाकर्षण के उद्देश्य से असाधारण आकृतिवाले मोटे, बौने, विकलांग और कुरूप पात्रों की अधिकाधिक भर्ती की जा रही है। रुपहले पर्दे पर रूपवान् से ज्यादा आज फोटोजेनिक चेहरे की खपत है। वयः सौन्दर्य की दृष्टि से कमसिन किशोरियों की माँग ज्यादा हो रही है। उनकी तन्वंगिता और लोच-लचक अपेक्षाकृत अधिक सराही जाती है। बाँकपन लाने के

लिए 'साइड पोज' बढ़ गये हैं। पात्र के कार्यकलाप में गत्यात्मकता लाने के लिए खरापन तथा तीव्रता को ज्यादा महत्त्व दिया जा रहा है। मदालसा, गजगामिनी अथवा हंसगति की जगह अब स्फूर्तिमयी, 'स्मार्ट' नायिका को ज्यादा चित्रित किया जाता है, इसीलिए नृत्य में 'ड्रिल एरोविक्स' ज्यादा होने लगी है और इसीलिए घुड़सवारी, कार रेस, नौका सन्तरण के गत्वर बिम्ब अकारण भी दिये जाने लगे हैं। नग्नता के क्षेत्र में तो विकट स्पर्द्धा चल रही है। सद्यः स्नाताओं के सीन दिनोंदिन बढ़ते जा रहे हैं। अंग-प्रत्यंग पर केन्द्रित कैमरे सम-विषम अनेक प्रकार के दृश्य उभारते हैं। कुछ अंगों की पीनता, कुछ की सूक्ष्मता, कहीं सीधापन तो कहीं वक्रता, कभी दीर्घता तो कभी लघुता, एक ओर कृशता तो दूसरी ओर स्थूलता और प्रायः लम्बापन कैमरे की भाषा में ढलते जा रहे हैं। वीडियो कैमरा 'मैचिंग' तथा 'कण्ट्रास्ट' का अनुपात अथवा समन्वय बैठाने में प्रयत्नशील रहता है। वह मनोदशाओं के चित्रण में बहुत सचेष्ट है। कहीं सलज्ज मुद्रा तो कहीं करुण भाव, कहीं अलस खुमारी तो कहीं क्रुद्ध मुद्रा। 'मुगले आजम' में अकबर बने पृथ्वीराज कपूर के क्रुद्ध होने पर काँपते हुए चेहरे की झुर्रियाँ और गर्दन की नसें कैमरे द्वारा जिस जीवन्तता के साथ चित्रित की गयी हैं, वे सर्वथा बेजोड़ हैं। देह भाषा अथवा पात्र के एक-एक अनुभाव को सम्मूर्त कर देना वीडियो भाषा का अपना वैशिष्ट्य है। इसके कारण अति नाटकीयता में कभी आयी है और स्वाभाविकता की वृद्धि हुई है। कभी-कभी फैशन के दुराग्रहवश एक ही फिल्मी गीत के बीच कई बार जो परिधान-परिवर्तन किया जाता है, वह अस्वाभाविक लगता है। अब वीडियो तकनीक के बहुत विकसित हो जाने के कारण रंगों की कोई वर्जना नहीं रही। पहले श्वेत परिधान वर्जित माने जाते थे। अब गौर वर्ण के साथ श्वेत-श्याम अथवा रंग-बिरंगे, सभी दृश्य सहजतः प्रस्तुत किये जा सकते हैं। प्राकृतिक दृश्यों में कैमरा, पर्वत, सागर, वन, उपवन, सूर्योदय-सूर्यास्त-जैसे स्थूल दृश्यों के अतिरिक्त खिलती हुई कली, टपकती हुई ओस की बूँद और उड़ती हुई तितली को भी सतर्कतापूर्वक पकड़ लेता है। कथा कुतूहलवश आकस्मिक दृश्यों को ज्यादा बारीकी के साथ पकड़ा जाता है। इसीलिए फिल्मों में जुड़वाँ भाई-बहनों के साथ-साथ वानर, बनमानुष, कुत्ता, हाथी, साँप आदि का समावेश ज्यादा होने लगा है। इन दिनों दर्शक को भयावहता ज्यादा पसन्द आ रही है। इसलिए हारर शो, भूत-प्रेत अर्थात् डरावने दृश्यों की भरमार है।

सम्प्रति दृश्य बिम्बों में प्रतीकों का प्रयोग बढ़ता दिख रहा है। यदि नायक अन्तःसंघर्ष से जूझ रहा है तो उसे सिन्धु तट पर बैठाकर उत्ताल तरंगाघात दिखाया जाता है। उमंग और उल्लास के क्षणों में नायक-नायिका को किसी फुलवारी में गाते

और क्रीड़ा करते चित्रित किया जाता है। यदि गाड़ी से यात्रा करता हुआ पात्र मन-ही-मन इस दुविधा में है कि वह कहाँ जाये? तो उसके इस मनोभाव को बार-बार इधर-उधर लुढ़कती हुई एक खाली बोतल के सहारे प्रतीकित करना एक सूक्ष्म कल्पना है। इसी प्रकार मृत्यु की सूचना देते हुए उड़ते हुए पक्षी, बुझते हुए दीपक, जमीन पर गिरकर टूटते हुए चित्र और चलते-चलते रुक जानेवाली घड़ी का दृश्य दिखाना निःसन्देह बड़ा कलात्मक है। इसी प्रकार अजगर, गिरगिट, छिपकली आदि को दिखाकर रोमांचित करना एक विशेष प्रकार की दृश्य संवेदना पैदा करता है। तात्पर्य यह है कि रूप-जगत् के ये दृश्य बिम्ब इन दृश्य माध्यमों में भाषा-संवेदना की सर्वाधिक महत्त्वपूर्ण भूमिका निभाते हैं।

2. स्वाद या रस संवेदना

रस का प्रधान अंग है रसना। जिह्वा के अगले हिस्से से मिठास, किनारे से खट्टापन, जड़ भाग से कड़ुआहट तथा किनारे एवं अग्र भाग से नमकीन का स्वाद मिलता है। मुख्य स्वाद ये ही चार हैं, शेष षट्रस इनके मिश्रण से बनते हैं। सम्प्रति साहित्य में इनकी संख्या 11 तक हो गयी है। स्वाद का कोई ज्ञानात्मक महत्त्व नहीं होता पर भावनात्मक महत्त्व तो है ही, क्योंकि स्वादिष्ट खान-पान हमें आनन्द देता है। स्वाद-संवेदना का गन्ध-संवेदना से बहुत घनिष्ठ सम्बन्ध है। इसका सम्बन्ध दाँतों से और नाक से है। नाक बन्द करके किसी मनुष्य को कई प्रकार की चीजें एक के बाद एक जीभ पर रखने के लिए दी जायें तो वह उन्हें पहचानने में असमर्थ होगा। नाक को बिना बन्द किये उन्हें चखने से भिन्नता का ज्ञान स्पष्ट होता रहेगा। भाषा का अपना स्वाद इसी प्रक्रिया से बनता है। इस सम्बन्ध का सम्बन्ध मूलतः भाव से है। भू अर्थात् होना। जो हुआ या होने को है, वह है भव। इसी भव की भवता है—भाव। रस का सम्बन्ध रसना से है। कर्मेन्द्रियों में यह लिंग का विषय है। गन्ध द्वारा यह रसना से रसास्वादन कराती है, साथ ही वही रसात्मक सम्भाषण करती है। हमारे लोक-जीवन में षट्रस का प्रचलन है, जबकि प्राचीन साहित्य और कला में नौ रस स्थापित हैं। मूल है करुणा (पैथास) और क्रोध (ऐंगर) जैसे—फायर ऐण्ड वाटर। दृश्य माध्यमों में अपेक्षाकृत चार रस प्रमुख कहे जा सकते हैं—शृंगार, करुण, हास्य और भयानक। इसी भयानक में वीर, रौद्र और वीभत्स रस को समेट लिया गया है, जो वर्तमान फिल्मों तथा धारावाहिकों में सबसे ज्यादा प्रयुक्त है। अद्‌भुत रस में सर्वाधिक माँग है कौतुकी दृश्यों अर्थात् रहस्य, रोमांच और इन्द्रजाल से परिपूर्ण दृश्यों की। इन कलाओं का उद्देश्य हो गया है—उत्तेजना, आकस्मिकता, भयानकता आदि की सृष्टि करना। इसी कारण 'फाइट सीन' हत्या आदि के दृश्य बहुत बढ़ गये है। इन्होंने शृंगार को भी अश्लीलता तथा रेप दृश्यों के कारण वीभत्स

रस में बदल दिया है। इसी के साथ-साथ खान-पान, विशेषतः शराबखोरी के दृश्य सफेद पर्दे पर बहुत छा गये हैं। भारतीय नाट्यशास्त्र में युद्ध, रति और भोजन के दृश्यों को प्रस्तुत करना वर्जित रहा है, क्योंकि इनके दिखने से 'रसाभास तथा रस विपर्यय' पैदा होता है, किन्तु पश्चिमीकरण से प्रेरित नयी बाजारू नैतिकता के कारण अब 'वाटर', 'फायर', 'गर्ल-फ्रेण्ड'-जैसी फिल्मों में प्रदर्शित नग्नता को साहसिक कला माना जाने लगा है। इस अत्याधुनिकता ने सबसे ज्यादा भारतीय नारी की छवि-हनन किया है। 'सास भी कभी बहू थी' या 'कहानी घर-घर की'-जैसे धारावाहिकों ने भारतीय नारी को कलंकित करने में कोई कसर नहीं छोड़ी है। हाँ, अश्लीलता इन धारावाहिको में फिल्मों की तुलना में बहुत कम है।

इस बीच दृश्य माध्यमों ने पात्रों के चारित्रिक परिवर्तन, उनके अन्तर्विरोध और परिस्थिति की उलझन को ज्यादा वरीयता दी है। इधर या तो निष्कर्षविहीन, कथाहीन पटकथाएँ ज्यादा आयी हैं या कथा-रूढ़ियों से ग्रस्त घटनाएँ। फ्लैश बैक (स्मृति संचारी) का प्रयोग बहुत रूढ़ हो गया है। गीतों द्वारा कथा की पृष्ठभूमि को प्रस्तुत करने का काफी प्रचलन है। इसी प्रकार घटना में तीव्रता दिनोंदिन बढ़ती जा रही है। बहुत जल्दी वय: परिवर्तन और स्थान का परिवर्तन दिखा दिया जाता है। कभी-कभी दुहरे कथानकों द्वारा और टेलीपैथी का सहारा लेते हुए कथा-संयोग बैठाया जाता है, जो प्रायः तर्कसंगत नहीं लगता। इस बीच एक पात्र को अनेक भूमिकाओं में भी उतारने का चलन बहुत बढ़ गया है। कुल मिलाकर कहा जा सकता है कि ये दृश्य माध्यम मध्य निम्नवर्गीय मीडियाकर युवा दर्शकों की फरमाइशों के अनुसार आस्वाद के जिस धरातल पर उतर आये हैं, उससे इन्हें लोकप्रियता तो मिली है, किन्तु कला का औदात्य कम हुआ है। दृश्य मीडिया खेल, राजनीतिक घटनाचक्र, आर्थिक स्पर्द्धा और स्थानीय समाचारों में केन्द्रित हो गया है। इससे हमारी रस संवेदना का विकास रुक गया है। दूसरी ओर ये धारावाहिक पाँच-सात वर्षों से चलते दिख रहे हैं। कथानक स्वर की तरह इतने बढ़ गये है कि चन्द्रकान्ता सन्तति (देवकीनन्दन खत्री) का रिकार्ड टूट गया है। बढ़ाने के बहाने पात्र बदल जाते हैं (हाँ, कथा की गति पुनः मन्द दिखती है, इनमें सोद्देश्यता बहुत कम है।

3. गन्ध संवेदना

इसकी प्रधान ज्ञानेन्द्रिय है नासिका-गन्ध। यह कई तरह की होती है। वस्तु-विशेष से जोड़कर इसका नामकरण कर दिया जाता है, जैसे—फूलों की 'सुगन्ध' गैस की दुर्गन्ध आदि। गन्ध का महत्त्व पशुओं के लिए मनुष्य से भी अधिक है। कुत्ते गन्ध से रास्ता पहचानकर अपराधियों को पकड़वा देते हैं। गन्ध से ही जंगल में चरती गायें शेर का पता पा जाती हैं। यौन गन्ध के सहारे ही पशु परस्पर सहवास

करते हैं और खाद्य-अखाद्य की पहचान करते हैं। वस्तुतः गन्ध हमारी आदिम बोधवृत्ति है। मानवशास्त्रियों के अनुसार, अब हर वस्तु पर 'लेबल' चिपके रहते हैं, अतः सूँघकर ज्ञान प्राप्त करने की अनिवार्यता अब नहीं रही। अप्रयोग के कारण नासिका दिनोंदिन छोटी होती जा रही है। यह क्रमशः विलुप्तप्राय है। पहले कभी गन्ध चेतना इतनी तीव्र होती थी कि शब्द को सूँघकर हम व्यक्ति के भावों को भाँप लेते थे। अर्थात् दुर्भावना की गन्ध को पकड़ लेते थे। अब शब्दजाल इतना जटिल हो गया है कि सहजतः शब्दगत अभिधा, लक्षणा और व्यञ्जना की गन्ध को नहीं पकड़ा जा सकता है।

गन्ध धरती का गुण है, जो घ्राणेन्द्रिय तथा गुदा के माध्यम से महसूस किया जाता है। यही मूल आस्वाद है। दृश्य माध्यमों में गन्ध की अनुभूति अनुभावों द्वारा करायी जाती है, जैसे-चाय का 'फ्लेवर', मसाले की महक, बासमती चावल की गमक, मदिरा, ताम्बूल, फ्रेशनर, परफ्यूम, तैल, इत्र आदि की गन्ध तरंग। दूसरे प्रकार के गन्ध बिम्ब वनस्पति जगत् से सम्बद्ध दिखते हैं। पटकथाओं में देह गन्ध को भी कलात्मकतापूर्वक उभारा जाता है। इसी के साथ-साथ कुछ सूक्ष्म गन्ध बिम्ब चित्रित किये जाते है, जिससे भाव-दुर्भाव का सूक्ष्म संकेत मिलता है। दृश्य माध्यमों में गन्ध के अमूर्त बिम्बों को शब्दित चित्रित करना केवल सिद्ध कलाकारों के ही वश का है।

4. स्पर्श संवेदना

यह त्वगिन्द्रिय तथा हाथों से सम्बद्ध है। त्वचा को स्पर्शेन्द्रिय की संज्ञा दी गयी है। साधारणतः चार प्रकार की चर्म-संवेदनाएँ मानी गयी हैं—1. बोध 2. ताप (उष्ण, शीतल) 3. पुलक और 4. दर्द। स्पर्श के अन्तर्गत वस्तु का चिकना, कोमल, कठोर या खुरदरा रूप आता है। तापक्रम के ठण्डे और गरम होने के साथ दर्द की संवेदना भी जुड़ जाती है, क्योंकि अधिक ठण्डा या अधिक गरम ताप हमारे कष्ट को बढ़ा देता है। उसकी अति एक प्रकार की गलन या जलन उपजा देती है। शरीर के विभिन्न हिस्सों में स्पर्श-सम्बन्धी ग्राहकता भी एक-सी नहीं होती। पैर के तलुए की ग्राहकता हथेली से कम होती है और हथेली की ग्राहकता आँख की पलकों से कम होती है। यह स्पर्श संवेदना भाषा में परिणत होकर हमें गुदगुदाती है, झकझोरती है, सहलाती है, जलाती है अर्थात् विभिन्न प्रकार की जैविक क्रियाओं को प्रेरित करती है। हाथों के सहारे निर्मित स्पर्श बिम्ब मूर्त-अमूर्त दोनों प्रकार के होते हैं। स्पर्श वायु का विषय है और उद्दीपन से सम्बन्धित होता है। दृश्य माध्यमों में यह कायिक अभिनयपूर्वक बताया जाता है, जैसे—गुलाब की पंखुड़ी, फर या रेशम के सहारे कोमलता की व्यञ्जना की जाती है और काँटे या पंजे दिखाकर

कठोरता की। इसी प्रकार सिहरन, रोमांच और उष्ण, शीत का भाव व्यक्त किया जाता है। कलाकार नसीरुद्दीन ने दृष्टिहीन व्यक्ति की भूमिका में स्पर्श बिम्बों का जो प्रयोग किया है, वह इस बिम्ब-विधान का उत्कृष्ट उदाहरण है।

5. नाद संवेदना

यह ध्वनि की ज्ञानेन्द्रिय है। वायु के स्फुरण से कान को उत्तेजना मिलती है और इससे हमें एक प्रकार की नाद-संवेदना का अनुभव होता है। किसी ध्वनि की तीव्रता वायु की लहरों के विस्तार पर निर्भर रहती है। ध्वनि संवेदना का महत्त्व हमें भाषा ज्ञान देने में है। इसका दूसरा महत्त्व हमें भावात्मक आनन्द प्रदान करने की दृष्टि से है। संगीत का आकर्षण किसे नहीं बाँधता? कान केवल ध्वनि को ही नहीं पकड़ते। इसमें कुछ ऐसे भी अंश होते हैं, जो चलने तथा अन्य गतियों में हमारा सन्तुलन बनाये रखते हैं। कदाचित् इसीलिए कान पर तेज थप्पड़ लगने से व्यक्ति कुछ समय के लिए अपना सन्तुलन खो बैठता है और तैरते समय कानों के ढक जाने पर भी हमारा सन्तुलन बिगड़ जाता है। यही ध्वनि भाषा में नाद बिम्बों को जन्म देती है। ध्वनि-बिम्ब से विशिष्ट कोटि की संवेदना जाग्रत होती है। शब्द आकाश का गुण है। यह कणेन्द्रिय का विषय है। कर्णेन्द्रियों में यह मुख्यतः पैरों से सम्बद्ध होता है। रोचक ध्वनि को सुनते ही प्रायः उसके ठुमके शुरू हो जाते हैं, जो आपादमस्तक भाव-विभोर हो जाने का लक्षण है।

दृश्य माध्यमों में वाचिक अभिनय द्वारा एक विशिष्ट प्रकार की नाट्य भाषा और कथा भाषा निर्मित की जाती है। अच्छा कलाकार सर्वत्र वाणी का लास्य पैदा करता है। उच्चारण करते समय वह बीच-बीच में पाज (अन्तराल) देता है, जिससे अल्पविराम, अर्द्धविराम, पूर्णविराम और अनुच्छेद-परिवर्तन की सूचना मिलती है। कहीं ये उच्चारण तीव्र और त्वरित होते हैं और कहीं बहुत मन्द। इसके लिए सही आर.पी.एम. का होना आवश्यक है। शाहरुख खान, जानी लीवर और अमजद खान की उच्चारण-गति का तुलनात्मक विवेचन करते हुए इसके अनुपात को समझा जा सकता है। वाणी विज्ञान ने 'वाल्यूम' पर बड़ा ध्यान रखा जाता है। पहले जब मंचों पर माइक्रोफोन की व्यवस्था नहीं होती थी तो नाटक-नौटंकी में चिल्ला-चिल्लाकर संवाद बोलना होता था। अब आवाज संयत हो गयी है। दृश्य माध्यमों में लहजे पर बहुत ध्यान दिया जाता है। किसी की आवाज की कर्कशता या खरखराहट पसन्द की जाती है (जैसे—अमिताभ की आवाज), किसी की हकलाहट एवं हेकड़ी अच्छी लगती है (जैसे—राजबब्बर तथा राजकुमार की आवाज), किसी

की नासिक्य ध्वनियाँ अच्छी लगती हैं (जैसे—देवानन्द, ओमप्रकाश, जानी वाकर, रानी मुखर्जी आदि की आवाजें) तो किसी का प्रवाह अच्छा लगता है (जैसे—गोविन्दा एवं नाना पाटेकर की आवाज)। अच्छा कलाकार अपने लहजे द्वारा अपने कथनों को कभी 'नैरेटिव' बना लेता है और कभी 'सजेस्टिव'। इस बीच दृश्य माध्यमों में विस्मयादिबोधक ध्वनियाँ जैसे—ओह, ओह अरे, फिश्श, हैलो, बाय, हाय आदि बहुत बढ़ गयी हैं। पिछले कुछ दशकों में रिद्म, लय या यतिगति की काफी वृद्धि हो गयी है। पर्याय प्रयोग बहुत कम हो गये हैं। नये गढ़े हुए शब्दों की भरमार हो गयी है। इससे अनेकस्वरता तथा अर्थवत्ता बढ़ती जा रही है। टी. वी. से प्रसारित विज्ञापनों में ध्वन्यात्मकता के सहारे नाद-बिम्बों की योजना दिनोंदिन विकास पर है। नयी पीढ़ी आरकेस्ट्रा के शोरगुल, माइकल जैक्सन के पाप म्यूजिक, धूम-धड़ाका, हादसा, हंगामा, धमाका आदि की शौकीन है, इसलिए ध्वनि-बिम्ब अनावश्यक रूप से भरते जा रहे हैं। संवाद के साथ नेपथ्य की ध्वनियों (जिंगल) की बहुतायत सर्वत्र दिखती है। हिन्दी फिल्म शोले के पाँच लाख से अधिक वीडियो कैसेट, अमजद खान की मेघ-मन्द्र ध्वनि के कारण बिके हैं। उसके कुछ वाक्य जैसे—'तेरा क्या होगा कालिया', 'कितने लोग थे, 'ये हाथ मुझे दे दे ठाकुर' अपने घनघोष के कारण जादुई सिद्ध हुए हैं।

फिल्मी संवादों में इधर सांकेतिकता का प्रचलन भी बढ़ा है और सहजता का भी। इनमें भाषा का तेवर दिनोंदिन आक्रामक दिख रहा है। साथ ही 'पैथास' पैदा करनेवाला दर्दीला स्वर भी। अधिकतर फिल्मों में उर्दूबहुला, बोल-चाल की हिन्दी, हिन्दुस्तानी का प्रयोग होता है, किन्तु साथ ही देशज शब्दों का प्रयोग होता है और 'ग्लोबल हिंगलिश' भाषा का प्रयोग भी दिखायी देता है। बम्बइया लहजा तो बहुत ही लोकप्रिय हो गया है। चित्र नगरी के अनेक स्थानीय शब्द लोकप्रिय हैं, जैसे—टण्टा, पंगा, फोकट, मवाली, बोले तो, कायेको, सुपारी, खोखा, पेटी, माँगता है आदि। इनका वाक्य-विन्यास हाजिरजवाबीपूर्ण होता है। पात्रों के संवाद में कोई-न-कोई तकियाकलाम जरूर होता है। इन वाक्यों का अपना अलग व्याकरण दिखता है, जिसमें शुद्धता कम, स्वाभाविकता ज्यादा होती है। संवादों में आरोहावरोह ज्यादा है। लतीफेबाजी अथवा बतरस ज्यादा है। अब तो 'डबिंग' की भाषा भी काफी सहज हो गयी है। कुछ कार्यक्रमों में मौन की भाषा को बहुत अच्छे ढंग से प्रस्तुत किया गया है। अब अधिकतर फिल्मी गीत अपनी जुगलबन्दी द्वारा संवाद प्रस्तुत करते चलते हैं। इधर एफ. एम. ने खास तरह की कण्ठकाकली एवं चुलबुली भाषा अपना ली है, जिससे शब्द की संवेदना तथा सम्प्रेषण क्षमता कई गुना बढ़ गयी है। मुहावरेदार जीवित फिल्मी भाषा-संवेदना सब पर हावी हो गयी है।

6. अन्तरावयव संवेदना

पहले इस संवेदना की स्वतन्त्र सत्ता नहीं थी। कारण यह संवेदना इतनी अस्पष्ट होती है कि आरम्भिक अवस्था में इसका ज्ञान ही नहीं हो पाता और जब होता भी है तो इनकी विशेषताएँ पहले बड़ी विचित्र प्रतीत होती हैं। इसीलिए मनोवैज्ञानिकों ने पहले से इन्हें या तो त्वक् संवेदना के अन्तर्गत माना था, या भाव का एक रूप समझा था अथवा संवेगात्मक अनुभव का नाम दिया था। बाद में इसका स्वतन्त्र महत्त्व स्वीकार कर लिया गया। अस्तु, अब हम कह सकते हैं कि अन्तरावयव संवेदना वह संवेदना है, जिसकी अनुभूति हमें आन्तरिक, शारीरिक परिवर्तन के कारण होती है, यथा-भूख, प्यास, वमनेच्छा, मूत्राशय एवं आँत का तनाव, कँपकँपी, कामेच्छा, दम घुटना आदि। उपर्युक्त सभी अनुभवों का ज्ञान अन्तरावयव संवेदना के बाद ही होता है। इन्हें अन्तरावयव संवेदना इसीलिए कहा जाता है कि इनको उत्पन्न करने के लिए बाहरी उत्तेजना की और बाहरी ज्ञानेन्द्रिय की जरूरत नहीं पड़ती है। इन संवेदनाओं के ग्राहक अपने शरीर के आन्तरिक जगत् तक ही स्थिर रहते हैं। उनकी उत्तेजनाएँ भी आन्तरिक जगत् के परिवर्तन के द्वारा ही प्राप्त होती रहती हैं।

यह संवेदना मनुष्य के पेट, आँत, तिल्ली, गला, फेफड़ा तथा हृदय आदि आन्तरिक अंगों की स्थिति में बदलाव आने से उत्पन्न होती है। इसका अनुभव हम सभी प्रायः नित्य प्रति के जीवन में करते हैं। यदि व्यक्ति को भोजन न मिले तो उसे भूख की संवेदना महसूस होती है, पर अगर उपवास लगातार कई दिन किया जाये तो भूख की संवेदना मन्द हो जाती है। भोजन का दृश्य या विचार इस संवेदना को पुनः उकसा देता है। भूख जितनी तेज होगी, संवेदना उतनी स्पष्ट होगी। प्यास की संवेदना गला सूखने से होती है। ये संवेदनाएँ कभी तो किसी विशिष्ट स्थल पर केन्द्रित जान पड़ती हैं, तो कभी पूरे शरीर को आक्रान्त कर लेती हैं। थकान की संवेदना ऐसी ही है। इन संवेदनाओं का कोई ज्ञानात्मक महत्त्व नहीं है, पर भावात्मक महत्त्व बहुत अधिक है। इन्हीं से हमारे शरीर के स्वस्थ अथवा अस्वस्थ होने का पता चलता है। कभी-कभी ये आपस में इस तरह मिल जाती हैं कि इन्हें पहचानना कठिन हो जाता है।

7. स्नायविक या गति संवेदना

इस संवेदना के द्वारा हमें अपने शारीरिक अंगों की स्थिति, गति और उनके पारस्परिक सम्बन्ध का परिज्ञान होता है। हमारे हाथ, पाँव, उँगली आवश्यकतानुसार संचालित होते रहते हैं और साधारणतः हम उन पर ध्यान भी नहीं देते हैं, किन्तु यदि हम कुछ जागरूक होकर किसी अंग का गति-संचालन देखें तो हमें इस संवेदना

का स्पष्ट ज्ञान हो जायेगा। यदि हम अपनी दोनों आँखें बन्द करके अपनी उँगली का संचालन करें या हाथ हिलायें तो हम उसे जान सकते हैं। अतएव स्पष्ट है कि शरीर के विभिन्न अंगों की गति, स्थिति और उनके पारस्परिक सम्बन्ध का ज्ञान हमें स्नायविक या गति संवेदना द्वारा ही होता है। प्रयोगों से पता चलता है कि मांसपेशियों की अपेक्षा सन्धियों के द्वारा किसी अंग-विशेष की गति की संवेदना अधिक मुखर होती है। मांसपेशी को सुन्न कर देने पर गति की संवेदना में कमी आती है और यदि उसके साथ जोड़ को भी सुन्न कर दिया जाये तो इसकी संवेदना के लिए मांसपेशी, टेण्डन (Tendon) और इसमें सन्निहित ज्ञानवाही शिराएँ आवश्यक हो जाती हैं।

गति संवेदना की विशेषताएँ स्पष्ट हैं। हम अपनी बाँह को पहले कुछ देर, बाद में उससे अधिक देर तक घुमायें तो दोनों गति संवेदना में फैलाव के कारण भिन्नता आ जाती है। सत्ताकाल भी इसकी एक विशेषता है। अंग को मन्द गति से संचालित करने पर या फिर तीव्र गति से संचालित करने पर दोनों का अन्तर स्पष्ट रूप से प्रतिभासित हो जाता है।

कुछ स्नायविक संवेदनाओं में तीव्रता का भी गुण मिलता है। किसी वजन को उठाने पर जो और जैसा जोर हमारी स्नायुओं पर पड़ता है, उसी से हम वजन का अन्दाज लगाते हैं। यदि हम दोनों वजन अपनी आँखों से देख लें तो अधिक भार (वजन) को ज्यादा शक्ति से और युक्ति से उठायेंगे। ऐसे में हमें बड़ा वजन हलका और छोटा भारी मालूम पड़ेगा, लेकिन यदि आँखें बन्द करके वजन उठाया जाये, यानी वे भार (वजन) पहले हमारे देखे हुए न हों तो हमारा अन्दाजा दूसरा निकलेगा। इससे पता चलता है कि दृष्टि प्रत्यक्षीकरण भी वजन के अन्दाज पर प्रभाव डालता है। एक विशेष तथ्य यह भी है कि दायें हाथ से भारी और बायें हाथ से हलका वजन बीस-तीस बार उठाया जाये तो एक स्थिति ऐसी आयेगी कि भार-संयोजन की वजह से दोनों वजन लगभग समान प्रतीत होंगे।

यही स्थिति शब्द का वजन उठाते हुए होती है। जैसी उत्तेजना वैसी ही भारी-भरकम भाषा, वही बलाघात, वही अल्पप्राण-महाप्राण ध्वनि, वैसा ही आरोहावरोह। तात्पर्य यह है कि ये स्नायविक एवं गत्यात्मक संवेदनाएँ हमारी भाषिक संवेदनाओं को प्रभावित करती हैं।

भाषा-संवेदना—ऐन्द्रिय संवेदनाओं के अनुकूल भाषा-संवेदना को संयोजित करना 'संचार की भाषा' की आरम्भिक शर्त है। इसके मुख्य 6 स्रोत तथा लक्ष्य हैं—

1. वक्ता 2. संकेत 3. सन्देश 4. अभिप्रेरणा 5. श्रोता 6. अर्थ ग्रहण (प्रभाव)।

एक सार्थक वक्तव्य को ज्ञानात्मक संवेदना के आधार पर मनोवेत्ताओं द्वारा 5 वर्गों में विभक्त किया गया है—

1. प्रत्यक्ष 2. अनुमान 3. उपमान 4. शब्दप्रमाण 5. अनुभव। प्रत्येक वक्ता को अवसरानुकूल शब्दों तथा तथ्यों का चयन या स्मरण करना पड़ता है और श्रोता के भाषिक मनोविज्ञान के अनुसार उसमें जिज्ञासा पैदा करनी होती है। इस सम्प्रेषण कार्य में कुछ अवरोध भी यदा-कदा उपस्थित हो जाते हैं, जैसे—

1. वक्तव्य की जटिलता, अर्थगोपन, अस्पष्टता आदि।

2. उच्चारण की अग्राह्यता-अश्रव्यता।

3. श्रोता की आत्मभीरुता अथवा आश्वस्ति (अभय) का अभाव

4. श्रोता का पूर्वग्रह या वैचारिक प्रतिबद्धता।

5. शंकालु प्रवृत्ति, पारस्परिक अविश्वास एवं सन्दिग्धचित्तता।

6. रुचि विपर्यय अथवा पूर्ववर्ती कटु अनुभवों के कारण उच्चाटन-प्रवृत्ति।

7. विषय का अज्ञान, प्रमाद तथा विस्मरण आदि।

भाषा मनोविज्ञान के अनुसार उपर्युक्त कारणों में एक या अनेक कारक हो सकते हैं। इसमें सम्प्रेषण बाधित हो जाता है। अतः मनोभाषिकी का मूल सिद्धान्त यह है कि प्रत्येक सन्देश की 50% पुनरावृत्ति अवश्य की जाये, ताकि वे शब्द अवचेतन तक पहुँच जायें और मानस में उनके अर्थ बिम्ब बनने लग जायें। इस प्रक्रिया के ये 10 महत्त्वपूर्ण बिन्दु या पक्ष हैं—

1. वक्ता 2. ध्वनि संयन्त्र 3. उच्चरित शब्द 4. वातावरण 5. श्रोता 6. स्वर तन्त्रिका 7. मानस-प्रतीक-निर्माण 8. संवेदना सृष्टि 9. वाक् प्रतीक 10. अर्थ बिम्बन।

उपर्युक्त प्रक्रिया में यह ध्यान देना होता है कि—

1. किस प्रकार के देशकाल में अनुकूल परिस्थिति का आश्रय लेकर लक्ष्यभूत श्रोता की सही मनःस्थिति का निर्माण कैसे किया जाये?

2. विषयवस्तु के अनुरूप अपने सन्देश-प्रसारण की कौन-सी शैली (पौराणिक, कथात्मक, हास्यव्यंग्यपरक, सूक्तिपरक या बौद्धिक प्रणाली) अपनायी जाये?

3. संचार भाषा के शब्दों को रूप, रस, गन्ध, स्पर्श, ध्वनि के अनुसार कैसे संस्कारित किया जाये?

4. अलग-अलग माध्यमों (मुद्रित, श्रव्य, दृश्य) के अनुकूल भाषिक प्रोक्तियाँ कैसे सुगठित की जायें?

5. भाषा-सम्प्रेषण के सहकारी उपकरण (वाचन, चित्र, संगीत आदि) कैसे नियोजित किये जायें?

6. लक्ष्यभूत श्रोता-पाठक-दर्शक की प्रतिक्रियाओं का सही संज्ञान प्राप्त करके तदनुकूल कैसे नीति-रीति का पुनर्निर्धारण अथवा संचार-अन्वेषण किया जाये?

भाषा-संवेदना के ये पक्ष अखबार, रेडियो, टी.वी., इण्टरनेट और पारम्परिक सभी संचार-प्रणालियों से जुड़े हुए हैं। चाहे समाचार लेखन हो चाहे फीचर, लेख, रिपोर्ताज, भेंटवार्त्ता, समीक्षा, रेडियोवार्त्ता, पटकथा, रूपक, संवाद, वृत्तचित्र, विज्ञापन, जनसन्देश (यानी कोई भी श्रव्य-दृश्य-विधा हो) सबकी भाषिक प्रकृति-संस्कृति यानी संचार-संवेदना को विधिवत् समझना होगा। शब्दों को छूकर, चखकर, निहारकर, सूँघकर और 'इयर ड्रम' में 'रिप्ले' करके पहले मन-ही-मन हमें महसूसना होगा। उदाहरणार्थ—'क्या जिन्दगी है'— यहाँ ट्रेजिक जिन्दगी का 'पैथास' ज्यादा प्रकट हो रहा है। दूसरे, 'क्या जीवन है' इस वाक्य में 'जीवन' जैसे एक शब्द के कारण दार्शनिक पुट भर गया है, किन्तु जब हम कहते हैं—'क्या लाइफ है' तो इस कथन में उमंग-उल्लास (उच्च-मध्यवर्गीय युवा मानस का 'थ्रिल) थिरकने लगता है। यही है शब्द-संवेदना की अर्थ-बोधन-प्रक्रिया।

संचरण सम्प्रेषण प्रणाली

संचार सम्बोधित संज्ञान तथा संवाद के लिए अनिवार्य है। कुछ संचार यों भाषा के बिना भी होते हैं, पर सबसे प्रभावी है भाषा-संवेदना। दूसरी अभिव्यक्तियाँ (जैसे—देह भाषा) उसमें सहायक होती है। रत्नाकरजी ने ठीक ही कहा था—

''एकु कही बैननि, अनेकु कही नैननि सों, बची-खुची सोई कहि दीनी हिचकीन सों।''

अर्थात् श्री कृष्ण कुछ दुःख दर्द तो शब्दों द्वारा वर्णित कर ले जाते हैं, किन्तु भावावेशवश अश्रु प्रवाहित होने लगते हैं। कण्ठावरोध के कारण वे बोल नहीं पाते, किन्तु आँसुओं की झड़ी लगाकर वे आँसुओं की भाषा एवं आश्रुलिपि के सहारे अपनी मनोव्यथा को व्यक्त कर ले जाते हैं। कुछ क्षणों बाद दुःख इतना गहरा हो जाता है कि आँसू सूख जाते हैं और उनकी हिचकी संचार भाषा का कार्य करती है। इन्हें 'देह भाषा' (बाडी लैंग्वेज) भी कहा जा सकता है।

सामान्य स्थितियों में अर्थात् जब वक्ता और श्रोता (दोनों पक्ष) व्यक्तीकरण एवं ग्रहण की क्रिया में पूर्ण सक्षम होते हैं तो संचार में बाधा नहीं आती। इन दोनों में कोई भी पक्ष यदि शिथिल हो जाता है तो संचार अस्तव्यस्त हो जाता है। यों, कोई

भी व्यक्ति अपने सोचे हुए भाव-विचार को हू-ब-हू, उसी अनुभूति के अनुरूप, उसी के समतुल्य अभिव्यक्ति नही दे पाता, क्योंकि भाषा की गति सीमित होती है। भाषा को मनुष्य की अभिव्यक्ति का सबसे अनगढ़ फूहड़ माध्यम कहा गया है, फिर भी सर्वसुलभ माध्यम तो वह है ही। इसी अनगढ़ को गढ़ने अर्थात् सम्प्रेषणशील बनाने के अनुष्ठान को भाषिक संस्कृति कहा जाता है। जिस जाति ने अपनी भाषा को अपनी प्रकृति तथा संस्कृति के अनुरूप जितना ज्यादा सुगठित कर लिया है, वह उतनी ही सुसंस्कृत मानी जाती है। आज भी आदिवासी जनजातियों से सम्बद्ध कुछ ऐसे कबीले पाये जाते हैं, जो अधिक-से-अधिक पाँच-छह हजार शब्दों तक सीमित हैं फिर भी वे अपनी-अपनी भाषाओं के माध्यम से आत्माभिव्यक्ति कर ले जाते हैं। वे शब्दों के बजाय विस्मयादिबोधक ध्वनियों का प्रयोग अधिक करते हैं। जहाँ शब्द कम पड़ जाते हैं, वहाँ वे अनुभावों का सहारा लेते हैं। यों अनुभावों के बिना और वाचिक अभिनय के अभाव में किसी भाषा का कोई भी वक्ता अपनी पूर्णाभिव्यक्ति नहीं कर सकता।

हमारे देश में भाषा को परिपूर्ण बनाने की दिशा में भाषाविदों ने बहुत बड़ी श्रम-साधना की है। हजारों वर्षों की सुदीर्घ परम्परा में यहाँ शब्द को प्रणव ओंकार मानकर ब्रह्म की उपासना के रूप में साधा गया है। पाणिनि, यास्क, पतंजलि, कात्यायन आदि मनीषियों ने भाषा चिन्तन को दर्शन एवं अध्यात्म का विषय बनाकर संस्कृत व्याकरण को जो परिपूर्णता प्रदान की, वह समूचे भाषिक विश्व के लिए विस्मय की वस्तु है। व्युत्पत्ति, निरुक्ति निघण्टु, प्रतिपदिक और व्याकरणिक कोटियों का सन्धान करके इन आचार्यों ने शब्दार्थ तत्त्व की गहन मीमांसा की है। हमारे षट् सम्प्रदाय इसी चिन्तन के सुफल हैं। परा, अपरा, बैखरी, पश्यन्ती से लेकर समाधि भाषा तक का समस्त प्रसार इसी सम्प्रेषण शक्ति का परिविस्तार है।

संचार भाषा के मुख्य तीन पक्ष देखे जाते हैं—

1. शब्द सम्पदा
2. पदबन्ध
3. उच्चारण या प्रस्तुति।

इनमें शब्द की भूमिका सर्वोपरि होती है। सही सम्प्रेषण तभी होता है, जब सर्वोत्तम क्रम में सर्वाधिक उपयुक्त शब्द रखा जाता है। इसके लिए वक्ता में चयन की क्षमता अपेक्षित होती है। हिन्दी में एक-एक भाव को व्यक्त करने के लिए प्रायः एक-एक दर्जन शब्द हैं। प्रयोक्ता को अपने निहितार्थ के अनुसार हर शब्द को समस्त ज्ञानेन्द्रिय सन्निकर्षों एवं तन्मात्राओं के सहारे सहेजना पड़ता है। प्रत्येक शब्द के अर्थ-बिम्ब को पकड़ना और उसे भाषिक संस्कृति से जोड़ना सही सम्प्रेषण की

अनिवार्य शर्त है। यह शब्दावली पात्रानुकूल, देशकालानुकूल, विषयानुकूल और माध्यमानुकूल होकर ही अभीष्ट प्रभाव पैदा करती है।

सफल जनसंचार हेतु आवश्यक है—सहजबोध। भाषा सरल या क्लिष्ट उतनी नहीं होती, जितनी सहज या जटिल यानी कृत्रिम होती है। जब विचार सुपचित नहीं होता तो भाषा ग्रन्थिल हो जाती है। कभी-कभी नवीनता के मोहवश उसमें अनावश्यक कृत्रिमता भर दी जाती है। यह कला-करतब सम्प्रेषण में साधक कम, बाधक अधिक होता है। वर्तमान कामकाजी भाषा में उपसर्गों, प्रत्ययों के अनावश्यक और स्वेच्छाचारी प्रयोगों के कारण मुख्यतः भड़कीले पारिभाषिकों के कारण सम्प्रेषण सिमटकर रह गया है। अनुवाद की भाषा होने के कारण वह दुर्बोध होती जा रही है। उसके काफी मुहावरे बदल गये हैं। पर्याय-प्रयोग काफी बिगड़ गये हैं और परिष्कृत शब्द तक लड़खड़ा गये हैं। अब जरूरी है कि हिन्दीकरण के क्षेत्र में यह शब्द मोह त्यागकर हम बोलचाल के सरस जनपदीय, संक्षिप्त और जीवन्त शब्दों को चुनें, अधिकाधिक शब्द उधार लें और अर्थसचेत होकर व्यवहार करें।

सही संचार के लिए भाषा का मानकीकरण अति आवश्यक है। इसके चार पक्ष होते हैं—

1. मानक वर्तनी
2. मानक लिपि
3. मानक व्याकरण
4. मानक उच्चारण

यद्यपि किसी भी जीवित भाषा को शत-प्रतिशत मानकीकृत करना न सम्भव है, न समीचीन है, फिर भी अनर्थ से बचने-बचाने के लिए भरसक सतर्कता तो अपेक्षित है ही। इसी प्रकार लघु पद-विन्यास आवश्यक है, ताकि वाक्य-विस्तार से भावों में बिखराव न आने पाये। हिन्दी का क्षेत्रफल व्यापक है, इसलिए भाषा भूगोल के अनुसार उसमें वैविध्य अपेक्षाकृत कुछ ज्यादा है। अतः उच्चारण एवं व्याकरण में एकरूपता लाये बिना सशक्त संचार नहीं हो सकेगा।

उपर्युक्त भाषाशास्त्रीय तत्त्वों के अतिरिक्त संचार भाषा के लिए प्रयोजनीय है संवेदना तत्त्व। जब जो भाव पूरे आकार तथा पूरी तासीर के साथ अन्तर्मन में उतर आता है, वही पूरे प्रभाव से पुरअसर होता है। भाषा-संवेदना वस्तुतः मनोभाषिकी का विषय है। समाज के किस वर्ग को किस प्रकार की भाषाभिव्यक्ति प्रभावित करती है, यह समाज मनोभाषिकी का क्षेत्र है। संचार भाषा के लिए आवश्यक है कि हम शब्द-शब्द से जुड़ी भाषिक संवेदना को पहचानें। विशेष रूप से भाषा में जो

'मूड्स', वक्रता, विदग्धता, नजाकत या भंगिमा होती है, उसको हृदयंगम करें। यह भी अपेक्षित है कि हम प्रतीकों, आद्यबिम्बों, मिथकीय कूटपदों और गूढ़ार्थों का सही अर्थोद्घाटन प्रकट करें ताकि सृजन और अर्थापन में कोई अन्तराल न आने पाये। राष्ट्रीय, अन्तरराष्ट्रीय प्रतीकों, कूटपदों, संकेताक्षरों, संक्षिप्ताक्षरों, आद्यक्षरों और पारिभाषिकों का सही संज्ञान इसके लिए प्रयोजनीय है।

सशक्त संचार के लिए शब्द और कर्म में सामंजस्य भी बिठाना पड़ता है। स्वातन्त्र्य-संघर्ष के बीच वर्धा से प्रकाशित पत्रों के माध्यम से गाँधीजी 'करो या मरो', 'जेल भरो', 'भूमिगत हो जाओ' आदि जो निर्देश देते थे, उनसे प्रत्यक्ष-परोक्ष रूप से अवगत होकर करोड़ों-करोड़ों भारतीय स्वतः उनका अनुपालन करने लगते थे। आज बड़ी-बड़ी रैलियाँ होती हैं, मीडिया पूरी ताकत झोंक देता है, किन्तु आम आदमी किसी के निर्देशों से प्रेरित नहीं हो पा रहा है, क्योंकि इन निर्देशों के पीछे कर्म की शुचिता नहीं है और इसलिए भी कि इन शब्दों में संवेदना नहीं उतर पायी है। तात्पर्य यह कि मुख से बिखरे (निकले) शब्द नहीं, अन्तस्तल से निकले शब्द ही दूसरे (दर्शक, श्रोता, पाठकों) को संक्रमित कर पाते हैं।

विगत दशकों में जनसंचार के लिए विविध यन्त्रों का विकास किया गया है। भूमण्डलीकरण, उदारीकरण, ग्लोबल विलेज, सूचनाक्रान्ति, शिखर राष्ट्रों का मीडिया-साम्राज्यवाद आदि कई आयाम इधर विकसित हुए हैं। भारत ने भी कम्प्यूटरीकरण की दिशा में विशिष्ट स्थ न प्राप्त कर लिया है। सूचना प्रौद्योगिकी के अन्तर्गत 'सिडक' ने इधर भाषा प्रोद्यौगिकी का नया अभियान आरम्भ किया है, जिसका लक्ष्य है कम्प्यूटर-अनुवाद, दुभाषिया, स्वतः डबिंग, रूपान्तरण, वर्तनी संशोधन, व्याकरण विधान, श्रुतिलेख, दूर मुद्रण, भाषा-प्रशिक्षण, लेखा-जोखा आदि। विप्रो, मन्त्र, प्रबोध, प्राज्ञ, प्रवीण, लिपि माला आदि के दर्जनाधिक सॉफ्टवेयर प्रोग्राम इसके सुफल हैं। सी. डी. वेबसाइट एवं इण्टरनेट का संकलन, डिजिटल लाइब्रेरी, डाटा, वर्ड प्रोसेसिंग आदि भाषिक संचार की आधुनिक प्रविधियाँ हिन्दी में काफी बन गयी हैं। फोन, फैक्स, ईमेल, सेलुलर आदि संचार के अनिवार्य उपकरण हो गये हैं। ये अनुक्षण विकास कर रहे हैं।

इनके अतिरिक्त हिन्दी फिल्में, दूरदर्शन-कार्यक्रम, आकाशवाणी अर्थात् श्रव्य-दृश्य माध्यमों (जनसंचार उपकरणों) ने सम्प्रेषण के नये कीर्तिमान स्थापित किये हैं। इसकी असाधारण व्याप्ति का मूल कारण है भाषा। हिन्दी का एक शब्द करोड़ों-करोड़ों हिन्दीभाषियों (प्रायः 72 करोड़ मनुष्यों) द्वारा बहु व्यवहृत होने के कारण उसी तरह ताकतवर हो गया है, जैसे—बारम्बार घोटने से होम्योपैथिक दवा की 'पोटेन्सी' बढ़ती चली जाती है। इस भाषा में रचे गये फिल्मी गीतों में इतना

सम्मोहन है कि विदेशी तथा हिन्दी विरोधी जन भी उन्हें गुनगुनाने के लिए विवश दिखायी देते हैं। उस भाषिक सम्प्रेषण शक्ति का कारण है हिन्दी भाषा का ध्वनि-तन्त्र और शब्द-सम्पदा। इसका एक-एक प्रातिपदिक वर्ण, रस, छन्द और मांगल्य के विधान से परिपूरित है। यह भाषा जनचेतना से प्रस्फुटित हुई है। उसके भीतर विगत हजारों वर्षों से बोलियों और देश-देशान्तर के लाखों शब्दों का समाहार किया गया है। इसे सन्तों, भक्तों और कविर्मनीषियों ने पूरी शक्ति से सँवारा है। संस्कृत, अंग्रेजी, अरबी, फारसी तथा लोकभाषाओं ने इसे समृद्ध किया है, फलतः यह भाषा सर्वाङ्ग सम्पन्न हो गयी है। इसे पूरी गति से प्रसारित करना है। इसमें विश्वव्यापक विपणन, जनसम्पर्क, लोकप्रशासन, रचनात्मक प्रसारण यानी सम्पूर्ण सम्प्रेषण की अनेक सम्भावनाएँ सन्निहित हैं।

निष्कर्ष यह है कि वर्तमान बहुसंचारी व्यवस्था (मल्टीमीडिया) के इस दौर में सामाजिक सरोकारों के निर्वाह का सारा दारोमदार हिन्दी पर आ पड़ा है। अब तक अंग्रेजी मानसिकतावश इसकी गति मन्द थी। अब संचार विज्ञान ने सिद्ध कर दिया है कि भारत में जनसंचार भारतीय संवेदना के सहारे, मुख्यतः हिन्दी तथा क्षेत्रीय भाषाओं की अपनी प्रकृति तथा जातीय संस्कृति द्वारा ही पूर्णरूपेण फलित हो पायेगा। इस भाषा संचार की अन्तिम परिणति होगी-शब्द चिकित्सा तथा मन्त्र भाषा में। यही जन जागरण, सामाजिक न्याय, भौतिक-आध्यात्मिक (सन्तुलित) श्रीवृद्धि अर्थात् व्यष्टि और समष्टि के 'योग क्षेम' को वहन करते हुए वस्तुतः मूल भारत भारती सिद्ध होगी।

हिन्दी भाषा के मुख्य-मुख्य रूप

देश-विदेश में हिन्दी इन दिनों लगभग 72 करोड़ व्यक्तियों द्वारा प्रयुक्त हो रही है। सम्प्रति उसके ये रूप बहुत स्पष्ट हैं—

1. राजभाषा

भारतीय संविधान के अनुच्छेद 343 के अनुसार देवनागरी लिपि में लिखी हिन्दी संघ की राजभाषा होगी। यह उत्तर भारत के 10 राज्यों की मातृभाषा है। इसे ख और ग राज्यों में सम्पर्क भाषा माना जाता है। गृह मन्त्रालय के राजभाषा प्रकोष्ठ ने राजभाषा आयोग तथा हिन्दी समिति के निर्देशानुसार अनुवाद-प्रशिक्षण की व्यवस्था की है। उसने कई पारिभाषिक शब्दकोश, कूटपद, संक्षिप्तीकरण आदि बनवाये हैं; टंकण तथा आशु लेखन की प्रशिक्षण-पद्धति विकसित की है, मानकीकरण का प्रयास किया है, भाषिक कम्प्यूटरीकरण कराया है और हिन्दी पखवारा, कार्यशाला, पत्रिका, पुस्तकालय, प्रोत्साहन, अनुशासन आदि की व्यवस्था करके इसे बढ़ावा दिया है। देश की द्विभाषी नीति और त्रिभाषा फार्मूला के कारण विगत 60 वर्षों में हिन्दी को काफी प्रश्रय मिला है। अब उसका राजभाषा रूप पृथक्तः दिखायी देने लगा है।

2. सर्जनात्मक भाषा

इस दिशा में विश्वविद्यालय अनुदान आयोग, साहित्य अकादमी, केन्द्रीय हिन्दी निदेशालय, केन्द्रीय हिन्दी संस्थान और देश भर में स्थापित सैकड़ों साहित्यिक संस्थाएँ प्रयासरत हैं। इनके तत्त्वावधान में रचनाकारों के शिविर आयोजित होते हैं। कालजयी कृतियों की आडियो-वीडियो रिकार्डिंग होती हैं और नागर साहित्य के साथ-साथ लोक साहित्य के संकलन, सर्वेक्षण, पाठ-सम्पादन, प्रकाशन तथा विश्लेषण का प्रयत्न किया जाता है। हिन्दी की जनपदीय विभाषाओं के संरक्षण हेतु कई कार्यक्रम बनाये गये हैं। सस्ते और श्रेष्ठ साहित्य का प्रकाशन, अधिकाधिक पाठकों तथा दर्शकों के ध्यानाकर्षण, उच्चस्तरीय वाङ्मय के रूपान्तरण तथा प्रामाणिक शोध के प्रोत्साहन हेतु अनेक कार्यक्रम चलाये जा रहे हैं, जिससे भाषा की रचनाधर्मिता की वृद्धि अवश्यम्भावी है।

3. संचार भाषा

मल्टीमीडिया के इस युग में हिन्दी ने मुद्रित समाचार-पत्रों की भाषा के स्तर से और ऊपर उठकर स्वयं को रेडियो, टी.वी., इण्टरनेट के उपयुक्त ढाल लिया है। उसमें मीडिया लेखन अर्थात् पटकथा, फीचर, वार्त्ता, रिपोर्ताज, संवाद, समीक्षा, समाचार-लेखन, प्रचार, साहित्य-सृजन आदि इन दिनों सफलता के शिखर पर हैं। वाचिक या उच्चरित भाषा के रूप में हिन्दी ने डबिंग, रूपान्तरण, कमेण्ट्री, कम्पेयरिंग, उद्घोष और वाचन कला में अप्रत्याशित सफलता अर्जित की है। विगत दशकों में मीडिया भाषा के रूप में अंग्रेजी सहित अन्य भाषाओं को बहुत पीछे छोड़ दिया है।

4. माध्यम भाषा

उत्तर भारत में हिन्दी आरम्भिक कक्षाओं से उच्च कक्षाओं तक शिक्षा का माध्यम है। अधिकाधिक अध्यापन, लेखन और पठन-पाठन आदि का कार्य इसी में होता है। इसमें लिखे गये कोश, इनसाइक्लोपीडिया, सन्दर्भ-ग्रन्थ और अन्तर्विधापरक तुलनात्मक साहित्य से सम्बद्ध ग्रन्थ यद्यपि अंग्रेजी की तुलना में कम हैं, फिर भी क्रमशः विकासशील हैं।

5. कामकाजी भाषा

हिन्दी वस्तुतः जनभाषा है बाजार की भाषा है, करोड़ों भारतीयों की मातृभाषा है, पूरे देश की सम्पर्क भाषा है और निर्माणाधीन विश्व भाषा है। इसलिए वह विज्ञापनों के स्लोगनों की मुख्य भाषा बन गयी है। वॉलीवुड की फिल्मों ने उसे बड़ी शक्ति दी है।

6. विश्व भाषा

हिन्दी आज 137 देशों में पहुँच गयी है। विश्व में इसके सम्प्रति कई रूप प्रचलित है, जैसे-फिजी की 'फिजियन हिन्दी', सूरिनाम की 'सरनामी हिन्दी', त्रिनिदाद की 'त्रिनी हिन्दी' और मॉरिशस की 'क्रिओल हिन्दी'। देशान्तर में जो हिन्दी प्रचलित है, उसके तीन वर्गीय क्षेत्र हैं—

(क) भारतवंशी बहुल राष्ट्र, जैसे—

1. मॉरिशस—यहाँ वासुदेव, विष्णु, सोमदत्त, मुनीश्वर, चिन्तामणि, अभिमन्यु, रसपुंज, प्रहलाद, ब्रजेन्द्र 'मधुकर'-जैसे अनेक हिन्दी कवि लेखक हुए हैं। विश्वविद्यालयों में एम.ए. और शोध के पाठ्यक्रम चल रहे हैं। हिन्दी की कई संस्थाएँ हैं। कई पत्र-पत्रिकाएँ छप रही हैं और पचास प्रतिशत से अधिक जनता हिन्दी प्रयोग में सक्षम है।

2. फिजी–यहाँ कमला प्रसाद, विवेकानन्द-जैसे प्रसिद्ध हिन्दी रचनाकार हुए हैं। शेष स्थिति बहुत-कुछ मॉरिशस-जैसी ही है। इस भाषा को सम्प्रति 'फिजियन हिन्दी' भी कहा जा रहा है।

3. सूरीनाम–यहाँ महातम सिंह, पुष्पा, ज्वालाप्रसाद-जैसे रचनाकार हैं और विविध क्षेत्रों में हिन्दी को स्थान प्राप्त है। इसे 'सरनामी हिन्दी' भी कहा जा रहा है।

4. अन्य देशों में त्रिनिदाद, टुबैगो, ब्रिटिश गयाना, दक्षिण अफ्रीका, सऊदी अरब, नेटाल, ताजिकिस्तान आदि का नामोल्लेख किया जा सकता है। ताजुकी भाषा फारसी-उर्दू से मिली हुई हिन्दी-जैसी ही है। जर्मनी के निकटवर्ती क्षेत्र में प्रयुक्त बनजारी भाषा 'रोमा' की भी यही स्थिति है।

(ख) पड़ोसी देश–दूसरे वर्ग के देश हैं—भारत के पड़ोसी देश, जैसे—नेपाल, अफगानिस्तान, पाकिस्तान, म्यांमार, मलय, मालद्वीप, सिंगापुर, इण्डोनेशिया, थाईदेश, जावा, सुमात्रा, लेबनान, श्रीलंका, तिब्बत, भूटान, स्याम आदि। नेपाल से नेपाली-गोरखाली में कई दैनिक हिन्दी समाचार-पत्र प्रकाशित हो रहे हैं। वहाँ देवकोटा, मोती, लाखाराम, रघुनाथ, गोप आदि रचनाकारों ने महत्त्वपूर्ण हिन्दी सेवा की है। पाकिस्तान की राजभाषा उर्दू देवनागरी में लिख दी जाये तो यह हिन्दी-जैसी ही प्रतीत होगी।

(ग) आप्रवासी भारतीय देश–जैसे—अमेरिका, कनाडा, इंग्लैण्ड, नार्वे और खाड़ी के देश। यहाँ के निवासी भारतीय परिवार अपनी अस्मिता को बनाये रखने के लिए हिन्दी भाषा तथा हिन्दी संस्कृति को अपनाये हुए चल रहे हैं।

भारत में हिन्दी के विभिन्न रूप

भारत में भी प्रचलित हिन्दी के कई रूप दिखायी देते हैं, जैसे—

1. राष्ट्रभाषा- अर्थात् खड़ीबोली (मानक) हिन्दी।

2. हिन्दुस्तानी- जो हिन्दी, उर्दू और बोलचाल की शब्दावली को मिलाकर गाँधीजी के नेतृत्व में गठित की गयी थी।

3. दक्खिनी हिन्दी–जो सम्प्रति हैदराबाद डकन (आन्ध्र, महाराष्ट्र तथा कर्नाटक) के कुछ क्षेत्रों में पिछली दो शताब्दियों से प्रचलित है।

4. गोरखी हिन्दी–जो नेपाली के रूप में आठवीं अनुसूची में शामिल की गयी है और सीमान्त क्षेत्र में काफी लोकप्रिय है।

5. ब्रजबुलि–जो बंगाल, उड़ीसा और असम के कई क्षेत्रों में साहित्य की भाषा बनकर चल रही है। इसमें शंकरदेव, माधव आदि ने अनेक अंकिया नाट, बड़गीत, बुरजियाँ आदि रचे हैं। बंगाल में कई 'बाउल' गीत लिखे गये हैं।

6. डिंगल-पिंगल-पुरानी राजस्थानी के ब्रजभाषापरक प्रयोगों को पिंगल और अपभ्रंश मिश्रित भाषा को डिंगल कहा जाता है। अभी इसका स्फुट प्रयोग यत्र-तत्र दिखायी देता है।

7. अवहट्ट-इसे कवि विद्यापति ने मैथिली तथा अवधी से जोड़ करके विकसित किया था। कीर्तिलता, कीर्तिपताका अवहट्ट की श्रेष्ठ रचनाएँ हैं।

8. जनपदीय प्रयोग—हिन्दी में लगभग ढाई सौ बोलियाँ, उपबोलियाँ हैं। इनमें ब्रजभाषा मध्ययुग में पूरे देश की मानक काव्यभाषा रही है। उसका प्रयोग दो शताब्दी पूर्व त्रावणकोर के राजा स्वाति तिरुनाल ने अपने पदों में किया था और दूसरी ओर कच्छ (गुजरात) में इसके माध्यम से लगभग दो शताब्दियों तक काव्य प्रशिक्षण का विद्यालय चलाया गया था। हिन्दी की अन्य प्रमुख बोलियाँ हैं—खड़ीबोली, अवधी, कन्नौजी, राजस्थानी, बुन्देली, हरियाणवी, मालवी, बघेली, छत्तीसगढ़ी, भोजपुरी, मैथिली, मगही, वज्जिका, कुमाउनी, गढ़वाली आदि। हिन्दी की प्राचीन विभाषाओं में स्मरणीय हैं—कोसली, अवहट्ट आदि। वर्तमान उर्दू भी इसकी एक विशिष्ट शैली के रूप में समादृत है।

वस्तुतः हिन्दी कोई एक भाषिक इकाई नहीं है, बल्कि एक विस्तृत भाषिक समूह है। उसमें पुष्कल लोक साहित्य है और प्रभूत मात्रा में नागर साहित्य भी। यह भाषा लगभग डेढ़ हजार वर्ष पुरानी है। इसके पास 20 लाख की शब्द-सम्पदा है। एक परिपूर्ण वैज्ञानिक लिपि है और देश-देशान्तर तक व्याप्त बहुत बड़ा एक विस्तृत प्रयोग क्षेत्र है। यह भाषा संस्कृत, अरबी, फारसी, तुर्की, पुर्तगाली, डच, फ्रेंच, अंग्रेजी और अनेक भारतीय भाषाओं से शब्दराशि लेकर विकसित हुई है, इसलिए इसमें बहुरूपता है। यही इसकी बहुसंख्यकता का मूलाधार है। इसमें एक विशेष प्रकार की संवेदना पायी जाती है। हिन्दी इतनी लोचदार है कि विभिन्न शब्दों को अपने मुख-सुख के अनुसार बदल लेती है। पंचर, डिग्री, गिलास, बुरुश, तिजोरी, टिकस, गारद, पतलून, अफलातून, सुकरात, गोदाम, लालटेन, रंगरूट, अस्पताल, गिरमिटिया, पलटन, कप्तान, मैम आदि ऐसे हजारों शब्द हैं, जो हिन्दी की अपनी भाषिक प्रकृति के प्रबल साक्ष्य हैं। इसने संस्कृत से अनेक उपसर्ग और प्रत्यय लिये हैं, लेकिन अपने लगभग पचास प्रत्यय और बीस उपसर्ग खोज निकाले हैं। विदेशी विभाषी शब्दों को हिन्दी ने उदारतापूर्वक ग्रहण किया है। उदाहरणार्थ कुछ शब्द द्रष्टव्य हैं—किताब (अरबी), नमाज (फारसी), कैंची (तुर्की), गडबड़ (पश्तो), चाबी (पुर्तगाली), चाय (स्पेनी), रिक्शा (जापानी), कारतूस (फ्रेंच), तुरुप (डच), स्पुतनिक (रूसी), उपन्यास (बंगाली), छोले (पंजाबी), हड़ताल (गुजराती), बिन्दास (मराठी), डोसा (तमिल) आदि। इस भाषा ने देशज शब्दों को काफी

बढ़ावा दिया है। जैसे—घुसपैठिया, दलबदलू, सड़ाँध, धमाका आदि। व्याकरणिक कोटियों के रूप में हिन्दी ने संज्ञा, सर्वनाम, क्रिया-विशेषण, क्रिया, वचन, लिंग, काल, वाच्य, कारक, समास, सन्धि, अव्यय आदि का पर्याप्त विकास किया है। यह भाषा एक ओर जनभाषा है, दूसरी ओर तत्सम बहुला भी, इसलिए यहाँ 'दिहाड़ी' शब्द भी चलता है और 'आयुक्त' भी। तात्पर्य यह है कि हिन्दी भाषा में बड़ा रूपात्मक वैविध्य दिखायी देता है। संचार भाषा के क्षेत्र में इनका संज्ञान अपरिहार्य है।

जनसंचार भाषा रूप में हिन्दी

जनसंचार माध्यमों में संचार भाषा की भूमिका सर्वाधिक महत्त्वपूर्ण मानी जाती है। चाहे मुद्रित मीडिया हो या इलेक्ट्रानिक मीडिया, प्रसारणकर्त्ता को इस बात की सतर्कता बरतनी पड़ती है और भरसक चेष्टा करनी पड़ती है कि उसका कथ्य सही अन्दाज में जन-जन तक सम्प्रेषित हो सके। यह सन्प्रेषण मूलतः भाषिक प्रयोग पर निर्भर होता है। जब अपने लक्ष्यभूत श्रोता, दर्शक, पाठक का सही अनुमान प्राप्त हो जाता है अर्थात् उनकी अभिरुचि, उनकी समझदारी और उनकी मनोदशा का सही-सही संज्ञान हो जाता है, तभी हर सन्देश का विधिवत् सही सम्प्रेषण हो पाता है। यह संज्ञान प्राप्त करना सर्वथा सहज सम्भव नहीं होता। हिन्दी पाठकों, श्रोताओं और दर्शकों की करोड़ों-करोड़ों की संख्या में अल्पशिक्षित भी हैं और प्रकाण्ड पण्डित भी। इनके लिए कैसी शब्दावली चुनी जाये? किस प्रकार का वाक्य-विन्यास किया जाये? ताकि सब हमारे ही अभीष्ट अर्थ में ग्रहण करें। मनोभाषिकी में कहा गया है कि प्रत्येक शब्द का एक अर्थ-बिम्ब होता है और वक्ता या भाषा प्रयोक्ता उसे अपने मनोभावों के अनुसार रूपायित करता है। शब्द-अर्थ की इस प्रतिबिम्बन-प्रक्रिया में देश, काल और परिस्थिति का भी अपना आग्रह होता है, इसलिए ऐसी किसी भी सार्वभौमिक, सार्वकालिक भाषा का रूप तो स्थिर नहीं किया जा सकता, किन्तु अधिकाधिक व्यक्तियों से संवाद करनेवाली संचार भाषा की रूप-रचना प्रयत्नपूर्वक की जा सकती है।

संचार भाषा का रूप-निर्धारण प्रस्तुतकर्त्ता के आधार पर भी होता है। मनोभाषिकी में एक-एक शब्द का मनोरहस्य बताया गया हैं। वाक्य-रचना का भी मनोविज्ञान से घनिष्ठ सम्बन्ध होता है। चाहे रेडियो-वार्त्ता हो या अखबारी लेखन, रेडियो नाटक हो या भेंटवार्त्ता, प्रत्येक विधा की अपनी एक पृथक्, भाषिक संरचना होती है। इसके अतिरिक्त माध्यम के भी कुछ आग्रह होते हैं। रेडियो की भाषा अलग, टी.वी. की अलग तथा अखबार की अलग। इन समस्त पक्षों पर विचार करके ही सही संचार भाषा निर्मित की जा सकती है। प्रस्तुति के अनुसार भाषा दो प्रकार की दिखती है—

1. वाचिक भाषा : जिसका वाचन-उच्चारण किया जाता है, अर्थात् जो बोलकर सम्प्रेषित की जाती है। इसके भी दो स्थूल भेद हैं—

1. मानवीय भाषा 2. मानवेतर भाषा

मनुष्यों द्वारा बोली हुई भाषा मानवीय भाषा होती है और मानवेतर पशु-पक्षियों द्वारा तथा रोबोट या यन्त्रों के द्वारा व्यक्त की गयी भाषा को मानवेतर भाषा कह सकते हैं। टी.वी. और फिल्म के कई कार्यक्रमों में हम पालित पशु-पक्षियों के संवाद सुनते हैं। उनकी विशेष ध्वनियों के माध्यम से हम अपेक्षित अर्थ ग्रहण करते रहते हैं। वे शब्दशः सार्थक भाषा का प्रयोग तो नहीं कर सकते, लेकिन अपना भाव व्यक्त कर ले जाते हैं। इसी प्रकार रोबोट के मुँह से निकले हुए वाक्यों में पूरी यति, गति और लय का विधान तो नहीं होता है, किन्तु उससे यथेष्ट सूचनाएँ तो मिल ही जाती हैं। सूचना प्रौद्योगिकी के इस दौर में मशीनी भाषा का प्रयोग दिनोंदिन बढ़ता चला जा रहा है। यन्त्रों द्वारा भले ही हमारी भाषिक संवेदना को अभी तक नहीं पकड़ा जा सकता है, किन्तु भाषा, व्याकरण, उच्चारण, वर्तनी आदि के निर्धारित नियमों के अनुसार लिंग्वा फोन-जैसे यन्त्रों द्वारा भाषा पर नियन्त्रण काफी हद तक कर लिया गया है। मानवीय भाषा को भी हम दो वर्गों में बाँट सकते हैं—

1. स्वभाषी अर्थात् मातृभाषा का प्रयोग करनेवाला, जो सही लहजे के साथ सहज रूप में अपनी भाषा का प्रयोग करता चलता है।

2. विभाषी, जो उसे द्वितीय या परायी भाषा के रूप में बोलता है। विभाषी व्यक्ति परायी भाषा की प्रकृति का पूरी तरह अभ्यासी नहीं होता, इसलिए उसका सम्प्रेषण काफी-कुछ अनपढ़ दिखायी देता है।

संचार माध्यमों द्वारा प्रसारित हिन्दी भाषा आज सात रूपों में हमारे सामने विद्यमान है—

1. बोलचाल की हिन्दुस्तानी- इसमें संस्कृत के तत्सम शब्दों की अपेक्षा उर्दू शब्दावली तथा लोक भाषा का पुट अधिक होता है। हिन्दी पट्टी में यह भाषा सर्वाधिक सरल-सुगम मानी जाती है, इसलिए माध्यमों में सबसे अधिक बढ़ावा इसे ही दिया जा रहा है।

2. परिनिष्ठित साहित्यिक हिन्दी- साहित्यिक और विचारपरक लेखन में प्रायः मानक हिन्दी का प्रयोग करना पड़ता है। यह भाषा पद-लालित्य और रचनाधर्मिता से परिपूर्ण होती है। सही प्रयोग के सहारे इसे भी सम्प्रेषणीय बनाया जा सकता है। 'चाणक्य', 'रामायण', 'महाभारत'-जैसे धारावाहिकों की भाषा इस कथन का प्रमाण है।

3. हिन्दी-अंग्रेजी मिश्रित संकर भाषा-इसे आज व्यंग्य में 'हिंग्लिस' कहा जा रहा है। सिटी रेडियो, एफ.एम. और टी.वी. के कई चैनलों में इस प्रकार की रीमिक्स भाषा सम्प्रति धड़ल्ले से प्रयुक्त हो रही है।

4. जनपदीय विभाषा-रेडियो और टी.वी. के देहाती कार्यक्रमों में प्रायः क्षेत्रीय बोली का प्रयोग किया जाता है, विशेषतः किसानों और मजदूरों से सम्बन्धित कार्यक्रमों में।

5. हिन्दीतर क्षेत्रों की भाषा-हिन्दीभाषी राज्यों एवं देशों के अतिरिक्त दूर देशों या अहिन्दी प्रदेशों में हिन्दी के जो कार्यक्रम प्रसारित होते हैं अथवा वहाँ जो अखबारी लेखन किया जाता है, उनकी भाषा मानक भाषा से कुछ पृथक् दिखायी देती है। उदाहरणार्थ मॉरिशस में जो 'क्रियोल हिन्दी चलती है, सूरीनाम में जो 'सरनामी हिन्दुस्तानी' प्रचलित है, त्रिनिनाद में जो 'त्रिनी हिन्दी' है, फिजी में जो 'फिजी हिन्दी' है, उसका शब्द भाण्डार और व्याकरणिक ढाँचा हमारी मानक हिन्दी से कुछ भिन्न है। ऐसी ही कुछ भिन्नता दक्षिणी और पूर्वांचल के राज्यों में प्रसारित हिन्दी में दिखायी देती है। भाषा के सम्बन्ध में यह प्रसिद्ध उक्ति है कि 'तीन कोस में पानी बदले पाँच कोस में बानी' इसीलिए हिन्दी का पूर्वी लहजा अलग है, पछाहीं लहजा अलग है, बुन्देली बानी अलग है तो पहाड़ी प्रयोग अलग है। कहीं पंजाबीपन का प्रभाव, तो कहीं बंगालीपन का। इसीलिए संचार माध्यमों में हिन्दी भाषा के भिन्न-भिन्न प्रकार के अनेक लहजे अपनाने पड़ते हैं। यह वैविध्य हिन्दी की शक्ति भी है और यत्किंचित् सीमा भी।

6. माध्यमों के अनुसार हिन्दी के विभिन्न प्रयोग-वर्तमान में पाँच प्रकार के जनसंचार माध्यम विद्यमान हैं। सर्वप्रथम उल्लेखनीय है पारस्परिक जनसंचार जैसे-सभा, सम्मेलन, संगोष्ठी, अधिवेशन, समारोह, मेले-ठेले, प्रदर्शनी, तीर्थयात्रा, विकास-यात्रा, रथयात्रा, शवयात्रा, रैलियाँ, नाटक, नौटंकी, फिल्म, कवि-सम्मेलन, मुशायरे, कव्वाली, कीर्त्तन, जागरण, संगीत, पारायण, प्रतियोगिताएँ, परीक्षाएँ, शिविर, आन्दोलन, चुनाव, कार्निवाल, सामाजिक उत्सव, पर्वोत्सव, प्रेससम्मेलन, कठपुतली नृत्य, लोक नृत्य आदि। युग-युग से हम अपने-अपने तथ्य एवं तर्क इनके माध्यम से जन-जन में संचरित करते रहे हैं। आज भी सरकारी-गैर सरकारी स्तर पर यह प्रक्रिया जारी है। चाहे राजतन्त्र हो, लोकतन्त्र, जन अभियान की आवश्यकता प्रत्येक तन्त्र को होती है। इस समूह संचार की अपनी एक भाषा भी होती है, किन्तु वह बड़ी वैविध्यपूर्ण होती है। कभी यह जनसंचार सीधे-सादे प्रबोधन-उद्बोधन के माध्यम से किया जाता है, कभी कलात्मक ढंग से। इसमें प्रवचन की भाषा अलग होती है और प्रचार की, नाट्य प्रदर्शनों की या गायकी की

भाषा अलग। इसे प्रभावी बनाने के लिए भाषिक मनोविज्ञान के सहारे सम्प्रेषण क्षमता का विकास करना होगा।

7. तकनीकी जनसंचार–इस वर्ग का सर्वाधिक महत्त्वपूर्ण जनसंचार माध्यम है—रेडियो। इसकी संचार भाषा के अलग-अलग अनेक रूप देखे जा सकते हैं। रेडियो विषयानुसार भाषा का प्रयोग करता है। किसानों के लिए जो कार्यक्रम प्रसारित होते हैं, उनमें जनपदीय भाषा का प्रयोग होता है। महिलोपयोगी कार्यक्रमों में घर-आँगन की शब्दावली होती है। छात्रों और युवकों के कार्यक्रम लोक-प्रचलित शहरी भाषा में प्रसारित किये जाते हैं। दूसरे, रेडियो की भाषा स्थान (क्षेत्र) के अनुरूप होती है। भारत की हिन्दी से मॉरिशस और सूरीनाम की हिन्दी काफी-कुछ भिन्न है। इसी प्रकार अहिन्दीभाषी राज्यों में रेडियो द्वारा प्रसारित हिन्दी भाषा का रूप काफी-कुछ भिन्न दिखायी देता है। तीसरे, रेडियो की भाषा समयानुसार रूप-परिवर्तन करती रहती है। आज से 50 वर्ष पहले की हिन्दी (शब्दावली एवं वाक्य-संरचना) आज की प्रचलित भाषा से काफी भिन्न है। यह परिवर्तन उत्तरोत्तर और निरन्तर साथ ही तीव्र गति से होता चला जा रहा है।

रेडियो की भाषा

रेडियो के कार्यक्रमों में, विशेषतः नाटकों और झलकियों में पात्रानुकूल भाषा का प्रयोग किया जाता है, जैसे—बच्चों के मुँह से तुतली बोली, अशिक्षित पात्रों द्वारा गँवारू बोली, व्यापारियों द्वारा बाजारू बोली, पुरोहितों द्वारा पण्डिताऊ बोली आदि। इसी प्रकार विभिन्न जातियों, वर्णों, वर्गों एवं सम्प्रदायों की भी अपनी अलग बोली-बानी होती है, जिसका निर्वाह इन जन-माध्यमों में सतर्कतापूर्वक किया जाता है।

पाँचवीं और अन्तिम भाषिक कोटि है, विधानुकूल भाषा। रेडियो से अनेक प्रकार की विधाएँ प्रसारित होती हैं। समाचार जिन माध्यमों से मिलते हैं, उन्हें सम्पादित करना और जनहित में प्रसारित सन्देशों तथा उद्घोषणाओं की भाषा का रूप स्थिर करना विभागीय लेखकों का दायित्व होता है। इनकी भाषा तैयार करते समय यह ध्यान रखना पड़ता है कि—

1. यह भाषा सरल हो तथा सम्प्रेषणशील हो, साथ ही उसकी शब्दावली पूर्णतः सार्थक हो अर्थात् कोई भी शब्द द्विविधाजनक या भ्रामक न हो और बहुत कृत्रिम शब्दावली भी न हो।

2. पारिभाषिक शब्दावली का प्रयोग सावधानीपूर्वक किया गया हो। हमारे पारिभाषिक शब्दकोशों में प्रायः एक-एक अंग्रेजी शब्द के कई-कई हिन्दी पर्याय लिखे हुए हैं। कहीं-कहीं इनके हिन्दी पारिभाषिक साथ-साथ प्रयुक्त होते भी देखे जाते हैं, जैसे—'ला मिनिस्टर' को विधिमन्त्री और कानूनमन्त्री या पी.डब्ल्यू. डी.

को लोक निर्माण विभाग और सार्वजनिक निर्माण विभाग, इन दोनों रूपों में लिखा जाता है। रेडियो की नीति के अनुसार बहुव्यवहृत मानक शब्द का प्रयोग ही किया जाना चाहिए।

3. रेडियो की भाषा में वाक्य-संरचना का बड़ा महत्त्व होता है। समाचारों के वाक्य छोटे यानी, साधारण वाक्य होने चाहिए। लम्बे-लम्बे संयुक्त या मिश्र वाक्य अथवा 25 शब्दों से बड़ा (मिश्र-संयुक्त वाक्य) बनाने से अर्थात् अंग्रेजी की तर्ज पर कई 'क्लाज' या उपवाक्य जोड़ देने से समाचारों की सम्प्रेषणीयता बाधित हो जाती है।

4. सही अनुवाद या रूपान्तरण समाचारों की प्राथमिक आवश्यकता होती है। चूँकि हर भाषा की अपनी एक विशिष्ट भाषिक प्रकृति होती है, अतः उसमें ट्रान्सलेशन की जगह 'ट्रान्सक्रिएशन' करना होता है और अनुवाद को मौलिक लेखन की तरह स्वाभाविक बनाना होता है।

5. सम्भाषण कला के सही निर्वाह एवं समाचारों के सही प्रसारण में उच्चारण (वाचन) का बड़ा महत्त्व होता है। वाचक को उच्चारण करते हुए विषयानुसार सही ध्वनि (वाल्यूम) का ध्यान रखना होता है। कहाँ जोर देकर बोलना है? कहाँ धीमी आवाज में बोलना है? अल्पप्राण-महाप्राण ध्वनियों का किस प्रकार उच्चारण किया जाना है? इसका स्वनिम सिद्धान्त के अनुसार पालन करना होता है। बोलते समय बीच-बीच में अन्तराल (पाज) देने होते हैं। लिखित भाषा में जहाँ अल्पविराम, अर्द्धविराम और पूर्णविराम होते हैं, या जहाँ अनुच्छेद परिवर्तित होता है, वहाँ अन्तराल का निर्वाह करना अत्यावश्यक होता है। इसी प्रकार बोलते समय कितना प्रवाह (आर.पी.एम.) रखा जाये? पूरे समाचार बुलेटिन को समयावधि के अनुसार किस प्रकार द्रुत या विलम्बित स्वर में प्रस्तुत किया जाये? इसका ध्यान रखना आवश्यक होता है। इससे सम्प्रेषण की वृद्धि होती है।

6. रेडियो की भाषा मूलतः विधेयात्मक होती है। उसमें नकारात्मक वाक्य नहीं रखे जाते हैं। जैसे—'बैठक आज नहीं होगी' की जगह बैठक स्थगित हो गयी कहना बेहतर माना जाता है।

7. रेडियो में संसदीय भाषा का निर्वाह करना अनिवार्य होता है। कहाँ महामहिम शब्द लगेगा, कहाँ माननीय, यह ध्यान में रखना होता है। इसी प्रकार शब्द-संस्कृति का निर्वाह करना होता है, जैसे—'करना' क्रिया से सम्बन्धित लोट् लकार के आज्ञा-प्रार्थना के भाववाले पाँच शब्द हिन्दी में हैं—कर, करो, करें, करिये, कीजिये। हिन्दी की भाषिक संस्कृति का तकाजा है कि हम कीजिये शब्द का प्रयोग करें, जो सर्वाधिक शिष्ट प्रयोग है।

8. शुद्ध भाषा का तकाजा है कि सही व्याकरण-लिंग-बचन, कारक, क्रिया आदि के शुद्ध प्रयोग किये जायें। उच्चारण करते समय श, स, ष, क्ष, त्र, ज्ञ, व, ब, रेफ अनुस्वार आदि का शुद्ध प्रयोग आवश्यक है।

समाचार वाचन में पूर्वापरक्रम आवश्यक होता है। 10 मिनट के बुलेटिन में 3 समाचार तथा एक लीड समाचार के अन्तर्गत पहले संक्षेप, फिर विस्तार और अन्त में समाहार, अर्थात् समाचारों का आवश्यकतानुसार संक्षेपण या विस्तारण करना होता है। कुछ ट्विस्ट भी करना होता है। ये सब भाषा के प्रशिक्षणसाध्य प्रयोग हैं। इनके उचित व्यवहार द्वारा ही सही संचार भाषा का निर्वाह सम्भव है।

टी. वी. की भाषा

दृश्य-श्रव्य माध्यम होने के कारण टी.वी. की भाषा अपेक्षाकृत अधिक संचरणशील है और कुछ ज्यादा ही संवेदनशील भी है। इसलिए टी.वी. के विभिन्न चैनलों की भाषा का स्वरूप-निर्धारण बड़ी सतर्कता के साथ किया जाना चाहिए।

रेडियो की भाँति टी.वी. के भी विभिन्न कार्यक्रमों के अलग-अलग भाषिक विधान हैं। इनका क्रमशः भाषिक विश्लेषण अपेक्षित है—

1. टी.वी. समाचारों की भाषा-भारत में चूँकि टी. वी. के अनेक चैनल शुरू हो गये हैं, जिन पर 'मुक्त प्रेस' के कारण सरकारी प्रतिबन्ध लगभग समाप्त हो गया है, अतः ये चैनल अखबारों की स्पर्द्धा में अपने समाचारों को अधिक-से-अधिक चटपटा या सनसनीखेज बनाने में जुटे हुए हैं। इस उद्देश्य से दिनोंदिन अपने शब्दों में वे चुटीलापन भरते चले आ रहे हैं। आज से कुछ वर्ष पूर्व जहाँ 'हराया' या 'पराजित किया' शब्द का प्रयोग किया जाता था, वहीं अब 'धूल चटायी' 'रौंद डाला'-जैसे शब्द चलने लगे हैं। इसी प्रकार निन्दा करने के अर्थ में 'लथाड़ा, फटकारा, फींचा, थू-थू हुई, घुमा के मारा, धिक्कारा'-जैसे शब्द चल पड़े हैं। अमुक पर 'कार्रवाई होगी' की जगह उन पर 'गाज गिरेगी' लिखना इन्हें अधिक रुचिकर लग रहा है। असफल हो जाने के लिए 'फ्लाप' या 'टाँय-टाँय फिस्स' कहना अब टी.वी. भाषा की अपनी अदा हो गयी है। टी.वी. ने अपने अलग विस्मयादिबोधक शब्द भी बना लिये हैं, जैसे—अनहोनी के लिए 'ओय-ओय' और सुखद आश्चर्य के लिए 'वाव' का प्रयोग। इस प्रकार के शब्द जनसंचार माध्यमों में दिनोंदिन बढ़ते जा रहे हैं। इन्हें संयत और सार्थक बनाये रखने की आवश्यकता है। इन समाचारों के वाचन में लगभग वे ही सतर्कताएँ अपेक्षित हैं, जिनका विवेचन रेडियो समाचार भाषा के सन्दर्भ में किया जा चुका है।

2. टी.वी. नाटकों एवं धारावाहिकों की भाषा—टी.वी. चैनल भिन्न-भिन्न प्रकार के नाटक, धारावाहिक, फीचर, वृत्तचित्र, डाक्यूड्रामा, टेलीड्रामा,

कथा-चित्र, कार्टून-फिल्म आदि प्रसारित करते रहते हैं। इन समस्त विधाओं की भाषा की कुछ अपनी अलग-अलग जरूरतें होती हैं, किन्तु कुछ इनकी सर्वसामान्य विशेषताएँ भी होती हैं। इसे चार वर्गों में विभाजित किया जा सकता है—

1. **संवाद की भाषा**—चाहे पात्रों द्वारा कथोपकथन कराये जा रहे हों या वृत्तचित्र की तरह नेपथ्य से बोला जा रहा हो, आवश्यकता यह है कि लेखक द्वारा संवादों और पूरे आडियो को चुस्त-दुरुस्त, सार्थक, सुसंवेद्य रूप दिया जाये। इसके लिए प्रसंगानुकूलता का ध्यान रखना होगा। संवाद जितने सटीक, संक्षिप्त और मार्मिक होंगे, उनका सम्प्रेषण उतना ही सघन होगा। यह सब भाषिक क्षमता अर्थात् नाट्य भाषा की प्रयोग-पटुता पर निर्भर होता है। फिल्मों के कारण सम्प्रति संवाद लेखन को एक स्वतन्त्र विधा की मान्यता मिल गयी है। अब इसके अधिकाधिक व्यावहारिक प्रशिक्षण की आवश्यकता है।

2. **कैमरे की भाषा**—इन कार्यक्रमों में कैमरे की बड़ी भूमिका होती है। कैमरे के सहारे बिना बोले ही बहुत-कुछ कहा जा सकता है। उसके टिल्ट डाउन, टिल्ट अप, क्लोजअप और 'जूम' के सहारे अभिनेता के अंग-विशेष की विशिष्ट चेष्टा को इतनी बारीकी से बिम्बित कर दिया जाता है कि दर्शक को उस आशय को समझने में देर नहीं लगती। यदि कैमरा मैन, संवाद लेखक तथा पटकथा लेखक, तीनों परस्पर मिल-जुलकर ऐसी प्रोक्तियों का विधान कर लें तो कार्यक्रमों का सम्प्रेषण कई गुना बढ़ जाये।

3. **प्रतीक भाषा**—कथा-चित्रों में कैमरे की सहायता से अनेक प्रकार के प्रतीकों का प्रयोग किया जाता है, जैसे—उल्लास के प्रसंग में वासन्ती प्रकृति, रंग-बिरंगे फूलों से युक्त फुलवाड़ी, सूर्योदय, चाँदनी, हिमाच्छादित पर्वतीय प्रकृति आदि के दृश्य देने होंगे तो नायक-नायिका के अन्तर्द्वन्द्व के क्षणों में सागर-सरिता की उत्ताल तरंगें दिखायी जायेंगी अथवा हवा के झोंकों में इधर-उधर उड़ते हुए पत्ते को 'क्लोजअप' के साथ दर्शाया जायेगा। मान लीजिये आपका नायक रेलगाड़ी में बैठा जा रहा है, लेकिन इस उलझन में हैं कि कहाँ जाये? उसकी इस दुविधा को प्रतीकित करने के लिए किसी बोतल को दायें-बायें हिलते-डुलते दिखाया जा सकता है, जो 'बेपेंदी के लोटे' वाली कहावत को उस दृश्यफलक में चरितार्थ कर देगी। प्रतीकों का सर्वसुगम होना आवश्यक है। इस प्रकार के दृश्य लेखक निर्देशक की अपनी कल्पना या उद्भावना शक्ति पर निर्भर होते हैं। यह मानव कलेवर की 'कमेस्ट्री' के संज्ञान से सम्बद्ध रहस्य है।

4. **विविध ध्वनि-संयोजन**—टी.वी के इन कथा-चित्रों में आरम्भ, चरम सीमा और समापन का संकेत देनेवाली कोमल-कठोर अनेक प्रकार की ध्वनि-तरंगों

का संयोजन किया जाता है। प्रत्येक अच्छे-बुरे संवाद का प्रभाव प्रायः ध्वनि के सहारे उद्‌घाटित होता है। किसी ध्वनि से आश्चर्य, किसी से भय, किसी से क्रोध और किसी से उल्लास का संचार होता है। इस प्रकार स्पष्ट है कि टी.वी. की ये नाट्य-दृश्य-प्रस्तुतियाँ उपयुक्त भाषिक विधान के सहारे ही वांछित सफलता प्राप्त कर सकती हैं।

अन्य दृश्य विधाओं की भाषा सर्वसामान्य संचार भाषा से बहुत भिन्न नहीं दिखती। टी.वी. से प्रसारित साक्षात्कार, रिपोर्ताज, परिचर्चा, फीचर आदि के लिए अपेक्षित है कि भाषा सहज, शुद्ध एवं सुसंवेद्य हो।

निष्कर्ष यह है कि टी.वी. माध्यम है, अतः उसमें आँकड़े और ग्राफिक्स काफी दिये जाते हैं। चित्रों के साथ-साथ उसमें कैप्शन तथा पाद पंक्तियाँ चलती रहती हैं, इसलिए टी.वी. का सम्प्रेषण सर्वाधिक सुगम हो जाता है। ये चैनल्स टेलीकान्फ्रेन्सिंग द्वारा घटना-स्थलों के समानान्तर विवरण स्थानीय संवाद-सूत्रों द्वारा देते रहते हैं और सम्बन्धित व्यक्तियों का साक्षात्कार या संवाद प्रसारित करते रहते हैं। इधर रोमन लिपि और हिन्दी भाषा का मिला-जुला प्रयोग विदेशी चैनलों के कारण प्रचलित हो गया है। इसे रोककर देवनागरी लिपि में पाद-टिप्पणियाँ या कैप्शन देना हर प्रकार से बेहतर होगा। टी.वी. में कम्पेयरिंग और 'डबिंग' का बड़ा महत्त्व है। संचालक की भाषा में सरलता, शुद्धता, श्रुति माधुर्य, स्पष्ट उच्चारण, प्रवाह, यति, गति, वाणी का लास्य, पाज, सही आर.पी.एम., सही वाल्यूम एवं आरोहावरोह अर्थात् वाचन या उच्चरित कला का निर्वाह होना चाहिए। डबिंग की भाषा अनुभाव (ओष्ठ्य संपालन) यानी बाडी लैंगुएज पर निर्भर होती है। हिन्दी फिल्म 'गाँधी' और 'डिस्कवरी चैनल की भाषा को इसका मानक माना जा सकता है। निष्कर्ष यह है कि टी.वी. की भाषा का अपना वैशिष्ट्य है और उसकी निजी संरचनात्मक प्रविधि भी है।

अखबारों की भाषा

मुद्रित माध्यम को हड़बड़िया लेखन कहा जाता है। हड़बड़ी में गड़बड़ी का होना अवश्यम्भावी होता है। 'लीड' लेने के चक्कर में आज के अखबारों के पास अपनी भाषा को माँजने का पर्याप्त समय नहीं रह गया है। इस माध्यम से अच्छे लेखकों (अनुभवी भाषाविदों) को प्रश्रय भी नहीं दिया जा रहा है। महत्त्वपूर्ण माना जाता है—सर्जनात्मक भाषा को, बढ़िया-से-बढ़िया शीर्षक को, नये-नये शब्द गढ़ने को और आकर्षक वाक्य-विन्यास को। इसमें कोई सन्देह नहीं है कि देश के अच्छे अखबारों ने इस दिशा में बहुत प्रगति की है, किन्तु शुद्ध हिन्दी, विशेषतः

सही वर्तनी और मानक व्याकरण की ओर यथेष्ट ध्यान आज के समाचार सम्पादक नहीं दे पा रहे हैं। इससे भाषा दिनोंदिन बिगड़ती भी जा रही है। जाहिर है कि जो गलत शब्द दो करोड़ प्रतियों से छप जायेगा, वह हिन्दी-जगत् में सही मान लिया जायेगा। अस्तु, आवश्यक है कि अख़बारों को शब्दानुशासन से जोड़ा जाये।

हिन्दी-जगत् में यह चिन्ता पत्रकारिता के जन्मकाल से देखी जा रही है। सर्वप्रथम 'उचित वक्ता' के सम्पादक दुर्गाप्रसाद मिश्र ने भाषा को विकृत न करने की अपील की। कालान्तर में पराड़करजी, आचार्य महावीरप्रसाद द्विवेदी, अम्बिकाप्रसाद वाजपेयी, गणेशशंकर विद्यार्थी, माखनलाल चतुर्वेदी, शिवपूजन सहाय आदि ने यह अभियान चलाया। अज्ञेय, धर्मवीर भारती, रघुवीर सहाय आदि ने जीवन्त संचार भाषा की रूप-रचना की। इधर अखबारी भाषा अस्तव्यस्त-सी हो गयी है। इस प्रकार के प्रयोजन अब अक्सर देखे जाते हैं—'तृणमूल की सरकार में शामिल होने...।' होना चाहिए था—'सरकार में तृणमूल के शामिल.....।' इसी प्रकार 'दुर्घटना में पाँच लोग मारे गये' (मर गये) 'आरोप लगाये गये (किये गये) कीमती सामान चोरी कर लिया (चुरा लिया) 'वृक्षारोपण किया' (पौधारोपण किया) मृतक साइकिल से आ रहा था। (अमुक व्यक्ति) 'चन्देल चुनाव जीते हैं।' इसका शुद्ध वाक्य है—'चन्देल ने चुनाव जीता या जीते हैं।'

3. कुछ वाक्य सन्धि, समास की त्रुटियों के कारण अटपटे हो जाते हैं, जैसे—'दुर्घटना बाहुल्य क्षेत्र में'—इसका सही रूप होगा—'दुर्घटना बहुल क्षेत्र में'।

4. कभी-कभी अंग्रेजी की नकल में अखबारी हिन्दी बिगड़ जाती है। जैसे-'गलत सन्देश जायेगा' उसने नयी जमीन तोड़ी' ये अंग्रेजी के भोंड़े अनुवाद हैं।

5. अखबारों ने हिन्दी को बहुत नये-नये शब्द दिये है, जैसे—फौरी तौर, धता बताकर, भितरघात, पलटवार, बन्द, घेराव, घड़े, सुश्री, सर्वश्री आदि। कुछ निरर्थक शब्द भी अखबारों ने गढ़ डाले हैं, जैसे-किरकिरी की तर्ज पर 'हारा-किरी।' उद्यम की जगह 'उद्यमयिता, कुबूल से कुबूलियत, सतत से सततता आदि।

6. इधर उर्दू शब्दों का प्रचलन औसत से बहुत ज्यादा बढ़ गया है। ध्यान देने योग्य की जगह-'गौर तलब', लगभग की जगह -तकरीबन, छिपाने की जगह छुपाने, 'वह' की जगह-वो क्योंकि की जगह-क्यूँ का प्रयोग करना तर्कसंगत कदापि नहीं है। ऐसे प्रत्येक शब्द का प्रयोग करते हुए यह सोचना कि जो शब्द एक करोड़ प्रतियों में छप जायेगा और कई दिनों तक करोड़ों-करोड़ों पाठक जिसे पढ़ेंगे, एक दिन वह भ्रष्ट भाषा ही शुद्ध हिन्दी मान ली जायेगी। यही स्थिति रेडियो से प्रसारित हिन्दी कार्यक्रमों के उच्चारण की है। टी.वी. चैनलों में भाषागत दोषों के तीन रूप दिखते हैं—1. 'वाटम लाइन' में लिखे जानेवाले शब्दों की गलत वर्तनी 2. दूषित उच्चारण 3. अनावश्यक रूप से रोमन लिपि में दिये गये कैप्शन।

इन तीनों माध्यमों में भाषा के सुधार-संस्कार हेतु भाषाविदों का परामर्श लेना अब अपेक्षित ही नहीं, अनिवार्य कर दिया जाना चाहिए।

इन दिनों जन-माध्यमों में जिस हिन्दी का प्रयोग किया जा रहा है, उससे अनेक हिन्दी हितैषी सन्तप्त हैं। फिल्मी हिन्दी को थोड़ी देर छोड़कर हम रेडियो और टी.वी. के प्रयोगों पर हिन्दी के लिखित तथा वाचिक रूप पर विचार करके भाषिक प्रदूषण अर्थात् उच्चारण, वर्तनी, व्याकरण, शब्द प्रयोग आदि के कारण चिन्तित हो जाते हैं। वस्तुतः इन माध्यमों के समक्ष शुद्ध हिन्दी प्रयोग की बहुत समस्या है। इस भाषा नीति से अधिकतर लोग निराश हैं और कुछ लोगों का यह विश्वास है कि इनके कारण भाषा (संचार भाषा) की सम्प्रेषण शक्ति में इजाफा हो रहा है। दोनों बातों में आंशिक सत्य है।

1. इसमें कोई सन्देह नहीं कि जो गलत शब्द एक समाचार में लाखों-करोड़ों व्यक्तियों तक प्रसारित हो जाता है, वह मानक भाषा को आहत करता है। इधर जाने-अनजाने वर्तनी की त्रुटियाँ बहुत बढ़ गयी हैं। दीर्घ का ह्रस्व और ह्रस्व की जगह दीर्घ। जैसे—'दारोगा' की जगह दरोगा और 'बरात' की जगह बारात। कहीं-कहीं स्वरलोप और स्वर आगम से शब्द बिगड़ जाता है। जैसे—'सुलतान' की जगह सुल्तान और औसत की जगह अवसत। व्यञ्जन-सम्बन्धी अशुद्धियों में व की जगह ब, जैसे-विकार का बिकार। ठीक इसके विपरीत व की जगह ब-जैसे बल की जगह गलत शब्द वल या बदरीनाथ की जगह 'बद्रीनाथ'। पूर्वी क्षेत्र में अंग्रेजी अक्षर 'बी' को 'भी' बना दिया जाता है, जैसे—वी.सी. का भीसी और असावधानीवश 'बैराइटी' से भैराइटी आदि।

2. श, ष, स में कहीं-कहीं अर्थ का अनर्थ हो जाता है। जैसे—संकर (मिलावटी) और शंकर (शिवजी) इसी प्रकार साल, शाल, साला, शाला आदि शब्दों में अर्थगत भारी भेद है।

3. न, ण शब्द प्रायः परस्पर टकरा जाते हैं, यथा-पूर्वाह्न-पूर्वाह्ण, रामायन-रामायण आदि।

4. य की जगह ज का प्रयोग भी समस्या पैदा कर देता है, जैसे—यवनिका-जवनिका, यमुना-जमुना। दक्षिण में 'ज' का प्रयोग 'झ' रूप में होता है, जैसे—'जिराक्स' से 'झिराक्स'।

5. छ, क्ष की समस्या भी टेढ़ी है—विशेषतः वांछनीय, आकांक्षा को वांक्षनीय आकांछा लिख देने से।

6. ड, ढ, ढ़, ण, ट, ठ की वर्तनी भी भ्रामक है—जैसे—लाडला, कढ़ाई घनिष्ठ, शिष्ट इत्यादि की भिन्न-भिन्न अशुद्ध वर्तनियाँ।

7. क, ख, ग, ज, फ के नीचे नुक्ता लगाने की समस्या भी अभी शेष है। नुक्ता न लगाने से कभी-कभी अनर्थ हो जाता है। जैसे—ख़ुदा (ईश्वर), खुदा, खुदाई (खोदना), ज़रा (थोड़ा), जरा (बुढ़ापा), ज़माना (युग), जमाना (लगाना, प्रभावित करना, दही जमाना आदि)

8. अर्द्धाक्षर द्य, ध की द्विविधा-जैसे—वैद्य और वैध।

9. अन्तःस्थ ज्ञ, ग्यँ की समस्या-जैसे-ज्ञान और ग्याँन।

10. र और रेफ की अनेकरूपता। हिन्दी में इसके चार रूप प्रचलित हैं, यथा-कर्क, राष्ट्र, प्रकार, कृति। इनका सतर्कतापूर्ण प्रयोग आवश्यक है।

11. अनुनासिक और अनुस्वार की समस्या। यथा—अँगना (प्रांगण), अंगना (स्त्री)

12. विसर्ग का दूषित प्रयोग, जैसे-दुःख की जगह दुःख।

13. अनावश्यक द्वितीय व्यञ्जनों का प्रयोग, जैसे—रक्खा, लिक्खा।

14. अनावश्यक महाप्राणीकरण, जैसे—ठाठ का ठाट।

15. अंग्रेजी से आगत शब्दों के लिपि चिह्नों का प्रयोग, जैसे—टेलिफोन कॉल। इस ऊपरी चिह्न (चन्द्र) के बिना काल का अर्थ होगा-समय या मृत्यु।

16. उपसर्गों की अशुद्धियाँ, जैसे-अभिज्ञ, विज्ञ (जानकार) अज्ञ, अनभिज्ञ, (मुर्ख)

17. प्रत्यय-सम्बन्धी अशुद्धियाँ, जैसे-सत्य और यथार्थ की जगह सत्यता, यथार्थता के गलत प्रयोग। इसी तर्ज पर अखबारों ने सततता, उद्यमिता-जैसे शब्द बना लिये हैं।

18. हिन्दी के कुछ शब्द 'गौरवे बहुवचन' सूत्र के कारण बहुवचन में ही प्रयुक्त होते हैं, जैसे—दर्शन, प्राण, हस्ताक्षर आदि। आदरणीय व्यक्ति के सन्दर्भ में 'वह' 'उसने' की जगह 'वे', और 'उन्होंने'। वह कहते हैं की जगह वे कहते हैं का प्रयोग होना चाहिए।

19. हलन्त अनावश्यक नहीं आना चाहिए, जैसे—आपात्-काल गलत है। किन्तु पश्चात्, परिषद् आदि में हलन्त जरूरी है। लेकिन 'अहम' (विशेष) में हलन्त लगा देने से 'अहम्' शब्द अहंकार का अर्थ देने लगता है।

20. अखबारों की भाषा वर्तनी से अधिक वाक्य-रचना के कारण बिगड़ी है। वर्तनी मुख्यतः प्रयत्नलाघव के कारण नष्ट हुई है। प्रेस ने चन्द्र बिन्दु (ँ) और

अर्द्ध न् की जगह अनुस्वार बनाने की नीति अपना ली, इसीलिए पांच, महंगी, गांव, मांग, पहुच, आंकड़ा-जैसे सैकड़ों गलत शब्द रोज प्रयुक्त हो रहे हैं।

21. वाक्य-रचना में पूरी व्याकरणिक कोटियों का निर्वाह करना होता है। जैसे एक समाचार का वाक्यांश है 'काले शीशे हटाये जाने सम्बन्धी आदेश। इसका सही रूप होगा काले शीशों के हटाये जाने से सम्बन्धित आदेश। पूर्वांचल में बोलचाल की भाषा में भूतकालिक क्रिया के साथ 'ने' का प्रयोग प्रायः नहीं होता है। इसके प्रमाण अखबारों में भी मिल जाते हैं। जैसे—वे क्षेत्र के विकास को देखे हैं।

22. इसी प्रकार अंग्रेजी की तर्ज पर जब हम उपवाक्यों को तोड़-तोड़कर मिश्र/संयुक्त वाक्य बनाते हैं तो कई बार अनर्थ हो जाता है। जैसे-'सपा के अमुक से वे जिन्हें इतने मत मिले हैं उससे चुनाव हार गये हैं।' पता नहीं, ये मत जीतनेवाले के हैं या हारनेवाले के? इस वाक्य तो तोड़कर इस प्रकार लिखना निरापद होगा 'वे सपा के अमुक से हार गये हैं। अमुक को इतने मत मिले, इनको इतने।'

23. कहीं-कहीं अनावश्यक अंग्रेजीकरण तथा सरलीकरण के बहाने अतिउर्दूकरण के दुराग्रह से भी हिन्दी भाषा को क्षति पहुँचती है, जैसे-चौड़ीकरण, रैशनलाइजेशन आदि। आवश्यकता यह है कि लेखनगत हड़बड़ी के बावजूद भाषा में गड़बड़ी न होने पाये। इसके लिए भाषा के सुविज्ञ संवाद सूत्रों की नियुक्ति सावधानीपूर्वक करनी होगी और अखबार के अन्तिम रूप से छपने के पूर्व किसी भाषा विशेषज्ञ को उसका प्रारूप दिखा लेना हितकर होगा।

संचार भाषा का दूसरा शुभ पक्ष है—इसकी प्रयोगधर्मिता। माध्यमों ने इस बीच सैकड़ों नये शब्द बनाये हैं। तरह-तरह के नये वाक्य रचे हैं। जैसे—'अमुक' पर दिन भर होती रही फूलों की वर्षा, 'अयोध्या को भारी पैकेज (भारी तोहफा) इत्यादि। यह संचार भाषा व्याकरणिक शुद्धता से ज्यादा सम्प्रेषणीयता की टोह में रहती है। त्वरित सम्प्रेषण के लिए यह प्रयत्नलाघव और संक्षेपण की नीति अपनाती है। संचारकर्मियों ने इस बीच सैकड़ों संक्षिप्ताक्षर बनाये हैं और लोकप्रिय कर दिये हैं। जैसे-सपा, बसपा, रांक्राम्पा, लोस, विस, माकपा, आसुका, रासुका, पोटा, मीसा इत्यादि।

हम यदि 'उदन्त मार्तण्ड' और भारतेन्दु-युग के अखबारों की भाषा पर दृष्टिक्षेप करके आज की प्रसारण भाषा का अवलोकन करें तो संचार भाषा के रूप में हिन्दी की प्रगति का सही निष्कर्ष निकाला जा सकता है। अपने आरम्भिक काल में 'हिन्दी बंगदूत' की भाषा ऐसी हुआ करती थी-

"कल बेला 11 घण्टे के वक्त निमतला घाट में मरा आदमी जलाने के वक्त आपसे पानी पिया और दाहे भी खाने को माँगा। हमारा आदमि देख आया। इस्का बेवरा समेत कल प्रकाश होवेगा।"

"यह 'उदन्त मार्तण्ड' कलकत्ते के कोलूटोला अगडातला गलि के 37 अंककी हवेली के मार्तण्ड छापा में हर सतवारे मंगलवार को छापा होता है। जिनको लेने का काम पड़े, वे उस छापा घर में अपना नाम भेजे जेहिसे उनके समीप भेजा जायेगा। उसका मोल महीने में दो रुपया जिन्होंने सहि की है जो उसके पास न पहुँचे (तो) उस छापाखाने में कहला भेजने हि से तुर्त उनके यहाँ भेजा जायेगा।" इसी प्रकार के दो और उद्धरण द्रष्टव्य हैं—

'जबते या कलकत्ता नगरी में या को प्रकाश भया, तबते आज दिवस लों काहू प्रकारते ढाँढस बाँध विद्या के बीच बैबे को हिन्दुस्तानीपन के जड़ता के खेत को बहुविद्य जो त्यों पहिले तो ऐसी कठोर भूमि काहेको जुतै तातू पै काया कष्ट कर जैसो तैसो हल चलाया वा क्षेत्र में गाँठ की व्यू बखेर यतन से सींच कललुन्यौं चाह्यौ तो समय लोभ रूपी टाड़ी परिवा खेत के फलफूत पाती सिगरी चरि गयी अब तो फिरि फिर या नाशे क्षेत्र को गोड़ियों तो श्रम ही कल फलैंगे।"

"भारत खण्ड को ठुकरायी और राजनीति और बनज बैपार ओर विद्या अभ्यास के प्रकार और सब देश के समाचार और देशान्तरनि की विद्या और सुधरता के प्रसंगनि के शास्त्रार्थ युक्त यह समाचार-पत्र-बँगला और काम पड़े तो पारसी और हिन्दी में प्रति सतवारे छपेगा, जिस करके बहुत भाँति के प्रयोजन के मूल सजीव होने की सम्भावना है। अधिक करके इस देश की अरधौती इस देश की ओर पठाही बैपारों का उपकार विचार नगर कलकत्ते की बड़ी बाजार के आवते बानो की अर-धैती बाजार भाव बँगले और देवनागर अक्षरों में छपेगी जिस उपलक्ष्य से बैपारी लोग अपने गो के बानों का भाव समय पर जान सुचित हो लेने बेच लेने का जाँच विचार कर अपने अपने धन्धे की घण्टी से बच बढ़ी के भागी हुआ कहैं और इस समाचार के साथ अंगरेजी भाषे और एक में समाचार ऊपर लिखे ब्योरों के साथ छपेगी।"

इन्हें सापेक्षिक दृष्टि से देखने पर ही यह निष्कर्ष निकल पायेगा कि अखबारी भाषा के रूप में हिन्दी ने इन 150 वर्षों में कितनी प्रगति की है। नयी संचार भाषा के मुख बिन्दु हैं—

1. हिन्दी जीवन्तता का बहुत बड़ा आधार है—उसकी मुहावरेदानी। इधर हर वाक्य में लोकोक्तियों मुहावरों के प्रयोग होने लगे हैं, जैसे—चेहरा लाल पीला होता रहा, मंसूबे ढेर हो गये, पार्टी ने कूच कर दिया, विपक्ष ने चिल्ल-पों मचायी, योजनाएँ ठण्डे बस्ते में, अनाप-शनाप खर्च, बड़ी किरकिरी हुई, स्कीम खटाई में, ढाँचा चरमरा गया आदि।

2. शब्दावली को प्रभावी बनाने के लिए माध्यमों ने ध्वन्यात्मक शब्दों को बड़ा महत्त्व दिया है। जैसे—धकधकाते हुए, धाँय-धाँय, धुआँधार, दनादन आद।

3. इधर हिन्दी कार्यक्रमों में उदारतापूर्वक अंग्रेजीकरण को अपना लिया गया है, जैसे—उसने जस्टीफाई किया, साइन करती है, टर्न लेती हुई पिचें आदि।

4. इधर के लोक प्रसारण ने लोक-जीवन के देशज शब्दों को बहुत महत्त्व दिया है, जैसे—चीन्हा गया, लुंज-पुंज, झुंझलाहट, औकात बता दी, पलड़ा भारी, धाक जमायी, छक्के छुड़ाये, बावेला काटा, नेवाजे गये, धमाका किया, वास्ता दिया, तगड़ा झटका, बण्टाधार, फिसड्डी, लस्त-पस्त, गड़गड़ सड़बड़, ऊटपटाँग, बात का बतंगड़, खूसट, बोरियत, थुक्का फजीहत, थके-माँदे, कारगुजारी, टण्टा, पंगा, हथकण्डा, हाबी रहा आदि। दैनिक जीवन के ऐसे शब्द निरन्तर बढ़ते जा रहे हैं।

5. कहीं-कहीं तत्सम शब्दों का प्रयोग भी करना पड़ रहा है, जैसे-निलम्बन, मामला लम्बित, आबण्टन, राजस्व, विपणन, निगम, निवेश, अवमुक्त, मुद्रा-स्फीति, प्राथमिक, वरीयता, अधिग्रहण, अतिक्रमण, विनियोजन, पारदर्शिता आदि। स्पष्ट है कि इनमें से अधिकतर शब्द पारिभाषिक हैं।

6. नयी संचार भाषा में शब्द-युग्मों को बहुत बढ़ावा दिया जा रहा है, जैसे—रोक-थाम, दरबार, लीपा-पोती, आमूल-चूल, लाग-लपेट, खरी-खोटी आदि। ऐसे प्रयोगों से निश्चय ही प्रभावोत्पादकता बढ़ती है।

7. जनसंचार ने कुछ मिले-जुले संयुक्त शब्द बनाये हैं, जैसे-सक्रिय ध्रुवीकरण, एकीकृत चतुर्भुजी समृद्धि इत्यादि।

8. मनगढ़न्त शब्दों के क्षेत्र में ये अखबारी शब्द बहुत आगे हैं। वे रूपकों के साथ नयी-नयी उपमाएँ बनाते जा रहे हैं, जैसे—अन्धविश्वासों का मकड़जाल, स्वामीत्व का ठप्पा, नैया का खेवैया आदि।

9. कभी-कभी पत्रों के शीर्षक कवित्वपूर्ण और तुकान्तपूर्ण बनाये जाते हैं, जैसे—सुनामी प्रकोप का समाचार देते हुए लिखा गया—'धरती काँपी, सागर गरजा'।

ऐसी नयी भाषा की संरचना के लिए आवश्यकता है, सर्जनात्मकता की, संकल्प-शक्ति की और स्वाध्याय तथा अभ्यास अर्जित शब्द-सम्पदा की। हिन्दी पत्रकार नयी-नयी प्रोक्तियों को लेकर सतत् जूझ रहे हैं और अर्थगत सम्भावनाएँ तलाश रहे हैं। यह देखा जा रहा है कि स्थानीय समाचार पृष्ठ से जुड़े स्ट्रिंगरों का शब्द ज्ञान और वाक्य प्रयोग यदा-कदा त्रुटित हो जाता है, जबकि डेस्क पर कार्यरत

वरिष्ठ सहायक सम्पादकों की भाषिक क्षमता काफी परिपुष्ट है। यदि शत-प्रतिशत शुद्धता और साथ ही जोखिम भरे हुए भाषिक प्रयोगों का सिलसिला समानान्तर रूप से चलता रहे तो अपनी प्रचुर संचार संवेदना से युक्त हिन्दी माध्यम लेखन बड़ी त्वरा और तीव्रता से सफलता-सार्थकता के शीर्ष पर पहुँच जायेगा। उस दिशा में हम अग्रसर हैं।

अखबारी भाषा की सर्वसामान्य त्रुटियाँ

1. वर्तनी की त्रुटियाँ- इन दिनों अखबारों ने बिन्दु, चन्द्रबिन्दु, रेफ तथा ह्रस्व-दीर्घ मात्राओं का अन्तर प्रायः समाप्त कर दिया है। विसर्ग और अनुस्वार की सतर्कता भी वे नहीं बरतते। 'अहम' बात लिखाते हुए उनका 'म' हलन्त हो जाता है, जिससे मुख्य की जगह घमण्ड का अर्थ निकलता है। अर्द्धाक्षरों के प्रयोग में तो ऐसी चूक प्रायः होती रहती है। दीप प्रज्वलित को प्रायः सभी 'प्रज्ज्वलित' लिख रहे हैं। इसी प्रकार स, श, ष, रेफ, ट, ड, ढ, ण, त्र, क्ष आदि से सम्बन्धित त्रुटियाँ बहुत बड़ी संख्या में पायी जाती है।

2. वाक्य-रचना की त्रुटियाँ—यह गड़बड़ी भी प्रायः हड़बड़ी के कारण होती है। किसी वाक्य के पद अन्वय के सही न होने से प्रायः अर्थ में अनर्थ हो जाता है। जैसे—'अजीत की सरकार में शामिल होने की।' यहाँ मूल कथ्य है, केन्द्र सरकार में अजीत सिंह के सम्मिलित होने का। ऐसे पचासों दूषित प्रयोग प्रतिदिन अखबारों में मिल जायेंगे। कुछ प्रयोग प्रमादवश या पूर्व चिन्तन न करने के कारण त्रुटित हो जाते हैं। जैसे—'आरोप यह भी लगाये गये' का शुद्ध वाक्य होगा 'आरोप ये भी किये गये।' इसी प्रकार दुर्घटना में दो लोग मारे गये' का शुद्ध रूप होगा 'दो मर गये।' 'कीमती सामान चोरी कर लिया... का शुद्ध रूप है कीमती सामान की चोरी हो गयी।' 'उनको चुनाव लड़ाये जाने की माँग की है', इसका शुद्ध रूप है—'उनके चुनाव लड़ने की माँग की गयी है।' चन्देल चुनाव जीते है'—का शुद्ध वाक्य है—चन्देल ने चुनाव जीता या जीते हैं।

3. कुछ वाक्य सन्धि, समास की त्रुटियों के कारण अटपटे हो जाते हैं, जैसे—मुसलमान बाहुल्य क्षेत्र में' इसका सही रूप होगा—'मुसलमान बहुल क्षेत्र में।

4. कभी-कभी अंग्रेजी की नकल में अखबारी हिन्दी बिगड़ जाती है, जैसे-'गलत सन्देश जायेगा।' 'उसने नयी जमीन तोड़ी' ये अंग्रेजी वाक्यों के अनुवाद हैं।

5. अखबारों ने हिन्दी को बहुत नये-नये शब्द दिये हैं, जैसे-फौरी तौर, धता बताकर, भितरघात, पलटवार, दो फाड़, घपला, घोटाला, फर्जीवाड़ा, हंगामा, धमाल, बन्द, घेराव, धडे, सुश्री, सर्वश्री, पं.ा, टण्टा, विन्दास आदि कुछ

निरर्थक शब्द भी अखबारों ने गढ़ डाले हैं, जैसे-किरकिरी की तर्ज पर हारा-किरी। उद्यम की जगह 'उद्यमिता, कुबूल से कुबूलियत, सतत से सततता आदि।

6. इधर उर्दू शब्दों का प्रचलन औसत से बहुत ज्यादा बढ़ गया है। 'ध्यान देने योग्य' की जगह—'गौरतलब', लगभग की जगह—'तकरीबन', छिपाने की जगह 'छुपाने', वह की जगह—'वो', क्यों की जगह, 'क्यूँ' का प्रयोग करना तर्कसंगत कदापि नहीं है। ऐसे प्रत्येक शब्द का प्रयोग करते हुए यह सोचना चाहिए कि जो शब्द एक करोड़ प्रतियों में छप जायेगा और कई दिनों तक करोड़ों-करोड़ों पाठक जिसे पढ़ेंगे, एक दिन वह भ्रष्ट भाषा ही शुद्ध हिन्दी मान ली जायेगी।

यही स्थिति रेडियो से प्रसारित हिन्दी कार्यक्रमों के उच्चारण की है। टी.वी. चैनलों में भाषागत दोषों के चार रूप दिखते हैं—

1. 'बाटम लाइन' में लिखे जानेवाले शब्दों की गलत वर्तनी 2. दूषित उच्चारण 3. असंसदीय शब्द, जैसे—'जबान सम्भाल के' नामक कार्यक्रम का शीर्षक 4. अनावश्यक रूप से रोमनलिपि में दिये गये कैप्शन। इन सभी माध्यमों में भाषा के सुधार-संस्कार हेतु भाषाविदों का परामर्श लेना अब अपेक्षित ही नहीं, अनिवार्य कर दिया जाना चाहिए।

अस्तु; संचार भाषा रूप में हिन्दी का उत्तरोत्तर बढ़ता हुआ प्रचलन उत्साहवर्द्धक है, किन्तु यह भाषा प्रदूषण अनिष्टकर है।

इलेक्ट्रॉनिक मीडिया की पत्रकारिता भाषा

पारम्परिक मुद्रित माध्यम का बेहतर विकल्प बनने का दावेदार है यह मीडिया।

सूचना संचार में भी वह अखबार का पूरक एवं प्रतिस्पर्द्धी है। इसके बाहरी चाकचिक्य के बावजूद सम्प्रति जन-मानस महसूस कर रहा है कि वह मात्र जनसंचार न होकर प्रचार यानी टी.आर.पी. का बाजार यानी व्यापार बन गया है।

'आज इलेक्ट्रॉनिक मीडिया के अन्तर्गत तीन प्रकार के माध्यमों की गणना की जा रही है—1. रेडियो 2. टी.वी. 3. इण्टरनेट। ये माध्यम चूँकि श्रव्य-दृश्य हैं, चूँकि ये सूचना प्रौद्योगिकी से सीधे जुड़े हुए हैं और चूँकि ये विकसित राष्ट्रों के सशक्त चैनलों द्वारा संचालित हैं, इसलिए इनमें बड़ा 'ग्लैमर' भर गया है। अभी कुछ दिनों पूर्व तक टी. वी. चैनलों के सामने मुद्रित माध्यम अर्थात् समाचार-पत्र, निष्प्रभाव-से दिख रहे थे। अब विदेशों के सैकड़ों चैनल्स इस बीच अपने पूरे वर्चस्व यानी पूरे तकनीकी आडम्बर के साथ भाँति-भाँति के दृश्यों, वृत्तान्तों तथा समाचार-सम्बन्धी कार्यक्रमों को लेकर भारतीय जनमानस पर छा गये हैं। उनके समक्ष मुद्रित माध्यम ही क्या दूरदर्शन तक निस्तेज-सा हो गया है। 'प्रसार भारती' के पुनर्गठन

के बावजूद डी.डी., डी. डी.-1, डी.डी.-2, मैट्रो चैनल, भारती आदि के कार्यक्रम स्टार टी.वी., जी न्यूज, सब, आजतक, ई.टी.वी., सहारा, समय, कलर, इमेजिन आदि के समक्ष लगभग निष्फल हो चले हैं। यही स्थिति आकाशवाणी की है। पहले तात्कालिक और पुष्ट-प्रामाणिक समाचार की पर्यायवाची थी आकाशवाणी। अब उससे कहीं ज्यादा प्रभावी भूमिका अदा कर रहे हैं, रेडियो मिर्ची तथा एफ.एम.युक्त सिटी रेडियो। पिछले दशकों में संचार मन्त्रालय के संरक्षण में आकाशवाणी और दूरदर्शन की जो अधोगति हुई है, उस पर विचार करते हुए यह आशंका स्वाभाविक ही है कि आगामी कुछ दशकों बाद इनका अस्तित्व शायद ग्रामीण सामुदायिक केन्द्रों तक सीमित रह जायेगा? इसलिए इलेक्ट्रॉनिक मीडिया के भविष्य पर और इस संकट के सम्भावित निराकरण पर यथासमय विचार कर लेना अत्यावश्यक हो गया है।

रेडियो पत्रकारिता

विश्व में रेडियो का आविष्कार 1901 में हुआ था। भारत में इसका आरम्भ अगस्त, 1921 में हुआ। 23 जुलाई, 1927 को 'इण्डियन ब्राडकास्टिंग कम्पनी' की स्थापना हुई। 1930 में भारत सरकार ने इस प्रसारण सेवा का अधिग्रहण करके 'इण्डियन ब्राडकास्टिंग सेवा' शुरू की। 5 मई, 1932 से रेडियो स्टेट मैनेजमेण्ट सरकारी हाथों में आ गया। 9 जनवरी, 1936 के दिन पहला प्रसारण केन्द्र दिल्ली में खोला गया। क्रमशः बम्बई, कलकत्ता (1927), लाहौर (1928), मद्रास (1930) में केन्द्र खोले गये। 8 जून, 1936 में 'इण्डियन ब्राडकास्टिंग की व्यवस्थित शुरुआत हुई। यही आगे चलकर 'आल इण्डिया रेडियो' तथा 'आकाशवाणी' कहलायी।

भारत-पाक विभाजन के समय देश में छह प्रसारण केन्द्र तथा 18 ट्रांसमीटर थे। इस समय भारत में लगभग 300 ट्रांसमीटर हैं और 165 एफ.एम. केन्द्र हैं। आकाशवाणी 20 चैनलों के लिए रिले प्रसारण कर रही है। प्रसार भारती, स्काई, रेडियो और उपग्रह इनसेट दो के कारण उसने अनेक प्रकार की सेवाओं का परि-विस्तार किया है।

रेडियो पत्रकारिता समय-समय पर प्रसारित बुलेटिनों के माध्यम से प्रस्तुत की जाती है। प्रसारण अवधि औसतन 15 मिनट की होती है, इसलिए एक बुलेटिन में इतने समाचार नहीं आ पाते, जितने समाचार-पत्रों में छपते हैं। इसमें स्थानीय घटनाएँ बहुत ही कम होती हैं। वे केवल साप्ताहिक झलकियों में दी जाती हैं। रेडियो में विवादास्पद और व्यवस्था-विरोधी समाचार भी बहुत कम होते हैं। इससे समाचारों

की रोचकता काफी घट जाती है। प्रसार भारती के परिणामस्वरूप इधर कुछ नियम ढीले अवश्य हुए हैं, फिर भी यह माध्यम उतना मुक्त नहीं हो पाया ह, जितना मुद्रित माध्यम है। चूँकि यह सरकार द्वारा संचालित है, इसलिए सत्तारूढ़ दल का प्रतिबन्ध इस पर अधिक रहता है। शासन का तर्क है कि रेडियो द्वारा प्रसारित समाचार अपेक्षाकृत अधिक संवेदनशील होता है। इसकी पहुँच बहुत बड़े क्षेत्र तक है, इसलिए रेडियो समाचारों पर कुछ प्रतिबन्ध लगाना जरूरी है, जैसे-1. रेडियो समाचार भड़काऊ एवं विवादास्पद न हों 2. किसी भी राजनीतिक दल से वे सम्बन्धित न हों 3. वे धर्म निरपेक्षता में बाधक न हों 4. राष्ट्रीय एकता के लिए वे घातक न हो 5. अन्तरराष्ट्रीय सम्बन्धों में वे दरार डालनेवाले न हों 6. किसी व्यक्ति का वे विज्ञापन न हों।

इस प्रकार स्पष्ट है कि रेडियो पत्रकारिता की अपनी एक सीमा है, एक आचार-संहिता है, इसलिए 'मुक्त रेडियो' पत्रकारिता की अवधारणा अभी पूरी तरह चरितार्थ नहीं हो पा रही है। प्रसार भारती के पीछे मूल कल्पना यह रही है कि हमारे संविधान में चूँकि सूचनाधिकार (राइट टु इनफारमेशन) की व्यवस्था है, इसलिए रेडियो, टी.वी. पत्रकारिता को भी सत्ता निरपेक्ष तथा पूर्ण स्वतन्त्र किया जाये। यह आदर्श स्थिति तो है, किन्तु आकाशवाणी के अतिरिक्त यदि देशी-विदेशी समस्त रेडियो-कम्पनियों को मनमाने प्रसारण का पूरा अधिकार दे दिया जायेगा तो अन्ध आर्थिक (बाजारू) स्पर्द्धा के कारण रेडियो पत्रकारिता भी पीत पत्रकारिता में बदल जायेगी। रेडियो का लक्ष्य है बहुजन सुखाय, बहुजन हिताय। निजी चैनलों को यह छूट दे देने के बाद मुनाफाखोरी के लाभ लोभवश यह लक्ष्य मनोरंजन तक सीमित रह जायेगा। कुछ विद्वानों का विश्वास है कि रेडियो को पूर्ण स्वतन्त्र निगम बना देने के कुछ अर्से बाद वह स्वयं अपने नैतिक दायित्व का निर्वाह करेगा। उसकी स्तरीयता और विश्वसनीयता तब ज्यादा विकसित होगी। बी.बी.सी. एवं 'वायस आफ अमेरिका' इस कथन के प्रमाण हैं। वर्तमान प्रतिबन्धों के कारण अभी रेडियो पत्रकारिता मुक्त कल्पनाएँ नहीं कर पाती। अनेक योजनाएँ लाल फीताशाही की शिकार हो जाती हैं। अतः इसे नौकरशाही से मुक्त करना अनिवार्य है।

स्थूलतः रेडियो पत्रकारिता के प्रमुख तीन पक्ष है—1. समाचारों का आगम व चयन 2. बुलेटिन की प्रस्तुति 3. समाचार वाचन।

इस रेडियो समाचार-पत्रकारिता में न शीर्षकीकरण होता है और न पृष्ठ विन्यास, किन्तु किस समाचार को कब प्रस्तुत किया जाये, आदि और अन्त में समाचारों का संक्षेपण कैसे किया जाये और बीच में विस्तारण कैसे किया जाये,

इसका संज्ञान बहुत ही आवश्यक है। रेडियो-पत्रकारिता की लोकप्रियता के लिए आवश्यक है कि—

1. संवाद सूत्रों का नेटवर्क अधिकाधिक विकसित किया जाये।
2. समाचार समितियों से ताजा समाचार क्रय करने के प्रावधान बढ़ाये जायें।
3. स्थानीय समाचारों को भी वरीयता दी जाये।
4. व्यवस्था-विरोधी समाचारों पर कोई पाबन्दी न लगायी जाये।
5. समाचार बुलेटिन और प्रसारण अवधि में वृद्धि की जाये।
6. समाचार प्रस्तुति कला में निरन्तर नये-नये प्रयोग किये जायें।
7. रेडियो की भाषा नीति पर पुनर्विचार किया जाये।

अर्थात् सरस सुगम भाषा, छोटे-छोटे कलात्मक वाक्य और शुद्ध उच्चारण की व्यवस्था लागू की जाये।

ज्ञातव्य है कि रेडियो पत्रकारिता में एक-एक सेकेण्ड का महत्त्व होता है। एक मिनट में प्रायः पचास शब्द पढ़े जा सकते हैं। दस मिनट की बुलेटिन में लगभग पाँच सौ शब्द हो सकते हैं। शब्दावली का प्रयोग करते समय यह प्रयास करना होता है कि 1. सन्धि-समासवाले संयुक्ताक्षर कम-से-कम आने पायें। 2. सकर्मक क्रियाओं का प्रयोग अधिक हो। 3. द्विअर्थी और भ्रामक शब्दों का प्रयोग न हो। 4. वाक्य तृतीय पुरुष में लिखे जायें। 5. समाचार में आँकड़े और संख्यावाची शब्द अधिक न दिये जायें। 6. संकेताक्षरों का प्रयोग अधिक न किया जाये और 7. व्यक्तिवाची शब्दों की बार-बार आवृत्ति न हो।

जनसंचार रूप में इस माध्यम की कुछ अपनी सुविधाएँ हैं और कुछ विवशताएँ भी। सबसे बड़ी सुविधा यह है कि इसके समाचार तात्कालिक होते हैं। एक क्षण में वे पूरे भू-मण्डल तक फैल जाते हैं। किसी भी चलते हुए कार्यक्रम को रोककर तत्काल प्राप्त सूचना को रेडियो से तत्क्षण प्रसारित किया जा सकता हैं।

इस माध्यम की विवशता यह है कि इसके समाचार मौखिक होते हैं। उनका कोई स्थायी रूप नहीं बन पाता है। समाचार-पत्र ऐसे अनेक विशेषांक प्रकाशित करते है। महत्त्वपूर्ण फीचर, चित्र आदि छापते हैं, जो स्थायी महत्त्व के होते हैं। दूसरे रेडियो में दृश्यों की व्यवस्था नहीं हो सकती। श्रोता अपने कानों को ही आँखों की तरह इस्तेमाल करता है और ध्वनि-बिम्बों के माध्यम से व्यक्ति, स्थान तथा कार्य का अन्तर्दर्शन कर लेता है। अतएव इस माध्यम के लिए आवश्यक है कि ध्वनि-बिम्बों से युक्त शब्दावली का प्रयोग अधिक किया जाये। यह अच्छी प्रस्तुति, अच्छी वाचन कला द्वारा ही सम्भव है। वाचन कार्य में यति, गति, स्वर, लय, उच्चारण

तथा वाचिक अभिनय का बड़ा महत्त्व होता है। वाचन एक प्रशिक्षणसाध्य क्रिया है। मुक्त रेडियो पत्रकारिता द्वारा शुद्ध स्पर्द्धावश इस कला में और समूची रेडियो पत्रकारिता की गुणवत्ता में यथेष्ट वृद्धि सम्भावित है।

भारत में अब तक आकाशवाणी पूरी तरह सरकारी नियन्त्रण में है। सत्तारूढ़ दलों ने इसका भरसक दुरुपयोग यानी मात्र 'प्रोपेगण्डा' के लिए प्रयोग किया है। आपातकाल में जिन दिनों जन साधारण नौकरशाही और नेतागीरी से त्रस्त था, उस बीच आकाशवाणी के केन्द्र किराये के व्यक्तियों को स्टूडियो में बुला-बुलाकर उनसे ये वक्तव्य दिलवाते थे कि सम्प्रति चारों ओर अमन चैन है और सचमुच देश में 'अनुशासन-पर्व' चल रहा है। जनता के आक्रोश या निर्वेद का कोई प्रत्यक्ष-परोक्ष संकेत तक आकाशवाणी से प्रसारित नहीं हो पाता था। फलतः लोग इसे आकाशवाणी की जगह 'इन्दिरावाणी' कहने लग गये थे। इस माध्यम से अविश्वास हो जाने के कारण भारत में बी.सी.सी. ही क्या पाकिस्तान रेडियो तक आस्था के केन्द्र हो चले थे। एक बार अपनी साख खोकर आकाशवाणी भारतीय राजनीतिक दलदल से अभी पूर्णतः उबर नहीं पायी है। अधिकारियों की नियुक्ति में राजनीति घुस गयी है और कार्यक्रमों के संयोजन में भी। आपातकाल के समाप्त होने पर तथाकथित अनुशासन पर्व की प्रतिक्रिया हुई और पूरे देश में अराजकतावाद व्याप्त हो गया। इसका प्रभाव संचार माध्यमों पर भी पड़ा। चूँकि इन विभागों का आवश्यकता से अधिक सरकारीकरण कर दिया गया था, इसलिए 'मुक्त प्रेस' वाली अवधारणा आकाशवाणी में लागू नहीं हो पायी। इसमें बराबर 'सेंसरशिप' चलता रहा। सरकार ने केन्द्रों की संख्या में विकास किया, प्रसारण क्षमता का विस्तार किया, जिससे श्रवणीयता तो बढ़ी, लेकिन उस अनुपात में गुणवत्ता नहीं बढ़ पायी।

अब तक आकाशवाणी के समाचारों में यह गोपनीयता अधिनियम बहुत दिनों से और अनावश्यक रूप से लागू है कि राष्ट्रीय हित के विरुद्ध कोई समाचार प्रसारित नहीं किया जायेगा। इसी नीति के अन्तर्गत श्रीमती इन्दिरा गाँधी की हत्या का समाचार कई घण्टों बाद प्रसारित किया गया। इसके पूर्व बी.बी.सी. से और कुछ अन्य विदेशी चैनलों से एक अतिरंजित समाचार जारी हो चुका था। इस बीच कई तरह की अफवाहें भी फैल गयी थीं, जिनका मिला-जुला कुपरिणाम उत्तर भारत में सिक्खों पर किये गये बर्बर हमले और लूटपाट के रूप में दिखायी पड़ा। यदि पूरी तत्परता के साथ आकाशवाणी ठीक समय पर अपना दायित्व उसी प्रकार सम्हाल लेती जैसे—गाँधी हत्याकाण्ड के समय सम्हाला था, तो हमारा देश इस जातीय दंगे के कलंक से बच जाता। इसी त्रुटि की पुनरावृत्ति बाबरी मस्जिद के ध्वंस के समय भी हुई। मस्जिद गिरायी जा चुकी थी, किन्तु आकाशवाणी से यही समाचार प्रसारित

हो रहा था कि वह इमारत पूरी तरह सुरक्षित है। इस बेखबर माध्यम ने पुनः अराजकता को बढ़ावा दिया, साथ ही प्रेस की स्वतन्त्रता और जन सामान्य की आस्था पर इसने पुनः आघात किया।

इधर प्रसार भारती के गठन के साथ आकाशवाणी को पूर्ण स्वायत्तता देने का दावा किया गया है। पहले तो इस अधिनियम को लागू करने में कई वर्ष लग गये। इससे यह सिद्ध हो गया कि इस देश का नौकरशाह अभी राजतन्त्र की जगह पूर्ण जनतन्त्र स्थापित करने का पक्षधर नहीं है। उसके आतंकवश इस मन्त्रालय में पूरी तरह व्यक्ति-पूजा चलती रही। सरकार ने औपचारिकता की पूर्ति हेतु कुछ साहित्यकारों को प्रसार भारती की कार्य-समिति का सदस्य मनोनीत कर दिया, किन्तु नियुक्ति के पूर्व उनकी क्षमता पर विचार नहीं किया गया कि सूचना प्रसारण या जनसंचार विज्ञान से इन सदस्यों का क्या सम्बन्ध है? नौकरशाहों के समक्ष वास्तविक संचार वैज्ञानिकों की क्या हैसियत है? समकालीन जनमानस की मूल प्रतिक्रिया कैसी है? इसकी न कोई पड़ताल की गयी और न सर्वेक्षण हुआ। मात्र निहित स्वार्थों के आधार पर कुछ 'शो पीसों' का मनोनयन हुआ। आज भी मण्डी हाउस की गतिविधि पुराने अफसरी ढर्रे पर चल रही है। अब तक आकाशवाणी का एकाधिकार था। अब प्रसार भारती के अन्तर्गत कई स्वतन्त्र चैनलों को भी अनुमति देनी पड़ी है। वे रेडियो मिर्ची, 'मार्निंग मसाला', 'पोपट'-जैसे सस्ते, हलके-फुलके मनोरंजनवाले कार्यक्रम प्रसारित कर रहे हैं, लेकिन उनमें समाचारों और समाचार-समीक्षाओं का प्रसारण वर्जित है। उनका प्रसारण-काल भी बहुत सीमित होता है। हर समय फिल्मी गाने बजते रहते हैं। चाहे भेंटवार्त्ता हो या 'फोनिंग' कार्यक्रम, हर समय फिल्म ही छायी रहती है। एफ.एम. की वजह से चूँकि आवाज बड़ी सुमधुर हो गयी है। फिल्मी गानों का संगीत चूँकि जन-साधारण को बहुत अच्छा लगता है और एफ.एम. ट्रांजिस्टर चूँकि बहुत सस्ते दामों पर मिल जाता है, इसलिए रिक्शेवाले से लेकर कारवाले, तक टेपरिकार्डर की जगह अब एफ.एम. बजाते ही देख जाते हैं। मण्डी हाउस अपनी इस आशातीत सफलता पर मदोन्मत्त है। उसके आँकड़ों में यह दर्ज हो गया है कि आकाशवाणी (बेसिक नहीं, एफ.एम.) का कवरेज इस बीच तीन गुना ज्यादा बढ़ गया है।

रेडियो के इस एफ.एम. चैनेल में एक खास तरह की चुलबुली चटपटी 'हिंगलिश' या कान्वेण्टी हिन्दी को स्थान दिया गया है। जब 'ऐंकर' का कार्य कर रही कोई कोकिलकण्ठी, भेंटवार्त्ता देने आये सत्तर वर्षीय वरिष्ठ नागरिक से पूछती है—वेल, अंकल, प्लीज, यह बतायें कि आण्टी से आपकी लव मैरिज हुई थी कि 'अरेंज्ड मैरेज'। अथवा यह फरमाइश कि 'अंकल अपनी स्टूडेण्ट लाइफ का

अपना कोई 'लव अफेयर' हमारे लिसनर्स को सुनाये।' तो ऐसी भेंटवार्त्ता में भाव, भाषा और वक्ता, तीनों की दुर्गति हा जाती है। यह शैली कभी फिल्मी कलाकारा हेतु ईज़ाद की गयी थी, इसलिए कि फिल्मस्टारों का कैरियर ऐसी रोमैण्टिक चर्चाओं के सहारे ही निर्मित होता है। साहित्यकारों और बुद्धिजीवियों की स्थिति इससे भिन्न होती है। वे मर्यादा के प्रतीक माने जाते हैं। उन्हें ऐसी छिछली, फूहड़ और भ़ोंड़ी चर्चाओं में घसीटने से सांस्कृतिक मूल्यों का क्षरण होता है। लेकिन प्रसार भारती ने तय कर लिया है कि किसी-न-किसी तरह अन्य चैनलों की स्पर्द्धा में लोकप्रियता प्राप्त करनी है। फिर इस लोकप्रियता को भुनाकर विज्ञापन प्राप्त करने हैं और तब इस विभाग को सत्यम् शिवम् सुन्दरम् एवं बहुजन हिताय, बहुजन सुखाय की जगह 'बहुधनार्जनाय' बना देना है वर्तमान व्यवस्था में जब तथाकथित 'कल्याणराज्य' का हर विभाग, व्यावसायिक हो गया है तो सूचना, जनसम्पर्क और जनसंचार से सम्बन्धित इन विभागों को भी धन संचय का केन्द्र क्यों न बनाया जाये? अब तक मीडिया के मूलोद्देश्य थे—सूचना देना, प्रबोध देना और स्वस्थ मनोरंजन करना। इस बीच बढ़ते हुए प्रशासनिक खर्चों से डगमगाती हुई अर्थव्यवस्था से चिन्तित सरकार ने इन सबको धन-उगाही का माध्यम बना डाला है।

भारत में 'प्रसार भारती' की समाचार-प्रसारण-व्यवस्था आज भी बड़ी रूढ़िग्रस्त है। उसका 'नेटवर्क' बहुत कमजोर है। उसके समाचार अनुभाग पर आकाशवाणी केन्द्र के निदेशक का कोई हस्तक्षेप नहीं हो सकता। उन्हें टेलीप्रिण्टर, ई-मेल, फैक्स और स्फुट पत्राचार से जो सूचनाएँ मिलती हैं, उन्हीं में से रेडियो पत्रकार समाचारों का संकलन करते हैं। विभागीय नीत्यनुसार वे उन्हें जैसे-तैसे प्रसारित कर देते हैं। मुद्रित माध्यम (अखबार) के संवाददाताओं की टीमें जिस प्रकार अलग-अलग क्षेत्रों (बीट एरिया) में समाचारों की खोज करती हुई जाती हैं और खोजी पत्रकारिता की तकनीक द्वारा जिस प्रकार स्कूप-स्कैण्डल निकाल लेती हैं, वह प्रविधि रेडियो के पास नहीं है। इनकी टीम मात्र सरकारी कार्यक्रमों या प्रभावकारी संस्थाओं के आयोजनों तक ही पहुँच पाती है। किसी आयोजन में रेडियो, टी. वी. रिपोर्टरों का पहुँच जाना चूँकि गौरव का प्रतीक माना जाने लगा है, इसलिए ये पत्रकार स्वयं को उपकारक-उद्धारक मानकर कुछ ज्यादा ही गर्वग्रस्त हो गये हैं। जैसे—समाचार संग्रह करना उनकी आवश्यकता नहीं। वे तो दूसरों पर अनुकम्पा कर रहे हैं। अब तो इनके द्वारा प्रसारण करवाने के लिए कुछ संस्थाओं ने बाकायदा 'मीडिया मैनेजमेण्ट' नाम की एक पद्धति विकसित कर ली है, जिसका अर्थ है—इन पत्रकारों को वी.आई.पी. ट्रीटमेण्ट देना, आकर्षक उपहार तथा कमीशन देना और इनकी कृपा से या साम-दाम-दण्ड-भेदपूर्वक इनसे मनचाहा समाचार प्रसारित

करवाना। जाहिर है, पेड न्यूज की स्थिति में समाचारों के चुनाव का कोई सर्वमान्य मानक नहीं बन सकता। तब, समर्थ वर्ग अपने तामझाम द्वारा इस मीडिया को अपने इशारे पर नचाने लगता है और इससे जनता में गलत सन्देश जाता है। अपनी उपयोगिता वृद्धि हेतु सिटी रेडियो इधर शहरी यातायात (ट्रैफिक), दैनिक डायरी, सामान्य ज्ञान, फलित ज्योतिष आदि के कार्यक्रम देने लगे हैं, किन्तु समाचार व्यवस्था जस-की-तस है।

अखबारों से स्पर्द्धा करने हेतु रेडियो को संवाददाताओं की राष्ट्रव्यापी व्यवस्था करनी होगी। उसे अधिकाधिक समाचार खरीदने होंगे। इसके लिए दर्जनों ऐसी टीमें बनानी होंगी जो सुदूर गाँवों कस्बों तक जा-जाकर जन-जन की वाणी को ध्वन्यंकित करके लायें। समाचार-वाचकों में अधिकतर कैजुअल (अस्थायी) कलाकार ही देखे जाते हैं। इनकी नियुक्ति जब तक राष्ट्रस्तरीय स्वर परीक्षण अर्थात् कठिन प्रतियोगिता के माध्यम से नहीं होगी, उनका चुनाव जब तक कण्ठ-लालित्य, वाचन कला और उच्चारण की शुद्धता के अनुसार नहीं किया जायेगा, तब तक ये श्रव्य समाचार कदापि दृश्य समाचारों का मुकाबला नहीं कर पायेंगे। इसके साथ ही फीचर, रिपोर्ताज, समाचार-परिचर्चा आदि से सम्बद्ध अच्छे लेखकों की बड़ी आवश्यकता है। यह भी जरूरी है कि प्रसारित किये गये बुलेटिनों की बारम्बारता बढ़ायी जाये, प्रमुख समाचार विभिन्न भाषाओं-विभाषाओं में प्रसारित किये जायें और हर बुलेटिन में कम-से-कम 75 प्रतिशत समाचार नये जोड़े जायें। रेडियो-समाचारों का वैशिष्ट्य है—तात्कालिकता। अखबार के छपने में समय लगता है। टी.वी. में 'विजुवल' तैयार करने में समय लगता है, जबकि रेडियो तत्काल समाचार दे सकता है, बशर्ते उसमें पूरी दत्तचित्तता बरती जाये।

रेडियो समाचारों के अतिरिक्त वार्त्ता, रिपोर्ताज, संस्मरण आदि के जो कार्यक्रम प्रसारित होते हैं, उनका विषय निर्धारण और कलाकारों का चयन सम्प्रति किसी मानक के सहारे नहीं किया जा रहा है। यह सब निदेशक या कार्यक्रम अधिशासी के राग-द्वेष से या पारस्परिक हित में परिचालित होता है। कुछ कलाकारों ने इसे तिकड़मसाध्य व्यवसाय बना लिया है। इनमें परस्पर आदान-प्रदान भी चल रहा है। विषय का चयन प्रायः मौसमी या रस्मी तरीके से किया जाता है। जैसे—15 अगस्त पर शहीदों पर कोई-न-कोई चर्चा होनी है। महिलाओं के कार्यक्रम में एकाध लोकगीत गवाना ही है। इसी प्रकार अलग-अलग वर्गों की श्रेणियाँ बना दी गयी हैं। उसके अनुसार तीन-तीन महीने का सिड्यूल बना लिया जाता है और साल-दर-साल वही ढाँचा चलता रहता है। इस माध्यम की नयी सर्जनात्मक-कल्पनात्मक क्षमता काफी क्षीण हो गयी है। कारण, इन अधिशासियों को अत्यधिक कुण्ठित कर दिया

गया है। अब कार्यक्रम की रिकार्डिंग करते हुए न कोई रिहर्सल कराया जाता है, न गलत उच्चारण का संशोधन किया जाता है। बस, किसी तरह फर्ज अदायगी मात्र की जाती है। इससे कार्यक्रमों की ताजगी, रोचकता और उनकी उपयोगिता बहुत ह्रस्व हो गयी है। फिल्मी गानों के समक्ष इन्हें सुनना अब शायद ही किसी को गँवारा होता होगा। इन्हीं परिस्थितियों के कारण रेडियो नाटक भी इधर गत गरिमा से वंचित हो गया है। जिस रेडियो के सहारे कभी धर्मवीर भारती, भगवतीचरण वर्मा, उदयशंकर भट्ट, अमृतलाल नागर, चिरंजीत आदि प्रथम पंक्ति में पहुँचे थे वह रेडियो, पिछले चार दशकों में न कोई श्रेष्ठ नाटककार दे पाया है, न कोई कालजयी नाट्य प्रस्तुति ही प्रसारित कर सका है। यह चिन्तनीय स्थिति इसलिए भी पैदा हुई है कि निदेशकों और नाटककारों के बीच अब सामंजस्य बहुत कम रह गया है। कहीं रंग आलेख या रूपान्तरण का प्रारूप कमजोर है, कहीं प्रस्तुति। इस बीच संवेदनशील कलाकारों की नौकरशाही ने उपेक्षा की, दलालों को तरजीह दी, टेक्नोक्रेट ने मशीनी जटिलता पैदा की, केन्द्र ने बजट में कटौती की और ऐसी कई बन्दिशें लगायीं, जिससे 'साउण्ड लाइब्रेरी' का हौसला कम हो गया, रिहर्सल न्यून हो गया और फलतः ध्वनि नाटक अन्यान्य मंचीय नाटकों, टी.वी. नाटकों, विशेषतः फिल्मी आँधी के सामने ठहर नहीं पाया।

अधिकांश आकाशवाणी केन्द्रों के कार्यक्रमों को स्थूलतः आठ भागों में विभाजित किया जा सकता है—1. समाचार एवं समाचार समीक्षा (समाचार दर्शन) या न्यूजरील 2. वार्त्ता, भेंटवार्त्ता, परिचर्चा, रिपोर्ताज, 3. रेडियो नाटक झलकी, फीचर, रूपान्तरण (नाट्य/फिल्म) 4. संगीत कार्यक्रम, 5. कविता-पाठ 6 कमेण्ट्री कम्पेयरिंग, जनसन्देश, उद्घोषणा 7. विज्ञापन-प्रसारण, 8. विभिन्न संस्थाओं द्वारा प्रायोजित प्रसारण, जैसे—'इग्नो' का 'ज्ञानवाणी' कार्यक्रम एवं आकाशवाणी-पत्रिका आदि।

स्पष्ट है कि वर्तमान दौर में रेडियो के समक्ष बहुत-सारी चुनौतियाँ हैं। हाँ, इसका इतिहास बड़ा गौरवास्पद रहा है। संकट की घड़ियों में रेडियो ही काम आता रहा है। 1991 में पूर्व प्रधानमन्त्री राजीव गाँधी की हत्या हुई तो एक समाचार देकर दूरदर्शन ने अपना प्रसारण बन्द कर दिया। मात्र आकाशवाणी ही सारी रात हत्या-सम्बन्धी समाचार प्रसारित करती रही। कारण यह है कि आकाशवाणी का प्रशासन तन्त्र गत 80 वर्षों से निरन्तर अपेक्षाकृत काफी सुगठित होता रहा है। दूरदर्शन ने तो मात्र अभी 50 वर्ष पूरे किये हैं। वह भी स्वतन्त्र भारत की भ्रष्टप्राय व्यवस्था में। आकाशवाणी समयबद्ध प्रसारण हेतु और अपने अविराम, निर्बाध प्रसारण के लिए अनुशासनबद्ध एवं कृतसंकल्प रही है। यहाँ रेडियो प्रसारण के रुक जाने का अर्थ

है, मानो राष्ट्रीय प्रशासन ही छिन्न-भिन्न हो गया हो। इसलिए चाहे विश्वयुद्ध रहा हो, चाहे चीनी-पाकिस्तानी हमले या क्रिकेट टेस्ट मैच, आकाशवाणी आखिरी क्षणों तक का समाचार देने का प्रयास करती है। पूरे देश में उसके केन्द्रों और ट्रांसमीटरों का जाल फैला हुआ है, जिससे 95 प्रतिशत जनता उसका लाभ उठा सकती है। आकाशवाणी का समाचार प्रभाग लगभग प्रतिघण्टे अपनी बुलेटिनें जारी करता है। इसके अंशकालिक संवाददाता जिला स्तर पर नियुक्त किये जाते हैं। कठिनाई यह है कि उनके लक्ष्य हो गये हैं—मन्त्रियों के दौरे, संसद् और विधान मण्डल की बैठकें, सरकारी गतिविधियाँ-विज्ञप्तियाँ, प्राकृतिक आपदाएँ-दुर्घटनाएँ और सार्वजनिक सभाएँ आदि। चूँकि बुलेटिन का कलेवर बहुत छोटा होता है, अतः रेडियो कम-से-कम शब्दों में समाचार देने को बाध्य है। इस समाचार के साथ एक बड़ी कठिनाई यह होती है कि इसे संशोधित और सम्पुष्ट करने का अवसर नहीं होता, इसलिए विवादास्पद समाचारों से यह चैनल बहुत बचकर चलता है और इसीलिए आज की सनसनीखेज पत्रकारिता के सामने इनके ठण्डे, सात्विक, शाकाहारी समाचार ठहर नहीं पाते। हमारी प्रजातान्त्रिक व्यवस्था में राजनीतिक पार्टियों का हस्तक्षेप आवश्यकता से अधिक है। आकाशवाणी कितना भी प्रयत्न करे, उसके प्रसारणों पर पक्षपात का आरोप करते रहना इनके लिए आम बात है।

इन समाचार प्रसारणों में कभी-कभी बड़ी विडम्बनापूर्ण स्थिति पैदा हो जाती है। आपातकाल के बाद मुम्बई के अस्पताल में भर्ती लोकनायक जयप्रकाश नारायण की मृत्यु का झूठा समाचार देश में फैल गया। संसद् तक में उन्हें श्रद्धांजलि दे दी गयी। आकाशवाणी के दोपहर के बुलेटिन में भी यह समाचार प्रसारित होने जा रहा था, तभी आकाशवाणी मुम्बई के संवाददाता का फोन आया कि जे.पी. अभी जीवित हैं। आकाशवाणी ने तात्कालिक निर्णय लिया। तब तक मृत्यु विषयक एक वाक्य जा चुका था। दूसरे वाक्य में उसका खण्डन करते हुए सूचना बदल दी गयी। यह इस माध्यम का एक सराहनीय पक्ष है।

रेडियो की समाचार सेवा काफी जटिल है। राज्यों की राजधानियों में आकाशवाणी के कार्यरत संवाददाताओं को दबाव एवं अपप्रचार की अनेक समस्याएँ झेलनी पड़ती हैं।

विदेशी संवाददाताओं के समक्ष इससे भी जटिल समस्या होती है। यदि दूतावासों के पारस्परिक सम्बन्ध अच्छे न हुए तो प्रसारण बहुत विवादास्पद हो जाते हैं।

निष्कर्ष यह है कि सम्प्रति टी.वी. चैनलों की तुलना में बहुत लोकप्रिय न होते हुए भी रेडियो समाचार चैनल काफी उपयोगी हैं। इसने सामुदायिक रेडियो, सिटी

रेडियो और विजुअल रेडियो द्वारा अपने कवरेज, अपनी श्रवणीयता एवं टी.आर.पी. में काफी वृद्धि की है।

टी.वी. पत्रकारिता

विश्व में टी.वी. प्रसारण 1926 में शुरू हुआ। भारत में दूरदर्शन 1958 में आया। 15 अगस्त, 1965 से कार्यक्रम-निर्माण शुरू हुआ। 1976 में वह आकाशवाणी से अलग हुआ। 1982 में रंगीन टी.वी. आरम्भ हुआ और फिर क्रमशः उसका विकास होता रहा। आज उसके लगभग 563 ट्रांसमीटर कार्यरत हैं, 834 प्रसार केन्द्र हैं और 19 चैनल हैं। विदेशी चैनेल तो सर्वाधिक हैं ही। सम्प्रति इलेक्ट्रानिक मीडिया में टी.वी. चैनलों का इन्द्रजाल या मायाजाल दिनोंदिन भयावह रूप धारण करता जा रहा है। भारत-जैसे विकासशील राष्ट्र का समूचा मध्य-निम्न वर्ग उसके सम्मोहन में फँस गया है। देश-विदेश के सैकड़ों चैनल रातोंदिन विज्ञापन के लाभ लोभवश जनरंजनकारी कार्यक्रम प्रसारित कर रहे हैं। इसकी अति हो जाने के कारण बच्चों का घरेलू गम्भीर अध्ययन इधर बहुत दुष्प्रभावित हुआ है। घण्टों-घण्टों आँखें गड़ाये रहने से दर्शकों का दृष्टि-दोष भी इधर बढ़ गया है। कहीं-न-कहीं किशोर मस्तिष्क भी इससे आक्रान्त हुए हैं और उनकी दिमागी सामाजिक मन्दता तथा सांस्कृतिक मूल्यों की क्षति भी संकट-बिन्दु पर पहुँच गयी है। ऐसा प्रतीत होता है, मानो भारत-विरोधी शत्रुओं ने योजनाबद्ध रूप से हमारे आदर्शों और सामाजिक मर्यादाओं के विरुद्ध कोई आन्दोलन छेड़ दिया है। अपवाद रूप से कभी रामायण, महाभारत, चाणक्य, बालिकावधू-जैसे अच्छे धारावाहिक भले ही दे दिये गये हों, शेष सारे कार्यक्रम दुष्ट पात्रों और अभद्र संवादों से बजबजाते दिखायी देते हैं। चूँकि दर्शक तीन आयुवर्ग के होते हैं—1. बालक, 2. किशोर युवा और 3. प्रौढ़। इन सबका आयुर्विज्ञान अलग-अलग होता है। कार्यक्रम निर्माताओं और नीति-निर्धारकों को पता चल गया है कि बच्चों को कार्टून अच्छे लगेंगे। किशोरों को स्पोर्ट्स, फिल्में, क्विज, अन्त्याक्षरी आदि कार्यक्रम भायेंगे और प्रौढ़ों को धार्मिक, ऐतिहासिक कार्यक्रम रुचेंगे। सम्प्रति टी.वी. चैनल एक ओर 'कौन बनेगा करोड़पति', 'खुल जा सिमसिम', 'छप्पर फाड़ के', 'धमाका हंगामा', 'बूगी वूगी', 'शाबास इण्डिया'-जैसे सनसनीखेज कार्यक्रम बनाते हैं तो दूसरी ओर 'सास भी कभी बहू थी', उतरन, 'कहानी घर-घर की'-जैसे रोमांचक कार्यक्रम। बुजुर्गों के लिए प्रायः देवी-देवताओं, तीर्थस्थानों और धार्मिक चमत्कारों पर बने कार्यक्रम प्रसारित किये जाते हैं। जय श्री कृष्ण, रामायण आदि इसी श्रेणी में आते हैं। उक्त तीनों प्रकार के कार्यक्रम भारतीय समाज के लिए

हानिकारक हैं। कुछ कार्यक्रम अर्थलिप्सा पैदा करते हैं। दूसरे, भारतीय नारी का छवि-हनन करते हैं और तीसरे प्रकार के कार्यक्रम अन्धविश्वास को बढ़ावा देते हैं।

लोकरंजन के बावजूद लोकमंगल की नीति का अनुपालन करना आवश्यक होता है। यह 'प्रसार भारती' का दायित्व है कि इन कार्यक्रमों का सख्ती के साथ सेन्सर किया जाये, किन्तु जिस देश में 'ब्ल्यूफिल्मों तक का सेन्सर नहीं हो पाया, वहाँ टी.वी. चैनलों को कब तक नियन्त्रित किया जा सकेगा? मुख्यतः मुनाफाखोरी के आत्यन्तिक आग्रह के इस दौर में। दूरदर्शन ने पिछले दशकों में अनेक महत्त्वपूर्ण कार्यक्रम बनाये हैं। एक-से-एक उत्तम वृत्तचित्र, बढ़िया-से-बढ़िया फीचर, इण्टरव्यू, रिपोर्ताज, उच्चकोटि के टेली ड्रामा, डाक्यू ड्रामा, टेलीफिल्म, बहुत अच्छी दूरदर्शन पत्रिकाएँ-परिचर्चाएँ आदि। ये कार्यक्रम तब तक सराहे गये, जब तक दूरदर्शन का एकाधिकार था।

इस देश में प्रसार भारती की नयी लाइसेन्स नीति से विदेशी चैनलों, जैसे—कलर्स, स्टार, जी, सब, ई. स्पोर्ट्स, डिस्कवरी चैनल आदि का यहाँ प्रवेश हुआ और दूरदर्शन के कार्यक्रम क्रमशः फीके होते गये। वे निजी चैनलों की तुलना में भी काफी पिछड़ गये। अब तो स्वयं दूरदर्शन ने लगभग सारे कार्यक्रम समाप्त कर दिये हैं। केवल समाचार चैनल चलाये जा रहे हैं। पूरे दृश्य जगत् पर केबिल टी.वी. और डिश का एकाधिकार हो गया है। केवल ग्रामीण क्षेत्रों में निःशुल्क प्रसारित होनेवाले इनके कुछ धुँधले चित्र दिखायी देते हैं। पूरा विभाग निजीकरण का शिकार हो गया है। पूरे प्रशासन पर भूण्डलीकरण एवं उदारीकरण हावी है।

टी.वी. दृश्य माध्यम है, अतः बहुत संवेदनशील है। आज उसके नवीनतम संसाधनों पर विकसित राष्ट्रों का वर्चस्व है। उनकी एजेन्सियाँ मनचाहे मूल्यों पर ये चित्र विकासशील राष्ट्रों को बेचती हैं। एक प्रकार से 'ब्लैकमेलिंग' करती है। कमीशनखोरी के जाल में फँसा अधिकारी वर्ग इस विदेशी षड्यन्त्र का अभिन्न अंग हो गया है। ये विदेशी चैनल मनचाहे ढंग से भारत का श्याम-पक्ष प्रस्तुत करते दिखायी देते हैं। महाकुम्भ (प्रयाग) मेले में उन्हें कुछ भी अच्छा दिखायी नहीं दिया, नग्न विदेशी युवती या गाँजा पीते साधुओं के सिवा। तमाम देशों के मीडियाकर्मी वहाँ एकत्र थे। चाहते, यत्न करते तो भारत की मूल आत्मा का अन्तर्दर्शन करते और करा देते, किन्तु उन्हें तो केवल इतना प्रसारित करना था कि यह देश जादू-टोना का देश है, गुरबत और मजहबी उन्माद का देश है। शायद अर्द्धसभ्य या आदिम देश है। दुर्भाग्य से इनके प्रसारणों को भारत सरकार नियन्त्रित नहीं कर पायी है। तभी 'स्ट्रीट डाग'-जैसी फिल्म में चित्रित हमारी वीभत्सता का जयघोष किया गया। टी.वी. ऐसे आस्कर एवार्डों के लिए कुछ भी कर सकता है।

हमारे बीच टी.वी. के समाचार चैनल दिनोंदिन कहर ढाते दिख रहे हैं। गोधरा काण्ड (गुजरात) के साम्प्रदायिक संघष को प्रस्तुत करते हुए उन्होंने सोद्देश्य शरारत की। एक समुदाय के व्यक्तियों को जान-बूझकर ऐसे कोणों और 'क्लोजअप' के साथ दिखाया गया है कि दर्शकों में प्रतिहिंसा का भाव जाग उठा। फलतः महीनों तक खून-खराबा होता रहा। ये चैनल्स हर दृश्य को चटपटा बना देते हैं, क्योंकि वे विसंवाद को बढ़ाना चाहते हैं। अपने प्रसारण-केन्द्र और घटना-स्थल के बीच हकलाहट-भरी टेली कान्फ्रेन्सिग करते हुए अविचारित वक्तव्य दे-देकर वे प्रायः बवाल पैदा करते रहते हैं। इसी प्रकार कुछ वर्ष पूर्व अयोध्या में राम मन्दिर हेतु शिला-पूजन के आयोजित कार्यक्रम में एक सन्त के सम्भावित आत्मदाह के प्रश्न को लेकर सारा देश चिन्तित था। किसी प्रकार समाधान निकाला गया, पर टी.वी. चैनल ने समाचार दिया-कार्यक्रम फ्लाप या टाँय-टाँय फिस्स।

यदि सरयू का रंग लाल हो गया होता तो उसे सन्तोष मिलता। जाहिर है कि टी.वी. कार्यक्रम साहित्य से काफी दूर चले गये हैं।

भविष्य में मुक्त प्रेस की अवधारणा के बावजूद यदि इस स्वेच्छाचारिता को दण्डित न किया गया तो इस देश में बड़ा अनर्थ हो जायेगा। ये चैनल्स चित्रों द्वारा भरसक 'बंगलिंग' करेंगे। वे तथ्यों में 'टेम्परिंग' करते हुए भारत की भोली भावुक संवेदनशील जनता को भड़काते रहेंगे। दूसरों का छवि-हनन करने में इन्हें हिंसक आनन्द या पीड़क तोष मिलता है। अपुष्ट समाचार-प्रसारण इनका व्यसन है। कश्मीर के मुख्यमन्त्री मुफ्तीजी अलीगढ़ में भाषण दे रहे थे और एक चैनल ने प्रसारित किया कि आतंकवादियों ने श्रीनगर में उनकी हत्या कर दी है। बलात्कार के दृश्यों को तो ये नमक-मिर्च लगाकर प्रस्तुत करते हैं और अभियोगी का भविष्य बरबाद कर डालते हैं। इस वृत्ति के कारण टी.वी. समाचारों की विश्वसनीयता सिमटकर न के बराबर रह गयी है। ये समाचार अधिकतर 'तहलका चैनल' बन गये हैं। सम्प्रति वीडियो पत्रकारिता कभी किसी का घूसकाण्ड प्रस्तुत करती है, कभी हत्याकाण्ड। इनके वृत्त और दृश्य या तो नेताओं एवं अधिकारियों के मनः प्रसादन हेतु 'न्यूज फिल्म' रूप में प्रसारित होते हैं या फिर अपने 'सैडेस्टिक प्लेज़र' के कारण। उनमें वस्तुनिष्ठता बहुत कम होती है। रेडियो की तरह टी.वी. चैनल भी कहीं जाते हैं तो अहसान के भाव से। उनका मूल उद्देश्य रहता है—विज्ञापन द्वारा अर्थसंग्रह का। 15 मिनट के कार्यक्रमों में 5 विज्ञापनों का 'ब्रेक' होना अब आवश्यक हो गया है। 'ऐड' फिल्मों के साथ-साथ स्पाट लाइन में भी विज्ञापन चलते रहते हैं। सारा विभाग विज्ञापन विभाग में परिणत हो गया है।

हमारे केन्द्रों में इस दृश्य माध्यम की एक बहुत बड़ी समस्या है—कार्यपालकों और तकनीकी कमंचारियों के बीच असामञ्जस्य। दूरदर्शन में ब्यूरोक्रेट और टेक्नोक्रेट का संघर्ष बहुत दिनों से चल रहा है। इसका प्रभाव स्टूडियो की सूटिंग तक में दिखायी देता है। कार्यक्रम अधिशासी प्रायः विषय-विशेषज्ञ कलाकार होते हैं, जबकि स्टूडियो में कार्यरत कैमरा, ध्वनि एवं प्रकाश के विशेषज्ञ अभियन्ता वर्ग में से आते हैं। ये युवा-अभियन्ता स्वयं किसी अधिशासी के अधीनस्थ होकर उसके निर्देशों के अनुसार कार्य करने में प्रायः हीलाहवाली करते हैं। अपनी बात रखने के लिए प्रायः कोई-न-कोई यान्त्रिक गड़बड़ी खड़ी किये रहते हैं या उसका बहाना बना लेते हैं, यानी उसके साथ असहयोग करते है। 'टीम स्पिरिट' ने होने के कारण अधिकतर कार्यक्रम उच्चकोटि के नहीं सिद्ध हो पाते। चूँकि इन दोनों (प्रेक्स और इंजीनियर) का स्तर वेतनमान लगभग समान है, इसलिए अनुशासन-प्रशासन की समस्या सदैव बनी रहती है। वैसे भी दूरदर्शन में इन दिनों 'ट्रेड यूनियनिज्म' बहुत बढ़ गया है। शायद वर्ग-संघर्ष के कारण। उच्च अधिकारी जब कमीशनखोरी की गिरफ्त में आ जायेंगे तो वे अधीनस्थ कर्मचारियों पर पूरी नैतिक शक्ति के साथ अनुशासनात्मक कार्यवाही नहीं कर सकेंगे। उनकी कमजोरी को लक्ष्य कर हर सहयोगी भुनभुनाता हुआ और प्रमादपूर्ण व्यवहार करता हुआ देखा जाता है। इसी के साथ-साथ कुछ केन्द्र यौन-शोषण, जातीयता और राजनीतिक दलबन्दी से भी क्षत-विक्षत होते देखे गये है। कुछ अतिवादि तत्त्वों के द्वारा उसे 'मनुवादी मीडिया' कहा जा रहा है। इसमें कोई सन्देह नहीं कि आरक्षण नीति के बावजूद 'प्रसार भारती' में कुछ अच्छे कल्पनाशील उर्वर-मस्तिष्कवाले कलाकार एवं सक्षम कार्यक्रम अधिशासी विद्यमान हैं। सेवा की शर्तों में कुछ विसंगतियों के बावजूद उनके द्वारा प्राप्त सुविधाएँ भी कदापि कम नहीं हैं, किन्तु इसके बावजूद सामान्यतः अधिकतर लोग कुण्ठा के शिकार हैं। भ्रष्ट सरकारी तन्त्र में जहाँ एक-एक स्थानान्तरण के लिए लाखों रुपये का उत्कोच दिया जाता हो, वहाँ इस प्रकार की संस्था-विरोधी प्रतिक्रिया सहज-स्वाभाविक ही है। निजी चैनलों में कुछ कलाकारों को 'शो पीस' बनाकर बहुत अच्छा वेतन दिया जाता है, जबकि अधिकतर कलाकारों से प्रतिदिन लगभग 12 घण्टे काम लिया जाता है। उन्हें मनचाहे ढंग से निकाल दिया जाता है, अर्थात् उन्हें साँसत में जीने के लिए बाध्य किया जाता है। तात्पर्य यह कि निजी और सार्वजनिक, दोनों क्षेत्रों में कार्यरत इन संचारकर्मियों की स्थिति बहुत अच्छी नहीं है। फिर कार्यक्रम बहुत अच्छे कैसे हो सकते हैं?

इन तमाम दृश्य चैनलों के समाचारवाचकों या भेंटवार्त्ताकारों को एक सन्तोष यह मिलता है कि उनका चौखटा रोज पर्दे पर दिखता है, जिससे वे काफी लोकप्रिय

हो गये है। कुछ समाचारवाचिकाओं ने सिने-तारिकाओ की तरह इसका लाभ भी उठाया है। भेंटवार्त्ताकार बड़े-बड़े सत्ताधीशों से पूरे तेवर के साथ बहस करते हैं तो उसकी बुलन्दी की चर्चा होने लगती है। कभी-कभी तो उनके तुष्टीकरण के लिए उन्हें राष्ट्रीय अलंकरणों (संसद् की सदस्यता) का तोहफा तक मिल जाता है। चाटुकारिता अथवा आक्रामकता की ये दोनों स्थितियाँ दृश्य माध्यम के लिए सराहनीय नहीं हैं। कुछ निजी चैनल राजनीतिक प्रतिबद्धता लेकर चलते हैं। वे एक दल-विशेष से सम्बद्ध प्रतिभागियों को ही बुलाते हैं। नाम-मात्र के लिए एकाध प्रतिपक्षी को रख लेते हैं, लेकिन इसके पहले कि वह अपनी बात पूरी कर पाये, बीच में अनुचित हस्तक्षेप करके उसकी बात को मोड़ देते हैं और फिर वही घिसा-पिटा लहजा 'एक ब्रेक के बाद।'

आज इन चैनलों की समाचार शुचिता बहुत सन्दिग्ध हो गयी है। इन्होंने समाचारों के दिनभर के चैनल्स तो शुरू कर दिये हैं, किन्तु उतने समाचार ये जुटा नहीं पाते हैं। एक ही समाचार की दर्जनों बार आवृत्ति देखकर दर्शक ऊब जाता है। आवश्यक समाचार को अवश्य दोहराया जाना चाहिए, किन्तु कुछ शब्द या भाषा बदलकर और कुछ नये चित्र जोड़कर समाचार चैनलों में उपयुक्त समाचार के चयन का भी कोई मानक नहीं बन पाया है। प्रायः गौण अर्थात् अत्यन्त अनुपयोगी समाचार प्रसारित होते दिखते हैं।

इनके प्रसारण के पीछे मुख्य उद्देश्य रहता है—सनसनी पैदा करना। ज्यादातर समाचार निन्दात्मक होते है। इनमें सम्बन्धित व्यक्ति को स्पष्टीकरण का अवसर नहीं दिया जाता है।

विडम्बनावश ये समाचार अधिकतर शहरों से ही जुड़े होते हैं। गाँव तक तो इनकी टीम किसी भीषण घटना के घटित होने के बाद ही पहुँचती है। विदेशों के दृश्य चैनल इण्टरनेट के सन्दर्भ पुस्तकालय की सहायता से पुरातात्त्विक महत्त्ववाले चित्रों को खोज निकालने और प्रसारित करने में जितना उत्साह दिखाते हैं, उसका शतांश भी भारतीय चैनलों में अभी नहीं देखा जाता। यहाँ कम्युनिकेशन रिसर्च का बड़ा अभाव है। रेडियो में पिछले 75 वर्षों में एक-से-एक महान् संगीतकारों, कवियों, लेखकों और महापुरुषों की रिकार्डिंग की गयी है। इन अर्काइवल प्रोग्रैम्स को सुरक्षित रखने हेतु संग्रहालय भी बनाये गये हैं। यदि बीच-बीच में ये आवाजें श्रोताओं को सुना दी जायें तो लोग धन्य-धन्य हो जायें। महात्मा गाँधी और लोकमान्य तिलक की वाणी को सुनकर कौन न कृतार्थ हो जायेगा? लेकिन उन्हें ढूँढ़ने की माथापच्ची कौन करे? ऐतिहासिक महत्त्ववाले इन कैसेटों को पहचानना, वर्गीकृत करना, वातानुकूलित कक्ष में उन्हें रखना, विभिन्न वैज्ञानिक उपकरणों द्वारा

उनका रख-रखाव करते रहना, यह सब सांस्कृतिक संरक्षण विज्ञान की विशिष्ट प्रविधि है, जिसका प्रशिक्षण तो दिया जाता है, लेकिन सम्यक् क्रियान्वयन नहीं किया जाता। हाँ, अवसर मिलते ही इनकी तस्करी की जा सकती है, अन्यथा उपेक्षा तो बरती ही जा सकती है। कहीं-कहीं युक्ति निकालकर अधिकारियों ने इस 'इण्ट्रीक' का निजीकरण कर लिया है। उन्होंने जोड़-तोड़कर अपने अलग कैसेट बना लिये हैं। गीत-संगीत के छद्म नाम से उनका परोक्ष-विपणन धड़ल्ले से चल रहा है। दृश्य चैनल के कलाकार सरकारी स्टूडियो, कैमरों, एडिटिंग प्लाण्ट आदि उपकरणों का दुरुपयोग प्राइवेट प्रेक्टिस हेतु करते देखे जाते हैं। शादी-विवाह और जलसों के वीडियो प्रोग्रेम्स बनाते हुए उनकी क्षमता ज्यादा उजागर होती है, जबकि विभागीय उत्पादनों में वह क्षमता फर्ज अदायगी के भीतर दबकर रह जाती है।

कार्मिकों की इस अवमानना का मनोवैज्ञानिक उपचार खोजना होगा। इसके लिए प्रोत्साहन और दण्ड का मिला-जुला विधान बनाना होगा। यदि कार्यक्रम सफल न हुआ तो पूरी टीम को भरपायी का उत्तरदायी घोषित करना होगा। इसके लिए नया नियमन भी करना होगा। 'ओवर टाइम' की प्रथा बन्द करनी होगी। सलाहकार समिति का परिविस्तार करना होगा और इस विभाग को अफरशाही के चंगुल से मुक्त करना होगा। स्टूडियो का आधुनिकीकरण भी आवश्यक है। जब ऐसे-ऐसे कैमरे आ गये हैं, जिनके लिए न मेकअप की आवश्यकता है और न लाइटिंग की। दूरदर्शन में आज भी घण्टों चेहरा रँगा जाता है। फिर कलाकार को स्टूडियो में कई-कई हजार वोल्टवाले बल्बों के सामने भूना जाता है। वह लाइटिंग के समय गुड्डे-गुड़ियों की तरह पोज बदल-बदलकर दिखाता है। प्रायः घण्टों प्रतीक्षा करता है, पसीने से तर-बतर हो जाता है। एक गिलास पानी हेतु तरस जाता है। जो कुछ तैयार कर लाया था, इस यन्त्रणा के दौर में सब भूल जाता है। टोंका-टाँकी के कारण वह सामान्य नहीं रह पाता। अनभ्यासवश मुँह से सहज बात नहीं निकल पाती। 'कैमरा कान्शस' होने के कारण उसका चेहरा प्रायः चौकन्ना दिखायी देता है। चूँकि वार्त्ता, परिचर्चा आदि का कोई रिहर्सल नहीं होता, इसलिए किसको क्या कहना है? यह पता ही नहीं चल पाता। प्रतिभागियों का चयन भी राग-द्वेषवश, स्वेच्छापूर्वक किया जाता है। प्रायः झगड़ालू या मन्द बुद्धि या उस विषय से नितान्त अछूते और सम्भाषण की दृष्टि से अत्यन्त अटपटे, यहाँ तक कि आकृति और प्रकृति से अशोभन व्यक्ति सम्मिलित कर लिये जाते हैं। नौसिखिया 'ऐंकर' कागज में लिखकर प्रस्तावना लाते हैं और रटन्त शैली में जो कुछ कह डालते हैं, उसका अच्छा प्रभाव दर्शकों पर नहीं पड़ता। विषय का चयन भी मौलिकता तथा उपयोगिता के आधार पर नहीं होता। 10-15 मिनट का समय और भारी-भरकम विषय,

जैसे—हमारी प्रजातान्त्रिक व्यवस्था अथवा 'आज की हिन्दी कविता।' समयावधि के अनुसार इनके छोटे-छोट उपशीर्षकों पर यदि परिचर्चा करायी जाये और फसली नारों से ऊपर उठकर मनोरंजन, प्रबोधन आदि के ध्येय से अधिकाधिक दृश्यों के साथ उसे प्रस्तुत किया जाये तो ये कार्यक्रम प्रभावी हो सकते हैं। यही स्थिति टेलीड्रामा और वृत्तचित्रों की भी है। यदि विधिवत् विज्ञापित करके नाट्य प्रतियोगिता के स्तर पर रंग-आलेख आमन्त्रित किये जायें, पटकथा लेखन हेतु अच्छा मानदेय स्वीकृत किया जाये, कलाकारों-निर्देशकों की नियुक्ति भी अखिल भारतीय प्रतियोगिता या सुस्थिर चयन-पद्धति के अनुसार की जाये तो इन परिस्थितियों में गुणात्मक सुधार हो सकता है।

भारतीय दूरदर्शन की उत्कृष्टता में सबसे बाधक तत्त्व है, प्रायोजित कार्यक्रम। इस बीच हर गली-मोहल्ले में छद्म फिल्म प्रोडक्शन फर्में खुली हुई हैं। वे कमीशनबाजी द्वारा कार्यक्रम हड़प लेती हैं। नीचे से ऊपर तक उनका 'रैकेट' है। रेडियो कलाकारों से तो 'आधासौदा' की यह प्रथा बहुत पुरानी है। केन्द्र सरकार ने राजस्व वसूली के ध्येय से लगभग सारा समय ही बेच डाला है। इसीलिए अब रेडियो और टी.वी. के कार्यक्रम मात्र लोकमंगलकारी न होकर मात्र मनोरंजनकारी होते जा रहे हैं। जनमानस पर इसका अभीष्ट अनुकूल प्रभाव नहीं पड़ रहा है।

भाषा की दृष्टि से टेलीविजन ने आशातीत विकास किया है। समाचारवाचकों का वाचिक अभिनय, शब्दों का चयन, शीर्षक (कैप्शन) की बनावट तथा बुनावट समाचार की प्रभावोत्पादकता को चरम सीमा पर पहुँचा देती है। हत्या की खबर देता हुआ वह 'मासूम का गला रेत डाला', 'खून पी गया दरिन्दा', 'इन्सानियत की रूह काँप गयी'-जैसे दर्जनों मर्मवेधी वाक्य पूरी तासीर के साथ प्रस्तुत करता है और हिन्दी की भाषिक संवेदना से अभिभूत कर लेता है। टी.वी. भाषा की यह शब्द शक्ति गर्व एवं गौरव का विषय है।

इण्टरनेट में हिन्दी

इण्टरनेट का प्रारम्भिक परिचय—इण्टरनेट का आविष्कार सन् 1969 ई. में अमेरिकी सेना द्वारा किया गया था। उसे यह भय था कि उनकी मूल संचार सेवाएँ कहीं रूसी सेना द्वारा नष्ट न कर दी जायें। इसके लिए अमेरिकी सेना ने एक वैकल्पिक सेवा के तहत चार कम्प्यूटरों का एक जाल बनाकर उन्हें आपस में संचार के लिए जोड़ दिया। इस संचार नेटवर्क को ए.आर.पी.ए.एन. ई.टी. (एडवांस रिसर्च प्रोजेक्ट एजेन्सी) कहा गया। आरम्भ में कुछ अमेरिकी विश्वविद्यालय इस नेटवर्क से जुड़े। सन् 1973 के बाद कई अन्तरराष्ट्रीय संस्थाएँ इस नेटवर्क से जुड गयीं। इस प्रकार नेटवर्क बढ़ता गया। धीरे-धीरे यह नेटवर्क आम आदमी

की पहुँच में आ गया। तब से इसे 'इण्टरनेट' कहा जाने लगा। आज लगभग 300 मिलियन लोग इससे जुड़े हुए हैं। यह संख्या निरन्तर बढ़ती चली जा रही है। भारत में इण्टरनेट सेवा का शुभारम्भ 14 अगस्त, 1995 को वी.एस.एन.एल. डी.ओ.टी., एम. टी.एन.एल. ने मिलकर किया। सम्प्रति विश्व में विविध प्रकार के संचार माध्यम उपलब्ध हैं, जिनके द्वारा हम इण्टरनेट से जुड़ सकते हैं। इसके महत्त्वपूर्ण रूप हैं—

1. डायल अप लाइन–यह एक साधारण टेलीफोन लाइन है, जिनके द्वारा हम इण्टरनेट से जुड़ सकते हैं। इसे डायल करने से किन्हीं दो नेटवर्क के बीच सम्पर्क स्थापित करके परस्पर डाटा का आदान-प्रदान किया जा सकता है।

2. लीजड लाइन–इसके द्वारा स्थायी रूप से 24 घण्टे इण्टरनेट से जुड़ा जा सकता है। इसे डेडिकेटेड लाइन्स भी कहते हैं

3. माइक्रोवेब–यह यन्त्र किसी तार के बिना सम्पर्क स्थापित कर सकता है। यह ट्रांसमीटर और रिसीवर के द्वारा अपना कार्य करता है।

4. उपग्रह संचार-इस माध्यम का उपयोग लम्बी दूरी के संचार के लिए होता है। हमारी पृथ्वी की कक्षा में स्थापित किये गये संचार उपग्रह का उपयोग इण्टरनेट में किया जा रहा है। इसमें हम सिग्नल को उपग्रह की ओर भेजते हैं। उपग्रह पर स्थित ट्रांसवोण्डर उस सिग्नल को रिसीव करते हैं और फिर उन्हें पृथ्वी पर स्थित बी.एस.ए.टी. (बेरी स्माल अर्पचर टर्मिनल) एण्टेना उसी सिग्नल को रिसीव करता है। इससे संचार की गति बहुत तेज हो जाती है। आज अधिकांश इण्टरनेट में इसी विधि का उपयोग हो रहा है।

इण्टरनेट से सम्बद्ध पारिभाषिक शब्द

इण्टरनेट को पूर्ण रूप से समझने के लिए इससे सम्बन्धित कुछ शब्दों को जानना आवश्यक है, जैसे—

1. इन्फारमेशन सुपर हाईवे–यह एक ऐसा हाईवे है, जिस पर सूचनाएँ दौड़ती हैं। यह हाईवे ऑप्टिक फाइबर को एक्सिल केबिल तथा सोफेस्टिकेटेड स्विच का बना होता है। इस हाईवे के माध्यम से हम आवाज, डाटा, इमेज, टेक्स्ट, वीडियो सिग्नल, फैक्स आदि का आदान-प्रदान कर सकते हैं।

2. ब्राउजर–इसकी सहायता से इण्टरनेट पर किसी भी फाइल या डाक्यूमेण्ट को खोजा और देखा जा सकता है।

3. इण्टरनेट सरवर-यह एक ऐसा कम्प्यूटर है, जो इण्टरनेट पर उपलब्ध सूचना को स्टोर करता है। इसमें बहुत अधिक संचयन क्षमता होती है।

4. डब्लू. डब्लू. डब्लू. (वर्ल्डवाइड वेब) यह एक ऐसी तकनीक है, जिससे इण्टरनेट पर उपलब्ध सूचना को 'शेयर' कम्युनिकेट' किया जा सकता है। इस तकनीक का उपयोग विश्वव्यापी है, अतः इसे 'वर्ल्डवाइड वेब' कहा जाता है। डब्लू. डब्लू. डब्लू. 'कण्टेण्ट' एक पेज के रूप में 'डिस्पले' होते हैं। आरम्भिक स्कीम को 'होम पेज' कहते हैं।

5. एच.टी.टी.पी. (हाइपर टेक्स्ट ट्रान्सफर प्रोटोकॉल : यह डब्लू. डब्लू. डब्लू. पर प्रयुक्त होनेवाली भाषा है, जिसके द्वारा 'वेब क्लाइण्ट्स' आपस में तथा सरवर से सम्पर्क स्थापित करते हैं। इसमें एक ऐसी प्रणाली का उपयोग होता है, जिसके द्वारा एक 'डाक्यूमेण्ट' को दूसरों से जोड़ा जा सके।

6. वेबसाइट—वेब का प्रयोग करनेवाली इकाई (क्लाइण्ट्स) को एक निश्चित पता आबण्टित किया जाता है, जिसे 'साइट' कहते हैं। इस 'साइट' पर 'क्लाइण्ट' से सम्बन्धित सूचना उपलब्ध रहती है। उदाहरणार्थ—

एच.टी.टी.पी.// डब्लू.डब्लू.डब्लू. टाइम्स ऑफ इण्डिया.कॉम

एच.टी.टी.पी.// डब्लू.डब्लू.डब्लू. जागरण.कॉम

एच.टी.टी.पी.// डब्लू.डब्लू.डब्लू. जीटीवी.कॉम

एच.टी.टी.पी.// डब्लू.डब्लू.डब्लू. राजभाषा.कॉम आदि

7. डाटाबेस

इण्टरनेट पर दो प्रकार के डाटाबेस उपलब्ध हैं—

1. कन्ज्यूमर—इस डाटाबेस में समाचार, मौसम, खेलकूद, यात्रा, इलेक्ट्रॉनिक शिपिंग, बाजार, मनोरंजन, व्यापार-जैसी सूचना उपलब्ध रहती हैं।

2. टेक्नोलॉजी—इसमें अभियान्त्रिकी, विज्ञान, वित्त, मेडिसिन, विधि आदि विषयों से सम्बन्धित सूचनाएँ उपलब्ध रहती हैं।

इण्टरनेट के विविध अनुप्रयोग—आज इण्टरनेट पर कई तरह की सेवाएँ उपलब्ध हैं, यथा—

1. इलेक्ट्रॉनिक मेल (ई-मेल)—इस सेवा के द्वारा दो या दो से अधिक 'सब्सक्राइबर' आपस में इलेक्ट्रॉन पत्राचार कर सकते हैं। हर एक 'कस्टमर' का एक ई-मेल बॉक्स का पता होता है। यह पत्र कस्टमर के उसी मेल बॉक्स में संचित हो जाता है। उसे किसी भी समय प्राप्त किया जा सकता है। यह सेवा बहुत सस्ती अतः अत्यधिक लोकप्रिय है।

2. टेलनेट–इस सेवा के द्वारा प्रयोक्ता (यूजर) विश्व के किसी भी डाटा बेस, यानी पुस्तकालय, कैटलॉग तथा अन्य सूचना स्रोतों से जुड़ सकता है। इन दिनों दुनिया के सभी प्रमुख विश्वविद्यालय जो इण्टरनेट से जुड़े हैं, निःशुल्क सेवा उपलब्ध करवा रहे हैं। विश्वविद्यालय में चल रहे शोध कार्य, प्रयोग आदि उसके सर्वर पर संचित हो जाते हैं। इस सूचना को दुनिया के किसी कोने से प्राप्त किया जा सकता है।

3. आनलाइन सेवाएँ और डाटाबेस—इण्टरनेट के द्वारा बहुत-से ऐसे स्रोत खुल गये है, जहाँ आनलाइन सेवा का विस्तार हो रहा है। उदाहरणस्वरूप 'इलेक्ट्रॉनिक कामर्स' को लिया जा सकता है। इसमें उपभोक्ता किसी कम्पनी की वेबसाइट पर उपलब्ध कैटलॉग को देखकर किसी सामान का आर्डर दे सकता है। इससे उस कम्पनी की प्रक्रिया तुरन्त शुरू हो जाती है। इसमें आर्डर को 'प्रोसेस' करने के लिए कम कर्मचारियों की आवश्यकता होती है। इसके फलस्वरूप लागत में भी कमी आती है तथा समय भी कम लगता है।

सम्प्रति इण्टरनेट के माध्यम से बैंकिंग, होम शापिंग, स्टाक, मार्केट आदि सेवाएँ अति प्रचलित हो गयी हैं।

4. वीडियो कान्फ्रेन्सिंग–इस सेवा के द्वारा भिन्न-भिन्न स्थानों पर बैठे 'सब्सक्राइबर' एक-दूसरे को देखते हुए आपस में संवाद कर सकते हैं। इस सेवा के बहुविध उपयोग हैं। इसके द्वारा ऐसी सामूहिक बैठकें संचालित की जा सकती हैं, जिसके सदस्य एक स्थान पर एकत्र नहीं हो सकते हैं। इस सेवा के द्वारा कोई भी विद्यार्थी-शोधार्थी दुनिया के किसी विश्वविद्यालय के किसी विशेषज्ञ से अभीष्ट जानकारी प्राप्त कर सकता है।

5. वायस मेल–इस सेवा के द्वारा 'वायस मैसेज' को किसी 'सब्सक्राइबर' तक भेजा जा सकता है। यह वायस मैसेज सब्सक्राइबर के मेल बॉक्स में संचित हो जाती है, जिसे वह सुविधानुसार यथासमय प्राप्त कर सकता है।

6. मनोरंजन- इण्टरनेट पर नाना प्रकार के मनोरंजन साधन उपलब्ध हैं। हम घर बैठे अपने कम्प्यूटर पर किसी तरह का संगीत सुन सकते हैं। आज लगभग सभी टी.वी. चैनल अपने कार्यक्रम इण्टरनेट पर उपलब्ध करा रहे हैं, जिसे हम अपने मनचाहे ढंग से देख सकते हैं। इण्टरनेट पर बहुत-से ऐसे कम्प्यूटर गेम्स उपलब्ध हैं, जिन्हें हम अपने इच्छानुसार खेल सकते हैं।

7. मीडिया और इण्टरनेट—आकाशवाणी, टी.वी. आदि भी इण्टरनेट से सम्बद्ध हैं। आकाशवाणी का अपना एक वेबसाइट है, जिसका पता है—

एच.टी.टी.पी.// डब्लू. डब्लू. डब्लू. एआईआर.कॉम

आकाशवाणी के 'होम पेज' पर विभिन्न प्रकार के कार्यक्रम उपलब्ध है। उदाहरणार्थ आकाशवाणी से प्रसारित समाचार 'वायस' तथा 'टेक्स्ट' के रूप में उपलब्ध हैं। आकाशवाणी द्वारा प्रसारित नाटक, संगीत-सम्मेलन, कवि-सम्मेलन, भक्ति-संगीत तथा 'आर्काइव' भी इण्टरनेट पर उपलब्ध हैं। श्रोता इन्हें किसी भी समय सुन सकते हैं।

इण्टरनेट टेक्नोलॉजी ने हमारे काम करने के ढंग पर काफी प्रभाव डाला है। आज हम एक-दूसरे से सम्पर्क स्थापित कर देश-देशान्तर की घटनाओं का सजीव चित्रण देख सकते हैं।

इण्टरनेट के कारण हमारा भू-मण्डल एक ऐसे गाँव (ग्लोबल विलेज) के समान हो गया है, जहाँ परस्पर जुड़कर हम अपनी-अपनी बातों को बहुत आसानी के साथ देख, सुन या कह सकते हैं।

इण्टरनेट में अब किसी देश की भौगोलिक सीमाओं का कोई प्रतिबन्ध नहीं रह गया है। पृथ्वीवासियों के बीच यह एक सामान्य समझ पैदा हो गयी है कि पूरा विश्व एक है। यह बोध मानवीय हितों की वृद्धि में बहुत सहायक है।

इण्टरनेट के प्रयोग से हम सूचना के अथाह एवं अनन्त सागर के आरपार तक क्षण भर में पहुँच जाते हैं। पहले हमें पुस्तकालयों के चक्कर काटने पड़ते थे। दर-दर भटकना पड़ता था। वर्षों अध्ययन-अन्वेषण करना होता था, जो अत्यन्त समयसाध्य, व्ययसाध्य और कष्टसाध्य था। अब हम इण्टरनेट के प्रयोग से किसी स्थान पर उपलब्ध किसी पुस्तक, पत्रिका या दस्तावेज को पढ़ सकते हैं। कई विश्वविद्यालयों ने भी अपने-अपने पुस्तकालयों को इण्टरनेट में डलवा दिया है। स्पष्ट है कि इण्टरनेट अत्यन्त उपयोगी सूचना-सूत्र है।

इण्टरनेट पर उपलब्ध हिन्दी साहित्य

इण्टरनेट पर हिन्दी के कई उपन्यासों, नाटकों एवं महाकाव्यों की अलग से वेबसाइटें तैयार कर दी गयी हैं, जिससे किसी भी व्यक्ति को उस काव्य, नाटक, उपन्यास को सूक्ष्मता के साथ पढ़ने में सहायता प्राप्त हो सके। इसके अतिरिक्त कुछ उपन्यासों को एक स्वतन्त्र वेबसाइट में डाल दिया गया है।

सम्प्रति इण्टरनेट पर कई लेखकों का वर्गीकृत साहित्य उपलब्ध है, जैसे-

चन्दबरदाई	-	पृथ्वीराज रासो
शालिभद्र	-	भरतेश्वर-बाहुबली
कबीरदास	-	बीजक

मलिक मुहम्मद जायसी	-	पद्मावत
रामधारीसिंह 'दिनकर'	-	उर्वशी
सूर्यकान्त त्रिपाठी 'निराला'	-	समग्र साहित्य
हरिवंश राय 'बच्चन'	-	मधुशाला
मिर्जा गालिब	-	दीवान
प्रेमचन्द	-	समग्र साहित्य
जयशंकर प्रसाद	-	समग्र साहित्य
महादेवी वर्मा	-	समग्र साहित्य
सुमित्रानन्दन पन्त	-	समग्र साहित्य
वृन्दावनलाल वर्मा	-	समग्र साहित्य आदि।

इनके अतिरिक्त कई गौण रचनाकारों ने अपनी-अपनी रचनाएँ घुसेड़ दी हैं क्योंकि इन कृतियों के चयन की कोई अधिकृत संस्था कार्यरत नहीं है। सही उपभोग के लिए प्रविष्ट होनेवाली रचनाओं का नियन्त्रण (पूर्व पड़ताल) आवश्यक है, ताकि साधारण कोटि की रचनाएँ उसमें स्थान न पा सकें।

वस्तुतः साहित्यिक हिन्दी के अन्तर्गत अन्तरराष्ट्रीय स्तर का और उच्चकोटि का साहित्य इण्टरनेट पर उपलब्ध होना चाहिए।

इण्टरनेट पर उपलब्ध हिन्दी पत्र-पत्रिकाएँ

इन दिनों देश-विदेश की सैकड़ों पत्र-पत्रिकाएँ इण्टरनेट पर उपलब्ध हैं। इनमें विदेशों तक व्याप्त प्रमुख पत्र हैं—

1. नयी दुनिया—यह समाचार-पत्र इन्दौर से पहले पहल प्रकाशित किया गया है।

2. वेब दुनिया—इण्टरनेट पर पहुँचनेवाला यह संसार का पहला हिन्दी पत्र है। इस पर भारत एवं विश्व के प्रायः सभी विषय उपलब्ध हैं।

3. दैनिक जागरण—यह उत्तर भारत का प्रमुख हिन्दी समाचार-पत्र है, जो 2 करोड़ से अधिक लोगों द्वारा पढ़ा जाता है।

4. नवभारत टाइम्स (मुम्बई-दिल्ली) यह टाइम्स आफ इण्डिया का लोकप्रिय हिन्दी दैनिक है।

5. हिन्दुस्तान (दिल्ली)—यह हिन्दुस्तान टाइम्स का लोकप्रिय हिन्दी दैनिक है।

6. अमर उजाला—यह समाचार-पत्र भी पश्चिमी उत्तर प्रदेश के कई नगरों में सर्वाधिक प्रचलित है।

7. हिन्दी मिलाप—यह पत्र हैदराबाद से प्रकाशित होता है।

8. दैनिक भास्कर—यह पत्र भी वर्तमान मं उत्तर-पश्चिम भारत में बहुत प्रचलित है।

9. राजस्थान पत्रिका—यह दैनिक पत्र जयपुर (राजस्थान) से प्रकाशित होता है। इधर इसके संस्करण चेन्नई-जैसे कई नगरों से प्रकाशित हो रहे हैं।

10. पाञ्चजन्य पत्रिका—इस मासिक पत्रिका को इण्टरनेट पर भी पढ़ा जा सकता है।

11. कल्याण—यह धर्म तथा साहित्य से परिपूर्ण पत्रिका है, जो बहुत प्राचीन एवं अत्यन्त प्रसिद्ध है। यह पत्रिका इण्टरनेट में भी अपना प्रभुत्व जमाये हुए है। यह उल्लेखनीय है कि अंग्रेजी भाषी देशों में भी इण्टरनेट पर अब हिन्दी पत्रिकाएँ प्रकाशित होने लगी हैं।

12. सरस सलिल, 13. प्रतियोगिता दर्पण, 14. फिल्मी दुनिया-जैसी पत्रिकाएँ काफी लोकप्रिय हैं।

विदेशों में प्रकाशित प्रमुख पत्रिकाएँ—

1. सौरभ

2. विश्व विवेक

3. विश्वा—इस पत्रिका का प्रकाशन अन्तरराष्ट्रीय हिन्दी एसोशियेशन अमेरिका के द्वारा होता है।

4. पुरवाई—यह ब्रिटेन की लोकप्रिय पत्रिका है।

5. बसन्त—मारिशस से प्रकाशित यह एक प्रसिद्ध प्राचीन पत्र है।

6. अनुभूति-अभिव्यक्ति आदि।

इससे सिद्ध होता है कि हिन्दी अब किसी से अछूती नहीं रह गयी है।

चूँकि भारतीय युवक विश्व के प्रत्येक कोने में बसे हुए हैं, अतः उन्हीं को ध्यान में रखते हुए ये पत्रिकाएँ इण्टरनेट में प्रकाशित की गयी हैं। इस प्रकार हम कह सकते हैं कि हिन्दी विश्व भर में बहु व्याप्त एक समर्थ संचार भाषा है।

कम्प्यूटरसाधित हिन्दी भाषा

सूचना प्रौद्योगिकी के इस युग में भाषा प्रौद्योगिकी ने अपना एक वजूद धारण कर लिया है। इस दिशा में हिन्दी ने यथेष्ट प्रगति की है। भारत में कम्प्यूटर और माइक्रोसॉफ्ट में उसका अनुप्रयोग दिनोंदिन बढ़ता जा रहा है। यहाँ संचार उपग्रहों की सबसे बड़ी शृंखला है। भारत सरकार ने 'सीडक' के माध्यम से जो सुपर

कम्प्यूटर तैयार किया है, वह जापान के बाद सबसे शक्तिशाली और सबसे सस्ता कम्प्यूटर माना जाता है। सीडक ने भाषा के कई कार्यक्रम बनाये हैं, जिनमें जिस्ट 'मन्त्र' तथा 'परम' सबसे महत्त्वपूर्ण हैं। सबसे पहले यहाँ एस. डी. के सॉफ्टवेयर का निर्माण हुआ। फिर विण्डोज 95 में इसकी अर्थात् 'इण्डियन स्क्रिप्ट कोड फार इण्टरनेशनल इण्टरचेन्ज' पद्धति द्वारा भारतीय लिपियों के पाठ का भण्डारण किया गया है। साथ ही उनके परिसंचार के लिए कुछ मानक निर्धारित किये गये हैं। इस पद्धति से लिप्यन्तरण और डाटा अन्तरण की उच्च ऐक्टिव टेक्नोलॉजी को बढ़ावा मिला है। इसने सर्वप्रथम 'डॉट मैट्रिक्स' द्वारा द्विभाषी कम्प्यूटर की शुरुआत की। इसने अनेक प्रकार के फॉण्ट विकसित किये तथा डेस्टा लैप टॉप प्रोसेसिंग के सहारे लेखा-जोखा की नयी पद्धति निर्मित की। 'जिस्ट' ने हिन्दी में ई-मेल की सम्भावनाएँ विकसित कीं। इस प्रकार यह भाषा विश्व भर में इण्टरनेट से जुड़ गयी। इस पद्धति के द्वारा भारतीय भाषाओं में टाइप की गयी सामग्री द्वारा कहीं भी कोई सन्देश भेजा जा सकता है।

इस बीच भारतीय भाषाओं का शब्द संसाधक सॉफ्टवेयर 'आइलीज' विकसित हुआ। इसने पेजिंग, फैक्स, वैव पेज और टैली काउन्सिलिंग की सुविधा प्रदान की। 1998 में पुणे में आयोजित सार्क देशों के सम्मेलन में इस प्रणाली ने यथेष्ट सफलता प्रदर्शित की। कम्प्यूटर के लीप ऑफिस ने हिन्दी पर्यायों का कोश विकसित किया, साथ ही स्पेल चेकर का भी। इससे अंग्रेजी के पदबन्धों का हिन्दी में अनुवाद होने लग गया। इस कार्यक्रम में मल्टीमीडिया की सहायता से गीता के सभी अनुवादों का संकलन कर लिया गया तथा 'ज्ञानेश्वरी' के कई अध्यायों की प्रस्तुति की गयी।

पिछले दशकों में देवनागरी के कई नये सॉफ्टवेयर विकसित हुए हैं, जिन्हें (ऑप्टिकल करेक्टर रिकाग्नीशन) पोटोटाइप कहते हैं। 'नटराज', 'सुरेश' नाम से बने ये सीडक के मन्त्र द्वारा श्रुतलेखन स्वचालित कार्यालयीय अनुवाद, स्पीच टु टेक्स्ट वाचान्तर आदि के अनेक कार्यक्रम आज सफलतापूर्वक चलाये जा रहे हैं। ये सॉफ्टवेयर देवनागरी वर्णों की पहचान करके तुरन्त पाठ सम्पादन करने में सक्षम हो गये हैं। इस क्षेत्र में 'यूनीकोड' ने क्रान्ति कर दी है।

अनुवाद के अतिरिक्त संचार भाषा में भी हिन्दी कम्प्यूटर पर्याप्त सक्रिय है। इनका बहुभाषा समाचार-कक्ष प्रकरण की खोज करने, पिछले प्रसंगों का संकलन करने, उनके अनुसार 'स्टोरी' बनाने और शीर्षकीकरण करने में काफी सफल हो गया है। इसके चार मॉड्यूल-टेक्स्ट ग्राफिक्स, आडियो और वीडियो की दिशा में प्रयासरत हैं।

भाषा शिक्षण के क्षेत्र में 'सीडक' ने 'लीला' नाम का जो आविष्कार किया है, वह एक विशेष उपलब्धि है। इसने प्रबाध, प्रवीण, प्राज्ञ नामक तीन पैकेज बनाये हैं, जो विदेशियों एवं अहिन्दीभाषियों के मल्टीमीडिया पाठ्यक्रम हैं। इनके द्वारा शब्द ज्ञान, वाक्य संरचना, व्याकरण, लिपि, वर्तनी और सही उच्चारण का अभ्यास किया जा सकता है। प्राकृतिक भाषा बोध सिस्टम द्वारा पाणिनि के पूरे व्याकरण को समेटने का प्रयास हो रहा है। डिजिटल लाइब्रेरी द्वारा प्राचीन साहित्य के संकलन हेतु इधर कुछ प्रयास हुए हैं। सीडक ने इस बीच कई भारतीय भाषाओं के कार्यक्रम प्रस्तुत किये हैं, जिनके द्वारा कम्प्यूटरसाधित स्वतःचालित अनुवाद तथा आवश्यक कार्यालयादेश, अधिसूचना आदि का रूपान्तरण सहज हो गया है।

अन्य संस्थाओं में रिजर्व बैंक, भारतीय स्टेट बैंक, विप्रो, टाटा, आई.आई.टी. आदि ने ई-बैंकिंग, ई-मेडिसिन, ई-मार्केटिंग, ई-फाइलिंग, ई-लर्निंग आदि के कई वेबसाइट निर्मित किये हैं। चूँकि भारत एक बहुत बड़ा बाजार है, इसलिए बड़ी-बड़ी विदेशी कम्पनियाँ 'ऑन लाइन' सूचना विनिमय के लिए तत्पर हैं। भूमण्डलीकरण एवं उदारीकरण ने द्विभाषी नीति को बढ़ावा दिया है। इससे एक कामकाजी भाषा के रूप में उभरने का अभूतपूर्व अवसर हिन्दी को मिला है। उसमें हजारों सॉफ्टवेयर और वेबसाइट निर्मित हो चुके हैं और वे उत्तरोत्तर विकसित होते जा रहे हैं।

भाषा के सम्प्रेषण के प्रश्न पर कई शताब्दियों से विचार-विमर्श हो रहा है। भारत में यह क्रम दो शताब्दियों से जारी है। इतिहास साक्षी है कि 1877 ई. में शिवाजी ने लगभग 1500 ऐसे शब्द निर्मित कराये थे, जो सम्पर्क भाषा का कार्य कर सकें। इससे भी काफी पहले खुसरो ने 12वीं शताब्दी में 'खालिकबारी' में 275 हिन्दी पर्यायवाची शब्द प्रस्तुत किये थे। कालान्तर में बंगीय साहित्य परिषद्, गुरुकुल काँगड़ी और आचार्य रघुवीर ने अपने शोध संस्थान के माध्यम से इस क्षेत्र में काफी कार्य किया। यद्यपि उनसे काफी पहले डॉ. ग्रियर्सन, तेस्सोतरी, डॉ. ग्रिलक्राइस्ट आदि ने हिन्दी भाषा के नये रूप की तलाश की भरसक चेष्टा की थी तभी कई व्याकरण ग्रन्थ, शब्दकोश और पाठ्यग्रन्थ बने थे। शोध, समीक्षा, पाठालोचन और सम्पादन के क्षेत्र में कई विदेशी विद्वानों ने पहल की थी। आकर भाषाओं में संस्कृत, पालि, प्राकृत, अपभ्रंश आदि से हिन्दी ने काफी-कुछ ग्रहण किया और संस्कृत-अंग्रेजी के व्याकरणिक ढाँचे के अनुसार अपना एक शब्दानुशासन गठित किया। फिर भी शब्दकोश के क्षेत्र में अपेक्षाकृत सर्वाधिक स्तुत्य प्रयास था डॉ. रघुवीर का। संस्कृत में 600 धातुओं, 26 उपसर्गों और 80 प्रत्ययों से कई-कई लाख शब्द बनाये गये थे। डॉ. रघुवीर ने उन्हीं धातुओं के सहारे लगभग डेढ़ लाख हिन्दी शब्द गढ़े। कुछ अंग्रेजीदाँ और फारसीदाँ भाषाविदों ने इस नीति का

विरोध किया। ज्ञातव्य है कि हमारे देश में पारिभाषिक शब्द-निर्माण की यह प्रक्रिया 1940 से चल रही है। सबसे पहले यहाँ अकबर हैदरी की अध्यक्षता में अन्तरराष्ट्रीय शब्दावली समिति का गठन किया गया। इसी को अब्दुल कलाम आजाद के नेतृत्व में वैज्ञानिक शब्दावली मण्डप के रूप में पुनर्गठित कर दिया गया। 1961 में डॉ. कोठारी की अध्यक्षता में इसका स्वतन्त्र आयोग स्थापित हो गया। इसमें सम्मिलित वैज्ञानिकों ने एक ओर अंग्रेजी की अन्तरराष्ट्रीय शब्दावली भी ले ली और दूसरी ओर यह भी स्वीकार किया कि किसी भाषा की कोई समेकित अन्तरराष्ट्रीय शब्दावली है ही नहीं। उदाहरणार्थ अंग्रेजी के एक शब्द पेट्रोल को पुर्तगाली में 'गैसलीना', जर्मनी में 'बेजिन', स्पेनिश में 'वेनशिना', फ्रेंच में 'एसेन्स', पोलिश में 'बेनजाइना', रूसी में 'बेन्जिन', इटैलियन में 'बेनजिना', अमेरिका में 'गैसोलाइन' या गैस कहा जाता है। अस्तु, यह निश्चित किया गया कि हिन्दी की अपनी शब्दावली के बिना सही अभिव्यक्ति और उसका सम्प्रेषण सम्भव नहीं है।

अभिव्यक्ति के आज अनेक माध्यम हैं, जिनमें महत्त्वपूर्ण है -अनुवाद। यह प्रक्रिया ईसा के 3000 वर्ष पूर्व से चल रही है। कहा जाता है कि असीरिया के राजा ने बेबीलोन-जैसे बहुभाषी नगर में अनुवाद के माध्यम से जनसंचार का पहला-पहला प्रयोग किया था। इसका व्यवस्थित प्रयास बाईबिल के अनुवादों से शुरू हुआ। यूनान, रोम और अरब में भी कई प्रारम्भिक प्रयास किये गये। भारत में इस कला ने कई विद्याओं का प्रचार-प्रसार किया, जैसे—गणित, ज्योतिष, चिकित्साशास्त्र, संगीत, दर्शन, रसायन, वास्तुशास्त्र, नीतिशास्त्र आदि। यहाँ अनुवाद द्वारा भाषा टीका-भाष्य, शब्दान्तर, रूपान्तरण आदि को बढ़ावा मिला। इन दिनों अनुवाद विश्व ज्ञान का गवाक्ष बना हुआ है। यह वैश्विक परिप्रेक्ष्य में अभिव्यक्ति का मुख्य माध्यम है। अनुवाद में सूक्ष्म शब्द, कूटपद, पारिभाषिक शब्दावली आदि का विशेष महत्त्व है। इसने राजभाषा हिन्दी में चार गुणों का विकास किया है— 1. निर्वैयक्तिकता 2. वस्तुनिष्ठता 3. सूचनापरकता 4. वैज्ञानिकता। इनके मार्गदर्शक सिद्धान्त-सूत्र हैं—

1. इन गढ़े गये शब्दों का मुख्य यही प्रयास होता है कि व्याकरणिक दृष्टि से कोई शब्द अशुद्ध न हो।

2. अंग्रेजी के अन्तरराष्ट्रीय शब्दों को यथावत् या हिन्दीकरण के बाद स्वीकार कर लिया जाये।

3. अधिकाधिक अभिधापरक शब्दों का प्रयोग किया जाये।

4. यथासम्भव प्रचलित शब्दों को ही रखा जाये, भले ही वे संकर समासवाले शब्द हों, जैसे-लोक अदालत, पोलियोग्रस्त, टिकटार्थी, गोलीकाण्ड, लाठीचार्ज आदि।

5. प्रयोगजन्य शब्दों का मानकीकरण किया जाये।

6. विदेशी शब्दों में हिन्दी का व्याकरण लगाया जाये जैसे-फाइल के बहुवचन में फाइल्स की जगह 'फाइलें' लिखा जाये। लाइटें शब्द अवश्य ही आपत्तिजनक है।

7. शब्दों का संक्षेपीकरण किया जाये जैसे संसद् सदस्य की जगह 'सांसद'।

8. व्याकरण को लोचदार बनाया जाये।

9. भाषा में मुहावरों के प्रयोग को बढ़ावा दिया जाये इत्यादि।

यही कारण है कि इन दशकों में हिन्दी की स्वीकार्यता बढ़ी है। इसमें अभिव्यक्ति की क्षमता का उत्तरोत्तर विकास दिखायी दे रहा है। अंग्रेजी में कामकाजी प्रोक्तियाँ तो बहुत हैं, किन्तु सांस्कृतिक शब्दावली बहुत कम हैं। 'अक्षत' को वे लिखते हैं 'दि आस्पिसस टरमेररिक कलर्ड राइस' उबटन को वे लिखते हैं 'ए पेस्ट फॉर दि मसास'। भारत और यूरोप में जो सांस्कृतिक भेद है, उसके कारण अंग्रेजी हमारी सांस्कृतिक परम्पराओं की सही अभिव्यक्ति नहीं कर पाती। वहाँ उल्लू (आउल) चतुराई का प्रतीक माना जाता है, जो हमारे यहाँ मूर्खता का प्रतीक है। यूरोपीय समाज में नाते-रिश्ते बहुत कम हैं। अंग्रेजी में मामा, फूफा, काका, चाचा, ताऊ, मौसा आदि के लिए केवल 'अंकल' शब्द है। यही स्थिति रंगों की है। कत्थई, मूँगिया, रानी, धानी आदि के लिए ठीक-ठीक अंग्रेजी शब्द खोज पाना दुष्कर है। मुहावरों-लोकोक्तियों की समस्या तो और भी दुरूह है।

यह समस्या अन्य भारतीय भाषाओं के साथ भी न्यूनाधिक रूप में विद्यमान है। जैसे-बृहस्पति का अर्थ तमिल में है मूर्ख। कन्नड़ में 'यजमान' पति को कहा जाता है। नेपाली में पत्नी को 'जहान' कहा जाता है। पंजाबी में 'सड़ना' का अर्थ है जलना। मराठी में 'अनर्गल' का अर्थ है 'धाराप्रवाह'। इन अर्थभेदों से हमारी अभिव्यक्ति बाधित हो सकती है।

इधर जनपदीय भाषाओं में जो आंचलिक कृतियाँ लिखी गयी हैं और उनमें जो अपभाषा (स्लैंग) का प्रयोग किया गया है, उससे भी अभिव्यक्ति का सही स्वरूप बाधित होता है। बम्बइया फिल्मी हिन्दी के सामने भी दृश्यात्मकता के बावजूद न्यूनाधिक रूप में अभिव्यक्ति संकट की यह समस्या यदा-कदा आ ही जाती है।

निष्कर्ष यह है कि सही अभिव्यक्ति और उसका सही-सही सम्प्रेषण वक्ता-श्रोता दोनों के लिए एक कठिन क्रिया है। अभ्यास द्वारा इसमें अपनी मति, गति, रति

स्थापित की जा सकती हैं। विशेष रूप से हिन्दी में, क्योंकि उसमें संचार और सम्प्रेषण की अपार क्षमता है।

सहजाभिव्यक्ति के दो प्रमुख रूप हैं—1. लिखित भाषा 2. उच्चरित भाषा। सही अभिव्यक्ति हेतु आवश्यकता है—1. सहजता 2. पात्रानुकूलता 3. विषय प्रसंग की अनुरूपता 4. लक्ष्यभूत श्रोतावर्ग की बोधगम्यता 5. जीवन्तता आदि। उच्चरित भाषा में सही अभिव्यक्ति के लिए आवश्यक है—1. शुद्ध उच्चारण 2. सही लहजा (एक्सेण्ट) 3. ठीक-ठीक अन्तराल (पाज) 4. सही मात्रा में ध्वनि (वाल्यूम) 5. उपयुक्त गति (आर.पी.एम.) आदि।

भाषा के जो विभिन्न चरित्र होते हैं, उन सबके लिए इन उपर्युक्त तत्त्वों का अनुप्रयोग, अलग-अलग ढंग से करना होता है। प्रायः कहा जाता है कि हमें बोलचाल की भाषा का प्रयोग करना चाहिए, किन्तु यह सर्वत्र सम्भव नहीं है। राजभाषा का मसौदा पारिभाषिक शब्दों के कारण बोलचाल की भाषा से भिन्न हो जाता है। औपचारिक रूप से जब हम विचार-विमर्श करते हुए मंच पर से बोलते हैं तो वह मानक भाषा प्रायः जनभाषा से काफी भिन्न हो जाती है। लेखन में भी संवादों के अतिरिक्त जनभाषा सर्वथा सर्वदा सम्भव नहीं है। बहुत सरलीकरण कर देने से भाषा का स्तर नहीं उठ पाता। बहुत रूढ़िग्रस्त रहने से उसका विकास नहीं हो पाता। कबीर ने सही कहा है—संस्किरत 'कबीरा' कूप जल भाषा बहता नीर। हमें याद रखना चाहिए कि अब हम वैश्विक भाषा की ओर बढ़ रहे हैं। हिन्दी भाषा में अपनी कुछ विशेषताएँ हैं, जिनके कारण उसकी ग्राह्यता बढ़ रही है। आनेवाली शताब्दियों में उसकी सर्वोपरि उपलब्धि होगी, यदि यह सूचना प्रौद्योगिकी की सही संचार भाषा बन जायेगी। इसके लिए उसे भाषा प्रौद्योगिकी से सुसम्बद्ध करना होगा।

ग्राफिक्स के क्षेत्र में इस बीच कम्प्यूटर ने कमाल कर दिखाया है। इन दिनों सभी सॉफ्टवेयर ग्राफिकल यूजर्स इण्टरफेस (जी.यू.आई.) पर आधारित हैं। इसमें कम्प्यूटर द्वारा इमेज डाटा को रिप्रेजेण्ट तथा 'मैनिपुलेट' किया जाता है। एनीमेशन, मूवीज, खेल, उद्योग सबमें इसी प्रविधि का प्रयोग होता है। टी.वी. शो, संगीत वीडियो, फिल्म सब कम्प्यूटरसाधित हैं।

'प्रसार भारती' में राजभाषा प्रबन्धन

प्रबन्धन का शास्त्र सम्प्रति बहुत लोकप्रिय है। यह मूल रूप से कार्यपालिका का सिद्धान्त है। इसके अन्तर्गत विपणन, उत्पादन, विज्ञापन और इनसे जुड़े हुए प्रशासन की व्यवस्था की जाती है। यह सर्वस्वीकार्य है कि कामिर्कों से काम लेना

स्वयं में एक जटिल समस्या है। यह न तो मात्र दण्ड विधान से सम्भव है और न पूरी तरह से छूट देने से ही। इसके अन्तर्गत परिस्थिति-विज्ञान और संस्था तथा व्यक्ति के समाज मनोविज्ञान की सम्पूर्ण जानकारी अपेक्षित होती है। प्रत्येक कार्य की सफलता संचालकों की 'डीलिंग' पर निर्भर होती है। एक सफल कार्यपालक पहले पूरी वस्तुस्थिति का अध्ययन करता है, एक-एक कर्मचारी की मनःस्थिति पर विचार करता है, उसमें कार्य के प्रति अभिरुचि जमाता है, उचित अनुपात में अनुशासन और प्रोत्साहन का विधान बनाता है और तब अपने लक्ष्य के अनुरूप अभीष्ट कार्य कर पाता है। पिछले दो दशकों से उत्पादन, विक्रय, प्रचार-प्रसार और कार्यान्वयन की समस्त योजनाएँ इसी प्रबन्धन के सहारे सम्पन्न हो रही हैं।

भारत में राजभाषा हिन्दी का कार्यान्वयन भी इसी प्रबन्धन की अपेक्षा करता है। हमारे संविधान में चूँकि यह स्पष्ट प्रावधान कर दिया गया है कि हिन्दी किसी पर बरबस लादी नहीं जायेगी, इसलिए अपेक्षित प्रगति नहीं हो पायी है। हम कानून का भय दिखाकर किसी अधिकारी-कर्मचारी को हिन्दी प्रयोग के लिए बाध्य नहीं कर सकते। यों स्थूलतः यह माना जाता है कि काम करवाने के मुख्य दो उपाय होते हैं—एक दण्ड विधान, दूसरा प्रोत्साहन।

पूर्ण दण्ड विधान आज कदापि सम्भव नहीं है, क्योंकि हमारे संविधान में एक मानवाधिकार आयोग ने भाषा प्रयोग की पूरी छूट नागरिकों को सुलभ करा रखी है। ऐसी स्थिति में प्रोत्साहन का विशेष सहारा शेष रह जाता है। लेकिन मात्र प्रोत्साहन से भी पूरा हृदय-परिवर्तन सम्भव नहीं हो पाता, इसलिए कि प्रोत्साहन अपेक्षाकृत एक व्ययसाध्य नीति है, जो प्रायः तुष्टीकरण का रूप धारण कर लेती है और अन्ततः बहुत निष्प्रभावी तथा दयनीय सिद्ध होती है। प्रबन्धन के अन्तर्गत इस नीति को नियन्त्रित किया जाता है, जिससे कार्य की सफलता सुनिश्चित हो सके।

1. मीडिया में राजभाषा का अधिकाधिक प्रयोग सुनिश्चित करने के लिए आवश्यक है कि अधिकारियों और तकनीकी, गैर तकनीकी सभी कार्मिकों के बीच समय-समय पर राजभाषा की अपीलें जारी की जायें। केन्द्रों में ऐसे पोस्टर, स्टिकर, पम्पलेट, लीफलेट, डायरी, कैलेण्डर आदि प्रकाशित तथा प्रचारित किये जायें जो मर्मस्पर्शी हों, हमारी संवेदना को झंकृत कर सकते हों और हिन्दी अधिकारियों के युक्तिबल से विशिष्ट प्रभाव पैदा कर सकते हों।

2. इन दिनों हिन्दी प्रयोग की दशा में सबसे बाधक तत्त्व है—हमारा जन-मनोविज्ञान अथवा हमारा हीनताबोध। आज के कान्वेण्ट कल्चर में अंग्रेजी का प्रयोग सामाजिक प्रतिष्ठा का प्रतीक बन गया है। मध्य निम्नवर्ग के लोग चूँकि उच्च

कुलीन वर्ग का अन्धानुकरण करते रहते हैं, इसलिए अनजाने अँगरेजियत का अनुसरण करते जाते हैं। आवश्यकता इस मनोविज्ञान को समझने-बदलने की है। वर्षों पूर्व केसकर कमेटी ने भाषा की एक नीति अपनायी थी। उससे हिन्दी को बढ़ावा मिला था। कई साहित्यकार रेडियो से जुड़े थे, कई विधाएँ जनमी थीं, श्रेष्ठ कृतियाँ प्रकाश में आयी थीं। इधर अपनी श्रवणीयता वृद्धि के लिए एफ.एम.ने, जी.टी.वी. ने और व्यक्तिगत चैनलों ने अंग्रेजी को ज्यादा महत्त्व देना शुरू कर दिया है। उसे रोकना होगा। एक ओर स्पोर्ट्स, डिस्कवरी, बी.बी.सी. आदि हिन्दी में उतर आये हैं, दूसरी ओर हिन्दी केन्द्र चुलबुली कपेयरर्स के माध्यम से 'हिंगलिश' प्रसारित कर रहे हैं।

इसके लिए हिन्दी में जवाबी आभिजात्य पैदा करके श्रोताओं, दर्शकों के चित्त में एक प्रकार की भाषायी चकाचौंध भरनी होगी अर्थात् उन्हें हिन्दी के वर्चस्व से अभिभूत कराना होगा। इसके लिए समय-समय पर वाणी विज्ञान का प्रशिक्षण, उच्चारण, अभ्यास और शब्द ज्ञान की कार्यशालाएँ करानी होंगी, साथ ही राजभाषा प्रयोग प्रदर्शनी, विविध प्रतियोगिताएँ, विराट् हिन्दी मेला आदि आयोजित करने होंगे। ऐसे समारोह मात्र हिन्दी माह, हिन्दी पखवाड़ा, हिन्दी सप्ताह और हिन्दी दिवस में ही नहीं, बल्कि वर्षपर्यन्त करने होंगे। मात्र एक संस्था द्वारा विराट् आयोजन नहीं हो सकता। आवश्यकता यह है कि 'नराकास' की समस्त इकाइयाँ मिल-जुलकर ऐसे विराट् आयोजन करें, जो कर्मचारियों को ही नहीं, बल्कि समस्त नागरिकों को अभिभूत कर डालें

3. राजभाषा का चरित्र बोलचाल की भाषा से भिन्न होता है। अत्यधिक सरलीकरण कर देने से उसका स्तर गिरता है और आत्यन्तिक कृत्रिमता- क्लिष्टता- नवीनता के कारण जन-मनोविज्ञान उससे विमुख हो जाता है। मेरा यह कदापि आशय नहीं है कि जनजीवन की महत्ता या मान्यता प्राप्त करने के लिए राजभाषा को लोकभाषा (जनभाषा) अथवा शत-प्रतिशत तकनीकी भाषा बना दिया जाये। वस्तुतः उसके स्वतन्त्र संचार भाषावाले स्वरूप की संरक्षा आवश्यक है। यदि दर्शकों, श्रोताओं, लक्ष्य (समूहों) के बीच जाकर एक-एक शब्द वाक्य प्रयोग की सम्प्रेषणीयता की जाँच कर ली जाये तो सही भाषा की खोज हो जाये।

4. प्रबन्धन की दृष्टि से यह भी अपेक्षित है कि कर्मचारियों को पुस्तकालय, वाचनालय, भाषा प्रयोगशाला आदि की अधिकाधिक सुविधा दी जाये। राजभाषा-सम्बन्धी ग्रन्थों कैसेटों तथा -पत्रिकाओं की उपलब्धता तो आवश्यक है ही, इसके साथ ही शब्दकोश, उच्चारण कोश, विश्व ज्ञानकोश आदि भी सबको सुलभ होने चाहिए।

5. प्रचार-प्रसार की दृष्टि से गृह-पत्रिका का नियमित प्रकाशन बहुत उपयोगी होगा। लेखन और पठन-पाठन करते हुए अधिकारियों-कर्मचारियों का सहज रागात्मक सम्बन्ध राजभाषा के साथ जुड़ जाता है। जब उनकी सृजनात्मकता और पठनीयता जाग्रत हो जाती है तो वे हिन्दी के प्रति स्वतः आकृष्ट हो उठते हैं। दूरदर्शन और आकाशवाणी के विभिन्न केन्द्रों की प्रकाशित पत्रिकाएँ इस दृष्टि से उपयोगी सिद्ध हुई हैं।

6. हिन्दी प्रयोग प्रायः दो स्तरों पर होता है। एक दैनन्दिन जीवन अर्थात् रोजमर्रा के कार्यों में और दूसरे विशिष्ट समारोहों में प्रतीकात्मक रूप से, जैसे—15 अगस्त का लालकिले से प्रधानमन्त्री द्वारा हिन्दी में दिया गया भाषण। हमें अपने प्रबन्ध कौशल द्वारा इन दोनों स्तरों पर हिन्दी की संवर्धना करनी होगी।

7. हिन्दीकरण के लिए प्रतीकात्मक व्यवस्था को भी लागू करना आवश्यक है। जैसे—पत्र-शीर्ष, डायरी, मोहर, साइनबोर्ड, नामपट्ट, फाइलों के शीर्षक आदि सुनियोजित रूप से यदि हिन्दी में या धारा 3(3) के अन्तर्गत द्विभाषी रूप में करा दिये जायें तो प्रत्येक कार्मिक पर उसका कुछ-न-कुछ मनोवैज्ञानिक प्रभाव अवश्य पड़ेगा।

8. आर्थिक लोभ-यह सम्प्रति बड़ा प्रभावी प्रतीत होता है। हिन्दीतर क्षेत्र में हिन्दी परीक्षा उत्तीर्ण व्यक्तियों को पुरस्कार, पदोन्नति, छात्रवृत्ति आदि की जो व्यवस्था की गयी है, वह प्रभावकारी हो।

9. राजभाषा के सही अनुप्रयोग के लिए समय-समय पर कार्यशालाओं का आयोजन अत्यावश्यक है। प्रयास यह होना चाहिए कि कार्यशाला मात्र औपचारिक अनुष्ठान या उत्सवधर्मिता का रूप न ले, बल्कि ठोस परिचर्चा में ढल जाये। उसमें संस्था से सम्बन्धित व्यक्ति अपने-अपने दैनिक अनुभवों के आधार पर किसी राजभाषा विशेषज्ञ के निर्देशन में एक-एक पारिभाषिक शब्द-प्रयोग का, सही अनुवाद का और भाषा कम्प्यूटिंग का व्यावहारिक समाधान निकाल सकते हैं। राजभाषा परिनियमावली में प्रतिवर्ष 3 कार्यशालाओं का प्रावधान है। इस व्यवस्था को दृढ़तापूर्वक लागू करना होगा।

10. राजभाषा रूप में हिन्दी को पूरी तरह से लागू करने के लिए यह उपादेय होगा कि संसदीय राजभाषा समिति को अधिकाधिक अधिकारसम्पन्न तथा शुचितापूर्ण बनाया जाये। उसके निरीक्षण दौरे बार-बार किये जायें। व्यवस्था का उल्लंघन करनेवाले अधिकारियों की जवाबदेही दृढ़तापूर्वक स्थिर की जाये। सर्वोपरि तो यह कि राजभाषा अधिकारियों का गृह मन्त्रालय के अन्तर्गत चयन करके उन्हें

विभिन्न मन्त्रालयों में प्रतिनियुक्ति किया जाये और उनका स्वतन्त्र कैडर स्थापित किया जाये ताकि वे गृह मन्त्रालय के प्रतिनिधि होकर ही सर्वत्र कार्य करें। उनकी चरित्र पंजिका गृह मन्त्रालय में ही भरी जाये, जिससे वे जिस विभाग में प्रतिनियुक्ति (डेपूटेशन) पर जायें, वहाँ के राजभाषा प्रयोग के सही आँकड़े गृह मन्त्रालय के राजभाषा अनुभाग को निर्भीकता तथा निष्पक्षतापूर्वक भेज सकें। यदि वे विभागाध्यक्ष की चरित्र पंजिका प्रविष्टि से मुक्त हो जायेंगे तो वे अधिकारी के निजी सहायक जनसम्पर्क अधिकारी, अनुवादक या लिपिक के रूप में कार्य करने को बाध्य नहीं होंगे। तब प्रत्येक कार्यालय में उसकी पृथक् हैसियत होगी और तब वह प्रभावशाली ढंग से सभी सहयोगियों को हिन्दीकरण की दिशा में प्रवृत्त कर सकेंगे।

11. **हिन्दी अधिकारी की पात्रता** पर पुनर्विचार करना भी अपेक्षित है। सही कार्यान्वयन के लिए मात्र द्विभाषा (हिन्दी, अंग्रेजी) ज्ञान ही अपेक्षित नहीं है। इससे कहीं अधिक अपेक्षित है उसकी व्यवहार बुद्धि, हिन्दी सेवा की भावना और उसका एक परिपूर्ण व्यक्तित्व। इस प्रकार की नियुक्ति के लिए विशेष प्रकार का परीक्षण भी होना चाहिए।

12. **हिन्दीकरण** के लिए सम्प्रति मशीनीकरण (विशेषतः कम्प्यूटर ज्ञान) भी बहुत आवश्यक हो गया है। अब कम्प्यूटर प्रोग्राम, टेलेक्स, टेलीप्रिण्टर, ई-मेल, फैक्स, इण्टरनेट आदि के हिन्दी मॉडल युद्धस्तर पर प्रस्तुत करने होंगे। इससे न केवल भाषायी चाकचिक्य पैदा होगा, बल्कि अपेक्षाकृत अधिक सुविधाएँ भी बढ़ेंगी।

13. **द्विभाषी नीति**—हिन्दीकरण के लिए द्विभाषी नीति अत्यावश्यक है। राष्ट्रैक्य तथा भाषायी सौहार्द के लिए विभिन्न राष्ट्रभाषाओं के मध्य आदान-प्रदान का होना बहुत जरूरी है। समस्त सांविधानिक भाषाओं को अपने-अपने क्षेत्र में राजभाषा बनाना एवं मिल-जुलकर हिन्दी-दिवस की जगह भारतीय भाषा-दिवस मनाना बहुत लाभप्रद होगा। तात्पर्य यह कि कहाँ उदारता बरती जाये और कहाँ दृढ़ता, इसका निर्धारण भाषिक प्रबन्ध-विज्ञान द्वारा ही सम्भव है।

14. **नियमन**-हिन्दीकरण के लिए कहीं-कहीं नये नियमन की भी आवश्यकता होगी। उसके लिए जनमत तैयार करना होगा। आज शासन और जनता के मध्य यह अभियान चलाना होगा कि प्रारम्भिक शिक्षा विदेशी भाषा में न दी जाये, त्रिभाषा फार्मूला सख्ती से लागू किया जाये, न्यायपालिका में हिन्दी ही चले, सार्वजनिक सूचनाएँ अंग्रेजी में न प्रसारित हों, क, ख, ग राज्यों का विभाजन समाप्त किया जाये आदि।

15. प्रबन्धन के मध्यम से ही हम मानक वर्तनी, मानक उच्चारण, मानक व्याकरण और मानक लिपि का स्वरूप स्थिर कर सकते हैं। पारिभाषिक शब्द, कूटपद, आद्यक्षर, संक्षिप्ताक्षर, पर्याय (थिसारस), संकेताक्षर और अन्तरराष्ट्रीय प्रतीकों का निर्माण इसी के सहारे द्रुतगति से कराया जा सकता है। इसी के साथ-साथ राजभाषा के सर्वांगीण विकास का एक शोध-प्रकोष्ठ भी गठित कराया जा सकता है।

इस प्रकार स्पष्ट है कि लगभग पचास करोड़ भारतीयों की भाषा हिन्दी को विज्ञान, टेक्नोलॉजी, उद्योग, विपणन, शिक्षा-माध्यम, जनसंचार और कार्यालयी कामकाज के लिए प्रयोजनीय बनाया जा सकता है, बशर्ते शुद्ध नीयत के अनुसार हिन्दीकरण का एक 'राष्ट्रीय एजेण्डा' तैयार कर लिया जाये और युद्धस्तर पर इस प्रबन्धन विज्ञान को लागू कर दिया जाये।

जन-माध्यमों की विभिन्न विधाओं का भाषा-विधान

जनसंचार की जितनी विधाएँ सम्प्रति सुलभ हैं, उन सबकी भाषिक संरचना परस्पर मिलती-जुलती हुई भी काफी-कुछ भिन्न है। इसे समझाने के लिए एक-एक का भाषा-विधान विचारणीय है, यथा—

समाचार प्रस्तुतीकरण का भाषायी पृष्ठाधार

दृश्य-श्रव्य माध्यमों पर समाचार प्रस्तुति के लिए संवाददाता या रिपोर्टर, सकारों तथा ककारों का प्रयोग तो करता ही है, लेकिन विलोमस्तूपी प्रारूप के स्थान पर मीडिया में आयताकार और षट्कोणीय वाक्य चला करते हैं। रेडियो, टी.वी. पर पहले शीर्षकों की झण्डी, उसके बाद तीन-चार वाक्यों के 8-10 समाचार प्रस्तुत किये जाते हैं। इन समाचारों को सुनकर यह अहसास होता है कि प्रिण्ट मीडिया के अन्तर्गत पत्र में उल्लिखित समाचार की 'हेडिंग' और 'इण्ट्रो' को लेकर रेडियो और टी.वी. पर काम चल सकता है।

दृश्य-श्रव्य माध्यम के लिए लेखन करनेवाले समाचार लेखक को इन माध्यमों की सीमाओं का बोध अत्यन्त आवश्यक है। इन माध्यमों पर एक-एक सेकेण्ड का उपयोग होता है। अतः समाचार बुलेटिन की निर्धारित अवधि के अनुसार समाचार लिखने पड़ते हैं। सामान्यतः यह माना जाता है कि अधिकांश वाचक 110 से 125 शब्द प्रति मिनट वाचन करते हैं। अतः 10 मिनट के समाचार बुलेटिन में 1200 से 1350 तक शब्द लिखे जाने चाहिए। इसके साथ-साथ संवाददाता से सीधे बातचीत अथवा रिपोर्ट तथा विज्ञापन आदि के लिए आवश्यक समय निर्धारित कर लेना चाहिए।

संक्षेप में दृश्य-श्रव्य माध्यम के लिए समाचार लेखन करते समय निम्नलिखित अपेक्षाएँ लेखक से हैं—

1. शब्दावली सरल तथा बोधगम्य हो। जैसे—सायंकाल में घटित किसी घटना का उल्लेख करना है तो समाचार लिखते समय 'गोधूलि वेला', 'सान्ध्य

काल' आदि परिनिष्ठित एवं आलंकारिक शब्दावली के स्थान पर आज शाम, सायंकाल शब्द का प्रयोग उचित होगा।

2. जहाँ तक सम्भव हो, तृतीय पुरुष के कथनों का उल्लेख करें। जैसे—उन्होंने कहा था, 'विभिन्न सूत्रों के अनुसार' आदि।

3. सकर्मक क्रियाएँ श्रोता को बाँधने में सहायक होती हैं। द्विअर्थी शब्दों के प्रयोग से बचना चाहिए। संयुक्ताक्षर के स्थान पर सरल शब्द चुनना चाहिए।

4. संख्या लेखन में विशेष सावधानी अपेक्षित है, जैसे-दशमलव के बदले तीन चौथाई, साढ़े आठ आदि शब्दों का प्रयोग करना चाहिए। इसी प्रकार 999 से ऊपर की संख्या को इनके उचित गणकों जैसे-सौ, हजार, लाख, दस लाख आदि के आधार पर लिखना चाहिए। उदाहरणार्थ अगर 3,876 लिखना है तो उसे तीन हजार आठ सौ छिहत्तर लिखना अधिक उचित है। इसी तरह 6,322 210 को 63 लाख, 22 हजार, 210 लिखना द्रुत पाठ के लिए उचित है।

5. लेखन में केवल उन्हीं संकेताक्षरों का प्रयोग करें जो रूढ़ हो गये हों। जैसे—भारतीय जनता पार्टी के लिए भाजपा, सेण्ट्रल इण्टेलीजेन्स ब्यूरो के लिए सी.बी.आई. आदि।

6. जहाँ तक सम्भव हो, व्यक्ति के पूर्ण अथवा मुख्य नाम की पुनरावृत्ति से बचना चाहिए। एक बार पूरा नाम लेने के बाद अन्तिम नाम तथा पद नाम से काम चलाना चाहिए, जैसे-आज भारत के प्रधानमन्त्री .....जी अमेरिका पहुँचे। वहाँ पहुँचने पर भारतीय प्रधानमन्त्री का स्वागत जोर-शोर से किया गया। अमेरिकी नागरिकों का अभिनन्दन स्वीकार करते हुए उन्होंने कहा कि.....।

भाषा के साथ-साथ प्रारूप तैयार करने में निम्नलिखित सावधानियाँ अपेक्षित हैं—

1. सामान्यतः ए-4 आकार का कागज प्रयोग किया जाना चाहिए और कागज पर केवल एक ओर लिखना चाहिए।

2. कागज के प्रत्येक पृष्ठ पर केवल एक ओर समाचार लिखना उपयुक्त होता है। यदि पृष्ठ बढ़ाना है तो उसकी सूचना प्रथम पृष्ठ पर और या (more) चिह्नित करके देना चाहिए और कागज पर आइटम संख्या का उल्लेख करते हुए, उपभाग लिखना चाहिए, जैसे-5ए, 5बी आदि।

3. सम्पूर्ण समाचारों को कागज पर ऊपर से ढाई इंच तथा दोनों किनारों से एक-एक इंच का हाशिया छोड़कर, दोहरे अन्तराल में टंकित किया जाना चाहिए।

4. वाक्य छोटे-छोटे होने चाहिए। सामान्यतः दस शब्दों का वाक्य उचित समझा जाता है।

5. अनुच्छेदों के बीच अन्तराल का अन्तः हाशिया छोड़ना उपयुक्त समझा जाता है।

6. मुख्य पृष्ठ पर समाचार का समय, वाचक संवाददाता, सम्पादक का नाम दिनांक आदि यथोचित स्थान पर टंकित किये जाने चाहिए। इसके पश्चात् समाचारों का क्रमबद्ध विवरण देते हुए समाचार वाचक को बीच-बीच में प्रयोग होनेवाली जीवन्त रिपोर्ट, फिल्म, कैप्शन, अवधि एवं स्थान का स्पष्ट संकेत करना चाहिए।

7. प्रस्तुति से सम्बन्धित संकेत चिह्नों को वृत्त में कर देना चाहिए जिससे उन्हें अलग से पहचाना जा सके।

8. प्रश्नवाचक वाक्य से समाचार प्रारम्भ करना रेडियो दूरदर्शन पर उचित नहीं माना जाता है।

9. समाचारों के सम्बन्ध में अपनी राय नहीं देनी चाहिए, यानी खबर अच्छी है, बुरी है, लाभदायक अथवा हानिकारक है। इसका निर्णय दर्शक समूह पर छोड़ देना चाहिए।

10. सूचनाओं में नयापन बनाये रखने के लिए आज/आज सुबह, आज दोपहर, आज सायं, शाम शब्दों का प्रयोग उपयुक्त लगता है।

11. धर्म, नैतिकता, रंगभेद, सम्प्रदाय और यौन-सम्बन्धी समाचारों में भाषिक सन्तुलन रखना अनिवार्य है।

निश्चित रूप से उपर्युक्त सुझावों का ध्यान रखते हुए लेखन करने से समाचारों की प्रस्तुति-कला को बेहतर बनाया जा सकता है।

उपर्युक्त प्रस्तुति से परिचित होने के बाद भी यह समझ लेना चाहिए कि इलेक्ट्रॉनिक मीडिया की कुछ ऐसी सुविधाएँ हैं, जो प्रिण्ट मीडिया को नहीं मिल सकतीं। वहीं दूसरी ओर कुछ मजबूरियाँ भी हैं। जैसे—तात्कालिकता अर्थात् किसी भी चलते कार्यक्रम को रोककर, तुरन्त प्राप्त विशेष सूचना को प्रसारित करते चलना, इलेक्ट्रानिक माध्यम का गुण एवं वैशिष्ट्य है, वही एक बार समाचार-पत्र के छप जाने पर, अगला समाचार, नये अंक में ही प्रकाशित होता है। प्रिण्ट मीडिया के पास यह सुविधा नहीं है कि समाचार, फीचर पढ़ते-पढ़ते पाठक को बीच में रोककर तात्कालिक घटित घटना से परिचित कराया जा सके। लेकिन समाचार-पत्रों में घटना के आधार पर जो विशेषांक निकाला जाता है, वह इलेक्ट्रॉनिक माध्यमों की अपेक्षा, अधिक संग्रहणीय बनकर पाठक की स्थायी सम्पत्ति हो जाता है।

इसके बावजूद दोनों माध्यमों पर प्रसारित होनेवाले समाचारों की अपनी निजी पहचान एवं उपयोगिता होती है।

रेडियो नाटक की भाषा

रेडियो के आविष्कार के बाद नाट्य साहित्य भी एक नयी विधा-'रेडियो नाटक' का आविर्भाव हुआ। यह एक ऐसी विधा है, जिसमें नाटक के प्रायः सभी गुण होते हैं। नाटकीयता के विभिन्न तत्त्वों के विद्यमान होते हुए भी रेडियो में एक नये शिल्प-विधान की आवश्यकता महसूस हुई। इस नये शिल्प-विधान के कारण रेडियो नाटक को 'ध्वनि एकांकी', 'ध्वनि नाटक', 'श्रव्य नाटक', 'रेडियो रूपक', 'रेडियो एकांकी', 'झलकी' आदि नामों से अभिहित किया गया, किन्तु प्रधानतः 'रेडियो नाटक' संज्ञा को ही सर्वाधिक स्वीकृति प्राप्त हुई। प्रारम्भ में कुछ नाटकों के रूपान्तरण प्रस्तुत किये गये। यहाँ 1927 से रेडिया नाटकों का प्रसारण प्रारम्भ हुआ। आजादी से पूर्व हिन्दी रेडियो नाटक न के बराबर थे। जुलाई, 1936 में जब प्रथम बार भारत में रेडियो नाटक लेखन प्रतियोगिता का आयोजन किया गया, तो उस समय अंग्रेजी और उर्दू नाटकों का ही आधिक्य था। कारण, तत्कालीन आकाशवाणी नियामक-लायनन फीडर बी. बी. सी. की कल्पना लेकर आये थे। इसी प्रकार बुखारी की अपनी प्रतिबद्धता थी। उन दिनों नियाजी, हमीद, खुमानी, इम्तियाज अली आदि लेखकों का बोलबाला था। पहली-पहली बार हिन्दुस्तानी भाषा में 1934 में एक नाटक प्रसारित हुआ जो अधिकांशतः पारसी थियेटर से प्रभावित था।

कालक्रम में दिल्ली केन्द्र के उद्घाटन के साथ प्रसारित 'तरंग' नामक हिन्दी एकांकी अधिक उल्लेखनीय सिद्ध हुआ। इसी समय 'सन्नाटा' नामक नाटक प्रसारित हुआ, जिसमें निःशब्दता को विशिष्ट प्रयोगों के माध्यम से प्रतिध्वनित किया गया। इसी प्रकार का एक प्रयोग नागर जी ने 'गूँगी' के माध्यम से किया। इसमें मौन का सफल सम्प्रेषण किया गया। इम्तियाज अली का रेडियो नाटक 'अनारकली' भी इसी समय प्रसारित हुआ। अन्य लेखकों में कृश्नचन्दर, मण्टो, शौकत धानवी, रहमानी और उपेन्द्रनाथ 'अश्क' भी चर्चित रहे। उस समय उर्दू लेखकों के बाहुल्य के कारण 'दीदी' के स्थान पर 'आपा' और 'नमस्ते' के स्थान पर 'आदाब' शब्दों का प्रयोग ज्यादा हुआ। उन दिनों संवादों में तीव्र ध्वनियों का प्रयोग होता था। धीरे-धीरे इन प्रयोगों में नयी शैलियाँ उभरने लगीं। तीव्र ध्वनियों के स्थान पर मिश्रित ध्वनियाँ आने लगीं। प्रारम्भिक दौर के ध्वनि नाटकों में कविता की भाषा बहुत हावी थी, किन्तु धीरे-धीरे अनुभव किया जाने लगा कि रेडियो नाटक केवल कविता नहीं है। उसकी विषयवस्तु को स्वतन्त्र रूप से श्रोता के मानस में उतरना आवश्यक है। इसके लिए एक विशिष्ट ध्वनि संयोजन का विस्तार किया गया।

इसी बीच केन्द्रीय सूचना और प्रसारण मन्त्री केसकर ने अपने कार्यकाल में आग्रहपूर्वक कई हिन्दी साहित्यकारों को रेडियो से जोड़ा। सुमित्रानन्दन पन्त, उदयशंकर भट्ट, अमृतलाल नागर, श्रीनारायण चतुर्वेदी आदि अनेक विशिष्ट लेखक इससे सम्बद्ध किये गये। रेडियो नाटक को राष्ट्रीय कार्यक्रमों में स्थान मिला। फिर कई नये प्रयोग किये गये। इस बीच एस. एस. ठाकुर का 'कठपुतली', इकबाल का 'सूखा दरख्त' आदि काफी चर्चित हुए। 1947 से लेकर 1962 के बीच 'धारावाहिक', 'रेडियो नाटक' कार्यक्रम आरम्भ हो गया। उस समय राष्ट्रीयता, सामाजिकता, जन-मनोविज्ञान तथा हास्यव्यंग्यप्रधान कथानक ज्यादा लोकप्रिय थे। इसी काल में 'सुबह से पहले' (मोहन राकेश), 'जनम कैद' (गिरिजा कुमार माथुर) 'खाई बढ़ती गयी' (भारत भूषण) महाभारत आदि नाटक प्रसारित हुए। इनकी भाषा श्रोता समाज पर छा गयी और हिन्दी रेडियो नाटक सर्वाधिक लोकप्रिय हो गया।

इस बीच आधुनिक रेडियो नाटक ने कई नये प्रयोग किये। इस अवधि में आकाशवाणी से डॉ. धर्मवीर भारती के 'अन्धायुग' का प्रसारण हुआ। धीरे-धीरे डॉ. लक्ष्मीनारायण लाल, रेवतीरमण, विष्णु प्रभाकर, चिरंजीत, अमृतलाल नागर, डॉ. रामकुमार वर्मा आदि ने अपनी विशिष्ट पहचान स्थापित की, जिससे उर्दू-अंग्रेजी नाटकों से कहीं ज्यादा लोकप्रियता हिन्दी ध्वनि नाटकों को प्राप्त होने लगी।

समकालीन रेडियो नाटक के सामने कई नयी चुनौतियाँ हैं। एक ओर उसकी प्रतिस्पर्द्धा दूरदर्शन से है। दूसरे, उसे वैज्ञानिक युग के अनुरूप अमूर्त ध्वनि-बिम्बों के ताने-बाने बुनने पड़ रहे हैं। इधर वैज्ञानिक फैण्टेसी-जैसी एक नयी 'नाट्य विधा' का जन्म हुआ है। यह सामुदायिक और निजी रेडियो के बीच की कड़ी है।

रेडियो नाटक की समस्या यह है कि उसमें केवल एक ही ऐन्द्रिय संवेदन कार्य करता है। यहाँ न तो रूप दर्शन हो पाता है और न ही स्पर्श तथा रस-गन्ध का आस्वादन। रेडियो नाटक में केवल कर्णेन्द्रिय कार्य करती है अर्थात् केवल ध्वनि। यहाँ केवल सुनकर और सुनाकर ही रसात्मक बोध प्राप्त करना-कराना होता है, जबकि अपनी मूल प्रकृति के अनुसार नाटक दृश्य माध्यम है। यहाँ वह विजुअल से ऑडियो हो जाता है।

प्रथम दृष्ट्या यह प्रतीत होता है कि रेडियो नाटक रूप, रंग, दृश्य बन्ध आदि के बन्धनों से पूर्णतः मुक्त है। नाटक होते हुए भी वह रंगमंच से परे है। किन्तु वास्तविक स्थिति यह है कि रेडियो नाटक में भी कथावस्तु, पात्र, देशकाल, संवाद और भाषा के तत्त्व पाये जाते हैं। रंगमचीय विधान भी पाया जाता है। नाटकीयता, यानी अच्छा-से-अच्छा वाचिक अभिनय उसमें अनिवार्य है। अन्तर है तो केवल प्रस्तुति का।

रेडियो पर 'शब्द' की सर्वोपरि सत्ता होती है। इसीलिए रेडियो नाटक को 'अन्धों का थियेटर' कहा जाता है। यहाँ शब्द ही 'ब्रह्म' है। ये शब्द ही बोलते हैं, ये ही सुनाते हैं, ये ही दिखाते हैं और ये ही स्पर्श कराते हैं। यहाँ तक कि गन्ध की अनुभूति भी शब्दों के माध्यम से होती है। निश्चय ही रेडियो, नाद ब्रह्म की दुःसाध्य साधना है। यहाँ कागजों पर सोये हुए शब्दों के अर्थ को जगाया जाता है। यहाँ श्रोता अपनी अनुभूति के संग, कल्पना के हिंडोले पर झूलते हुए शब्द की आत्मा का रूपदर्शन करता है, पात्रों को स्पर्श करता है, वातावरण तथा पात्रों की गन्ध को महसूस करता है। वह श्रोता की अनुभूति के द्वारा मानस-पटल पर एक-एक शब्द द्वारा अपनी ध्वनि बिखेरता है, वातावरण बनाता है, फिर श्रोता की कल्पना के सहारे समूचा दृश्य मानस-पटल पर उपस्थित कर देता है। तात्पर्य यह कि रेडियो का अपना मंच होता है और अपना दृश्य-विधान होता है। बस, अन्तर इतना है कि श्रोता के अनुभव और कल्पना का जितना विस्तार होगा, उतना ही रेडियो नाटक के मंच का। कुछ विशेषज्ञों का मानना है कि रेडियो नाटक की आत्मा संवाद में है। संवाद के बिना वे कुछ भी सम्प्रेषित नहीं कर सकते। संवादों तथा ध्वनियों द्वारा वे उन दृश्यों की भी अनुभूति करा देते हैं, जो रंगमंच पर सम्भव नहीं हैं, जैसे—अन्तरिक्ष मात्र, प्रलय-सृष्टि, ज्वालामुखी विस्फोट आदि। अब एनीमेशन फिल्मों द्वारा ऐसे दृश्यों की प्रस्तुति होती जा रही है, अन्यथा रेडियो के अतिरिक्त और कोई माध्यम इनका सम्प्रेषण नहीं कर पाता था।

तात्पर्य यह कि शब्द (ध्वनि) ही रेडियो का सर्वस्व है। उपर्युक्त शब्द ध्वनि के बिना रेडियो प्राणहीन हो जाता है। रेडियो नाटक की कहानी की पर्तें संवाद से ही खुलती हैं। पात्रों का परिचय संवाद से ही मिलता है। संवाद ही द्वन्द्व की प्रतीति कराते हैं। फिर वे ही घटना में तीव्रता लाते हैं। ये तीव्रतर द्वन्द्व संवाद के माध्यम से ही प्रकट होते हैं।

ज्ञातव्य है कि रेडियो नाटक धीमी गति से नहीं चल सकता। गतिशीलता ही उसकी सफलता की आधारशिला और मूल कला है। अतः आवश्यकता यह है कि रेडियो नाटक के कथानक में आदि-अन्त पर ज्यादा जोर दिया जाये। यहाँ असली विकास संघर्ष के द्वारा उत्पन्न किया जाता है। यह संघर्ष उपस्थित होता है—पात्रों के बाह्य एवं आभ्यन्तरिक द्वन्द्व से और चेतन-अचेतन के संघर्ष से। तात्पर्य यह कि रेडियो नाटक के कथानक को खोलने तथा विकसित करने के लिए संवाद बहुत सहायता करते हैं।

रेडियो संवादों में नाटकीयता का गुण होना अनिवार्य है, क्योंकि रेडियो नाटक के पात्र अभिनेता नहीं होते, बल्कि वाचक होते हैं। संवादों की नाटकीयता ही श्रोता

और पात्रों के बीच सेतु बनती है। रेडियो नाटक के पात्रों तथा श्रोताओं के मध्य इतनी अन्तरंगता होती है कि रेडियो पर कान में फुसफुसाया गया वाक्य श्रोता को स्वयं के कान में फुसफुसाया हुआ लगता है। अस्तु, संवाद लेखन की सबसे बड़ी सफलता यही है कि श्रोता पात्रों के साथ आत्मीयता स्थापित कर लें। यह आत्मीयता आयेगी संवादों के पात्रानुकूल तथा घटनानुकूल होने पर, एक-एक शब्द को चुनकर रखने पर अर्थात् संवादों में चुस्ती और कसाव के द्वारा। इसके अतिरिक्त संवादों में इतना सामर्थ्य होना चाहिए कि वे पात्रों, घटनाओं एवं समूचे वातावरण को खोलकर रख दें। इसके लिए आवश्यक है सार्थक भाषा तथा उपयुक्त शब्दावली। वह शब्दावली, जो द्वन्द्व उत्पन्न कर सके, जो घटना, स्थान, समय आदि की सूचना दे सके और जो पात्रों के सुख-दुःख कह सके। सभी सूचनाएँ संवादों के माध्यम से मिलनी चाहिए। इसी प्रकार कमरे की सजावट, वातावरण की गमक, फूलों की सुगन्ध, चन्दा की चाँदनी-सभी का एहसास संवादों के द्वारा कराया जाना चाहिए। इसके लिए आवश्यकता है—स्वस्थ एवं स्वच्छ भाषा की। इसके लिए उपयुक्त है—रोजमर्रावाली बोलचाल की भाषा। अगर श्रोता को किसी शब्द को जानने के लिए शब्दकोश की आवश्यकता पड़े तो यह संवाद लेखक की असफलता होगी। कुछ विशेष परिस्थितियों में संश्लिष्ट भाषा का प्रयोग किया जा सकता है। जैसे—साहित्यिक, सांस्कृतिक रचनाओं में तत्समबहुला साहित्यिक पारिभाषिकों का प्रयोग उचित है। 'साइन्स फिक्शन्स' में भी वैज्ञानिक तकनीकी शब्दावली का प्रयोग करना होता है। शेष विषयों में आमफहम (सहजभाषा) ही प्रयोज्य होती है।

संवादों में स्वगत कथन की अपनी उपयोगिता होती है। वे पात्रों के अन्तर्द्वन्द्व को व्यक्त करते हैं। आवाज के उतार-चढ़ाव से श्रोता समाज पात्र के मनोगत उद्वेग और भाव को पहचान लेता है। निष्कर्ष यह कि संवाद इतने सशक्त होने चाहिए कि श्रोता तुरन्त अभिनेता से, परिस्थिति से तथा समग्र वातावरण से तादात्म्य स्थापित कर ले। इस प्रकार सही भाषा के सहारे रेडियो नाटक यथेष्ट सफलता सार्थकता प्राप्त कर सकता है।

रेडियो नाटक की एक अन्य विशेषता है—ध्वनि-प्रभाव। नाटक की अर्थ-व्यञ्जना में ध्वनि-प्रभाव का विशेष महत्त्व होता है, क्योंकि वह वातावरण को स्वाभाविक बनाने में तथा नाटकीय स्थितियाँ उत्पन्न करने में अत्यन्त सहायक होता है। चूँकि रेडियो पर रंगमंच की भाँति भौतिक सेट नहीं होते, अतः केवल ध्वनि के द्वारा वातावरण का एहसास करा देने से रेडियो नाटक रंगमंचीय तथा दूरदर्शनी नाटकों की प्रतिस्पर्द्धा में काफी सस्ता भी हो जाता है। उदाहरण के लिए अगर हमें प्रातः बगल की किसी घटना का उल्लेख करना है तो रंगमंच पर लाइट इफेक्ट

(प्रकाशकीय प्रभाव) द्वारा सूर्य का उदित होना दिखाया जायेगा अथवा अभिनेता द्वारा अँगड़ाई लेते हुए बिस्तर छोड़ने का दृश्य प्रस्तुत किया जायेगा। रेडियो पर प्रातःकाल का एहसास, ध्वनि-प्रभाव से दिखाया जाता है। जैसे—चिड़ियों के चहचहाने, गायों के रँभाने अथवा मिल के भोंपू एवं मन्दिर की घण्टा ध्वनि को विभिन्न ट्रैकों पर मिक्स करके, किसी पात्र के द्वारा प्रातःकाल होने की सूचना दी जा सकती है अथवा संगीत के सूर्योदयी राग-प्रभाती, भगवत-भजन आदि के द्वारा भी उस वातावरण की सूचना दी जा सकती है। इसी प्रकार रेलवे स्टेशन का दृश्य उपस्थित करने के लिए इंजन की सीटी तथा बेण्डरों, हाकरों के स्वरों का सम्मिश्रण करके वह दृश्य उपस्थित किया जाता है। इसी तरह शहनाई, मन्त्रोच्चार आदि के स्वर विवाहोत्सव की सूचना देते हैं। ये ध्वनि-प्रभाव सहज रूप में मन की आँखों के सम्मुख उचित वातावरण तथा परिस्थिति के दृश्य उपस्थित कर देते हैं। उसके लिए लेखक का कल्पनाशील होना अत्यन्त आवश्यक है। साथ ही आवश्यकता है—आवाज की तासीर को पकड़ना। इसी के सहारे ध्वनिमय स्रोतों का अनुमान करना पड़ता है। किसी बहुखण्डी इमारत की छठी मंजिल से गिरती हुई वस्तु को किस प्रकार ध्वनित किया जाये कि वह आवाज छठी मंजिल से गिरती हुई ही प्रतिध्वनित हो, न कि पाँचवीं या सातवीं मंजिल से। यह एक जटिल संयोजना है। इसके लिए आवश्यकता है—ध्वनि-प्रभाव का संग्रहालय तैयार करने की, क्योंकि सहज, स्वाभाविक, नैसर्गिक ध्वनियाँ ही श्रोताओं की कल्पना को सचेतन करती हैं।

रेडियो भाषा की एक विशेषता है—संगीत सम्मिश्रण। दृश्यान्तर में, फेड इन, फेड आउट के साथ विशिष्ट प्रभावों की सृष्टि में, पात्रों के अन्तर्द्वन्द्व को व्यक्त करने में, वातावरण को रुचिकर एवं सहज बनाने में संगीत बहुत सहयोग करता है। जय-पराजय, हर्ष-उल्लास, राग-विराग आदि भावों के सम्प्रेषण में भी संगीत एक भाषा की तरह अपनी भूमिका निभाता है। अतएव लेखक को आवश्यकतानुसार इनका भी प्रयोग करना होता है।

इस प्रकार स्पष्ट है कि रेडियो नाटक की भाषा सर्वथा विशिष्ट होती है।

रेडियो नाटक में सर्वाधिक महत्त्व होता है वाचिक अभिनय का। वह विभिन्न रूपों में प्रस्तुत किया जाता है, जैसे—हास्य, रोदन, ओज, विस्मय, जुगुप्सा आदि से सम्बन्धित ध्वनियों अर्थात् उफ, छिः, उँ, उहूँ, चीत्कार, अट्टहास आदि के प्रयोग। ध्वनि नाट्यों में चूँकि दृश्य तथा रंग-निर्देश नहीं होते, इसलिए सारी सूचनाएँ संवादों द्वारा दी जाती हैं। वातावरण की दृष्टि के लिए पार्श्व संगीत का विधान किया जाता है। हर अच्छी-बुरी बात का प्रभाव पैदा करने के लिए कुछ

विशेष प्रकार की ध्वनि-तरंगें झंकृत की जाती हैं। इन प्रस्तुतियों में स्वर के आरोह-अवरोह, लहजा, टोन और ट्यून, पॉज (अन्तराल), वाल्यूम (आयतन) आदि का बड़ा ध्यान रखना पड़ता है। इन संवादों में विस्मयादिबोधक शब्दों का प्रयोग अधिक होता है। आवाज कहीं धीमी, कहीं तेज। कहीं यति, कहीं गति।

वस्तुतः शब्द माध्यम को दृश्य बना देना यानी कान से आँख का काम लेना रेडियो की भाषा की विशेषता होती है। इसका श्रोता वर्ग चूँकि वक्ता से अनदिखा होता है, वह देश-देशान्तर तक फैला हुआ होता है, विभिन्न बौद्धिक स्तरों का होता है और सम-विषम अनेक प्रकार के भाषिक संस्कारों से जुड़ा हुआ होता है, इसलिए इन विधाओं की कोई सर्वसामान्य संचार भाषा नहीं बनायी जा सकती। इसे विधा, विषय, देश, काल और श्रोता वर्ग के अनुसार, मुख्यतः अपने विवेक के सहारे गठित करना पड़ता है।

फीचर की भाषा

इसके सम्प्रति तीन रूप विद्यमान हैं—1. अखबारी फीचर 2. रेडियो फीचर 3. टी.वी. फीचर।

अखबारी फीचर

अंग्रेजी 'फीचर' शब्द का अर्थ आकृति, मुखाकृति, रूप एवं लक्षण से लिया जाता है, किन्तु मीडिया की दुनिया में यह शब्द विचारों को प्रस्तुत करने की एक विशेष विधा के रूप में पहचाना जाता है। माध्यमानुसार इसे अलग-अलग नामों से सम्बोधित किया जाता है। जैसे—रेडियो की दुनिया में 'फीचर' शब्द मूलतः रूपक अथवा रेडियो नाटक के नाम से पहचाना जाता है तो टी. वी. फीचर में आमतौर पर वृत्तचित्र प्रस्तुत किये जाते हैं। सिनेमा के क्षेत्र में भी फीचर फिल्म शब्द प्रचलित है। पत्रकारिता के क्षेत्र में फीचर समाचार प्रस्तुति का एक प्रकार है, जिसे संवाद आलेख के नाम से भी जाना जाता है। समाचार के गुणों से पूर्ण होते हुए भी यह फीचर मात्र समाचार नहीं होता। उसी प्रकार लेख का आभास देने पर भी वह लेख नहीं होता। रिपोर्ट के गुणों से पूर्ण होने पर भी वह रिपोर्ट नहीं होता और साक्षात्कार के तत्त्व निहित होने पर भी उसे साक्षात्कार नहीं कहा जा सकता। वस्तुस्थिति यह है कि समाचार-पत्र के प्रमुख अंगों में 'फीचर' सामान्य रोजमर्रा की खबरों से अलग एक ऐसा आलेख होता है, जो जनरुचि और भावनात्मक संवेदना से जुड़ा रहता है। रोचकता के सम्मिश्रण के कारण 'फीचर' को पत्रकारिता की दुनिया में 'सॉफ्टन्यूज' कहा जाता है। तात्पर्य यह कि फीचर किसी आडम्बर के बिना मनोरंजन तथा विविध तथ्यों से सम्बद्ध सरल शब्दों में लिखा होता है।

समाचारों तथा घटनाओं से युक्त फीचर मनोरंजक शिल्प, हलके-फुलके विषय तथा पठनीय प्रवाह के साथ प्रस्तुत किया जाता है। इसकी भाषा में इन बिन्दुओं का समावेश अपेक्षित है—

1. **विषयानुकूलता**—फीचर लेखन के लिए विषय की कोई सीमा नहीं होती है। उसे रुचिकर बनाने के लिए सामयिक और रोचक विषय तथा तदनुकूल भाषा का चुनाव आवश्यक है। समाचारों की भाँति फीचर का शीर्षक अथवा हेडलाइन आकर्षक होनी चाहिए ताकि विषयवस्तु की अग्रिम सूचना उसे प्राप्त हो।

2. **चित्ताकर्षक**—फीचर में तथ्यों के साथ-साथ कल्पना का प्राधान्य रहता है। काव्यात्मक, लयात्मक शीर्षक अधिक प्रभाव छोड़ते हैं। सूक्तियों के साथ-साथ लोकोक्तियों, मुहावरों का प्रयोग सार्थक सिद्ध होता है। जैसे—'ऊँची दूकान के फीके पकवान', 'अपनी-अपनी ढपली, अपना-अपना राग' आदि।

3. **आकर्षक प्रारम्भ**—कहा जाता है कि 'वेल बिगन इज हाफ डन'। फीचर का इण्ट्रो नहीं होता। अस्तु, उसका प्रारम्भ नयापन लिये हुए होना चाहिए। नयापन लाने के लिए लेखक चौंकानेवाले वाक्यों का प्रयोग कर सकता है। प्रश्न शैली अपना सकता है, घटना से जुड़े पात्र के कथोपकथन का सहारा ले सकता है और घटना के समतुल्य किसी ऐतिहासिक सन्दर्भ का उल्लेख कर सकता है। वार्त्तालाप शैली इसमें अत्यन्त सफल मानी जाती है।

4. **संवाद**—इसके लिए निम्नलिखित बातों को ध्यान में रखना होगा-

(क) संज्ञा, क्रिया तथा विशेषणों का प्रयोग इस प्रकार किया जाये कि पाठक घटना तथा पात्रों के साथ अपनत्व स्थापित कर सकें।

(ख) कर्मवाच्य के स्थान पर कर्तृवाच्य का प्रयोग ज्यादा प्रभावी होता है।

(ग) सशक्त क्रियापदों का प्रयोग करना चाहिए।

(घ) 'भागने' के स्थान पर 'नौ दो ग्यारह हो जाना'-जैसे वाक्यांशों/मुहावरों का प्रयोग सरसता उत्पन्न करता है।

(ङ) मुहावरों, लोकोक्तियों, उपमाओं एवं दृष्टान्तों के खुले प्रयोग से भी प्रस्तुति सरस सिद्ध होती है।

(च) जहाँ तक सम्भव हो, मध्यम पुरुष का प्रयोग करना चाहिए, जिससे कथ्य को कार्य, कर्त्ता एवं दर्शक से जोड़ा जा सके।

(छ) लम्बे वाक्यों का प्रयोग उचित नहीं होता। जहाँ तक सम्भव हो, छोटे-छोटे सुगठित वाक्यों का प्रयोग किया जाये।

(ज) स्वच्छ एवं साफ-सुथरी शब्दावली का ही प्रयोग करना चाहिए।

(झ) फीचर प्रायः परिवेश, घटना एवं सन्दर्भों का विहंगावलोकन कराता है। निबन्ध लेखन की कथात्मक, भावात्मक और लालित्यपूर्ण शैली में लिखे गये फीचर अधिक रुचिकर लगते हैं। दृष्टान्त एवं सूक्तियाँ कथा को गति और सरसता प्रदान करती हैं, इसलिए इनका प्रयोग ज्यादा प्रभावी होता है।

रेडियो फीचर

रेडियो फीचर का हिन्दी पर्याय 'रूपक' भी काफी प्रचलित है। रेडियो फीचर में सामान्य फीचर के समस्त तत्त्व विद्यमान होते हैं। अन्तर मात्र यह है कि इसमें नाटकीयता का आधिक्य होता है। इस नाटकीयता के कारण रेडियो फीचर को रेडियो नाटक समझ लिया जाता है, किन्तु तकनीकी दृष्टि से इन दोनों में सूक्ष्म अन्तर है। रेडियो फीचर में निम्नलखित तत्त्व विशेष रूप से पाये जाते हैं—

1. **नैरेटर की महत्ता**-इसमें नैरेटर की विशेष भूमिका रहती है। नैरेटर ही घटना का परिचय श्रोताओं से कराता है। वही विषय प्रस्तुत करता है, वही विस्तार देता है और वही चरम सीमा पर ले जाता है। तात्पर्य यह है कि लेखक के उत्तरदायित्व का निर्वाह 'नैरेटर' करता है। प्रस्तुत को आकर्षक एवं रोचक बनाने के लिए रेडियो में नये-नये प्रयोग किये जाते हैं। जैसे—एक पुरुष स्वर रखना और दूसरा महिला स्वर रखना।

2. **ध्वनि-प्रभाव**-रेडियो पर देश काल-वातावरण का निर्माण ध्वनि-प्रभाव के द्वारा होता है। इससे प्रस्तुति को सहज एवं आकर्षक बनाया जाता है।

3. **संगीत**—रेडियो रूपक की रचना में संगीत का विशेष योगदान होता है। विषय की प्रस्तुति संगीत के द्वारा पूर्वापेक्षा अधिक सम्प्रेषणीय हो जाती है।

रेडियो रूपक का प्रमुख प्रकार है वृत्त रूपक। यह तथ्यों पर आधारित होता है। आवश्यकता यह है कि इस फीचर के तथ्य प्रामाणिक हों। उनमें पर्याप्त जानकारी दी गयी हो। ये तथ्य विवादास्पद न हों। इन तथ्यों के प्रस्तुतीकरण में सुन्दर कल्पनाओं का समावेश किया गया हो। इसका नैरेशन सहज और स्वाभाविक रूप से लिखा गया हो। इसमें साक्षात्कार का उपयोग भी सम्भव है।

स्पष्ट है कि रेडियो फीचर बहुविध होता है और बहूपयोगी भी।

टी.वी. फीचर

इसमें उपर्युक्त प्रायः समस्त विशेषताएँ तो समाविष्ट रहती ही हैं, एक अतिरिक्त विशेषता टी.वी. फीचर में पायी जाती है—दृश्यात्मकता की। टी.वी. फीचर में व्यक्ति, वस्तु, प्रकृति, परिवेश एवं घटित दृश्य को अनेक कोणों से परिलक्षित

कराया जाता है। इसमें नैरेटर द्वारा उच्चरित प्रायः 10-15 शब्दों या 2-3 सेकेण्डों क बाद कोई-न-कोई विजुअल दिया जाता है, जिससे वर्णन की परिणति चित्रण में हो जाती है। इस दृश्य को कैमरा कलाकार, क्लोज-अप, निकट दूर शाट, टिल्ड अप, टिल्ड डाउन आदि पद्धतियों द्वारा अर्थात् कैमरे की भाषा के सहारे सुसंवेद्य बनाकर प्रस्तुत करता है। हाँ, चित्रण की वर्जनाओं का अनुपालन अनिवार्य होता है। यह चित्रण अपनी सघनता के कारण रिपोर्ताज और डाक्यूमेण्ट्री से काफी ज्यादा सचित्र और फीचर फिल्म से कुछ कम गतिशील होता है। यों आकृति-निर्माण दोनों का साध्य होता है।

इस प्रकार फीचर के ये रूप मीडिया लेखन की विशिष्ट शैलियाँ हैं, जो सम्प्रति लोकप्रिय हैं और निरन्तर विकासशील दिखायी दे रही हैं। इसकी सफलता का सर्वाधिक दारमदार इसकी भाषा पर होता है।

यह भी आवश्यक है कि रेडियो की भाषा में एकस्वरता न आने पाये। उसमें वैविध्य बना रहे, इसलिए इसके फीचर कार्यक्रमों में नर-नारी कण्ठ के अलग-अलग संवाद बारी-बारी से रखने होते हैं, ताकि सम-विषम दोनों प्रकार की ध्वनियाँ आती रहें और विभिन्न प्रकार के भाषिक प्रयोग मिलते रहें। रेडियो की भाषा मूल रूप से ध्वनि-संकेतों की भाषा होती है। जैसे-पक्षियों की चहचहाहट या सायरन की आवाज सुनाकर प्रातःकाल की सूचना दी जाती है या विक्रेताओं की आवाज के सहारे रेलवे प्लेटफार्म की सूचना दी जाती है।

अब तक भारतीय रेडियो सर्वाधिक शब्द सचेत माध्यम रहा है। इधर अपनी प्रेषणीयता बढ़ाने, विज्ञापन से पैसा कमाने और फिल्म, टी.वी. के हलके-फुलके कार्यक्रमों की स्पर्द्धा से आत्यन्तिक प्रेरित हो जाने के कारण प्रसार भारती ने एफ.एम. की एक अलग भाषा अपना ली है, जिसमें अंग्रेजी शब्दों की बहुतायत दिखायी देती है। यह चुलबुली 'कान्वेण्ट' हिन्दी मात्र शहरी 'टीनएजर' युवा वर्ग को अपना लक्ष्य श्रोता मानकर अपनायी गयी है। इससे श्रवणीयता बढ़ी है, विज्ञापन वृत्ति बढ़ी है और निरर्थकता बढ़ी है। इससे रेडियो का जनाधार कालक्रम में कुप्रभावित होगा, क्योंकि यह हमारी संस्कृति के साथ ही मानक हिन्दी को विकृत कर रही है। आल इण्डिया रेडियो ने श्री केसकर के नेतृत्व में भाषा की जो व्यावहारिक राष्ट्रीय नीति निर्धारित की थी, उसे पुनः लागू करने की आवश्यकता है।

वार्त्ता, रिपोर्ताज, संस्मरण एवं परिचर्चा की भाषा

रेडियो की इन विधाओं के लिए भी विषयानुकूल सरल-सहज भाषा होनी चाहिए। लेखन और वाचन दोनों स्तरों पर माध्यम भाषा की समस्त विशेषताओं का समावेश (जिनका ऊपर उल्लेख किया जा चुका है) इन विधाओं के लिए भी

अनिवार्य है। इनके अतिरिक्त कुछ अन्य भाषिक नियमों का निर्वाह भी अपेक्षित है, जैसे-

1. रेडियो वार्त्ता से लिखित भाषापन का अन्दाज नहीं मिलना चाहिए। वार्त्ता शब्द का अर्थ ही है तात्कालिक मौखिक बतरस पैदा करनेवाली विधा। इसके लिए एक अनौपचारिक, आत्मीयतापूर्ण भाषा चाहिए, जिसे सुनते हुए ऐसा लगे कि आपको सम्बोधित करता हुआ कोई सहज भाव से आपसे बातें कर रहा है। लिखित भाषा में कृत्रिमता और क्लिष्टता, सारे प्रयत्नों के बावजूद कुछ-न-कुछ आ ही जाती है, जो अच्छी वार्त्ता में बाधक होती है। रेडियो वार्त्ता, सिद्धान्ततः आशु सम्भाषण पर निर्भर होती है, जिसे सजीव प्रसारण कहा जाता है। विगत दशकों में सरकारी प्रतिबन्धों की अति के कारण उसके लिखित एवं पूर्व स्वीकृत रूप का वाचन अनिवार्य कर दिया गया था, जिसे अब प्रसार भारती में दिनोंदिन शिथिल किया जा रहा है।

2. रेडियो की उपर्युक्त विधाओं के लिए यह सावधानी अपेक्षित है कि इनमें दृश्यात्मक शब्दों का प्रयोग न किया जाये। चूँकि रेडियो श्रव्य माध्यम है, इसलिए लिखित भाषा के ये शब्द 'द्रष्टव्य, अवलोकनीय, निम्नलिखित, अधोलिखित, उपर्युक्त, पाद टिप्पणी आदि वर्जित हैं।

3. वार्त्ता-रिपोर्ताज आदि को प्रभावी बनाने के लिए वाक्यों की ऐसी संरचना अपेक्षित है, जिसमें तारतम्य हो और पूरा सिलसिला निर्मित होता चल रहा हो। इसके लिए कुछ योजक शब्दों का प्रयोग करना पड़ता है, जैसे-'हाँ, एक बात और, इतना और कह दूँ, चलते-चलते यह भी बता दूँ' आदि।

4. श्रोताओं से निकटता स्थापित करने के लिए वार्त्ता में विस्मयादिबोधक शब्दों, जैसे -अरे, उफ, ओह, छीः-छीः, नहीं-नहीं, हाँ-हाँ आदि का प्रयोग करना उपयोगी होता है।

5. रेडियो वार्त्ता रिपोर्ताज आदि में बहुत अधिक तथ्य (तिथियाँ आँकड़े, गणनाएँ, तर्क आदि) सम्प्रेषण में घातक होते हैं। इनकी मोटी-मोटी जानकारी ही देनी चाहिए। कुछ कथनों को दुहराना भी चाहिए, ताकि स्मृति पर टिकी हुई सूचनाओं का ज्यादा बौद्धिक दबाव श्रोता पर न पड़े। बहुत अधिक उद्धरणों का प्रयोग भी अच्छी वार्त्ता में बाधक हो जाता है।

6. इन विधाओं की भाषा में सन्धि-समास के जटिल प्रयोगों से युक्त शब्द नहीं डाले जाने चाहिए। निर्धारित किन्तु अप्रचलित पारिभाषिक शब्दों की जगह उसी के समानार्थक प्रचलित शब्द का प्रयोग करना सदा सर्वथा बेहतर होगा।

7. रिकार्डिंग के बीच बोलते समय यह ध्यान रखना आवश्यक है कि कथन आपस में टकराये नहीं और माइक से वक्ता का सही सन्तुलन बना रहे।

8. रेडियो की नीति के अनुसार यह जरूरी है कि हमारी वार्त्ता या परिचर्चा में जाने-अनजाने किसी का विज्ञापन न हो, किसी का चरित्र-हनन न हो और कोई अपुष्ट या सन्दिग्ध बात प्रसारित न हो।

9. इन विधाओं का वाचन चूँकि प्रायः स्वयं लेखक को ही करना होता है, इसलिए सही लहजा, पाज, प्रवाह, आरोहावरोह, अनुच्छेदीकरण आदि का पूर्व अभ्यास उसे विधिवत् कर लेना चाहिए।

10. भाषिक संवेदना की सृष्टि करना इन विधाओं की सर्वाधिक सिद्धि मानी जाती है। वार्त्ता का आरम्भ करते हुए कैसी पृष्ठभूमि बनायें? विचारोत्तेजना पैदा करते हुए कैसे उसे शिखर पर ले जायें? और कथ्य कुतूहल के साथ कैसे विषय का समाहार करें? यह विषयवस्तु के स्थापत्य या संयोजन कौशल पर निर्भर होता है। प्रत्येक वार्त्ता में कुछ-न-कुछ आवेगपूर्ण विचार बिन्दु भी होते हैं। वहाँ हमें छोटे-छोटे वाक्यों की भावपूर्ण आवृत्ति करनी पड़ती है। जैसे—राष्ट्र-महिमा के प्रसंग में हम कह सकते हैं—"भारत हमारा देश है। वह देश जहाँ वेदों की वाणी गूँजती रही है। वह देश, जिसने समूचे संसार को मानवता का सन्देश दिया है। वह देश, जिसे विश्वगुरु कहा जाता है और जिसे सोने की चिड़िया भी कहा जाता रहा है।" इस प्रकार के भावोच्छ्वासों को यत्र-तत्र जोड़ा जा सकता है। ऐसे भावावेगों से श्रोता के मन में संवेदना जाग्रत होती है। हाँ, यह सावधानी अपेक्षित है कि बहुत ज्यादा कैशोर भावुकता न आने पाये। इस प्रकार स्पष्ट है कि रेडियो की इन विधाओं की भाषा-सम्बन्धी अपनी अलग-अलग जरूरतें हैं, जिनका निर्वहण प्रस्तुतकर्त्ता के लिए आवश्यक होता है। इधर विजुअल रेडियो के आ जाने से भाषा की चुनौतियाँ बढ़ गयी हैं।

कमेण्ट्री की भाषा

अलिखित विधाओं में इसका महत्त्व सुविदित है। कमेण्ट्री के माध्यम से वक्ता श्रव्य शब्द-बिम्बों के सहारे श्रोताओं को आँखों देखा हाल इस तरह से बताता है कि दूर बैठे व्यक्तियों को वह दृश्य प्रत्यक्षवत् हो जाता है। कमेण्ट्री में जितनी भूमिका सम्भाषण कला की होती हैं, उतनी ही भाषा की भी। हमारे शब्द-भाण्डार में एक ही भाव को प्रकट करनेवाले अनेकानेक शब्द हैं। कोई द्रुत है, कोई विलम्बित, कोई कोमल है, कोई कठोर। कमेण्ट्री करते हुए इनका विषयानुकूल प्रसंगानुकूल चयन करना होता है। जब घटनाएँ या दृश्यावली तेजी से गुजर रही होती हैं तो द्रुत भाषा, अर्थात् छोटे शब्द, आधे-अधूरे वाक्य, त्वरित उच्चारण, कम-से-कम

अन्तराल आदि का प्रयोग करना होता है। ठीक इसके विपरीत जब समय काटने की समस्या हो तो इत्मीनान से बोलना होता है। दूसरी आवश्यकता यह है कि कमेण्ट्री करते हुए अधिकाधिक दृश्यात्मक शब्द रखे जायें, ताकि श्रोता विषय के साथ जुड़े। वर्णन करते वह सहसा कह पड़ता है—"अरे! अरे! यह क्या हुआ? अहा! देखिये, वाह! क्या बात है! कमाल कर दिया!, गजब हो गया। वह हाँफता हुआ तीन बार-गोल। गोल। गोल कहता है।" इससे कमेण्ट्री सजीव हो उठती है। यही 'आँखों देखें हाल' (कमेण्ट्री) की विशिष्टता है।

रूपान्तरण कला और उसकी भाषिक संरचना

रूपान्तरण शब्द रूप और अन्तरण की सन्धि से निर्मित किया गया है। रूप के अनेक अर्थों में से एक अर्थ है विधा अथवा शिल्प-विशेष। वस्तुतः दृष्टि इन्द्रिय द्वारा देखा गया आकार रूप कहलाता है। उसमें एक चमक होती है, इसलिए रूप का अर्थ सौन्दर्य से लिया जाता है। यों प्रत्येक रूप में सौन्दर्य का होना अनिवार्य नहीं है। वह तो आकृति मात्र है। अर्थात् वह एक रचना-विशेष है। रचे जाने के बाद उसे कृति कहते हैं। जब इसमें पूर्णता आ जाती है तो उसे आकृति कहा जाता है। इस आकृति से जब कोई इमेज अथवा बिम्ब बन जाता है तो उसे रूपाकृति और संक्षेप में 'रूप' कह दिया जाता है। रूप का अपरिहार्य गुण है, दृश्यात्मकता अर्थात् दिखायी देना, इसलिए जब किसी कृति में दृश्यात्मकता का अच्छा समावेश हो जाता है तो उसे रूपक या उपरूपक नाम दे दिया जाता है। यह रूपक दृश्य काव्य का अभिन्न अंग माना जाता है।

सम्प्रति रूपक शब्द का अर्थ-विस्तार हो गया है। पहले इसका प्रयोग अलंकार के रूप में हुआ था। रूपक अलंकार का अर्थ है प्रस्तुत के स्थान पर अप्रस्तुत का अभेद आरोप। उदाहरणार्थ राजीव नयन शब्द का प्रयोग विष्णु, कृष्ण, राम या किसी ऐसे अवतारी सुन्दर पुरुष के लिए किया जा सकता है, जिसकी आँखें बहुत सुन्दर हों। कमल-जैसे नेत्र कहने से उपमा अलंकार को अवसर मिलता है। कमल की तुलना करते हुए उत्प्रेक्षा अलंकार प्रकट होता है, किन्तु जब प्रत्यक्ष कमल और अप्रत्यक्ष आँख, दोनों में अभेद सम्बन्ध आरोपित कर दिया जाता है तो उसे रूपक कहा जाता है। ऐसे रूपकों (अलंकारों) के प्रयोग से हिन्दी काव्य भरा पड़ा है।

अन्तरण शब्द 'अन्तर संज्ञा शब्द से ण क्रियापद लगाकर बनाया गया है। इसका अर्थ है, अन्तर करना। धीरे-धीरे यह स्वयं में कृदन्त शब्द बनकर संज्ञा का रूप धारण कर लेता है, जिसका अर्थ होता है रूप परिवर्तन किये जाने के बाद निर्मित विधा। अंग्रेजी में इसके लिए 'ट्रान्सफारमेशन' शब्द का प्रयोग होता है। प्रत्येक क्रिया की परिणति चूँकि तीन प्रकार से की जा सकती है—

1. उसे बिगाड़ देना अर्थात् विरूपण करना, जिसे अंग्रेजी में कहते हैं 'डिफारमेशन'।

2. उसका दूसरा रूप (प्रतिरूप) तैयार कर देना अर्थात् प्रतिरूपण करना जिसे अंग्रेजी में 'रिफार्म' कहते हैं।

3. अन्तिम परिणति है—उसके आकार-प्रकार को बदल करके उसे बेहतर बना देना या उसे अपने मूल आकार से परे पहुँचा देना, अर्थात् अंग्रेजी के अनुसार 'ट्रांसफारमेशन' कर देना। जैसे-रामचरिमानस एक विश्वप्रसिद्ध महाकाव्य है, लेकिन उसका उपयोग मूल रूप में केवल अध्ययन के द्वारा ही किया जा सकता हैं। अब यदि कोई चाहे कि इसका दूर-दूर तक के लोगों को लाभ मिले तो उसे इस महाकाव्य के वर्तमान स्वरूप में परिवर्तन करना होगा। एक उपाय यह हो सकता है कि उसे संगीत में ढाल करके दूर-दूर तक फैले हुए श्रोता वृन्द तक ध्वनियन्त्रों के सहारे पहुँचाया जाये। इस क्रिया को वाचन कला या गायनपूर्ण प्रस्तुति कहा जाता है। इससे वैयक्तिक संचार सार्वजनिक संचार में बदल जायेगा। इस संचार को अधिक प्रभावी बनाने के लिए गायकों वाचकों को 'मानस' का एक अपना निजी संस्करण बनाना पड़ता है। उसने कुछ चुने हुए प्रकरण होते हैं। दूसरा उपाय है, उसे श्रव्य दृश्यपूर्ण बना देना।

आज 'रूप' का रूढ़ अर्थ हो गया है—एक निश्चित साहित्य विधा अर्थात् फार्म ऑफ लिटरेचर। गद्य-पद्य की साहित्यिक विधाओं को ही प्रायः 'रूप' कहा जाता है। जब इनमें पारस्परिक अन्तर भर दिया जाता है, यानी जब कहानी को नाटक बना दिया जाता है या नाटक को कहानी रूप में लिख दिया जाता है या जब काव्य को बैले के रूप में प्रस्तुत किया जाता है अर्थात् गद्य से पद्य और पद्य से गद्य बना दिया जाता है। उदाहरण के लिए कामायनी महाकाव्य में नाटकीय तत्त्वों का प्रचुर सन्निवेश है, इसीलिए कि प्रसादजी एक साथ ही महान् कवि एवं महान् नाटककार थे। उसी तरह जैसे—कालिदास, भवभूति, भास, अश्वघोष, भारतेन्दु आदि के काव्य तथा नाटक दोनों को काव्य का ही अभिन्न अंग माना गया है। अंग्रेजी साहित्य में नाटक गद्य की विधा है। यद्यपि वहाँ भी शेक्सपीयर के नाटक पद्यबद्ध रहे हैं, फिर भी अंग्रेजी विद्वान् प्रोज और ड्रामा को समरूप मानते रहे हैं, जबकि भारत में माना गया—'काव्येषु नाटकम् रम्यम्' अर्थात् काव्यों में नाटक सबसे सुन्दर होता है। प्रसादजी तक इस परस्पर का निर्वाह होता रहा है। इसलिए उनके महाकाव्य 'कामायनी' में नाटकीय तत्त्वों का अम्बार है। उनके नाटकों में काव्यतत्त्व का विपुल भण्डार है। इस प्रकार 'कामायनी' महाकाव्य को नाटक के रूप में प्रस्तुत करना ही सही रूपान्तरण होगा। इसके अनेक प्रयास किये गये हैं। लगभग एक दर्जन

प्रयास। इसका कारण यह कि एक तो उसमें नाटकीयता का प्रचुर उपयोग स्वयं कवि द्वारा ही किया गया है; दूसरे उसकी सम्पूर्ण कथा-वस्तु, श्रद्धा अर्थात् हृदय तत्त्व, इड़ा अर्थात् बुद्धि तत्त्व और मनु अर्थात् इन दोनों का नियामक मन यानी सम्पूर्ण मानवीय चेतना के विराट् रूपक को लेकर विकसित हुई है। ऐसी अनेक नाट्यधर्मी कविताएँ और कहानियाँ हिन्दी में लिखी गयी हैं। इन्हें अपने मूलतत्त्व अर्थात् नाट्य तत्त्व से जोड़ देना या नाटकीय शैली में इनकी प्रस्तुति करना इनका रूपान्तरण या नाट्यान्तरण कहा जायेगा।

इस प्रकार रूपान्तरण के दो स्थूल भेद प्रस्तुति के आधार पर किये जा सकते हैं—(क) आन्तरिक रूपान्तरण (ख) पारस्परिक रूपान्तरण।

1. आन्तरिक रूपान्तरण (इण्ट्रान्सफारमेशन) उसे कहते हैं, जहाँ उसकी विधा के साथ कोई छेड़-छाड़ नहीं की जाती। केवल प्रस्तुति बदली जाती है। जैसे—मानस की मुकेश कृत गायकी।

2. पारस्परिक रूपान्तरण उसे कहते है जिसमें विधा अर्थात् मूल रूप ही बदल दिया जाता है। जैसे-गोदान उपन्यास का फिल्मीकरण।

रूपान्तरण को साहित्यिक विधाओं के अनुसार चार वर्गों में विभाजित किया जा सकता है—

(क) काव्यान्तरण—किसी गद्य रचना की विषयवस्तु की रक्षा करते हुए उसके कथ्य को कवित्वपूर्ण बना देना, जैसे—संस्कृत की प्रसिद्ध कथा कृति 'कादम्बरी' जो यों तो उपन्यास का प्राचीन रूप है, लेकिन संस्कृत साहित्य में वह एक श्रेष्ठ काव्य के रूप में प्रतिष्ठित है।

(ख) कथान्तरण—अर्थात् विषय-वस्तु या गम्भीर विषयों को कथा-कहानी के रूप में परिणित कर दिया जाये, जैसे—संस्कृत साहित्य में हितोपदेश के अन्तर्गत 'पंचतन्त्र' को कथात्मक परिणति दी गयी है। हिन्दी में प्रचलित नीति काव्य और बोध कथाएँ उसी परम्परा की उपलब्धि हैं।

(ग) नाट्यान्तरण-इसके अन्तर्गत काव्य, कथा-साहित्य और अन्यान्य विधाओं को प्रायः दृश्य माध्यम से नाट्य रूप में प्रस्तुत किया जाता है। सम्प्रति नाटक के चार रूप हमारे मध्य प्रचलित हैं—

1. मंचीय नाटक 2. रेडियो नाटक 3. टी.वी. नाटक 4. लोक नाट्य ।

इनके कुछ गौण रूप भी इधर विकसित हुए है। जैसे—मंचीय नाटक और लोक नाटक से 'नुक्कड़ नाटक' का जन्म हुआ है। या जैसे-टी.वी. नाटक और फिल्म को मिलाकर टेली ड्रामा और डाक्यूड्रामा का जन्म हुआ है और जैसे—रेडियो

के सहारे 'झलकियाँ या नाटिका' का कुछ रूप निखरा है, किन्तु कुल मिलाकर उपर्युक्त चार रूप ही महत्त्वपूर्ण हैं।

(घ) भाषान्तरण-इससे विधा का रूप परिवर्तन तो नहीं होता, किन्तु विषयवस्तु में यथेष्ट परिवर्तन हो जाता है। यह शैली अनुवाद में बहुशः प्रयुक्त होती है। अन्य विधाओं में भी बदलते हुए सन्दर्भ के अनुरूप जब कृति के भावों को रचनाकार अपने आग्रह से थोड़ा-बहुत परिवर्तित कर देता है तो उससे भी किसी प्रकार रूपान्तरण हो जाता है।

इसके अन्तर्गत विषयवस्तु और शिल्प तो वैसा-का-वैसा ही रहता है, किन्तु भाषा में आमूल चूल परितर्तन कर दिया जाता है। उदाहरण के लिए अवधी में रचित 'रामचरितमानस' के प्रस्तावना प्रकरण का निराला जी ने खड़ीबोली में उसी छन्द के अन्तर्गत सफल भाषान्तरण करके उसे अधिक प्रासंगिक बनाने का प्रयास किया।

इस प्रकार स्पष्ट है कि रूपान्तरण शब्द बहुआयामी है। आज इसका सम्बन्ध जनसंचार माध्यमों से अपेक्षाकृत अधिक घनिष्ठ हो गया है। इन माध्यमों के अनुरूप रूपान्तरण के विभिन्न प्रकार बन गये हैं—

1. कविता का नाट्य रूपान्तरण।

2. उपन्यास का नाट्य रूपान्तरण। इधर कई उपन्यासों पर फिल्में बनायी गयी हैं। फिल्म निर्देशकों ने कुछ कृतियों की कथावस्तु और चरित्रों को निष्ठापूर्वक ग्रहण किया है, किन्तु अधिकतर ने उनका फिल्मीकरण करते हुए उनमें स्वेच्छाचारपूर्ण परिवर्तन कर दिये हैं।

3. धारावाहिक रूप में नाट्य रूपान्तरण-दूरदर्शन के विभिन्न चैनलों द्वारा अनेक कथाकृतियों पर धारावाहिक बनाये गये हैं, जैसे—चन्द्रकान्ता, राग दरबारी, नेताजी कहिन, तमस आदि। चन्द्रकान्ता का नाम और कथानक अवश्य देवकीनन्दन खत्री का है, लेकिन विषयवस्तु कुछ बदल गयी है। नीरजा गुलेरी ने उसे तिलिस्मी जासूसी कथा के बजाय प्रेम कथा का रूप दे दिया है। इन कृतियों का संक्षेपण कर दिया गया है। कहीं उनका मात्र एक अंश ही रूपान्तरित किया गया है। यह कुछ दूरदर्शन (प्रसार भारती) मण्डी हाउस दिल्ली द्वारा स्वीकृत 'एपीसोड' के अनुसार की गयी समझौता नीति पर निर्भर होता है।

4. कहानियों का नाट्य रूपान्तरण-दूरदर्शन में यह प्रवृत्ति सर्वाधिक प्रचलित है। इसका कारण यह है कि एक कहानी को 25-30 मिनट के अन्तराल में संक्षिप्त रूप में प्रसारित किया जा सकता है। एक बार में प्रसारित की गयी रचना का एक साथ समवेत प्रभाव पड़ता है। किस्तों में प्रसारित की गयी रचनाओं का प्रभाव बिखर जाता है, इसलिए कि वे पूरी तरह से अपना तारतम्य नहीं बिठा पाती हैं।

5. कथाकृतियों पर आधारित रूपक रचना-संचार माध्यमों द्वारा लोकप्रिय कथाकृतियों को रूपक शैली मे प्रस्तुत करने की कला भी अत्यधिक लोकप्रिय है। इसमें समूची घटना को ध्वनिबिम्बों के माध्यम से प्रस्तुत न करके नैरेटिव शैली में स्त्रीकण्ठ और पुरुषकण्ठ के माध्यम से मूल पाठ के साथ-साथ संक्षिप्त रूप में प्रस्तुत करने का प्रयास किया जाता है, इसलिए यह भी कथान्तरण के अन्तर्गत स्वीकार्य है।

6. लोककथाओं का नाट्य रूपान्तरण-भारतीय जन-जीवन में ऐसी अनेक लोककथाएँ, लोकगाथाएँ, नीति या प्रबोध कथाएँ प्रचलित हैं, जिनकी नाट्य प्रस्तुति संचार माध्यमों द्वारा की गयी है या की जाती है।

7. विज्ञान कहानियों का नाट्य रूपान्तरण-विज्ञान से जुड़ी हुई विभिन्न घटनाओं को नाट्य रूप में प्रस्तुत करने का प्रयास आकाशवाणी ने किया है।

8. बाल-कथाओं की नाट्य प्रस्तुति-अपने बाल-किशोर श्रोताओं के लिए आकाशवाणी द्वारा समय-समय पर अनेक ऐन्द्रजालिक कथाओं, परी कथाओं, नाग कथाओं और निजन्धरी कथाओं का नाट्य रूपान्तरण किया गया है। इनमें पंचतन्त्र और हितोपदेश की कहानियाँ स्मरणीय हैं।

9. आत्मकथाओं की प्रस्तुति-संचार माध्यमों द्वारा इस प्रकार के कुछ प्रयास अतीत में किये गये हैं। जैसे—गाँधीजी की आत्मकथा 'सत्य के प्रयोग' का नाट्यान्तरण। कहानियों के रूपान्तरण के प्रमुख पाँच भेद हैं—

1. साहित्यिक कहानियों के नाट्य रूपान्तरंण
2. निजन्धरी कहानियों के नाट्य रूपान्तरण
3. कहानियों का रूपक शैली में रूपान्तरण
4. बाल कहानियों का नाट्य रूपान्तरण
5. विज्ञान कहानियों (साइण्टिफिक फिक्शन) का रूपान्तरण

आकाशवाणी द्वारा समय-समय पर कहानियों के जो रूपान्तरण प्रस्तुत किये गये हैं, उनमें अनेक प्रकार के शिल्पगत प्रयोग दिखायी देते हैं। जैसे—

1. सम्पूर्ण ध्वनि नाटक शिल्प 2. झलकी 3. वृत्तकथा शिल्प 4. एकलांश शिल्प 5. रूपक शिल्प।

उपर्युक्त शिल्पों में कुछ धारावाहिक रूप में प्रसारित किये जाते हैं और कुछ एकल कार्यक्रम के रूप में। कहीं-कहीं इनके संवाद गद्यपूर्ण (चम्पूयुक्त) बनाये गये हैं और कहीं मात्र गद्य संवाद ही रखे गये हैं। किसी रूपान्तरण में रचना का संक्षेपण

किया गया है, लेकिन शेष टेक्स्ट मूल कहानी से ही लिया गया है, जबकि कुछ कहानी रूपान्तरणों में पटकथा लेखक और निदेशक ने रचना का संक्षिप्तीकरण करते हुए पूरा संवाद अपने ही शब्दों में प्रस्तुत किया है। हाँ, सन्देश प्रायः वहीं रखा गया है। कुछ ऐसे भी उदाहरण मिलते हैं, जिनमें सन्देशों के अन्तर्गत पटकथा लेखक की गैर जानकारी के कारण अथवा वैचारिक दुराग्रह के कारण मूल रचनाकार के प्रमुख प्रतिपाद्य के साथ कुछ अनावश्यक हस्तक्षेप हो गये हैं। इस प्रकार स्पष्ट है कि रूपान्तरण बड़ी उपयोगी संचार विधा है और संचार भाषा की उत्कृष्ट देन है।

उद्घोषणा कला एवं वाचन कला का भाषिक परिप्रेक्ष्य

जनसंचार के रूप में देश-विदेश में रेडियो तथा दूरदर्शन बहुप्रचलित साधन है। ये माध्यम 'बहुजन सुखाय' सत्यं शिवं सुन्दरम् पूर्ण कार्यक्रम, अहर्निश प्रसारित करते रहते हैं। आज मीडिया के प्रमुख कर्तव्य माने जा रहे हैं—

1. सर्वसामान्य तक सूचना पहुँचाना
2. जनरंजन करना
3. सूचनाओं का विश्लेषण करना
4. जनशिक्षण अथवा जनप्रबोधन करना।

इलेक्ट्रॉनिक मीडिया, विशेषतः रेडियो और टी.वी. में किसानों, मजदूरों के लिए तथा बच्चों, युवकों, बुजुर्गों, महिलाओं आदि के लिए अर्थात् प्रत्येक आयु एवं आय वर्ग के लिए रंगारंग कार्यक्रमों के प्रसारित होने से पूर्व उद्घोषणाएँ होती हैं। रेडियो पर शब्द की रचना होने के कारण उद्घोषणाएँ इस प्रकार की जाती हैं कि श्रोता का मन उस कार्यक्रम की प्रतीक्षा करता रहे। दूरदर्शन पर उद्घोषणा के साथ-साथ दृश्य संयोजक यह कार्य दृश्य-श्रव्य सन्तुलन बनाकर अत्यन्त सजगता से निष्पादित करता है। वस्तुस्थिति यह है कि उद्घोषणा का सम्बन्ध ध्वनि से है और उद्घोषणाओं के लिए सूत्रधार बने उद्घोषक की भाषिकता एवं उच्चारण का महत्त्वपूर्ण योगदान है।

वस्तुतः उद्घोषणा एक कला है। इसे वाचनकला भी कह सकते हैं। कविता जितनी महत्त्वपूर्ण होती है, उसकी पाठ-प्रणाली उससे कम महत्त्वपूर्ण नहीं होती। कहानी की सफलता भी उसके वाचन से अधिक, नाट्य पर निर्भर होती है। सूचनाओं की अग्रप्रस्तुति एक विशिष्ट कला है, उसी प्रकार जैसे—गीत, वाद्य, नृत्य आदि कलाएँ।

रेडिया में उद्घोषणा की आवश्यकता सर्वोपरि होती है। इसे कार्यक्रम की बानगी या अग्रप्रस्तुति कह सकते हैं। प्रत्येक कार्यक्रम को सुनने से पहले श्रोता उसकी उद्घोषणा सुनते हैं। कार्यक्रम को सुनने के लिए प्रेरित करना, उद्घोषणा का मूल मन्तव्य होता है। उद्घोषणा सुनकर ही श्रोता यह अनुमान लगाता है कि कार्यक्रम सुनने योग्य होगा अथवा नहीं? जैसे—गोष्ठियों की सफलता संचालन-कौशल पर निर्भर होती है, उसी प्रकार आकाशवाणी तथा दूरदर्शन के कार्यक्रमों का आकर्षण उद्घोषणाओं के सहारे उत्पन्न होता है। इसके अतिरिक्त उद्घोषणाओं से ही श्रोताओं को तमाम प्रकार की जानकारियाँ मिलती हैं। जैसे-कार्यक्रम का नाम, कवि-लेखक के नाम, भाग लेनेवाले कलाकारों के नाम, विषय, शीर्षक, प्रसंग आदि। ये घोषणाएँ आरम्भ में की जाती हैं और कार्यक्रम की समाप्ति पर भी, ताकि कोई श्रोता जो आरम्भिक अंश न सुन सका हो, उसे पूरे कार्यक्रम की जानकारी मिल जाये।

उद्घोषक के प्रमुख सात कार्य होते हैं—

1. कार्यक्रम का प्रारम्भिक विवरण प्रस्तुत करना।

2. भिन्न-भिन्न प्रकार की सूचनाएँ देना।

3. कार्यक्रम का 'आँखों देखा हाल' सुनाना।

4. आमन्त्रित श्रोताओं के समक्ष कार्यक्रम का संचालन करना।

5. स्टूडियो में टेप चलाना और फेड आउट करना।

6. कार्यक्रम छोटा पड़ जाये तो वाद्य संगीत द्वारा उसके अन्तराल की पूर्ति करना।

7. जन सन्देश प्रसारित करना।

वाचन कला को उद्घोषणा से कुछ अलग माना जाता है। यद्यपि कला की दृष्टि से दोनों काफी-कुछ एक-जैसी हैं। दोनों में प्रधानता होती है, वाचिक अभिनव की। इसके लिए आवश्यकता है—स्वर परीक्षण की, अर्थात्-

1. **आवाज स्पष्ट हो,** कर्कशता न हो, बल्कि विशेष प्रकार का माधुर्य हो, सम्मोहन हो, कुछ असाधारण भी हो, जिससे विशेष प्रकार का श्रवण-सुख मिले।

2. **शुद्ध वाचन हो,** अर्थात् उच्चारण तथा वर्तनी की भूलें न हों। हिन्दी में यदि रेफ का अन्तर स्पष्ट न हुआ अथवा हम य की जगह ज, व की जगह ब बोल जायें, स, श, ष का अन्तर स्पष्ट न हो, ह्रस्व एवं दीर्घ इ, उ का ज्ञान न हो तो न उद्घोषणा सफल हो सकती है और न वाचन कला।

3. **स्वराघात, बलाघात, स्वरपात** आदि का अभ्यास अत्यावश्यक है। कहाँ द्रुत चाहिए, कहाँ विलम्बित। यति-गति का छन्दोविधान जाने बिना इसमें

सफलता नहीं मिल सकती। अंग्रेजी में इसे पॉज कहते हैं। इसका अभ्यास अत्यावश्यक होता है।

4. **भाषाज्ञान** उद्घोषणा की पहली शर्त है। हिन्दी वाचन के लिए भी हिन्दी का गम्भीर ज्ञान आवश्यक है। साथ ही यह भी अपेक्षित है कि संस्कृत और अरबी-फारसी के तत्सम शब्दों का भी यथेष्ट ज्ञान हो। मानक उच्चारण के लिए अपने जनपदीय (क्षेत्रीय) भाषा-संस्कार तथा भौगोलिक प्रभाव एवं बोलीगत स्वभाव से मुक्त हो जाना अनिवार्य है।

5. वाचन तथा उद्घोषणा की एक विशेषता है **स्वर की विविधता**। यदि लहजा विषयानुसार न बन पाया तो वह कलाकार कार्यक्रम का साथ नहीं निभा पायेगा। परिस्थिति के अनुसार कहीं गम्भीर ध्वनि, कहीं मृदुल, कहीं चंचल, कहीं आवेशी मुद्रा, कहीं सुस्थिर लहजा अपेक्षित है। उसे सम-विषम, संवादी-विसंवादी कई शैलियाँ अपनानी होती हैं।

6. उद्घोषणा का सर्वाधिक महत्त्वपूर्ण बिन्दु है—एक विशिष्ट कोटि की **कण्ठ काकली** अर्थात् सुरीली आवाज। अच्छे वाचक, उद्घोषक के लिए कोकिल की कूक चाहिए, कौवे की काँव-काँव नहीं। गोस्वामी जी ने ठीक ही लिखा है—

मधुर वचन कटु बोलिबो, बिनु श्रम भाग अभाग।
कुहू कुहू कलकण्ठ रव, कौआ करख काग।।

7. **बहुज्ञता**-अर्थात् उद्घोषक से यह भी अपेक्षित है कि उसका सामान्य ज्ञान बहुत विकसित हो। यदि वह शब्दार्थ तथा गूढ़ार्थ को जाने बिना शब्दों का मनचाहा उच्चारण करेगा तो अवश्य त्रुटि कर जायेगा। साहित्य, कला, विज्ञान, इतिहास, खेलकूद और अन्तरराष्ट्रीय घटनाक्रम की अच्छी जानकारी उसे होनी चाहिए, जिससे वह यथासमय अपने ज्ञान का उपयोग करके श्रोताओं, दर्शकों को बाँधने में सफल रहे।

इसके साथ होना चाहिए—आत्मविश्वास और अभ्यास वाचन। उद्घोषणा कला कोई दैविक देन मात्र नहीं है। वह प्रयास साध्य भी है। इस वाचिक एवं भाषिक अभिव्यक्ति में होनेवाली असावधानी को सुधारने के लिए भाषा-प्रयोगशालाएँ भी अपेक्षित हैं। इसके अतिरिक्त यह भी अपेक्षित है कि उद्घोषक को ध्वनि यन्त्रों की समुचित जानकारी हो। अर्थात् माइक्रोफोन की क्षमता कितनी है? माइक से हम कितनी दूरी रखें? कितना स्वराघात एवं बलाघात करें? यति-गति कितनी रखें? यानी कहाँ कितना ठहरें? यह सब अभ्यासजन्य होता है। आवश्यकता है, इसके

विधिवत् प्रशिक्षण की। यह प्रशिक्षण टी.वी. तथा आकाशवाणी द्वारा अपने-अपने कलाकारों को दिया जाता है और माध्यम लेखन से जुड़ी संस्थाओं द्वारा भी। संचारभाषा के रूप में हिन्दी का यह एक नया चरित्र है, जिसका भविष्य दिनोंदिन समुज्ज्वल होता जा रहा है।

संचालन-कला (कम्पेयरिंग) की भाषा

प्रत्येक कार्यक्रम के लिए हमें एक सूत्रधार की आवश्यकता होती है। कार्यक्रम चाहे विचार गोष्ठी हो या परिचर्चा, कवि-सम्मेलन हो या अधिवेशन, कार्यशाला हो अथवा कोई प्रतियोगिता! सर्वत्र एक संचालक की व्यवस्था अपरिहार्य हो जाती है। यों तो यह संचालन-कर्म औसत समझदारी या व्यवहार बुद्धि के सहारे भी सम्पन्न किया जा सकता है, किन्तु वर्तमान व्यावसायिक प्रतिस्पर्द्धा के युग में संचालन कला में निष्णात हुए बिना अभीष्ट सफलता प्राप्त कर पाना अब सम्भव नहीं है। इसका सबसे बड़ा कारण यह है कि दर्शक समाज का मनोविज्ञान बहुत जटिल हो गया है। पहले गाँवों की जनता रात-रात भर जागकर, एकटक नौटंकी, रामलीला, रासलीला आदि लोकनाट्य देखने जाती थी, किन्तु आज मनोरंजन के नये माध्यम आ जाने, विशेषतः दूरदर्शन, फिल्म के पर्दे पर अच्छे-से-अच्छे अभिनय और दृश्यबन्धों को देख-देखकर दर्शकों को अधिक समय तक एक स्थान पर बैठाये रख पाना सम्भव नहीं है। दर्शक शिष्टाचारवश या परिस्थिति की विवशता के कारण भले ही आयोजन में बैठे रहें और घुटते रहें, यों वस्तुस्थिति यह है कि आज के श्रोता-दर्शक समाज, स्वेच्छापूर्वक और सोत्साह तभी तक कार्यक्रम में सक्रिय सहभागिता करता है, जब तक उसे वैचारिक अथवा कलात्मक परितृप्ति मिलती रहती है। वे या तो किसी विशिष्ट कलाकार-विचारक के नाम से खिंचकर आयोजन में सम्मिलित होते हैं अथवा किसी महत्त्वपूर्ण मुद्दे से आकृष्ट होकर।

ऐसी स्थिति में सारा दायित्व संचालक पर आ जाता है। उसे कार्यक्रम को बिखरने से बचाना होता है और किसी सुनिश्चित निष्कर्ष पर कार्यक्रम को पहुँचाना भी होता है। यही संचालन कला है। इस कला के महत्त्वपूर्ण नियामक तत्त्व हैं—

1. कार्यक्रम की अच्छी शुरुआत-अंग्रेजी की प्रसिद्ध कहावत है—अच्छी शुरुआत, कार्य की पूर्ति का संकेत है। सब-कुछ मंगलारम्भ पर निर्भर होता है। यदि बिस्मिल्लाह ही बिगड़ गया तो वातावरण का बिगड़ जाना अवश्यम्भावी है। मंगलारम्भ करने की अनेक शैलियाँ भारतीय समाज में प्रचलित हैं, जैसे-दीप प्रज्वलन, उद्घाटन, लोकार्पण, मंगलाचरण, माल्यार्पण, स्वागत वचन आदि। प्रमुख प्रतिभागियों को मंचासीन करते हुए नेपथ्य का वाद्य, सामूहिक गायन आदि भी प्रभावकारी सिद्ध होते हैं। संचालक को विषयानुसार इनकी व्यवस्था करनी होती

है। यदि शोकसभा का आयोजन किया जा रहा हो तो मंगलारम्भ की प्रस्तावना भिन्न कोटि की होगी और यदि उमंग उल्लासपूर्ण आयोजन होन जा रहा हो तो उसका शुभारम्भ दूसरे प्रकार का होगा।

2. प्रतिभागियों का चयन- संचालक का दायित्व है कि यह प्रतिभागियों का चुनाव सतर्कतापूर्वक करे। उनके क्रम-निर्धारण में विशेष सावधानी उसे बरतनी पड़ती है। कुशल संचालक आरम्भ में किसी श्रेष्ठ प्रतिभागी द्वारा विषय-प्रवर्तन कराता है। यदि इस नाभिकीय आधार-बीज वक्तव्य में कुछ अच्छे विचारोत्तेजक बिन्दु उठा दिये जाते हैं तो विषय-सम्बन्धी महत्त्वपूर्ण विचार पूरी परिचर्चा में छा जाते हैं और संगोष्ठी सफल हो जाती है। विषय-प्रवर्तन के बाद, 2-4 सामान्य प्रतिभागी भी रखे जा सकते हैं। आदर्श स्थिति तो यह है कि गोष्ठी क्रमशः ऊँचाई की ओर बढ़ती चले और अध्यक्षीय भाषण होते-होते शिखर पर पहुँच जाये। किन्तु ऐसा सदा-सर्वदा सम्भव नहीं होता है। कुछ भर्ती के नाम भी डालने पड़ते हैं। संचालक क्रमशः कुशलता के साथ ऐसे मँझोले प्रतिभागियों के लिए एक पृष्ठभूमि बना लेता है और श्रोताओं को अपने साथ मिला लेता है। यह ध्यान देने की बात है कि दो से अधिक कमजोर प्रतिभागी एक ही क्रम में न रखे जायें। यह भी विचारणीय है कि विषय और शैली की अधिक आवृत्ति न हो। वक्ताओं के अलग-अलग तेवर श्रोताओं के लिए अपेक्षाकृत अधिक रुचिकर होते हैं।

3. अन्तराल की टिप्पणियाँ-संचालक को आरम्भ तथा अन्त में टिप्पणियाँ देनी होती हैं, बीच-बीच में कुछ कमेण्ट्री करनी होती है। जो कुछ कहा गया है, उस पर कुछ टिप्पणियाँ और जो कहने जा रहा है, उसकी कुछ अग्रप्रस्तुति। संचालक की ये टिप्पणियाँ यथासम्भव न निषेधात्मक होनी चाहिए, न निर्णयात्मक। निर्णय देने का अधिकार सभाध्यक्ष का होता है। संचालक तो योजक का कार्य करता है। एक वक्ता ने कुछ कहा है, उसके महत्त्वपूर्ण सूत्रों को वह यदि संक्षेप में रेखांकित कर देता है तो श्रोताओं और संवाददाताओं को उसे सही अर्थों में ग्रहण करने में सुविधा होती है।

4. अग्रप्रस्तुति—संचालक का कर्त्तव्य है कि जो प्रतिभागी कार्यक्रम देने जा रहा है, उसके लिए वह ऐसी पृष्ठभूमि निर्मित करे कि आम श्रोताओं के मन में उसके प्रति उत्सुकता पैदा हो जाये। आह्वान करते समय एक विशेष प्रकार की शैली का उसे सहारा लेना पड़ता है। उसे कलाकार के सम्बन्ध में अपेक्षित जानकारी भी अर्जित करनी आवश्यक होती है। इनके अभाव में 'सवाल दीगर, जवाब दीगर' की स्थिति आ जाती है। संचालक के लिए आवश्यक है कि प्रत्येक प्रतिभागी का

विस्तृत वृत्तान्त वह पहले से प्राप्त कर ले और उसकी एक मानसिक तैयारी भी कर ले।

5. सम्भाषण कला-इसका मूलाधार है—संचालक की वाक्पटुता। यदि संचालक प्रत्येक प्रस्तुति के साथ अपनी शैली बदलता जाता है, यदि वह भाषा-शैली भी परिवर्तित कर लेता है और कुल मिलाकर प्रस्तुति में हर बार कुछ नयापन ले आता है तो वह अपेक्षाकृत अधिक प्रभावकारी सिद्ध होता है। उसे चाहिए कि कभी प्रश्नात्मक वाक्य रखे और कहीं गूढ़। उसकी भाषा भी विषयानुसार सहज, स्वाभाविक और स्तरीय होनी चाहिए। प्रयास करके कठिन-से-कठिन अप्रचलित शब्दों के प्रयोग करने से संचालन उबाऊ हो जाता है। बार-बार लम्बे वक्तव्य देना भी सुपाच्य नहीं होता है। टिप्पणियों के लिए 10-15 वाक्य पर्याप्त होते हैं। हर सभा में समयाभाव हो जाता है, अतः समय की बचत का स्वयं नमूना रखना ही होगा। मंच पर वैदुष्य प्रदर्शन की सदैव आवश्यकता नहीं होती। आवश्यकता है, जनरुचि को समझने और उसे परितृप्त करने की। संचालन की भाषा न तो रटन्त शैली की होनी चाहिए और न बिलकुल घरेलू। लिखे हुए को पढ़ते जाना, संचालन कला की दृष्टि से बहुत निन्दनीय है। इसमें महत्त्व होता है—हाजिरजवाबी का। अर्थात् तात्कालिक सूझ और नये-नये सन्दर्भों का। कभी श्रोता कुछ विवादास्पद टिप्पणी कर देते हैं। उन पर क्रोध किये बिना, शालीनतापूर्वक परिहास में उस प्रसंग को परिणत कर देना बेहतर होता है। संचालन के दौरान यदि संचालक देशकाल के उपयुक्त कुछ संकेत कर देता है तो उनका श्रोताओं पर विशेष प्रभाव पड़ता है।

6. मंचीय शिष्टाचार-संचालक को मंच पर विराजमान व्यक्तियों के स्तर का सम्यक् परिपालन करना होता है। किसको कैसे पुकारा जाये, किसे किस प्रकार सम्बोधित किया जाये, उसके प्रति कैसे हाव-भाव प्रदर्शित किया जाये? यह जानकारी संचालक के लिए बहुत अपेक्षित है। कहाँ 'महामहिम' शब्द का प्रयोग होगा और कहाँ माननीय का? चूँकि इन सबके पीछे एक निश्चित विधि-विधान है, इसलिए इनका उल्लंघन करना संचालक के लिए अक्षम्य है।

7. सभा का नियन्त्रण-प्रायः यह देखा जाता है कि सम्भाषण कार्यक्रम के बीच में कुछ श्रोता परस्पर बातचीत करने लगते हैं या उदासीन-से दिखने लगते हैं। इन स्थितियों में श्रोताओं के स्वाभिमान को आहत किये बिना नियन्त्रित किये रहना और कार्यक्रम की ओर उनका ध्यानाकर्षक कर लेना, संचालक का ही धर्म है। इसके लिए उसे विभिन्न शैलियाँ अपनानी पड़ती हैं। कहीं हास-परिहास, कहीं क्षमा-याचना और कहीं जनसमुदाय की प्रशस्ति। यह सब उसकी सहज बुद्धि पर निर्भर होता है।

8. विवादों का निष्पादन-कई बार देखा गया है कि श्रोता समाज किसी विवादास्पद विषय पर उत्तेजित हो जाता है। ऐसे समय संचालक का श्रोता और वक्ता के मध्य सामंजस्य बनाना अपरिहार्य होता है। कुशल संचालक अत्यन्त धैर्य एवं गम्भीरता का परिचय देकर, वक्ता का पक्ष लेते हुए तथा श्रोताओं से सहानुभूति स्थापित करते हुए, विवाद को निपटाते हैं। वैसे मध्यम मार्ग चुनना अधिक उचित होता है। यह भी सम्भव है कि समन्वय स्थापित करने के लिए संचालक, श्रोताओं के अनुकूल विषय की व्याख्या कर दे। कुल मिलाकर इस समय संचालक की त्वरित बुद्धि और धैर्य की परीक्षा होती है।

9. बहुज्ञता-संचालक के लिए कई भाषाओं के मुहावरों, लोकोक्तियों, ऐतिहासिक घटनाओं, बोध कथाओं, सामाजिक सन्दर्भों आदि की नवीनतम जानकारी आवश्यक होती है, क्योंकि वक्ता को प्रस्तुत करने में, अपने कार्यक्रम से दर्शकों-श्रोताओं का परिचय कराने में उपयुक्त सभी जानकारियाँ संचालक की मौलिकता को स्थापित करके विशेष पहचान करा देती है। संचालक का जितना वृहद् ज्ञान होगा, वह उतनी ही कुशलता से श्रोताओं को बाँधने में सफल रहेगा।

उपर्युक्त के अतिरिक्त सूत्रधार की भाव-भंगिमाएँ, स्पष्ट उच्चारण, आकर्षक व्यक्तित्व आदि भी संचालन में महत्त्वपूर्ण सहयोग प्रदान करते हैं। तात्पर्य यह है कि संचालन कला अधिकाशतः भाषायी प्रस्तुति कला पर निर्भर होती है।

साक्षात्कार कला में भाषा की भूमिका

'साक्षात्कार' शब्द अंग्रेजी शब्द इण्टरव्यू के शब्दार्थ के रूप में प्रयुक्त होता है। हिन्दी 'साक्षात्कार' शब्द से बोध होता है कि 'साक्षात् कराना' अथवा करना अर्थात् वह प्रक्रिया जो साक्षात् करा दे। अब प्रश्न होता है—किसका और क्यों? यहाँ एक बात स्पष्ट कर देना चाहता हूँ कि साक्षात्कार का अंग्रेजी शब्दार्थ 'इण्टरव्यू' अधिक संवेदनशील शब्द है। उसके आधार पर साक्षात्कार से तात्पर्य निकलता है, किसी के अन्तस् का अवलोकन करना, अर्थात् जो बाह्य रूप से दिखायी नहीं देता हो और जिस प्रक्रिया द्वारा वह अदृश्य कथन मूर्तिमान् हो जाये, उसी को 'इण्टरव्यू' या साक्षात्कार कहते हैं। किसी भी व्यक्ति को पहचानने, किसी कृतित्व को उभारने अथवा किसी व्यक्ति के अन्तस् को टटोलने के लिए प्रयुक्त प्राश्निक विधि 'साक्षात्कार' अथवा 'इण्टरव्यू' कही जा सकती है।

वर्तमान सन्दर्भ में साक्षात्कार के दो क्षेत्र दिखायी देते हैं—एक माध्यमोपयोगी, दूसरा प्रतियोगितात्मक। हमारा अभीष्ट माध्यमोपयोगी साक्षात्कार है, किन्तु सम्प्रति

सामान्य जनजीवन में, जीविकोपार्जन तथा शिक्षा के क्षेत्र में प्रतियोगितापरक लिखित परीक्षा के उपरान्त अभ्यर्थी के व्यक्तित्व, योग्यता, उपयोगिता, विश्वास, जीवन-शैली, हाजिरजवाबी आदि को परखने के लिए आयोजित साक्षात्कार प्रणाली अधिक ख्यातिलब्ध है। अतः संक्षेप में इसकी चर्चा कर लेना निरर्थक न होगा।

ज्ञातव्य है कि इस प्रकार के साक्षात्कार का उद्देश्य अभ्यर्थी को इसमें सफल होने की कला से भलीभाँति परिचित होना चाहिए। साक्षात्कार देनेवाले व्यक्ति को इस बात की पूरी जानकारी होनी चाहिए कि उसे किस तरह अभिवादन करना है? प्रश्नों के उत्तर किस प्रकार श्रेष्ठतम ढंग से इण्टरव्यू बोर्ड के समक्ष प्रस्तुत करना है, इसकी जानकारी अत्यन्त आवश्यक है।

साक्षात्कार की तैयारी करने से पूर्व अभ्यर्थी को यह तथ्य अच्छी प्रकार सपझ लेना चाहिए कि वह किस व्यवसाय, पद अथवा प्रतियोगिता हेतु साक्षात्कार दे रहा है, क्योंकि पदानुरूप साक्षात्कार प्रविधि परिवर्तित हो जाती है। जैसे—संघ लोक सेवा या राज्य लोक सेवा आयोग के साक्षात्कार में प्रश्न विचारात्मक अधिक होते हैं। अतएव अभ्यर्थी को विश्लेषणात्मक उत्तर देने के लिए अपने ऐच्छिक विषय, राष्ट्रीय-अन्तरराष्ट्रीय, सामाजिक गतिविधियों की पूर्ण जानकारी होनी चाहिए। इसके विपरीत लिपिकीय अथवा अन्य सामान्य परीक्षाओं में तथ्यपरक प्रश्न अधिक पूछे जाते हैं। इसके साथ ही कुछ ऐसी बातें हैं जो सामान्य रूप से प्रत्येक साक्षात्कारदाता के लिए अनिवार्य हैं और इनकी जानकारी अपेक्षित है—

1. अभ्यर्थी को अपने सम्बन्ध में पूर्ण जानकारी होनी चाहिए अर्थात् जन्म, निवास, शैक्षिक योग्यता, विशेष उपलब्धियाँ तथा सम्बन्धित साक्षात्कार का रूप अर्थात् व्यवसाय तथा पद की गरिमा एवं कार्य का ज्ञान।

2. प्रमुख राष्ट्रीय, अन्तरराष्ट्रीय घटनाचक्रों एवं ज्वलन्त समस्याओं की जानकारी और अपना स्पष्ट मत।

3. साक्षात्कार से सम्बन्धित व्यवसाय, उसके कार्य, उसके उत्पादन, उसके कार्य कलाप, बाजार व्यवस्था, सामाजिक स्थिति आदि का पूर्वाभास तथा ज्ञान।

4. वेशभूषा स्वच्छ एवं सुरुचिपूर्ण हो।

5. साक्षात्कार कक्ष में शरीर को सीधा रखते हुए, मुस्कुराते हुए, प्रवेश करना चाहिए।

6. साक्षात्कार लेनेवालों को अभिवादन करना अनिवार्य है।

7. कहने पर ही कुर्सी पर बैठना चाहिए। झुककर बैठना, सुसंगत नहीं लगता। जल्दी-जल्दी पहलू बदलना भी ठीक नहीं। पैरों को फँसाकर नहीं बैठना चाहिए।

8. प्रश्नों के असली मन्तव्य को समझने के बाद उत्तर अत्यन्त शान्त भाव से सुविचारित, विषयानुकूल एवं स्पष्ट उच्चारण के साथ देना चाहिए।

9. उत्तर देते समय या प्रश्नों के प्रति नकारात्मक रुख अपनाते हुए आत्मविश्वास होना चाहिए। जहाँ तक सम्भव हो, 'शायद' या हो सकता है, जैसे—सन्देहास्पद वाक्यों का प्रयोग नहीं करना चाहिए।

10. 'अगर आपका चयन नहीं हुआ तो' जैसे नकारात्मक शैली के प्रश्नों से घबराना नहीं चाहिए, बल्कि अत्यधिक विश्वास के साथ आत्मविश्लेषण करते हुए पुनः प्रयास, अन्य मार्ग खोजने इत्यादि का उल्लेख करना चाहिए। इस प्रकार के प्रश्न अभ्यर्थी के धैर्य की परीक्षा लेते हैं।

11. पेन खोलना-बन्द करना, सिर खुजलाना, मेज थपथपाना, टाँग हिलाना, बिना आवश्यकता के हाथ हिलाना, चेहरे की भाव-भंगिमाएँ बदलना आदि क्षीण आत्मविश्वास की सूचना देते हैं।

12. साक्षात्कार की समाप्ति पर मुस्कुराते हुए, साक्षात्कारकर्त्ताओं को धन्यवाद देकर, अगर उनका हाथ बढ़े तो हाथ मिलाकर, बिना पीछे मुड़कर देखते हुए कमरे से बाहर जाना चाहिए।

माध्यमोपयोगी साक्षात्कार की प्रविधि भी ज्ञातव्य है। यह सर्वविदित है कि आकाशवाणी, दूरदर्शन अथवा प्रिण्ट माध्यम (सामाचार-पत्र, पत्रिका) आदि में यत्र-तत्र साक्षात्कार प्रस्तुत किये जाते रहे हैं।

साक्षात्कार के द्वारा किस व्यक्ति के व्यक्तित्व, कृतित्व, कार्यशैली आदि को परखा-निरखा जाता है। प्रश्न यह उपस्थित होता है कि माध्यमों द्वारा किसी व्यक्ति का साक्षात्कार क्यों लिया जाये? किस परिस्थिति में लिया जाये। चूँकि जन-माध्यमों की जनता के प्रति प्रतिबद्धता होती है और उनका उद्देश्य समूहगत हित को देखना होता है। ऐसी स्थिति में किसी व्यक्ति, उसके व्यक्तित्व, उसके विचार, उसकी जीवन-शैली आदि को जनता तक पहुँचाना सर्वथा उचित है।

यह बात सत्य है कि किसी भी समय, किसी भी व्यक्ति का साक्षात्कार जनसंचार माध्यमों पर नहीं लिया जा सकता। आवश्यकता है—साक्षात्कार की प्रासंगिकता को समझने की। इसमें सबसे महत्त्वपूर्ण तथ्य है—जनप्रतिनिधित्व। अर्थात् व्यक्ति नहीं, समूह की अभिरुचि अनिवार्य है। जब कोई व्यक्ति लीक से हटकर कोई ऐसा कार्य करता है, जिसके पीछे समूहगत हित छिपा होता है अथवा हो सकता है तो वह जनसाधारण में चर्चित हो जाता है। वह व्यक्ति मीडिया के लिए विशिष्ट बन जाता है। उसको जानना और पहचानना मीडिया का कर्तव्य बन जाता है। जैसे-ब्रिटेन की

राजवधू बनने से पूर्व डायना के व्यक्तित्व से ब्रिटेन का राजघराना प्रभावित होने लगा तो मीडिया का ध्यान इस ओर गया, किन्तु राजकुमार चार्ल्स से विवाह के उपरान्त भी डायना उतनी चर्चित नहीं हुई जितनी की गरीबों की सेवा करके, राजघराने की बन्दिशों को ठुकरा करके प्रकाश में आयी। ऐसी स्थिति में डायना का इण्टरव्यू करना मीडिया की मजबूरी बनी। इसी प्रकार विदेश से आकर अपना जीवन गरीबों, कोढ़ियों के लिए समर्पित कर देनेवाली मदर टेरेसा 'नोबेल पुरस्कार' अथवा 'भारत रत्न' पाकर विशिष्ट बन जाती हैं। निष्कर्ष यह है कि साक्षात्कार उसका लिया जाये जो विशिष्ट हो।

किसी विशेष व्यक्ति का साक्षात्कार कभी प्रासंगिक नहीं होता। यह विशेष अवसर आता है—उसके जीवन की किसी विशेष उपलब्धि से। जैसे कि 'मदर टेरेसा' को जब नोबेल पुरस्कार अथवा भारत रत्न सम्मान प्रदान किया गया तो उनका साक्षात्कार आवश्यक हो गया। ठीक उसी प्रकार 'द सेनेटिक बर्सेज', 'लज्जा', 'द सुटेबिल बॉय' पुस्तकों के चर्चित होने पर क्रमशः सलमान रुश्दी, तसलीमा नसरीन, विक्रम सेठ आदि के साक्षात्कार की प्रासंगिकता दिखायी पड़ती है। इसी प्रकार किसी लोकप्रिय व्यक्ति के जीवन में विशेष परिवर्तित अवसर के समय साक्षात्कार लिया जा सकता है। इनके व्यक्तित्व एवं विचारों को उजागर करना मीडिया का कर्तव्य है।

इसके अतिरिक्त विशेष अवसरों पर साक्षात्कार की उपयोगिता दिखायी पड़ती है। जैसे—चर्चित कलाकारों, राजनेताओं, साहित्यकारों, खिलाड़ियों आदि के जन्मदिन, षष्ठिपूर्ति, पुण्यतिथि या उपलब्धियों में बढ़ोत्तरी के कारण चर्चित होने पर सम्बन्धित व्यक्तियों अथवा उन व्यक्तित्वों के सम्बन्धियों, आलोचकों, मित्रों आदि से साक्षात्कार लिया जाता है।

तात्पर्य यह है कि माध्यमों द्वारा किसी विशेष चर्चित व्यक्ति का विशेष अवसर पर साक्षात्कार आयोजित किया जाता है। साक्षात्कार कैसे लिया जाये, अथवा दिया जाये? अच्छे साक्षात्कारकर्त्ता अथवा दाता के अन्दर कौन-कौन-से गुण होने चाहिए, यह विचारणीय है।

ज्ञातव्य है कि प्रत्येक माध्यम की अपनी-अपनी सीमाएँ होती हैं। हमें सर्वप्रथम यह विचार करना पड़ता है कि हमारा माध्यम क्या है? प्रिण्ट, रेडियो अथवा दूरदर्शन। यह जानना आवश्यक है, क्योंकि रेडियो ध्वनि-बिम्बों का माध्यम है तो समाचार-पत्र छपे अक्षरों का और दूरदर्शन दृश्य-श्रव्य दोनों का। अगर हमें रेडियो के लिए साक्षात्कार लेना है तो हमें टेपांकन विधि से परिचित होना चाहिए। अधिकांशतः समाचार-पत्र, पत्रिकाओं के साक्षात्कार के लिए भी टेपरिकार्डर का

प्रयोग किया जाता है, जिससे बातचीत की प्रामाणिकता बनी रहे। सामाचार-पत्र के लिए लेखन-विधि प्रयोग में लायी जाती है। टेपांकित वार्त्ता को लिप्यंकित करके समाचार-पत्र में प्रस्तुत किया जाता है। इस पद्धति से यह लाभ होता है कि अनुपयोगी, अनर्गल अथवा अकथनीय तथ्यों को काट-छाँट करके प्रस्तुत किया जा सकता है। हालाँकि रेडियो के लिए टेपांकित साक्षात्कार में भी सम्पादन सम्भव है, किन्तु उसमें वाक्यों को काटने-छाँटने में कठिनाई होती है। वाक्य को 'डिलीट' करने से बोलने की लय में परिवर्तन आ जाता है, जो अनावश्यक सम्पादन की सूचना देता है। इन सबके अतिरिक्त दूरदर्शन के लिए आयोजित साक्षात्कार में जो कहा जा रहा है, जिस अवसर की चर्चा है, जिस उपलब्धि की बात है, उसको दिखाकर अधिक जीवन्तता उत्पन्न की जाती है। रेडियो और प्रिण्टमीडिया के लिए होनेवाली बातचीत दो लोगों के मध्य होती है, किन्तु दूरदर्शन के साक्षात्कार का तृतीय द्रष्टा अथवा गवाह भी होता है। कैमरे के बिना दूरदर्शन के साक्षात्कार सम्भव नहीं है। वस्तुतः दूरदर्शन साक्षात्कार एक टीम वर्क है।

साक्षात्कार के लिए प्रश्नोत्तर शैली का प्रयोग होता है। रेडियो और दूरदर्शन पर तो यह अत्यन्त आवश्यक है, किन्तु समाचार-पत्र, पत्रिकाओं में प्रश्नोत्तरी के अतिरिक्त वर्णनात्मक ढंग से साक्षात्कार भी दिखायी पड़ते हैं। इस प्रकार के साक्षात्कार प्रस्तुत करने के लिए साक्षात्कारकर्त्ता को विशेष शैली अपनानी पड़ती है, जैसे—अमुक विषय पर अपने मन्तव्य स्पष्ट करते हुए वे बोले कि अमुक स्थिति पर उनके विचारों को सुनकर लगा कि....आदि। वह शैली रेडियो व दूरदर्शन पर अपनायी जायेगी तो यह साक्षात्कार क्रमशः वार्त्ता और डाक्यूमेण्ट्री कहलायेगा। अतएव प्रत्येक माध्यम की सीमाओं को ध्यान में रखकर ही साक्षात्कार लिया जाना चाहिए। वास्तविकता यह है कि साक्षात्कार के लिए प्रश्नोत्तर शैली बेहतर है।

साक्षात्कार द्विपक्षीय विधा है अर्थात् साक्षात्कार के दो घटक होते हैं। साक्षात्कार के लिए प्रथम चरण है चयन का। इनका चयन परिस्थिति तथा व्यक्ति के अनुसार किया जाता है।

ज्ञातव्य है कि समाचार-पत्र तथा पत्रिकाओं में स्वतन्त्र पत्रकार होते हैं, जबकि रेडियो, दूरदर्शन के चैनल सरकारी तन्त्र से जुड़े होने के कारण सरकार से प्रतिबद्ध होते हैं। ऐसी स्थिति में कार्यक्रम निदेशक अपने विवेक से परिस्थिति तथा अवसर को देखकर साक्षात्कार का विषय निश्चित करता है। वही उपयुक्त साक्षात्कारदाता की खोज करता है और फिर उसके व्यक्तित्वानुसार साक्षात्कारकर्त्ता की व्यवस्था करता है।

साक्षात्कारकर्त्ता का चयन, विषय तथा प्रसंग के चयनोपरान्त होता है।

विषय तथा व्यक्ति का चयन होने के उपरान्त साक्षात्कारकर्त्ता द्वारा दाता से सम्पर्क करके समय, तिथि, स्थान आदि का निर्धारण किया जाता है।

विषय की अधिकतम तैयारी के आधार पर विषय से सम्बन्धित प्रश्नों को लिख लेना चाहिए।

पत्र-पत्रिकाओं में पत्राचार द्वारा भी साक्षात्कार लिया जाता है, किन्तु एकपक्षीय हो जाने के कारण उनसे कुछ नयी बात निकलकर नहीं आती। अधिकांशतः देखा गया है कि रेडियो-दूरदर्शन के साक्षात्कार कार्यक्रमों में प्रश्नावली पहले तैयार करके दाता को प्रश्नों से अवगत करा दिया जाता है, जिसके पीछे यह तर्क होता कि इन माध्यमों में जीवन्त प्रसारण की स्थिति में सुधार की गुंजाइश नहीं होती। उनके साथ-साथ टेक्निकल खराबी अथवा कमजोरी न दिखायी पड़े इसलिए प्रश्नोत्तर का अभ्यास कर लिया जाये। सभी प्रश्नों के शब्दशः उत्तरदाता को नहीं बताने चाहिए। क्योंकि इस स्थिति में दाता पूर्वाग्रह प्रेरित होकर प्रश्नों के उत्तर देगा। साक्षात्कारकर्त्ता को अपने मन में प्रश्नावली पहले से अवश्य बना लेनी चाहिए। प्रश्नावली तैयार करते समय इस बात से पूर्ण आश्वस्त हो जाना चाहिए कि कोई आवश्यक पहलू छूटा तो नहीं है और फिर अपने प्रश्नों को क्रमबद्ध कर लेना चाहिए।

प्रश्नावली तैयार करते समय साक्षात्कारकर्त्ता का सजग रहना अत्यन्त आवश्यक है। अगर सम्बन्धित विषय, स्थिति, व्यक्ति का यथोचित परिचय पाठक/श्रोता/दर्शक को नहीं मिला तो लक्ष्य असफल हो जायेगा। प्रश्नावली तैयार करते समय विषय तथा अवसर का यथासम्भव ध्यान रखना चाहिए। यदि लेखक अथवा उसके कृतित्व के सन्दर्भ में पाठकों की प्रतिक्रिया मालूम हो तो लेखक से अवश्य पूछना चाहिए। प्रश्नावली तैयार करने के बाद उसको भली-भाँति जाँच लेना चाहिए। साक्षात्कार लेते-देते समय विषयानुकूल भाषा का प्रयोग करना अत्यावश्यक है। यह भाषा सुगम हो, जीवन्त हो, सार्थक हो और पूर्णतः कनवर्सेशनल हो। इसमें छोटे-छोटे, किन्तु स्पष्ट अर्थ वहन करनेवाले वाक्य हों। शुरुआत नकारात्मक न हो। व्यंग्य और कटुता न आने पाये अर्थात् इण्टरव्यूवर खुद इट्रोग्रेटर न बने, अन्यथा बात खुलकर न हो पायेगी। प्रश्नकर्त्ता यदि बराबर आक्रामक बना रहेगा तो उत्तरदाता आहत होकर (मूड बिगड़ जाने के कारण) सामान्य न रह पायेगा। वह क्रोध का सहारा लेगा या कूटनीतिक बचाव करेगा। ऐसे हमलावरों से शालीन लोग कतरायेंगे, जिससे मीडिया को अच्छे नायक (आलम्बन) नहीं मिलेंगे। यह सही है कि इण्डिया टी.वी. में जब प्रभु चावला किसी भ्रष्ट सत्ताधारी को फींचते हैं तो दर्शक खुश होते हैं, किन्तु आदतन वे जब सब पर प्रहार करने लगते हैं तो अप्रियता पैदा हो जाती है। सफल साक्षात्कार के लिए शिष्टाचार का अनुपालन आवश्यक है। यदि

भाषा का अच्छा अभ्यास हो जाये अर्थात् लक्षणा-व्यञ्जना का भी उपयोग बीच-बीच में कर लिया जाये तो साक्षात्कार सर्वथा संसदीय बना रहेगा और पर्याप्त रोचक भी। निष्कर्ष यह है कि इसकी सफलता का अधिकाधिक दारमदार भाषा पर निर्भर होता है।

मीडिया से प्रसारित विज्ञापनों की भाषा

मास मीडिया से दो प्रकार के विज्ञापन प्रसारित होते हैं—1. सपाट 2. प्रायोजित। इनका समय, मूल्य, श्रवणीयता, दर्शनीयता के अनुसार निश्चित किया जाता है। इन दिनों 25% विज्ञापन रेडियो, टी.वी. से होते हैं। इनके अनेक प्रकार हैं। इनकी कई विज्ञापन ऐजेन्सियाँ हैं और कई प्रणालियाँ भी। सबका यही प्रयास होता है कि इनकी प्रस्तुति अच्छी लगे। वह लोकप्रिय हो, साथ ही किफायती भी हो। इसमें सबसे महत्त्वपूर्ण भूमिका है भाषा की। इसके अतिरिक्त अच्छे विज्ञापन के लिए उस ब्राण्ड का एवं उसके ट्रेड मार्क का निर्माण भी बहुत आवश्यक हो गया है। लम्बे, अस्पष्ट और जटिल नाम लोकप्रिय नहीं हो पाते। नामकरण के समय उपभोक्ता के मनोविज्ञान पर बहुत ध्यान दिया जाता है। शायद इसीलिए 'लक्ष्मी' नाम के पाउडर का नाम लक्मे रख दिया गया, क्योंकि इस नाम से वस्तु 'इम्पोंटेड' मालूम पड़ती है।

प्रत्येक एजेन्सी उपभोक्ताओं का विवेचन करती हुई यह विचार अवश्य करती है कि

(क) इसके उपभोक्ता उच्च, मध्य, निम्न में से किस आय वर्ग के होंगे।

(ख) वे उच्च शिक्षित हैं, सामान्य शिक्षित हैं या अशिक्षित हैं?

(ग) उनमें अधिकतर स्त्री हैं या पुरुष हैं?

(घ) वह वस्तु मुख्यतः बालकों के लिए है? या युवा वर्ग के लिए है? अथवा प्रौढ़-वृद्ध वर्ग के लिए है?

इस प्रकार समाज मनोभाषिकी और ग्राहक मनोविज्ञान को केन्द्र में रखकर विज्ञापन की पद्धतियाँ निर्धारित की जाती हैं।'

कापी लेखन

इसे विज्ञापन का मूलाधार माना जाता है। कापी का तात्पर्य है विज्ञापन में प्रयुक्त सामग्री, अर्थात् ब्राण्ड का नाम, शीर्षक, नारा, शब्द आदि। कापी के द्वारा ही विज्ञापनदाता का सन्देश ग्राहकों तक पहुँचता है। वह कापी दो प्रकार की होती है—

(क) प्रत्यक्ष कापी जो सीधे ग्राहकों से संवाद करती है।

(ख) अप्रत्यक्ष कापी जो कम्पनी की विश्वसनीयता का प्रचार करती है।

कापी लेखक को इसके लिए उपभोक्ताओं की सही जानकारी प्राप्त करनी होती है। उसे विषयानुसार सामग्री देनी होती है, जैसे—प्रसाधन सामग्री का रूप-रंग। वस्तु का प्रारूप कृषि-विषयक वस्तु से भिन्न होता है। कापी लेखक को बाजार की सही दशा-दिशा का ज्ञान होना आवश्यक होता है। उसे विज्ञापन-सम्बन्धी कानूनों की सही जानकारी भी बहुत अपेक्षित होती है। इसके अतिरिक्त कापी में संक्षिप्तता, स्पष्टता, सच्चाई और आत्मीयता का पुट होना चाहिए। अच्छा कापी लेखक अपने लक्ष्य, वर्ग की प्रकृति और समकालीन परिस्थिति को ध्यान में रखकर कभी-कभी एक कापी अपील भी निर्मित करता, जिसे 'थीम' कहते हैं। उसे जोर देकर कहना होता है कि उसका-जैसा माल औरों के पास नहीं है। इसके लिए वह नारे गढ़ता है, जैसे—एकमात्र सम्पूर्ण, सौ वर्षों का अनुभव प्राप्त, जन-जन का मनपसन्द, सर्वाधिक बिक्रीवाला, विश्वविजेता, सबसे किफायती आदि। ये अपीलें उत्पादन से जुड़ी रहती हैं। ये उपभोक्ता से सम्बद्ध होती हैं और ये अपनी संस्था की साख से जुड़ी होती हैं। कापी लेखक बीच-बीच में भावी खतरों का एहसास कराता है और हानि की आशंका दिखाकर ग्राहक को आकृष्ट कर लेता है। बीमा कम्पनियाँ और ओषधि निर्माता कम्पनियाँ प्रायः इस प्रकार की अपीलें जारी करती हैं। कुछ अपीलें प्रशंसापरक भी होती हैं। फिल्म स्टारों या खिलाड़ियों के सहारे अपना विज्ञापन करना इन दिनों बहुप्रचलित है। कभी-कभी कम्पनी की आर्थिक हैसियत का गुणगान करके उसका विज्ञापन किया जाता है। कुछ विज्ञापन प्रबोधपरक दिखायी देते हैं। उनमें अच्छा नागरिक बनने की अपील की जाती है। आजकल इस प्रकार के विज्ञापन अधिक देखे जा रहे हैं, जिसमें मानवीय संवेदना एवं पारिवारिक प्रेम का पुट होता है। जैसे—अपने नौनिहाल की उच्च शिक्षा के लिए 20 वर्षीय ब्राण्ड खरीदने की अपील। इन दिनों कई विज्ञापन भौतिक मुख के प्रलोभनों से जुड़े दिखायी देते हैं, अर्थात् खान-पान, पहनावा का उनमें अधिक गुणगान होता है। इसके अतिरिक्त सूचनाप्रधान, दावे से भरी हुई तथा तुलना करनेवाली अपीलें भी इन दिनों देखी जा रही हैं।

इन विज्ञापनों के मुख्य तीन भाग देखे जा सकते हैं—

(क) मूल पाठ

(ख) शीर्षक

(ग) उपशीर्षक।

मूल पाठ का लेखन अनुच्छेदों में किया जाता है, आँकड़ों और चित्रों सहित। उसमें कम्पनी में सम्पर्क करने पर जोर होता है। मूल पाठ का संक्षिप्त और सुगठित

होना आवश्यक है। उसी प्रकार शीर्षक को आकर्षक और उपशीर्षक को अग्रसूचना देनेवाला होना चाहिए। निष्कर्ष यह है कि विज्ञापन कला का सबसे महत्त्वपूर्ण अंग है—कापी लेखन।

ले आउट

इसका तात्पर्य है संयोजन। जो विज्ञापन पत्र-पत्रिकाओं में प्रकाशित होता है, उसकी रूपरेखा, उसमें सम्बन्धित चित्र, पूरा नक्शा या प्रारूप बनना होता है। इसमें सर्वप्रथम विचारणीय है—विज्ञापन का स्वरूप, उसका लक्ष्य, उपभोक्ता वर्ग, उसका क्षेत्र और प्रस्तुति की प्रणाली। ये सब ले आउट द्वारा ही निश्चित किये जाते हैं कि ट्रेडमार्क कहाँ रखें? ब्राण्ड कहाँ छापें? कापी का स्थान कहाँ होगा? शीर्षक उपर्शीषक कहाँ जायेगा? इसके साथ किस व्यक्ति व वस्तु को दिखाया जाये? चित्र रंगीन हो या सादा? इसका निश्चय करनेवाला दिग्दर्शक होता है, जो पहले उसका कच्चा प्रारूप बनाता है। बाद में विज्ञापन को अन्तिम रूप देता है।

दिग्दर्शक अपना 'ले आउट' तैयार करते हुए बराबर यही प्रयास करता है कि (क) वह उसकी मौलिक डिजाइन हो (ख) वह विज्ञापित वस्तु की केन्द्रीय भावभूमि से जुड़ी हुई भी है। (ग) वह पहली ही नजर में उपभोक्ताओं का ध्यान आकर्षित कर ले। (घ) उसके माध्यम से सही सूचना मिले। (ङ) सारा विज्ञापन तर्क पर आधारित हो (छ) वह उपभोक्ताओं में तीव्रता या गत्वरता भर सके अर्थात् तुरन्त अनुकूल प्रभाव पैदा कर सके और विज्ञापन में समग्रता आ सके।

इस ले आउट में निम्नलिखित का समावेश किया जाता है—

(क) मूल पाठ

(ख) शीर्षक

(ग) उपशीर्षक

(घ) चित्र

(ङ) ट्रेड मार्क

(च) लोगो

(छ) बार्डर

(ज) विज्ञापन का मूलकथ्य

(झ) खाली पड़ी जगह का अनुपात

(ञ) टाइप सेटिंग

(ट) रंगों का चुनाव

इनमें अधिकतर कार्य भाषा से ही सम्बद्ध है। उपर्युक्त तत्त्वों पर ध्यान रख करके ही अच्छा 'ले आउट' निर्मित किया जा सकता है।

डिजाइनिंग

वर्तमान युग में सचित्र विवेचन करना बहुत आवश्यक हो गया है। चित्र देखकर चूँकि विज्ञापन के कथ्य का अनुमान हो जाता है, इसलिए विज्ञापन और चित्र परस्पर पूरक हैं। डिजाइनिंग द्वारा विज्ञापन सुदर्शन हो जाता है। नाटकीयता के कारण वह ज्यादा प्रभावशाली हो जाता है। इन चित्रों द्वारा विज्ञापित वस्तु की प्रयोग-विधि भी समझायी जाती है। कभी-कभी ये चित्र इतने कलात्मक बना दिये जाते हैं, विशेष रूप से कलेण्डरों में, जिन्हें हम अपने कमरों में टाँगने के लिए विवश हो जाते हैं। इससे एक उत्पादन-विशेष हजारों-लाखों ग्राहकों की आँखों के सामने वर्ष भर के लिए अपनी स्थायी जगह बना लेता है। विज्ञापन में चित्र का आकार कैसा हो? इनकी संख्या कितनी हो? यह सब विक्रय वस्तु कम्पनी की नीति और चित्रकार की कल्पना के आधार पर निश्चित होता है। यहाँ विभिन्न आयु, आय वर्गों के ग्राहकों की मनःस्थिति को ध्यान में रखना जरूरी होता है। चित्र रचना तो प्रभावी होनी ही चाहिए।

यह डिजाइनिंग दो प्रकार की होती है—

(क) स्टिल चित्र

(ख) रेखांकन या तूलिका चित्र

स्टिल चित्रों के लिए मॉडलिंग का सहारा लिया जाता है। सम्बन्धित मॉडल की उत्तमोत्तम प्रस्तुति डिजाइनर की पहली शर्त होती है। इसके विपरीत रेखांकन एक कलात्मक कार्य है। स्टिल चित्र अपेक्षाकृत महँगे होते हैं। इनके लिए उच्चकोटि का कागज और मुद्रण चाहिए। रंगीन चित्र भी बहुत व्ययसाध्य होते हैं। रेखांकन की पद्धति अपेक्षाकृत ज्यादा लचीली है। इन चित्रों का मूल विज्ञापन से सम्बन्धित होना आवश्यक होता है। कभी-कभी इनमें दूर की कौड़ी दिखायी देती है। दर्शक इस पहेली का सुलझाने में जुट जाता है। अर्थात् चित्र 'आइ कैचिंग' सिद्ध होता है।

डिजाइनिंग में ट्रेडमार्क का बड़ा महत्त्व है। इसका प्रयोग कम्पनियों द्वारा अपनी अलग पहचान बनाने के लिए किया जाता है। ब्राण्ड नाम और लोगो इसी ट्रेड मार्क के अंग हैं। लोगो में एक आकृति होती है, जिसमें संस्था का नाम होता है। उससे संस्था के चरित्र का पूर्वाभास होता है। कुछ कम्पनियाँ ट्रेड मार्क, ट्रेड नाम और ट्रेड ब्राण्ड इन तीनों का मिला-जुला रूप रखती हैं। ब्राण्ड का नाम सार्थक भी होता है और निरर्थक भी। जैसे—अमृतधारा एक सार्थक नाम है और पेप्सी-कोक एक

निरर्थक नाम है। इन नामों का छोटा होना, सुवाच्य और सुपाठ्य होना आवश्यक है। प्रयास यह करना चाहिए कि नाम भ्रमोत्पादक न हो। यदि किसी जूते का नाम 'नयनतारा' रख दिया जाये तो उससे भ्रम हो सकता है कि वह आँखों की दवा है या 'फुटवियर'। डिजाइनिंग में रिक्त स्थान छोड़ना भी बहुत आवश्यक होता है। डिजाइनर उसके अनुपात का निर्णय लेता है। वही तय करता है कि हर वाक्य और शब्द के बीच कितनी दूरी हो? किस शब्द के बीच कितनी दूरी हो? किस प्रकार का बार्डर हो? कैसा मुद्रण और टाइपोग्राफी और रंग हो? किस प्रकार का टाइपफेस हो? कितना भेद और परस्पर कितना सन्तुलन या साम्य हो?

प्रायः डिसप्ले विज्ञापनों के ले आउट के तीन चरण देखे जाते हैं। प्रथम चरण में स्थूल रेखांकन किया जाता है। द्वितीय चरण में इस कच्चे रेखांकन और कला विभाग की राय ली जाती है। अन्तिम चरण में विज्ञापन एजेन्सी द्वारा ग्राहक से पुष्टि करायी जाती है। दूसरे शब्दों में डमी बनाकर अन्तिम प्रारूप तैयार करना इस प्रक्रिया में सर्वाधिक महत्त्वपूर्ण है। यह अधिकतर चित्रभाषा पर निर्भर होती है।

विज्ञापन शोध

सम्प्रति विज्ञापन के लिए उपभोक्ता के मनोजगत् का विश्लेषण करना बहुत आवश्यक है। यदि हम विभिन्न आयु वर्ग, आय वर्ग, क्षेत्र एवं भाषा वर्ग अर्थात् विभिन्न परिस्थितियों से निर्मित होनेवाली मनःस्थितियों को समझ लेते हैं तो हम सर्व-सामान्य मनुष्य से अवगत हो जाते हैं। तभी सही अर्थों में विज्ञापन का सही अभियान चलाया जा सकता है। इसके लिए आवश्यक है समकालीन मुहावरों को पकड़ने की, हिन्दी अंग्रेजी की मिली-जुली शब्दावली को अपनाने की और समाज मनोभाषिकी से प्रेरित प्रोक्तियों की खोज करते रहने की।

इस विज्ञापन योजना-अभियान के लिए शोध की बड़ी आवश्यकता है। इस उद्देश्य से शोध के तीन भेद किये जा सकते हैं—

1. बाजार में शोध
2. ग्राहक शोध
3. भाषिक प्रोक्तियों की खोज

बाजार शोध के अन्तर्गत देखना होता है कि किसी एक वस्तु की भारी पैदावार के, भारी खपत के तथा उसकी लोकप्रियता के मुख्य कारण क्या हैं? उसका अतिक्रमण कैसे किया जा सकता है? इस उद्देश्य से विपणन, प्रबन्धन, मानव संसाधन-प्रबन्धन, बैंकिंग सहकारिता आदि का संज्ञान प्राप्त करना जरूरी है। बाजार शोध के लिए वस्तु के नकारात्मक पहलू को देखना आवश्यक होता है।

कभी-कभी किसी उत्पाद के पुराने पड़ जाने पर जन अभिरुचि कम हो जाती है। तब उसका कायाकल्प करना उपयागी होता है। समाज में कुछ वस्तुएँ अपने पुरानेपन के बल पर बचती हैं और कुछ नयेपन के बल पर। इन दोनों में समयानुसार समन्वय करना होता है।

शोध कार्य के लिए सही पड़ताल की आवश्यकता होती है, जो तथ्यों, आँकड़ों और रिपोर्टों पर आधारित होती है। इसके लिए जाँच समिति बैठानी पड़ती है। कुछ व्यावसायिक संगठन इस क्षेत्र में बहुत दिनों में सक्रिय हैं, जैसे—

1. चैम्बर ऑफ कामर्स एण्ड इण्डस्ट्री
2. आपरेशनल रिसर्च ग्रूप
3. इण्डियन इन्वेस्टमेण्ट सेण्टर
4. ऑल इण्डिया मैन्यूफैक्चर्स एसोसिएशन
5. फिक्की आदि।

इसके अतिरिक्त विश्व बैंक, रिजर्व बैंक ऑफ इण्डिया और सांख्यिकी विभागों के पास पर्याप्त शोध-सामग्री रहती है। शोध के लिए प्रश्नावली बनानी होती है और नमूने एकत्र किये जाते हैं। अब यह कार्य टेलीफोन से होने लगा है। इसमें अनेक वैज्ञानिक उपकरणों की सहायता ली जाती है। जैसे-टेपरिकार्डर, स्टिल कैमरा, वीडियो कैमरा, कम्प्यूटर आदि।

उपभोक्ताओं का शोध करने के लिए उनका आर्थिक, सामाजिक और मनोवैज्ञानिक अध्ययन करना होता है। अच्छे शोध पर ही विज्ञापन की सफलता निर्भर होती है। भूमण्डलीकरण के दौर में बहुराष्ट्रीय कम्पनियाँ पूरे विश्व बाजार को आक्रान्त किये हुए हैं। उनके विज्ञापन विभिन्न भाषाओं में अनूदित होकर, विभिन्न देशों और क्षेत्रों में दृश्य माध्यमों और पत्र-पत्रिकाओं द्वारा प्रसारित होते रहते हैं। इसमें मात्र इतना ध्यान रखना होता है कि किस देश के बाजार में किस कम्पनी के उत्पादन को प्रवेश दिया गया है? विज्ञापन द्वारा राष्ट्रीय हितों की क्षति नहीं पहुँचनी चाहिए और पारस्परिक सम्बन्धों में भी कोई आँच नहीं आनी चाहिए। इसके लिए विज्ञापन संहिता को समझना आवश्यक है। इन सबमें अपेक्षाकृत ज्यादा उपयोगी है, एक-एक शब्द की संवेदना और उपभोक्ता वर्ग की केमेस्ट्री की खोज करने की।

हिन्दी विज्ञापनों की भाषिक संरचना

वर्तमान भूमण्डलीकरण, उदारीकरण, निजीकरण और बाजारीकरण के दौर में विज्ञापनों का महत्त्व बहुत बढ़ गया है। बहुराष्ट्रीय कम्पनियों ने विज्ञापनों को ही

अपने विपणन (उत्पाद की बिक्री) का मूलाधार बना लिया है। अखबारों से लेकर जनसंचार माध्यमों (रेडियो, टी.वी. केबिल) तक में विज्ञापनों की भरमार है। परिणामतः यह विज्ञान-युग आज विज्ञापन-युग में परिणत हो गया है।

विज्ञापन के लिए दो तत्त्वों की आवश्यकता होती है—एक, चित्र (विजुअल), दूसरे, भाषा (आडियो)। विज्ञापन की 'कापी राइटिंग' करते हुए पोस्टर, बैनर, स्टीकर, पम्फ्लैट, लीफलेट, ब्रस्योर, मुखपत्र, होर्डिंग, साइनबोर्ड आदि की अलग-अलग चित्र रचना और भाषिक संरचना करनी पड़ती है। इसी तरह विज्ञापन की फिल्में बनाते हुए कैमरा और अभिनय के साथ स्क्रिप्ट तथा संवादों की आवश्यकता होती है। ये नारे (स्लोगन), ये आलेख (राइटअप) और ये संवाद मूलतः भाषिक प्रकार्य हैं, इसलिए विज्ञापन कला में भाषा की भूमिका सर्वोपरि है। चूँकि विज्ञापन को जनसाधारण के लिए तैयार करना होता है, इसलिए भारतीय विज्ञापनों के लिए जनभाषा-हिन्दी आज सर्वग्राह्य हो गयी है। पिछले दो दशकों में हिन्दी ने विज्ञापनों के द्वारा जो लोकप्रियता, साथ ही जो सम्प्रेषण क्षमता अर्जित की है, वह अभूतपूर्व है।

हिन्दी में रचित विज्ञापनों की इधर कई-कई प्रवृत्तियाँ उद्‌घाटित हुई हैं, जैसे—

1. वर्णसंकरी भाषा-वर्तमान शहरी सभ्यता 'टीनएजर और मध्य वित्त वर्ग के माहौल में हिन्दी-अंग्रेजी मिश्रित जो 'हिंग्लिश' (रिमिक्स) भाषा बोली जा रही है, उसे इन विज्ञापनों ने बहुत बढ़ावा दिया है, जैसे-

1. 'कमर का दर्द' **नो** लापरवाही।
2. 'क्या **लाइफ** है'।
3. 'जो अन्दर **'फिट'** वह बाहर भी **हिट।**'
4. '**सण्डे** हो या **मण्डे**, रोज खायें अण्डे।
5. ठण्डा-ठण्डा **कूल-कूल** आदि।

इन प्रयोगों से हिन्दी की शुद्धता अवश्य प्रभावित हुई है, लेकिन सम्प्रेषण की कई गुना वृद्धि हुई है।

2. तुकान्तता का प्रयोग-इस बीच अधिकतर विज्ञापन गद्य के बजाय पद्य में रचे गये हैं। कुछ उदाहरण देखिये—

1. 'आयोडेक्स **मलिये**, काम पर **चलिये**।'
2. 'जब चाहो हो **जाय**, कोका-कोला **इन्ज्वाय**।'
3. 'बेगी मिर्च का **तड़का**, अंग-अंग **फड़का**।'

4. 'मारा **सिक्स**, हो गया **फिक्स**, अंकल **चिप्स**।'

5. 'स्वाद **लाजवाब**, सुगन्ध वाह **जनाब**।'

6. 'त्योहारों की **उमंग**, यूपिका के **संग**।'

3. कौतुकी दृश्य—वर्तमान विज्ञापनों में बड़े कला-कौतुक के साथ प्रायः परोक्ष व्यञ्जना द्वारा अवाचिक सन्देश दिये जाते हैं, जैसे-मोबाइल के एक विज्ञापन में एक माँ अपने नवजात शिशु के सामने मोबाइल रखकर कहती है 'बच्चा पापा से बात करो' और बच्चा 'आ' की ध्वनि निकालता है। इस दृश्य द्वारा मोबाइल की उपयोगिता स्वतः स्पष्ट हो उठती है।

4. मर्मवेधी ध्वन्यात्मक उक्तियाँ—विज्ञापन के नारे बनाते हुए प्रायः भाषिक संवेदना के सहारे उपभोक्ताओं के मूल मर्म का स्पर्श किया जाता है। उदाहरणार्थ आज के उपभोक्तावादी समाज की खाऊ संस्कृति में चटपटेपन का बड़ा महत्त्व है। इस मनोवृत्ति का लाभ उठाते हुए यह प्रोक्ति बनायी गयी—

"जब भी मन करे
हो जायें शुरू
खूब करारे चटपटे
ठण्डा हो या गरम
मस्ती भरे
कुरकुरे कुरमुरे।"

इसकी शब्दावली में कुरमुराहट की ध्वन्यात्मकता हैं। इसमें कई स्वाद-बिम्ब है और मौज-मस्ती का सन्देश तो है ही, जिससे किशोर मन तत्काल प्रभावित हो जाये। इसी से मिलते-जुलते संगीतपूर्ण, 'विजुअल' से युक्त चालू वाक्य बनाये गये-

1. 'खा के हो जा मस्त'
2. 'जी करे है, खाता रहूँ लहर।'

सम्प्रति देशी-विदेशी खाद्य-पेय पदार्थ इस भौतिकवादी व्यवस्था में दिनोंदिन हमारी चेतना में गहरे धँसते चले जा रहे हैं। इस मनोवृत्ति को पहचानकर कोका-कोला जैसे पेय पदार्थ को कल्पना के आसमान में सपनों की पतंग की तरह एक मैगास्टार के सहारे हर्षोल्लास के साथ उड़ते दिखाया गया है—

"दिल की पतंग है
सपनों का शोर
आसमान भी कम है
यह दिल माँगे मोर।"

यहाँ मोर का अर्थ है 'नो मोर' वाली मनाही का अतिक्रमण कर देना। यह विज्ञापन मन की उत्कण्ठा और अतृप्ति को भड़काता है। कलात्मक ढंग से ऐसी उक्तियाँ नये शब्द गुल्मों और नयी भंगिमाओं के साथ प्रस्तुत की जाती हैं। मनुष्य का स्नायुमण्डल इनसे बरबस प्रभावित हो उठता है। मनोवैज्ञानिकों का मत है कि चेतना की तरंगें मानव-मन में ज्ञानवाही स्नायु कोष से होकर 'न्यूरल' परिपथ द्वारा बोध स्नायु कोष तक की यात्रा करती हैं। इससे मस्तिष्क का सोचनेवाला हिस्सा 'कोटेक्श' कुन्द हो जाता है। बार-बार आवृत्ति करने से 'एनीहुला' पर इतना सघन प्रभाव पड़ता है कि हमारे बाह्य कारकों का आभ्यन्तरीकरण हो जाता है। धीरे-धीरे 'लिविडो' पर से हमारा नियन्त्रण समाप्त हो जाता है। इसे 'पुल' और 'पुश' प्रक्रिया कहते हैं। यह 'न्यूरोटेक्नोलॉजी' का विषय है। भौतिकशास्त्रियों का मत है कि ध्वनि में लगभग 1,50,000 तत्त्व सक्रिय होते हैं। इनसे 'रोडस' और 'कोनस' नामक संवेदनशील तत्त्व लगभग आठ लाख 'नर्व फाइवर' का रूप धारण कर लेते हैं। ऐसे शब्दों को सुनते हुए प्रतीकों के माध्यम से पहले मस्तिष्क में एक 'इमेज' बनती है, फिर वह ध्वनि 'इयर ड्रम' से टकराकर 'आइबाल' तक जाती है। वहाँ से यह भाषिक संवेदना 'आप्टिक नर्व' के सहारे 'न्यूरल' परिपथ पहुँच जाती है, जिसमें एक प्रकार की मन्त्रमुग्धता पैदा होने लगती है। ये दूरसंवेदी तरंगें मनुष्य को सम्मोहित कर लेती हैं। इनके कारण 'स्लोगन' का एक-एक शब्द स्मृति-कोश में जम जाता है। विज्ञापन-लेखक अपनी उक्ति को स्मरणीय बनाने के लिए बराबर यह प्रयास करते हैं कि वह शब्द या वाक्य दर्शक या श्रोता के मस्तिष्क में पैठ जाये, ताकि उसे उत्पाद (पण्य वस्तु) का प्रत्यक्षीकरण होने लगे। इसके लिए बिम्बविधायिनी भाषा सर्वाधिक उपयोगी होती है।

5. सांकेतिकता—विज्ञापन की भाषा सदैव अभिधापूर्ण ही नहीं होती, उसमें बारीक व्यञ्जना भी होती है। जैसे—

'कर लो दुनिया मुट्ठी में' वाक्य में बिम्ब के साथ-साथ काफी गूढ़ार्थ भी है। **'यह अन्दर की बात है'** या **'यह आराम का मामला है'** वाक्य हमें कहीं भीतर से गुदगुदाता है। **'कुछ-कुछ होता है'** की व्यञ्जना भी बहुत गहरी है। टाटा के एक नमक का प्रचार करते हुए कहा गया—**'देश का नमक'**। यह वाक्य राष्ट्र के प्रति कृतज्ञभाव से जुड़े नागरिक में देशभक्ति की भावना भर देता है। महाठण्डा तथा **ठण्डा मतलब कोका-कोला** वाक्य से स्वतः ठण्डेपन की प्रतीति होने लगती है। तात्पर्य यह है कि ऐसे वाक्यों द्वारा उपभोक्ताओं के मन को अभिभूत कर लिया जाता है।

विज्ञापन 'स्लोगन' बनाते हुए 'समाज मनोभाषिकी' का उपयोग किया जाता है। हमारे समाज में अनेक आयु वर्ग और आय वर्ग हैं। सबके अलग-अलग मनोविज्ञान हैं। नवजात शिशु किस तरह स्वस्थ-सुन्दर दिखे, यह मातृत्व या वात्सल्यमयी भारतीय नारियों का स्थायी भाव है। युवा पीढ़ी आज जिस तरह सजने-सँवरने यानी सुन्दरीकरण में लगी हुई हैं, विज्ञापनदाता उसी के मनोविज्ञान के अनुरूप 'थीम' चुनते हैं और मार्मिक वाक्य बनाते हैं। उदाहरणार्थ—गोरापन हमारे समाज की एक चिरसंचित लालसा है। अतः इस मनोवृत्ति का उपयोग करता हुआ 'स्लोगन' बना—

'गोरेपन की सुकोमल असरवाली फेयर एण्ड लवली।' इसी को पारस्परिक स्पर्द्धा से जोड़कर इस तरह लिखा गया—'सँवारे आपकी सुन्दरता, नहीं तो तेरा ब्वाय फ्रेण्ड मेरा हो जायेगा।' तात्पर्य यह है कि तरह-तरह से प्रेरित करके ये वाक्य हमसे मनचाही खरीदारी करवाते हैं।

विज्ञापन के नारे कहीं लालसाएँ भरते हैं और कहीं करुणा का संचार करते हैं। जीवन बीमा निगम का नारा-**'जीवन के साथ भी, जीवन के बाद भी'** इसी करुणा (पैथास) के कारण लोकप्रिय हुआ है।

कुछ विज्ञापन विनोद वृत्ति या विचित्रता के सहारे लोकप्रिय हुए हैं। जैसे-फ्रिज की ठण्डक का पूर्वाभास कराने के लिए उसके द्वार के सामने प्याले में किटकिटाते हुए दाँत दिखाये जाते हैं। इसी तरह एच.पी.तेल का विज्ञापन करते हुए उसे खर्राटे के साथ इस तरह जोड़ा गया—कोई कहता है—'आप एच.पी. की दो बूँद कान में डालें, आपके खर्राटे बन्द हो जायेंगे। वह पूछता है—क्या आप डाक्टर हैं? दूसरा उत्तर देता हैं—नहीं, मैं ट्रक चालक हूँ। हमारा इञ्जन भी पहले ब्रहुत भरभराता था। एच.पी. डालने से भर्राहट बन्द हो गयी है।' इस प्रकार के संवाद अपने कथ्य-कौशल के कारण लोकप्रिय हुए हैं।

6. उपयोगी वक्तव्य—कुछ विज्ञापनों में ग्राफिक्स, डायग्राम और आँकड़ों के सहारे उत्पाद की तुलनात्मक बारीकियाँ समझायी जाती हैं। विशेषतः टूथपेस्ट, साबुन, दवा, पहनावा आदि में। ये उपभोक्ता को किसी-न-किसी रूप में प्रभावित अवश्य करते हैं।

7. जनहित में प्रसारित विज्ञापन—राज्य और केन्द्र सरकार में ऐसी अनेक स्वयंसेवी संस्थाएँ हैं, जो साक्षरता, स्वच्छता, पर्यावरण, साम्प्रदायिक सौहार्द आदि का प्रत्यक्ष-परोक्ष सन्देश देती हैं। **'मिले सुर मेरा तुम्हारा'** में अनेक राष्ट्रीय विभूतियों का जो समूहगान प्रस्तुत किया गया है, वह इसका अच्छा उदाहरण है।

निष्कर्ष यह है कि अपने सन्देश का स्थायी प्रभाव में त्वरित रूपान्तरण कर देना ही विज्ञापन का प्रमुख प्रयोजन होता है। इसके लिए ऐसी भाषा का चयन करना होता है, जिसमें निम्नलिखित विशेषताएँ हों—

1. वर्ण मैत्री या पद मैत्री
2. बिम्बविधायिनी वृत्ति
3. सांकेतिकता
4. अनेकार्थकता
5. सर्जनात्मकता
6. तुकान्तकता
7. संगीतात्मकता
8. प्रयत्न लाघव
9. आरोहावरोहपूर्ण यति-गति-लय (रिद्म)
10. श्रुति माधुर्य, पद लालित्य द्वारा मुख-सुख की प्राप्ति आदि।

उपर्युक्त विशेषताओं से युक्त विज्ञापन की भाषा अब सीधे-सादे प्रचार की भाषा न होकर घुमावदार संवादात्मक संचार भाषा या 'टेक्नोक्रियेटिव मीडिया हो गयी है। विश्व में लगभग 6,000 बहुराष्ट्रीय कम्पनियाँ हैं। उन्होंने 'मीडिया-साम्राज्यवाद' स्थापित कर लिया है। आज वे पूरी शक्ति के साथ भाँति-भाँति के आंगिक-वाचिक अभिनयपूर्ण, 'डिस्पले' द्वारा 'हाइटेक तकनीक' के माध्यम से तरह-तरह के सचित्र स्लोगन बनवाकर इस जनसंख्याबहुल, नवभौतिकतावादी, विकासशील देश में आक्रामक भाव से उतर पड़ी हैं। इनसे एक ओर सांस्कृतिक और आर्थिक क्षति हो रही है किन्तु दूसरी ओर भाषिक स्तर पर हिन्दी की संचार-क्षमता की संवृद्धि भी हो रही है। फलतः वह 'ग्लोबल लैंग्वेज' का रूप धारण करती जा रही है। यह विज्ञापन लेखन स्वयं में एक रोजगारपरक लेखन है, इसलिए उसकी उपयोगिता को नकारा नहीं जा सकता है। आवश्यकता मात्र यह है कि विज्ञापनों को भरसक असत्य, अतिरंजित एवं अश्लील कथनों से बचाया जाये, उसे भोंड़े प्रचार या फूहड़ प्रोपेगण्डा से ऊपर उठाया जाये और उसमें अधिकाधिक सर्जनात्मकता का पुट डाला जाये, ताकि भाषिक संवेदना के अनुरूप वह एक सर्व-समर्थ भाषा का दायित्व निभा सके।

संचार भाषा के उक्त सभी रूप आज प्रयोजनीय हैं। भावी दशकों में इसमें इण्टरनेट, माइक्रोसॉफ्ट, पोर्टल अर्थात् सूचना प्रौद्योगिकी के अनेक नये-नये प्रयोग घटित होंगे। यहाँ अन्तरराष्ट्रीय प्रतीकों और 'मेटा लैंग्वेज' के उपादानों से युक्त नयी-नयी प्रोक्तियाँ बनेंगी। अस्तु, हिन्दी भाषा के इस विकसनशील जनसंचारी स्वरूप को समानान्तर रूप से समझते और सँभालते रहने की बड़ी आवश्यकता है।

विज्ञापनी भाषा का संवेदनाशास्त्रीय आधार

भारतीय साहित्यशास्त्र में रस निष्पत्ति की प्रक्रिया में आचार्य भरत के नाट्य-शास्त्र और अग्निपुराण से लेकर परवर्ती कई आचार्यों-भोज, धनञ्जय, जगन्नाथ आदि ने आठ स्थायी भावों तथा तैंतीस सञ्चारी-व्यभिचारी भावों की जो विवेचना की है, उसका मानवीय संवेदना से गहरा सम्बन्ध है। आचार्य भरत के अनुसार ये सञ्चारी भाव देश-कालपरक और अवस्थागत होते हैं। ये मुख्यतः आश्रय (दर्शक) में पैदा होते हैं। कुछ उसकी प्रकृति के अनुसार, कुछ उसके आचरण के अनुकूल और कुछ बाह्य उत्तेजनावश उनके अनुसार कुछ सञ्चारी आत्मगत होते हैं, अर्थात् अपने प्रति पैदा होते हैं जैसे—गर्व और ग्लानि और कुछ परगत यानी दूसरे के प्रति पैदा होते हैं जैसे—अमर्ष (क्रोध) और ईर्ष्या। आचार्य भरत ने आवेग और त्रास को देश-कालानुसार अथवा परिस्थितिप्रेरित माना है। उनके अनुसार कुछ सञ्चारी स्त्रियों में विशेषतः पाये जाते हैं, जैसे—निर्वेद, शंका, आलस्य और कुछ अन्त्यजों में मिलते हैं। इसीलिए उन्होंने सञ्चारियों के तीन भेद किये हैं 1. उत्तम 2. मध्यम और 3. अधम

सञ्चारियों की संख्या को लेकर आचार्यों ने मतभेद व्यक्त किया है, परन्तु अधिकतर ने उनकी संख्या तैंतीस मानी है। हाँ, नामों में अन्तर अवश्य मिलता है। सम्प्रति बहुमत द्वारा समर्थित सञ्चारी हैं—निर्वेद, आवेग, दैन्य, जड़ता, उग्रता, मोह, स्वप्न, गर्व, मरण, अलसता, अमर्ष, निद्रा, अवहित्थ (छल), उत्सुकता, उन्माद, शंका, स्मृति, मति, व्याधि, सन्त्रास, लज्जा, हर्ष, असूया, विषाद, धृति, चपलता, ग्लानि, चिन्ता, वितर्क आदि। मानव भावों का यह वर्गीकरण रति-विरति, तर्क, स्मरण, उत्सुकता और विवेचना की दृष्टि में समेकित कर लिया गया है।

रतिर्हासश्चशोकश्च क्रोधोत्साहोभयस्तथा।
जुगुप्साविस्मयश्चेति स्थायिभावाः प्रकीर्तिताः।।

अर्थात् रति (श्रृंगार-प्रेम), हास्य, शोक, क्रोध, उत्साह, भय, जुगुप्सा (घृणा) और विस्मय स्थायी भाव हैं।

प्रसिद्ध मनोवैज्ञानिक सैण्ड के अनुसार मानव-जीवन के मूल भाव हैं क्रोध, भय, शोक और प्रेम। मनोविज्ञान में Instincts (सहजवृत्ति) और Sentiments (सहचर भावना) के चौदह भेद किये गये हैं

1. बचने की प्रवृत्ति (Self-Defence)
2. युद्ध की प्रवृत्ति (Will to fight)

3. पालन-पोषण (Parental)
4. जुगुप्सा (Repulsion)
5. कामवृत्ति (Libido)
6. जिज्ञासा (Curiosity)
7. अहम्मन्यता (Self-Assertion)
8. निर्माण की प्रवृत्ति (Construction)
9. शरणागति (Submission)
10. दैन्य (Appealing)
11. समुदाय की प्रवृत्ति (Community Feeling)
12. हास्य प्रवृत्ति (Satairs)
13. भोजनार्जन की प्रवृत्ति (Food Seeking)
14. संचय वृत्ति (Acquisition)

मनोवैज्ञानिकों का दावा है कि इन्हीं प्रवृत्तियों के कारण भय, क्रोध, वात्सल्य, दाम्पत्य, शोक, घृणा, विस्मय, गर्व, उत्साह, भक्ति, लोभ, हास्य आदि की मनोवृत्तियाँ उत्पन्न होती हैं।

इसमें कोई सन्देह नहीं कि स्थायी भावों और सञ्चारी व्यभिचारी भावों के माध्यम से विकसित भारतीय संवेदनाशास्त्र पश्चिमी मनोविज्ञान और काव्यशास्त्र की तुलना में अपेक्षाकृत ज्यादा परिपूर्ण है। भारतीय आचार्यों ने संवेदना को देश-कालपरक माना है। प्रत्येक कथन एक परिस्थिति-विशेष में उद्दीपन विभावों के अनुरूप अपना प्रभाव डालता है। बंगाल में महाप्रभु चैतन्य ने जनसाधारण को वैष्णव भक्ति आन्दोलन की ओर आकृष्ट करते हुए नारा दिया था कि "रामनाम बोल, जैसे माछी घोल।"। इसी भाव को वृन्दावन में भक्तों के बीच उन्होंने इन शब्दों में प्रकट किया—'रामनाम लड्डू गोपाल नाम घी। हरि का नाम मिश्री, घोल-घोल पी। यह उल्लेखनीय है कि माछी भात के प्रति लालायित बंगीय जनता के समक्ष हरिनाम को सुस्वाद माछी-जैसा बताया गया और मिष्टान्न प्रेमी शाकाहारी ब्रजवासी जनता के मध्य हरिनाम को लड्डू घी, मिश्री के तुल्य बताया गया। ये दोनों नारे दो भिन्न क्षेत्रों की स्थानीय संस्कृतियों से प्रेरित हैं।

सम्प्रति विज्ञापन के नारे लिखते हुए इस मानवविज्ञान को समझने की आवश्यकता है। वर्तमान भूमण्डलीकरण, उदारीकरण और निजीकरण के दौर में विज्ञापनों ने विज्ञापनों को ही अपने विपणन और बिक्री का मूलाधार बना लिया है। कापी लेखन करते समय ग्रैफिक्स, वाचिक अभिनय, सेटिंग आदि के साथ-साथ यह प्रयास किया जाता है कि हम अपने 'स्लोगन' को किसी-न-किसी मानवीय प्रवृत्ति से जोड़कर पाठक, दर्शक और श्रोता को गहरे स्तर पर छू लें। जैसे-

1. लोभ-यह मानव की एक सहज प्रवृत्ति है, इसलिए 'कौन बनेगा करोड़पति'-जैसा शीर्षक इस प्रवृत्ति को उत्तेजित करता है। इस अर्थप्रधान युग में करोड़पति बनना या करोड़पति बनते देखना अधिकतर लोगों को अच्छा लगता है। मेगास्टारों द्वारा प्रस्तुत इस कार्यक्रम की असाधारण लोकप्रियता का यही रहस्य रहा है। इसी प्रकार एक विज्ञापन में मनाही के बावजूद किसी स्वादिष्ट वस्तु को खाता हुआ जब व्यक्ति कहता है—'क्या करें, कण्ट्रोल नहीं होता' तो व्यञ्जन के जायके के समक्ष उपभोक्ता की यह बेचारगी हमें कहीं छू जाती है। इसी प्रकार अन्य प्रवृत्तियाँ भी विचारणीय हैं। जैसे—

2. सहानुभूति-एक सहज मानवीय प्रवृत्ति है। एक विज्ञापन में सर्दी से परेशान पत्नी से उसका पति पूछता है कि क्या जुकाम है? बीमार पत्नी सारे दुःख-दर्द बताते-बताते चिल्लाने लगती है तो सहानुभूति के मारे पति भी यह कहते हुए चिल्ला उठता है-'पचास बार कहा कि विक्स एक्शन 500 लो। अब भुगतो।' यहाँ आत्मीयता से भरा कोप, किन्तु समग्रतः, सहानुभूति का जो भाव प्रकट हुआ है, वह निश्चय ही बड़ा संवेदनशील है।

3. निर्वेद (निवृत्ति) और करुण का भाव-यह मानव-जीवन का एक चिरन्तन सत्य है। ऐसे वाक्यों से 'पैंथास' पैदा होता है। जीवन बीमा निगम का यह वाक्य 'जीवन के साथ भी, जीवन के बाद भी', इसीलिए हिट हो गया है।

4. आश्चर्य, कुतूहल, उत्सुकता-जैसे भाव मानव-व्यक्तित्व के अभिन्न अंग हैं। इनसे जुड़े हुए विज्ञापन जब अपना कौतुक दिखाते हैं तो हम प्रभावित हुए बिना नहीं रहते। टाटा टी का विज्ञापन करता हुआ यह नारा जाने यह क्या रिश्ता है' इसका अच्छा उदाहरण है।

5. मोह से जुड़ी भोगवृत्ति और अस्तित्व रक्षा की प्रवृत्ति मानव-मन में गहरी होती है। च्यवनप्राश का विज्ञापन जब यह बताता है कि इसमें सोना-चाँदी है, तो उस बहुमूल्य वस्तु के भोग की भावना का मन में पैदा हो जाना अवश्यम्भावी हो जाता है। बिग बी के माध्यम से पेप्सी, काटवेरी आदि के जो विज्ञापन प्रस्तुत किये गये हैं, वे इसी भोगवृत्ति के प्रेरक हैं।

6. ईर्ष्या भी एक स्वाभाविक मानवीय प्रवृत्ति है। इसीलिए 'इसकी कमीज मेरी कमीज से ज्यादा सफेद क्यों?' यह वाक्य एक वाशिंग पाउडर के लिए वरदान बन गया।

7. युयुत्सा या संघर्ष इच्छा-इस भौतिक प्रवाह में दिनोंदिन टूथपेस्ट के साथ कीटाणुओं से युद्ध करते हुए कई दृश्य दिखाये गये। इसी भाव को जाग्रत करने हेतु, रिलायन्स ने 'कर लो दुनिया मुट्ठी में'-जैसा नारा अपनाया है।

8. गर्व- मनुष्य का एक स्थायी भाव है। राष्ट्रीय स्वाभिमान के साथ जुड़कर यह महिमामण्डित हो उठता है। इस तथ्य सत्य पर ध्यान देते हुए टाटा के नमक को 'देश का नमक' कहकर जिस तरह प्रचारित किया गया और एक ब्राण्ड को 'डाण्डी नमक' का नाम देकर जिस प्रकार आजादी की लड़ाई से सम्बन्ध जोड़ा गया, उससे ये विज्ञापन हमारे दिलोदिमाग में बैठ गये।

9. काम-एक आदिम प्रवृत्ति है। कई विज्ञापनों ने इसे सूक्ष्मतापूर्वक उभारा है। उदाहणार्थ 'कुछ-कुछ होता है', 'लिखते-लिखते लव हो जाये'। 'यह अन्दर की बात है' आदि वाक्य मन में कहीं मीठी गुदगुदी पैदा करते हैं।

10. उत्सुकता–यानी कथ्य कौतुक से हम जल्दी आकर्षित होते हैं। विज्ञापन में मोबाइल की उपयोगिता सिद्ध करते हुए माँ अपने पुत्रों से कहती है, "बेटे, पापा जी से बात करो" बेरोकटोक। यह दृश्य उपभोक्ता को कहीं गहरे छू जाता है।

10 स्मृति-यह एक महत्त्वपूर्ण सञ्चारी भाव है। कुछ विज्ञापनों में मसालों का प्रचार करते हुए जब माँ के हाथ के बने हुए व्यञ्जन या दादी के फार्मूले की याद दिलायी जाती है तो उससे हमारी स्मृति संवेदना ताजा हो जाती है।

11. हर्ष और उत्साह-मन के स्थायी भाव हैं। ये वाक्य 'हमारा संकल्प कि हम बनायें कुछ बेहतर', 'त्योहारों की उमंग, यूपिका के संग', 'खुल के जियो' तथा आर्चिज का यह विज्ञापनी वाक्य 'सपने हुए अपने' या एक चाय का यह विज्ञापनी वाक्य 'कुछ पाना है, कुछ कर दिखाना है' दर्शक के मन में आवेग, उन्माद आदि मनोभावों का सञ्चार करते हैं।

12. भय—इस मनोभाव को दर्शाने के लिए ओनिडा टी.वी. ने परदे पर गिरगिट, अजगर और जिनके दृश्य दिखाकर रोमांच पैदा किया है। यानी ध्यानाकर्षण कर लिया है। इसी से जुड़ा हुआ सन्त्रास का भाव एक टायर कम्पनी ने प्रस्तुत किया है, जहाँ अच्छे टायर के कारण ब्रेक लगते ही खड्ड में गिरते-गिरते एक गाड़ी तत्क्षण रुक जाती है और दर्शक कह उठता है कि 'यही एकमात्र है भरोसे का टायर।'

13. हास्य, चपलता और छलना का भाव इधर विज्ञापनों में बहुत भर गया है। कार्टून फिल्मों तथा लेमिनेशन का यही मूलाधार रहा है। इसी प्रकार 'सा रे गा मा पा' के आलाप के साथ पाँच रुपये का विज्ञापन, फ्रिज की कूलिंग क्षमता दिखाने के लिए सामने रखे कड़कड़ाते हुए दाँत दिखाने, यानी कहावत को चरितार्थ कर देने का विज्ञापन, और 'ईना मीना डिक्का'-जैसा वाक्य मन में विनोद, चपलता तथा कुतूहल की सृष्टि करते हैं।

14. धृति या आश्वस्ति-मानव-मन की बहुत बड़ी आवश्यकता है। बिरला सीमेण्ट के बारे में जब कोई पूछता है कि आखिर इसमें क्या खास बात है? तो उत्तर देता हुआ एक बुजुर्ग किसान तीन शब्दों का एक लघु वाक्य बोलता है—'इस सीमेण्ट में जान है।' यहाँ जान शब्द का उच्चारण और इसका विशिष्ट लहजा इस विज्ञापन में जान डाल देता है तथा उपभोक्ता के मन में आश्वस्ति का भाव भर देता है।

15. क्रोध एक महत्त्वपूर्ण मनोविकार है। इसे उभारते हुए 'आल आउट' के विज्ञापन में कहा गया कि यह 'मच्छरों का यमराज' है। यहाँ 'यमराज' शब्द मच्छरों के प्रति हमारे क्रोध की व्यञ्जना करता है और उस उत्पाद को हमारी संवेदना से जोड़ देता है।

16. समन्वय एवं अन्तर्विरोध मानव-मन की मूल वृत्तियाँ हैं। कुशल कापीराइटर इस प्रकार के वाक्यों द्वारा मन में प्रमोद-भाव भर देते हैं। जैसे—मोबाइल के एक मुद्रित विज्ञापन में तीन कोनों पर तीन चित्र दिखाये गये। ऊपर दो बच्चे उस मोबाइल से बातें कर रहे हैं। नीचे लिखा हुआ है—'छोटी-छोटी बातें।' मोबाइल पर बीच के चित्र में दो नेता वार्त्ता कर रहे हैं। नीचे लिखा हुआ है, 'बड़ी-बड़ी बातें।' नीचे प्रेमी युग्म मोबाइल पर प्रेमालाप कर रहा है। नीचे लिखा गया है—'मीठी-मीठी बातें।' ये तीन प्रकार की बातें उस मोबाइल की व्यापकता का परिचय देती हैं। इसी प्रकार सार्वजनिक हित में प्रसारित एक सन्देश में प्रयुक्त यह वाक्य-मिले सुर मेरा तुम्हारा, हमारी एक सनातन सदिच्छा का परिचय देता है। कभी-कभी विज्ञापन के नारे शब्दों का चमत्कार दिखाकर हमें प्रभावित करते हैं। जैसे—एक होजरी के कपड़ों के बारे में यह लिखना कि 'ये फूले न समायें' मुहावरे की नयी व्यञ्जना प्रदान करता है।

ऐसे विज्ञापनों के लिए दो तत्त्वों की आवश्यकता होती है—एक चित्र (विजुअल) दूसरे भाषा (ऑडियो)। विज्ञापन की कापी राइटिंग करते हुए पोस्टर, बैनर, स्टीकर, पम्फ्लेट, लीफ्लेट, ब्रस्योर, मुखपत्र, होर्डिंग, साइनबोर्ड आदि की अलग-अलग चित्र रचना और भाषिक संरचना करनी पड़ती है। इसी तरह विज्ञापन की फिल्में बनाते हुए कैमरा और अभिनय के साथ स्क्रिप्ट तथा संवादों की आवश्यकता होती है। ये नारे (स्लोगन), ये आलेख (राइटअप) और ये संवाद मूलतः भाषिक प्रकार्य हैं, इसलिए विज्ञापन कला में भाषा की भूमिका सर्वोपरि होती है। चूँकि विज्ञापन को जनसाधारण के लिए तैयार करना होता है, इसलिए भारतीय विज्ञापनों के लिए जनभाषा हिन्दी आज सर्वग्राह्य हो गयी है। पिछले दो दशकों में हिन्दी ने विज्ञापनों के द्वारा जो लोकप्रियता साथ ही जो सम्प्रेषण-क्षमता अर्जित की

है वह अभूतपूर्व है। वस्तुतः सुलिखित विज्ञापन विजुअल भाषा को रूप, रस, गन्ध, स्पर्श, शब्द से जोड़ देते हैं। ये प्रोक्तियाँ प्रायः कल्पना की उड़ान या उद्भावना का प्रमाण प्रस्तुत करती हैं। अधिकतर विज्ञापन खाद्य, पेय पदार्थ, यन्त्र, ओषधि, वस्त्रालंकार, वाहन, घरेलू चीजें, प्रसाधन सामग्री यानी हमारी दैनन्दिन भौतिक आकांक्षाओं से जुड़े हुए होते हैं। इस विज्ञापन प्रोक्ति को 'मेटा लैंग्वेज' कहा जाता हैं। यह 'न्यूरो टेक्नोलॉजी' और 'टेक्नोक्रियेटिव मीडिया' का विषय है। विज्ञापन से प्रेरित चेतना की तरंगें जब ज्ञानवाही स्नायु कोश से 'न्यूरल-परिपथ' की ओर बढ़ती हैं तो 'कोर्निया' से 'रेटिना' की ओर 'नर्व करेण्ट' के द्वारा पहले सर्वत्र फैल जाती हैं। इनके फैलाव से दर्शक की विचार शक्ति (कोटेक्स) शून्य हो जाती है फिर कई आवृत्तियों के कारण उसकी 'एनीहुला' प्रभावित हो जाती है। अन्ततः इससे 'लिबिडो' का हमारा नियन्त्रण सामाप्त हो जाता है। यह 'पुश ऐण्ड पुल' प्रणाली है, जिससे बाह्य कारकों का आभ्यन्तरीकरण हो जाता है। मनोवेत्ताओं के अनुसार ध्वनि में लगभग डेढ़ लाख तत्त्व सन्निहित होते हैं। मनुष्य के 'रोडस' और 'कोनस' से लगभग आठ लाख नर्व फाइबर का जुड़ाव होता है। उन्हें प्रभावित कर लेने के बाद उसके मानस-पटल पर दृश्य वस्तु के बिम्ब बनने लग जाते हैं। उसी के साथ विज्ञापन की ध्वनियाँ 'इयर ड्रम' से 'आई बाल' के बीच से गुजरती हुई जब आप्टिक नर्व में पहुँच जाती हैं तो उपभोक्ता मन्त्र-मुग्ध हो जाता है और वह स्लोगन हमारे स्मृतिकोश में बस जाता है। विज्ञापन की इस बिम्ब विधायिनी भाषा के पाँच रूप होते हैं—

1. नर्वस
2. हार्मोनल
3. केमिकल
4. मैकेनिक्ल
5. साइकोलॉजिकल

अन्तिम सोपान पर पहुंच जाने पर विज्ञापन का नारा हमारी संवेदना पर हावी हो जाता है।

विज्ञापन की वाचिक संवेदना की विशेषता जहाँ लिखित भाषा पर निर्भर है, वहीं प्रस्तुति या वाचनकला पर भी। वाचक एक विशेष प्रकार की 'आडियो ऐविंटग' द्वारा मन को मोह लेता है। रेडियो से समाचार वाचन करते हुए देवकीनन्दन पाण्डेय, शिवसागर मिश्र, अशोक वाजपेयी आदि ने वाचनकला का उत्कृष्ट नमूना प्रस्तुत किया है। नेहरूजी की शवयात्रा की जो हृदय विदारक कमेण्ट्री अशोक

वाजपेयी ने की थी, इसी प्रकार समय-समय पर जसदेव सिंह ने जो खेल कमेण्ट्री प्रस्तुत की है और किशन शर्मा ने जो संगीतप्रधान कार्यक्रम प्रस्तुत किये हैं, वे वाचनकला की दृष्टि से चिरस्मरणीय रहेंगे।

स्पष्ट है कि विज्ञापनों में भाषिक प्रोक्ति और वाचनकला, दोनों का महत्त्व है। आचार्य रजनीश (ओशो) के प्रवचन (संवादों) से जो सम्मोहन होता रहा है, वह इस कथन का स्वतः प्रमाण है।

फिल्मों की भाषा में इस संवाद कौशल को सर्वाधिक महत्त्व दिया जाता है। इसका विश्लेषण फिल्माये गये उपन्यासों के आधार पर बेहतर ढंग से किया जा सकता है। मूल उपन्यासकार ने जो वाक्य रखा था और फिल्म में उसे बदलकर संवाद लेखक ने जो संवाद प्रस्तुत किया, दोनों का तुलनात्मक विवेचन करने से फिल्मी संवादों का वैशिष्ट्य स्पष्ट हो सकता है।

●

हिन्दी संचार भाषा का व्याकरण-विधान

शब्द-शुद्धि

अहल्या (न कि अहिल्या)
युधिष्ठिर (न कि युधिष्ठर)
अरण्यकाण्ड (न कि आरण्य काण्ड)
बदरीनाथ (न कि बद्रीनाथ)
असम/असोम (न कि आसाम)
द्वारका (न कि द्वारिका)
मेघनाद (न कि मेघनाथ)
शूर्पणखा (न कि सूपनखा)
अवध (न कि औध)
कालियदह (न कि कालियादहन)
मारीच (न कि मरीचि)
बली (ताकतवर)
बालि (वानरराज)
बलि (दैत्यराज)
पालि (भाषा)
पाली (खेल की बारी)
मिश्र (न कि मिश्रा)
शुक्ल (न कि शुक्ला)
गुप्त (न कि गुप्ता)
श्रीवास्तव (न कि श्रीवास्तवा)
शम्भुदयालु (न कि शम्भूदयाल)

कैकेई (न कि केकयी)
नवरात्र (न कि नवरात्रि)
कैलास (न कि कैलाश)
गिरजाघर (चर्च)
गिरिजा (पार्वती)
कानपुर (न कि कानपूर)
पन्त (न कि पंत)
होंठ, ओठ (न कि ओंठ)
भाण्डार (न कि भण्डार)
आटा (न कि आंटा)
आषाढ़ (तद्भव असाढ़)
तुषारपात (न कि तुषारापात)
रचयिता (न कि रचियता)
समयसारणी (न कि सारिणी)
प्रतिज्ञा (न कि प्रतीज्ञा)
परीक्षा (न कि परिक्षा)
कवयित्री, कलाकर्त्तृ (न कि कर्त्री)
बीवी (न कि बीबी)
प्रदर्शनी (न कि प्रदर्शिनी)
हिरन, हरिण (न कि हिरण)
अंजलि (न कि अञ्जली)

मैथिलीशरण (न कि मैथलीशरण)
लक्ष्मण (न कि लक्षमण)
ऊर्मिला (न कि उर्मिला)
वशिष्ठ (न कि वसिष्ठ)
ईसाई (न कि इशाई)
इसलाम (न कि इस्लाम)
अगस्त्य (न कि अगस्त)
शालग्राम (न कि सालिकराम)
कौसल्या (न कि कौशल्या)
गरुड़ (न कि गरुण)
बाजार (न कि बजार)
आशीर्वाद (न कि आर्शिवाद)
रेणु (न कि रेणू)
शिवरात्र (न कि शिवरात्रि)
अहोरात्र (न कि अहोरात्रि)
वैमनस्य (न कि वैमनस्यता)
चैतन्य (न कि चैतन्यता)
सौजन्य (न कि सौजन्यता)
कैशोर (न कि कैशोर्य)
सादृश्य (न कि सादृश्यता)
भवितव्य (न कि भवितव्यता)
दैन्य (न कि दैन्यता)
दारिद्र्य (न कि दारिद्र्यता)
सदाचार (न कि सदाचारिता)
स्वेच्छाचार (न कि स्वेच्छाचारिता)
हठधर्म (न कि हठधर्मिता)
पुरुषोत्तम (न कि पुरूषोत्तम)
ऊँचाई (न कि ऊचाई)
उषा (न कि ऊषा)

पहचान (न कि पहिचान)
साहब (न कि साहिब)
नीयत (निश्चित)
नियत (इच्छा)
नियति (भाग्य)
ओषधि (दवा)
औषध (चिकित्सा)
गुरु (न कि गुरू)
रुपये (न कि रूपये)
ब्रज (न कि बृज)
शाप (न कि श्राप)
तकादा (न कि तगादा)
तबीअत (न कि तबियत)
विषुवत् रेखा (न कि विष्वत)
शब्द (न कि शव्द)
बल (न कि वल)
वन (न कि बन)
बरात (न कि बारात)
बिन्दु (न कि विन्दू)
शताब्दी (न कि शताब्दि)
चाबी (न कि चाभी)
छात्र (न कि क्षात्र)
क्षत्रिय (न कि छत्रिय)
क्षत्रियाणी/क्षत्राणी (न कि छत्राणी)
श्मशान (न कि स्मशान)
बहिष्कार (न कि बहिस्कार)
तिरस्कार (न कि तिरष्कार)
प्रशंसा (न कि प्रसंशा)
सुषमा (न कि सुषुमा)

सिक्ख (न कि सिख)
साधु (न कि साधू)
सम्राज्ञी (न कि साम्राज्ञी)
सूअर (न कि सुवर)
सूआ (न कि सुवा)
पुरस्कार (न कि पुरुस्कार)
सृष्टि (न कि स्रष्टि)
दृष्टि (न कि द्रष्टि)
सृजन (न कि स्रजन)
दृश्य (न कि द्रश्य)
शृंगार (न कि श्रृंगार)
दृष्टान्त (न कि द्रष्टान्त)
जागृति (न कि जाग्रति)
स्पर्धा (न कि स्पर्द्धा)
जिह्वा (न कि जिवहा)
अँगरेजी (न कि अंग्रेजी)
द्वन्द्व (न कि द्वन्द)
मुस्कान (न कि मुसकान)
वैभिन्न्य (न कि वैभिन्य)
सान्निध्य (न कि सानिध्य)
सादृश्य (न कि सदृश्य)
अध्यात्म (न कि आध्यात्म)
स्वास्थ्य (न कि स्वस्थ्य)
ज्योत्स्ना (न कि ज्योत्सना)
भर्त्सना (न कि भर्त्स्ना)
ईर्ष्या (न कि इर्ष्या/ईर्षा)
शकर (न कि शक्कर)
बुधवार (न कि बुद्धवार)

सुश्रूषा (न कि सुश्रूसा)
कर्त्री (न कि कर्त्री)
सभानेतृी (न कि सभानेत्री)
सुलतान (न कि सुल्तान)
बलदेव (न कि बल्देव)
वर्षा (न कि बर्षा)
अक्ल (न कि अकल)
बारिश (न कि वारिस)
चर्चा (न कि चरचा)
बेगार (न कि बेगारी)
गुण्डागर्दी (न कि गुंडेगर्दी)
हँस-हँसकर (न कि हंस हंस कर)
पहुँचकर (न कि पहुंचकर)
उद्यत (तैयार)
मूसलधार (न कि मूसलाधार)
पहले (न कि पहिले)
क्रूरकर्मा (न कि क्रूरकर्मी)
सहकर्मा (न कि सहकर्मी)
आकाशधर्मा (न कि आकाशधर्मी)
समानधर्मा (न कि समानधर्मी)
सहधर्मा (न कि सहधर्मी)
नीरोग (न कि निरोग)
ऐकान्तिक (न कि एकान्तिक)
दुगना (न कि दोगुना)
द्रष्टव्य (न कि दृष्टव्य)
राजनीतिक (न कि राजनैतिक)
मतैक्य (न कि मतेक्य)
अहैतुकी (न कि अहेतुकी)

दारोगा (न कि दरोगा)
कोष (खजाना)
स्रोत (न कि स्त्रोत्त)
स्तोत्र (संस्कृत-छन्द)
शरदेन्दु (शरद + इन्दु)
शरदिन्दु (शरत + इन्दु)
साला (पत्नी का भाई)
पुण्यतिथि (मृत्यु-दिवस)
दोनों, तीनों, चारों, पाचों (अनुस्वार सहित)
सार्वकालिक (न कि सर्वकालिक)
सांविधानिक (न कि संवैधानिक)
व्यावहारिक (न कि व्यवहारिक)
अधीन (न कि आधीन)
निर्मोह (न कि निर्मोही)
मरदाना (न कि मर्दाना)
उत्तरार्द्ध (न कि उत्तरार्ध)
मुसीबत (न कि मुशीबत)
प्रकट (न कि प्रगट)
नकद (न कि नगद)
ठण्डा (न कि ठण्ढा)
बृहत् (न कि वृहत्)
बृहद् (न कि वृहद)
उपलब्ध (न कि उपलव्ध)
वांछनीय (न कि वांक्षनीय)
लांक्षित (न कि लांछित)
सहस्र (न कि सहस्त्र)
उलटा (न कि उल्टा)
यों, क्यों (न कि यूँ, क्यूँ)

अनधिकृत (न कि अनाधिकृत)
आत्मसात् (न कि आत्मसात)
अकस्मात् (न कि अकस्मात)
आयुष्मान् (न कि आयुस्मान)
यथावत् (न कि यथावत)
वायहात (न कि बेवायहात)
विश्वविद्यालयीय (न कि विश्वविद्यालयी)
निर्दय (न कि निर्दयी)
अन्तर्देशीय (न कि अन्तरदेशीय)
अन्तरराष्ट्रीय (न कि अन्तर्राष्ट्रीय)
द्रष्टा (न कि दृष्टा)
जाग्रत (न कि जागृत)
पूर्वार्द्ध (न कि पूर्वार्ध)
निरपराध (न कि निरपराधी)
अधुनातन (न कि अधुनातम)
छिपे (न कि छुपे)
जायेगा (न कि जायेगा)
खाओ (न कि खावो)
आये (न कि आए)
किया (न कि करा)
की (न कि करी)
जाकर (न कि जा करके)
चाहिए (न कि चाहिये)
दे दी जायेगी (न कि जाएगी)
होऊँगा (न कि हूँगा)
संगृहीत (न कि संग्रहीत)
अनुगृहीत (न कि अनुग्रहीत)
नहीं (न कि नही)

गलत (न कि गल्त)
हलका (क्षेत्र)
हल्का (कम वजन)
व्यंग्यात्मक (न कि व्यंगात्मक)
मूर्च्छित (न कि मूर्छित)
उद्यम (न कि उद्दम)
उद्दाम (न कि उद्याम)
उद्धत (खल)
प्रज्वलित (न कि प्रज्ज्वलित)
उज्ज्वल (न कि उज्वल)
सदृश (न कि सदृश्य)
स्वस्थ (न कि स्वास्थ)
पूजनीय/पूज्य (न कि पूज्यनीय)
अन्यमनस्क (न कि अनमनस्क)
बाह्य (वहन करने योग्य)
पुनरुक्ति (न कि पुनरूक्ति)
अन्तःकथा (न कि अन्तर्कथा)
अन्तःप्रकृति (न कि अन्तर्प्रकृति)
स्त्र्योचित (न कि स्त्रियोचित)
वागीश्वरी (न कि वागेश्वरी)
अभ्यन्तर (भीतर) (न कि आभ्यन्तर)
निरवलम्ब, निरालम्ब (न कि निरावलम्ब)
दुरवस्था (न कि दुर्व्यवस्था)
अरक्षित (न कि असुरक्षित)
दुरभिलाषा (न कि दुराभिलाषा)
अनशन (न कि अनसन)
दुराकांक्षा (न कि दुराकांछा)
औरस (सगा बेटा) (न कि ओरस)

दिनोंदिन (न कि दिनोदिन)
रातोंदिन (न कि रातोदिन)
एकत्र (न कि एकत्रित)
सम्मति/संमति (न कि सन्मति)
सम्मान-सम्मुख (न कि सन्मुख)
सन्मार्ग (सत्+मार्ग)
सम्मार्ग (सम्यंक् मार्ग)
सन्तति (न कि संतति)
छन्दोबंध, छन्दोबद्ध (न कि छंदबंध)
तेजोमय (न कि तेजमय)
ध्वन्यंकन (न कि ध्वन्यांकन)
अत्यधिक (न कि अत्याधिक)
अध्ययन (न कि अध्यन)
कर्त्ता, कर्त्तव्य (न कि कर्ता, कर्तव्य)
फिटकिरी (न कि फिटकरी)
वेश्या (न कि वैश्या)
सिफारिश (न कि शिफारिश)
मौलवी (न कि मोलवी)
निःस्वार्थ (न कि निस्वार्थ)
बेईमान (न कि बेइमान)
बिहार (एक राज्य) बौद्ध विहार
भास्कर (न कि भाष्कर)
पश्चात्ताप (न कि पश्चाताप)
उच्छृंखल (न कि उच्छंखल)
कृतकृत्य (न कि कृत्यकृत्य)
अनूदित (न कि अनुदित)
भिखारिन (न कि भिखारिनी)
पड़ोसिन (न कि पड़ोसन)

निरपराध (न कि निरपराधी)	का सामर्थ्य (न कि की सामर्थ्य)
मृत्यूपरान्त (न कि मृत्योपरान्त)	खुशबू (न कि खुसबू)
लब्धप्रतिष्ठ (न कि लब्धप्रतिष्ठित)	खुशामद (न कि खुसामद)
विशृंखल (न कि विशृंखलित)	निःशंक (न कि निशंक)
छत्रच्छाया (न कि छत्रछाया)	पुनरुज्जीवित (न कि पुनर्जीवित)
हतोत्साह (न कि हतोत्साहित)	बेइज्जती (न कि बेज्जती)
सारगर्भ (न कि सारगर्भित)	बेशऊर (न कि बेसहूर)
मुखर (न कि मुखरित)	निरभिमान (न कि निरभिमानी)
षष्ठ (न कि षष्ठम्)	कड़वाहट (न कि कड़ुवाहट)
पश्चात्ताप (न कि पश्चाताप)	बरताव (न कि बर्ताव)
पूछताछ (न कि पूँछताछ)	प्रौद्योगिकी (न कि प्रोद्योगिकी)
सम्बन्ध (न कि संवंध)	भाषाविद् (न कि भाषाविद)
संन्यासी (न कि सन्यासी)	दिवालिया (न कि दीवालिया)
मन्त्रिपरिषद् (न कि मन्त्रीपरिषद्)	भागिनेय (भांजा) न कि भाग्नेय
कुमुदिनी (न कि कुमोदिनी)	सरोजिनी (न कि सरोजनी)
अनधिकार (न कि अनाधिकार)	शेरनी (न कि शेरिनी)

ज्ञातव्य—

1. केन्द्रीय हिन्दी संस्थान, नयी दिल्ली द्वारा मानक हिन्दी वर्तनी की जो नीति निर्धारित की गयी है, उसके अनुसार इन शब्दों के दोनों रूप शुद्ध हैं—गरदन-गर्दन, गरमी-गर्मी, बरफ-बर्फ, बिल्कुल-बिलकुल, सरदी-सर्दी, कुरसी-कुर्सी, भरती-भर्ती, फुरसत-फुर्सत, बरदाश्त-बर्दाश्त, वापिस-वापस, बरतन-बर्तन, दोबारा-दुबारा, दुकान-दूकान, बीमार-बिमार आदि।

2. विदेशी ध्वनियों का हिन्दीकरण करते हुए 'संस्थान' ने कलम, किला, दाग में नुक्ता न लगाने की राय दी है, किन्तु ख़ाना, ख़ुदा, ज़माना, ज़रा, राज़, फ़न आदि शब्दों में (अर्थ भेद होने पर) नुक्ता को अनिवार्य माना है।

3. 'संस्थान' ने अनुस्वार तथा अनुनासिक दोनों को स्वीकार किया है, इसलिए-गंगा, सन्ध्या, ठण्डा, चंचल, सम्पादक आदि शब्द शुद्ध हैं। दूसरी ओर सम्मार्ग, सम्मति आदि भी सही माने गये हैं। उनके अनुसार 'गाँव, माँग, पहुँच में चन्द्र बिन्दु आवश्यक है।

4. हिन्दी में विभक्तियों की जगह परसर्ग होते हैं और वे संज्ञा शब्दों से हटाकर लिखे जाते हैं। (जैसे—राम ने) दूसरी ओर वे सर्वनामों से सटाकर लिखे जाते हैं। उसमें संयुक्त क्रियाएँ और कृदन्त क्रियाएँ पृथक् होती हैं। (जैसे-खाया करता है) अव्यय शब्द (जैसे—किन्तु, परन्तु, तक) और सम्मानार्थक शब्द (श्री, जी) पृथक् रहते हैं।

5. हलन्त के सम्बन्ध में यह नीति अपनायी गयी है कि संस्कृत मूल के शब्दों (संसद्, परिषद्) में इसका प्रयोग होगा। किन्तु जिन शब्दों का हिन्दीकरण हो गया है (जैसे—भगवान, धनवान) वहाँ हल का लोप हो गया है। यही विसर्ग की व्यवस्था है। उनके अनुसार सुख दुःख भी लिखा जा सकता है।

6. कुछ भ्रम अ और व को लेकर हो सकता है। जैसे हुआ या हुवा। इनमें प्रथम प्रयोग ही शुद्ध है। ऐ की ध्वनियों में कभी-कभी भ्रम हो जाता है, गवैया, गवइया, गवय्या अथवा कौवा, कौआ या कउवा इनमें प्रथम विकल्प ही शुद्ध है।

7. संस्थान ने पूर्वकालिक प्रत्यय 'कर' को क्रिया के समय मिलाकर लिखने की सलाह दी है। जैसे-वहाँ आकर, न कि आ कर या आके।

8. इस बीच ऌ चिह्न को हटा दिया गया है और कश्मीरी लिपि चिह्न अ तथा ह्रस्व ए ओ (स्वरपाठ) को स्वीकार कर लिया गया है। जैसे—डॉक्टर, मोहरा।

9. संज्ञा शब्दों में क्रिया, लिंग, वचन, कारक एवं विशेषण के कारण कोई परिवर्तन नहीं होना चाहिए। आगरे, पटने, कलकत्ते-जैसे शब्द अशुद्ध हैं।

10. संज्ञा और क्रिया में आवृत्ति नहीं होनी चाहिए, इसीलिए 'दान दिया', 'प्रश्न पूछा' जैसे प्रयोग अशुद्ध हैं। इसी तरह हिमालय पर्वत, मृत्युदण्ड की सजा जैसे प्रयोग भी गलत हैं।

11. सन्धि प्रयोग के नियमानुसार 'उपरोक्त' के स्थान पर उपर्युक्त और 'अन्तर्ध्यान' की जगह 'अन्तर्धान' शब्द होंगे।

12. 'यह', 'वह' एकवचन हैं तथा 'ये', 'वे' बहुवचन हैं। सम्मान्य व्यक्ति के लिए 'गौरवे बहुवचनम् सूत्र के अनुसार बहुवचन 'ये', 'वे' का प्रयोग होना चाहिए।' 'मुझे ये कहना है, वो कहने लगा' जैसे वाक्य अशुद्ध हैं।

13. 'य' की जगह 'ज' का प्रयोग बोलियों में चलता है जैसे जोग्यता, जजमान। मानक हिन्दी में ये प्रयोग वर्जित हैं।

14. न, ण का भेद स्पष्ट होना चाहिए। फनकार का अर्थ है— कलाकार और फणकार का अर्थ है -सर्प।

15. ग्य और 'ज्ञ' का अन्तर पहचानना होगा। जैसे-ज्ञान, भोग्य।

16. 'द्य' और 'ध' के अन्तर को स्पष्ट रूप से पहचानना होगा। जैसे विद्या और विधा।

17. द्वित्व प्रयोगवाले शब्दों में पत्ती अवश्य लगायें-जैसे महत्त्व, तत्त्व।

18. महाप्राण ध्वनियों के पूर्व अनावश्यक अर्धाक्षर का प्रयोग न करें। रक्खा, लिक्खा, चक्खा, चुप्प आदि शब्द अशुद्ध हैं। कहीं-कहीं ये शब्द अलग अर्थ प्रकट करते हैं, जैसे—पका फल और पक्का मकान।

19. कुछ शब्द स्वतः बहुवचन के होते हैं, जैसे, अनेक, बहुत, गण, कई, बृन्द। इनके लिए अनेकों, बहुतों जैसे प्रयोग अशुद्ध हैं। सन्तान, दर्शन, प्राण, हस्ताक्षर आदि शब्द बहुवचन हैं। सन्तानों की जगह सन्तति शब्द का प्रयोग वांछनीय है। 'कलाप' स्वयं समूह वाची है, अतः कार्यकलापों लिखना उचित नहीं है।

20. समासवाले शब्दों में सतर्कता बरतनी होगी, जैसे—राज्यसभा और राजभाषा। ये दोनों शब्द सही हैं और विशिष्ट अर्थ में रूढ़ हो गये हैं।

21. देवनागरी लिपि में कई वर्णाक्षर दो-तीन तरह से लिखे जाते हैं, जैसे- 'ण' रा/लं ळ/अ अ/झ, भ्क/ ९ 9 आदि। इनका मानकीकरण आवश्यक है, किन्तु किसी को अशुद्ध नहीं कहा जा सकेगा।

22. कुछ शब्दों के बीच विराम चिह्न (-) देना होता है, जैसे—तुम-सा।

23. भाववाची संज्ञा शब्दों के साथ दुहरा भाववाची प्रत्यय लगाना गलत है। या तो वत्सलता लिखें या वात्सल्य। इसी प्रकार अज्ञानता, यथार्थता, सत्यता आदि शब्द अशुद्ध हैं।

24. अरबी, फारसी के इन शब्दों में लिंग और वचन का परिवर्तन नहीं होता। जैसे—ताजा खबर न कि ताजी खबर। इसी प्रकार पेचीदा, उम्दा, मादा, ज्यादा आदि शब्द भी अपरिवर्तनीय हैं।

उपर्युक्त शुद्ध शब्दों को अभ्यास द्वारा आत्मसात् करना अभीष्ट है।

भिन्नार्थक शब्द

कुछ शब्दों में वर्तनी का थोड़ा परिवर्तन होते ही अर्थ बदल जाता है। उदाहरणार्थ

1. शिरा (धमनी) सिरा (किनारा)
2. शंकर (शिव) संकर (मिलावटी)

3. सजा (सुसज्जित) सजा (दण्ड)
4. सत् (शुभ) शत (सौ)
5. सती (साध्वी) शती (शताब्दी)
6. सन्मति (सुबुद्धि) सम्मति (राय)
7. सम (बराबर) शम (शान्ति)
8. सर (सरोवर) शर (वाण)
9. साला (पत्नी-भ्राता) शाला (स्थान)
10. सीसा (एक धातु) शीशा (दर्पण)
11. सुधि (होश) सुधी (बुद्धिमान्)
12. हल् (हलन्त) हल (जुताई का यन्त्र)
13. पथ (मार्ग) पथ्य (बीमार का भोजन)
14. वास (निवास) बास (गन्ध)
15. बाह्य (बाहरी) वाह्य (वहन करने योग्य)
16. मसाला (द्रव्य) मशाल (प्रकाश)
17. पता (परिचय) पत्ता (पादप-पत्र)
18. आसन (बैठने का स्थान) आसन्न (निकटवर्ती)
19. निधन (मृत्यु) निर्धन (गरीब)
20. सकल (सम्पूर्ण) शकल (टुकड़ा)
21. अंश (हिस्सा) अंस (कन्धा)
22. पुरुष (नर) परुष (कठोर)
23. अस्पष्ट (भ्रमपूर्ण) अस्पृष्ट (अछूता)
24. आयत (लम्बा-चौड़ा) आयात (इम्पोर्ट)
25. परायण (लगा हुआ) पारायण (पाठ)
26. आचार (चाल-चलन) अचार (चटनी)
27. वैद्य (चिकित्सक) वैध (वैधानिक)
28. श्रवण (कान) श्रावण (मास)
29. शिवा (पार्वती) सिवा (मादा सियार)
30. शशिधर (शिव) शशधर (चन्द्रमा)

31. शान (मर्यादा) शाण (धार धरने का यन्त्र)
32. विज्ञ, भिज्ञ (जानकार) अभिज्ञ अनभिज्ञ (गैर जानकार)
33. कूल (किनारा) कुल (परिवार, सम्पूर्ण)
34. शीत (सरदी) शित (धार धरी हुई) सित (श्वेत)
35. अभिराम (सुन्दर) अविराम (बिना रुके)
36. अर्थी (चाहनेवाला) अरथी (शव व्यवस्था)
37. अविलम्ब (तुरन्त) अवलम्ब (सहारा)
38. अवधी (एक भाषा) अवधि (समय-सीमा)
39. अर्घ (जलाभिषेक) अर्घ्य (मूल्यवान्)
40. अमल (निर्मल) अम्ल (क्षारयुक्त)
41. अशक्त (कमजोर) आसक्त (मोहित)
42. आदि (आरम्भिक) आदी (अभ्यस्त)
43. आहुति (यज्ञ में समर्पित समिधा) आहूत (बुलावा)
44. इतर (अन्य) इत्र (सुगन्ध)
45. इन्द्रा (इन्द्र की पत्नी) इन्दिरा (विष्णु की पत्नी)
46. वारिस (उत्तराधिकारी) बारिश (वर्षा)
47. अपर (ज्येष्ठ) अवर (कनिष्ठ)
48. कृति (रचना) कृती (रचनाकार)
49. यति (ठहराव) यती (योगी)
50. कान्ता (पत्नी) कन्था (बिछावन) कथरी

वाक्य-शुद्धि

अखबारों में प्रायः अशुद्ध लिखे जानेवाले वाक्य इस प्रकार हैं—

1. सेना ने **प्रत्येक क्षेत्रों** पर पुनः कब्जा कर लिया (प्रत्येक क्षेत्र)
2. माँ **सोती** नींद से जाग उठी (सोते से/नींद से)
3. वे **परस्पर एक-दूसरे** की मदद करते हैं। (परस्पर या एक-दूसरे की)
4. उसकी **आँख** से आँसू गिरने **लगा** (आँखों से आँसू गिरने लगे)
5. मैं **निश्चय** रूप से कह रहा हूँ (निश्चित रूप से)
6. कृपया मुझे दो दिनों का अवकाश **स्वीकार** करें (स्वीकृत)

7. कल मेहमानों ने दिनभर नगर **में** भ्रमण किया (का)
8. उसने बहुत पैसा **संचय** किया (संचित)
9. मेरी **लालवाली** कलम लाओ (लाल कलम)
10. उसने सारी सम्पत्ति साधुओ **को** बाँट दी । (में)
11. लड़की ने हँस दी/**हँस** दिया/**हँसीं** (दिया)
12. मैं **आपको** इसको बारे में कुछ न कहूँगा। **क्योंकि** बात खुले नहीं (आप से...ताकि)
13. आज लोग चरखा **कातेंगे** (चरखा चलायेंगे/सूत कातेंगे)
14. महामारी बढ़ने की **सम्भावना** है (आशंका)
15. इस अपराध के कारण वह दण्ड **देने** योग्य है (पाने)
16. कृपया यह बताने **की कृपा** करें (का कष्ट)
17. जब वह आयेगा तो मैं चूलँगा (तब)
18. उसे मृत्यु दण्ड **की सजा मिली** (मृत्यु दण्ड मिला)
19. उसने यह आरोप **लगाया** (किया)
20. यह इस बात पर निर्भर **करता** है (निर्भर है)
21. **इसके साथ** प्रमाणपत्र संलग्न करो (इसमें)
22. ऐसा सम्भव **हो सका** है (सम्भव है)
23. अभी **वह** युवकों से अधिक परिश्रम करते हैं (वे)
24. मुझ पर मुसीबत **आन पड़ी** है (आ पड़ी है)
25. मैं **चुप/चुप्प** लगा गया (चुप्पी)
26. यह वस्तुस्थिति सभी **को** प्रकट कर दें (सब के समक्ष)
27. सूर्य के **उदय** होते ही वे **वापस** लौटेंगे (उदित....लौटेंगे)
28. उन्होंने मुसकरा दिया (वे मुसकरा दिये)
29. शायद ही कोई पुस्तक हो जिसे उसने न **पढ़ी हो** (पढ़ा)
30. बीमारी को उसके **जन्मते ही** मिटा दो (जन्म लेते)
31. घड़ी में **क्या/कितना/कित्ता** बजा है (कितने बजे)
32. दर्शक **गणों/वृन्दों/जनों** से अनुरोध है (गण/वृन्द/जन)
33. अब वे **चैतन्य** हो गये है (चेतन)
34. खेतों में खाद **डल** गयी है (डाल दी गयी)

35. एक सवारी और मिले तो **चलूँ** (सवार)
36. अब प्रातः के समय निकलने लायक नहीं रहा (प्रातःकाल)
37. **मैंने पाँव में चप्पल पहनी हुई थी** (मैं पावों में चप्पलें पहने थी)
38. **वे** न घर **पे** मिलते हैं **नहीं** आफिस में **आकर के** (वे न घर पर मिलते हैं न ऑफिस में आकर)
39. यद्यपि उन्होंने बुलाया था पर मैं नहीं गया (फिर भी)
40. मैं **जग** गया तो चोर **भग** गया (जाग/भाग)
41. मुझे सन्तोष **अनुभव** हो रहा है (सन्तोष का अनुभव)
42. मैंने **निम्न** विषय **चयन किये** हैं (निम्नलिखित विषयों का चयन)
43. रमा, निशा **व** रीता आदि ने (और या आदि में से एक)
44. आपकी उपस्थिति **प्रार्थनीय** है (प्रार्थित)
45. आज **सायं मेरे को** जाना है (सायं काल.....मुझे)
46. मैंने **आगरे, पटने,** और **कलकत्ते** की यात्रा की (आगरा,पटना, कलकत्ता)
47. मैं **सानन्दित** घर पहुँच गया (सानन्द)
48. यह **अभिजात्य** परिवार की **विद्वान्** महिला (अभिजात....विदुषी)
49. बिना आज्ञा प्रवेश करना **निषेध है** (निषिद्ध)
50. उसको कुछ **दिन** के लिए केवल **मात्र** हिमालय पर्वत पर रहना चाहिए। (कुछ दिनों के-केवल हिमालय पर)
51. **अपने निजी** स्वार्थ से प्रेरित कार्य (अपने/निजी/स्वार्थप्रेरित)
52. उसकी वर्तमान **आयु** बीस वर्ष (अवस्था)
53. उसकी स्थिति **चिन्ताजनक** (चिन्ताप्रद)
54. आप कुछ योगदान **दीजिये** (कीजिये)
55. घड़ी में चाबी **भर दो** (दे दो)
56. वे सज्जन **आदमी है** (सज्जन हैं)
57. अभी दो-ढाई **घण्टा लगेगा** (घण्टे लगेंगे)
58. **आपकी** आवश्यकतानुसार/आज्ञानुसार (आपके)
59. यहाँ इस बार होली का त्योहार खूब **मना** (मनाया गया)
60. वहाँ पुलिस **सादी वर्दी** में थी (सादे वस्त्रों में)

61. कमरा **झड़** गया था (झाड़ दिया गया था)
62. **मृतकों के आश्रितों** को प्लाट मिलेंगे (दिवंगतजनों के उत्तराधिकारियों को)
63. उसने एक **बदमाश** दबोचा (को)
64. इन **हालातों** में वहाँ रहना (हालात)
65. **पुलिस द्वारा चोरी किये बच्चे खोजे** गये (चुराये गये बच्चे पुलिस द्वारा)
66. उसने एक **उपग्रह** मार गिराया (को)
67. आज कई लोग नामांकन भरेंगे (करायेंगे)
68. उन्होंने कई स्थानों पर भाषण **दिये** और कइयों का दाखिला **किया** (भाषण किये, को दाखिला दिया)
69. **नेताजी** हमको यही काम करने को कहे है (नेताजी ने....कहा है)
70. उसने मुझको किताब **दिया** (दी)
71. फिर मेरी घड़ी चुरा **लिया** (ली)
72. हमने अन्ततः लड़ाई **जीता** (जीती)
73. उसके बावजूद **भी** कोई नहीं आया (भी निरस्त)
74. बच्चें स्कूल **को** जा रहे थे (को निरस्त)
75. यह पत्र किसके नाम **पर** आया है (पर निरस्त)
76. रोग समूल **से** नष्ट हो जायेगा (से निरस्त)
77. उस दिन वह पढ़ने **को** गया था (को निरस्त)
78. उसे सब **कोई** जानते हैं (कोई निरस्त)
79. वहाँ **पर** कितने लोग थे (पर निरस्त)
80. इस पर उसने आपत्ति **प्रकट** की (प्रकट निरस्त)
81. तुम **तुम्हारे** काम से मतलब रखो (अपने)
82. आप ऐसा **करो**/करें (करिये या कीजिये)
83. **मैंने** घर जाना है (मुझे/मुझको)
84. **इनने** आगा-पीछा नहीं देखा (इन्होंने)
85. मैंने उनसे काफी बात **किया** (की)
86. वह **पढ़ती-पढ़ती** सो गयी (पढ़ते-पढ़ते)
87. वह **डरती-डरती** घर में घुसी (डरते-डरते)
88. जब सीता राम वन में **थी**....(थे)
89. मैंने हाथ **जोड़ा** (जोड़े)

90. उन्होंने हथियार **रख** दिये (डाल दिये)

91. श्रीराम ने जंब अश्वमेध **यज्ञ** किया (यज्ञ निरस्त)

92. अब तो रोज देर **हो जानी** अनिवार्य है (हो जाना)

93. हम बीस **दिनों तक** बाहर रहेंगे (दिन)

94. कल मैंने उसे खाने **को** बुलाया (पर)

95. वह बच्चों **को** बहुत प्यार करता है (से)

96. यह गोष्ठी मेरे निवास-स्थान **में** होगी (पर)

97. कल दो ट्रेनों **की** टक्कर हो गयी (में)

98. **पुलिस द्वारा चोरी का माल बरामद** (चोरी का माल पुलिस द्वारा बरामद)

99. वे यहाँ केवल **सोने के लिए आये थे** (सोने आये थे)

100. इस समय चार **बजा** है (बजे) आदि।

लिंग-विधान

हिन्दी व्याकरण में लिंग प्रयोग की समस्या सर्वाधिक जटिल है, क्योंकि हिन्दी में संज्ञा, विशेषण, क्रिया वचन आदि के अनुसार सर्वत्र लिंग बदलता जाता है। जैसे-'खाना क्रिया में रोटी खायी जाती है, चावल खाया जाता है, और फल खाये जाते हैं। इस प्रयोग वैभिन्न्य के पीछे कोई तर्क नहीं है। कर्त्ता के अनुसार क्रिया का परिवर्तन संस्कृत, अंग्रेजी और भारतीय भाषाओं में प्रायः कहीं नहीं होता है, इसलिए हिन्दी का लिंग-विधान अपेक्षाकृत बोझीला प्रतीत होता हैं। उसके सही निर्धारण का कोई फार्मूला आज तक नहीं बन पाया है। केवल कुछ मोटे-मोटे फार्मूले ही बने हैं। जैसे-अ, इ, उ से समाप्त होनेवाले शब्द प्रायः पुँल्लिग होते है और आ, ई, ऊ से समाप्त होनेवाले शब्द स्त्रीलिंग। किन्तु अपवाद भी बहुत है। जैसे निम्नलिखित अकारान्त शब्द हिन्दी में स्त्रीलिंग है—बहिन, साँस, गाय, बात, आँख, रात, झील, चील, तलाक, जेल, चपत, जेब, कलम, पुस्तक आदि। प्रचलन में 'रामायण' शब्द स्त्रीलिंग हैं और 'रामचरितमानस' शब्द पुँल्लिग, महाभारत पुँल्लिग है और उसी का एक भाग गीता स्त्रीलिंग। इसी प्रकार साकेत महाकाव्य पुँल्लिग है और 'कामायनी स्त्रीलिंग।

आकारान्त शब्दों में कई पुँल्लिग भी हैं, जैसे-पिता, राजा, बेटा, लड़का, मामा, नाना, बाबा, दादा, चाचा, काका, भैया, दारोगा, घोड़ा, टका, डण्डा, माथा, भरोसा, दीवाना, बूढ़ा, काला, खाना, पैसा, कीड़ा, चन्दा, जाड़ा, भेड़िया, कौआ, चीता, खटोला, ताला आदि।

इकारान्त शब्दों में कई शब्द स्त्रीलिंग हैं, जैसे-तिथि, रीति, सम्पत्ति, अनुरक्ति, विपत्ति, भूमि, गति, अभिव्यक्ति, ओषधि, भक्ति, श्रुति, रति, कृति आदि। किन्तु कुछ पुँल्लिग शब्द भी हैं, अपवादवत् जैसे—कवि, मुनि, व्यक्ति, ऋषि आदि। कवि का स्त्रीलिंग कवयित्री और ऋषि का स्त्रीलिंग शब्द ऋषिका। मुनि का स्त्रीलिंग शब्द प्रचलन में नहीं है।

ईकारान्त शब्द प्रायः स्त्रीलिंग होते है, जैसे-घोड़ी, बेटी, लड़की, चींटी, कुमारी, कटोरी, नर्तकी, ताली, थाली, कोठी, गाली, अँगूठी आदि। इसके विपरीत कई ईकारान्त पुँल्लिग शब्द भी पाये जाते हैं, जैसे-माली, भाई, पक्षी, साथी, हाथी, तपस्वी, प्रतिहारी इत्यादि। इनका लिंग-परिवर्तन किसी एक नियम के अनुसार नहीं किया जा सकता है, जैसे—क्रमशः मालिन, भाभी, पक्षिणी, साथिन, हथिनी, तपस्विनी, प्रतिहारिणी। हम इन पुँल्लिग शब्दों के स्त्रीलिंग रूप अँगूठी से अँगूठा, कोठी से कोठा, ताली से ताला करके नहीं बना सकते। माल, थाल आदि भी भिन्नार्थक हैं।

उकारान्त शब्द प्रायः पुँल्लिग होते हैं, जैसे—भानु, साधु, बन्धु, शत्रु, राहुकेतु हेतु आदि। पर कुछ स्त्रीलिंग शब्द भी होते हैं, जैसे—वस्तु, बाहु। साधु से साध्वी, बन्धु से बान्धवी स्त्रीलिंग शब्द बनते हैं, जबकि शत्रु उभयलिंगीय शब्द है।

ऊकारान्त शब्द प्रायः स्त्रीलिंग होते हैं, जैसे-बहू, तम्बाकू, लू आदि पर कुछ पुँल्लिग भी होते हैं, जैसे-डाकू, चाकू, भोंपू, नाऊ, भालू, लहू आदि।

चींटी का पुँल्लिग चींटा एक भिन्न प्रजाति है। 'कटोरी' का पुँल्लिग कटोरा और थाली का पुँल्लिग थाल आकार में पृथक् होते हैं।

निष्कर्ष यह है कि अ, आ, इ, ई, उ, ऊ यानी बारहखड़ी के अनुसार लिंगों का स्वतन्त्र और निरपवाद वर्गीकरण नहीं किया जा सकता। केवल प्रचलन के आधार पर ही उनका निर्णय किया जा सकता है। इस प्रचलित लिंग-विभाजन के पीछे कोई तर्क नहीं है। सामान्यतया कहा जा सकता है कि बड़े आकार का पदार्थ पुँल्लिग एवं छोटे आकार का पदार्थ स्त्रीलिंग होता है। लेकिन बड़े जीवों में भी नर-मादा होते हैं। कुछ प्राणियों में केवल पुँल्लिग का ही प्रयोग चल रहा है। जैसे—भेड़िया, चीता, उल्लू, सुवा, गैंडा, सारस, जिराफ, तेंदुआ, मगरमच्छ आदि। इसके विपरीत लोमड़ी चील, बतख, तितली, मक्खी, छिपकली आदि स्त्रीलिंग शब्दों के पुँल्लिग शब्द नहीं बन पाये हैं।

हिन्दी शब्दों के लिंग-विधान को प्रायः इन सात प्रत्ययों के द्वारा पहचाना जा सकता है—इन, इनो, आनी, इया, आइन, नी और ती। इन प्रत्ययों से युक्त शब्द प्रायः स्त्रीलिंग होते हैं। उदाहरणार्थ-

1. इन = मालकिन, बाघिन, कहारिन, नातिन।

2. इनी = सर्पिणी, संन्यासिनी, हथिनी।

3. आनी = भवानी, सेठानी, नौकरानी, महरानी, जेठानी, देवरानी। इसका अपवाद है—सेनानी, ज्ञानी, मानी, दानी। इसमें मानी का मानिनी स्त्रीलिंग शब्द ही प्रचलित है।

4. इया = गुड़िया, चिड़िया, चुहिया, खोटिया, लुटिया, मइया, मचिया, भुजिया आदि।

5. आइन = ठकुराइन, जुलाहिन, सहुआइन, पण्डिताइन, चौधराइन आदि।

6. नी = जाटिनी, ऊँटनी, मोरनी, आनाकानी, अगवानी, बागवानी आदि। अपवाद है—पानी।

7. ती = युवती, धेवती, तख्ती, सुस्ती, मस्ती, फुर्ती, कुर्ती, पाती, खेती, जूती, तूती, धोती आदि।

इस प्रकार स्पष्ट है कि प्रयोग के आधार पर सही लिंग-विधान किया जा सकता है, किसी निश्चित नियम के तहत नहीं। लिंग-सम्बन्धी यह भ्रम संस्कृत भाषा में भी विद्यमान रहा है। उदाहरणार्थ-यहाँ नारी के लिए प्रयुक्त तीन शब्द तीन अलग-अलग लिंगों के हैं। नारी शब्द स्त्रीलिंग है, दारा, पुँल्लिग है, जबकि कलत्र शब्द नपुंसक लिंग है। संस्कृत में देवता स्त्रीलिंग है। आत्मा, तारा, अग्नि पुँल्लिग हैं। पवन, शपथ, वायु, वय-जैसे कुछ शब्द सन्दिग्ध हैं। संस्कृत में कुछ स्त्री शब्द अलग से गढ़े गये है, जैसे-सम्राट् का स्त्रीलिंग सम्राज्ञी, साधु का साध्वी और ऋषि का ऋषिका।

हिन्दी भाषा पर फारसी का भी गहरा प्रभाव रहा है। फारसी के कुछ शब्द भिन्न लिंगीय हैं, जैसे-चरचा, धारा शब्द वहाँ पुँल्लिग हैं। हिन्दी में चर्चा का बहुवचन हम चर्चाएँ लिखते हैं, जबकि वे 'चरचे लिखते हैं।

उर्दू के ऐसे कई विशेषण शब्द हिन्दी में प्रचलित हैं, जिनका लिंग-परिवर्तन नहीं किया जा सकता हैं, जैसे—मादा, जिन्दा, उम्दा, मुर्दा, बेहूदा, आमादा, ताजी, जनाना, मर्दाना आदि। 'ताजी' लिखना व्याकरणसम्मत नहीं है। जनानी, मर्दानी का भी काफी अर्थ बदल जाता है।

हिन्दी के देशज शब्दों में भी कहीं-कहीं परिवर्तन सम्भव नहीं दिखता, जैसे—बढ़िया, घटिया, पोंगा आदि उभयलिंगीय हैं।

हिन्दी में ऐसे कई शब्द अंग्रेजी से लिये गये हैं, जो पुँल्लिग, स्त्रीलिंग दोनों में प्रयुक्त होते हैं, जैसे—टिकट, फोटो, ट्रक, पेन, बाजार, मोटर, तौलिया आदि। इनके अतिरिक्त भी कई उभयलिंगीय शब्द हैं, जैसे—हाट, टक्कर, टीका, गन्ध, दलदल, लालच, झूठ, रूमाल, नाप, तकिया, पहिया, मोती, गेंद इत्यादि। इनका लिंग-निर्धारण विशिष्ट सन्दर्भ में ही किया जा सकता है।

इस सन्दर्भ में ज्ञातव्य है कि पदनामों में लिंग-परिवर्तन नहीं किया जा सकता है। जैसे-राष्ट्रपति, प्रधानमन्त्री, राज्यपाल, निदेशक, प्रधानाचार्य आदि केवल पुँल्लिग में ही लिखे जाने चाहिए।

दूसरा ज्ञातव्य यह है कि जिस वाक्य में पुँल्लिग, स्त्रीलिंग के दो या तीन कर्त्ता होते हैं। जैसे—'बैल और भैंसे आ रही हैं।' यदि मूल वाक्य में होता-गाय, भैस और बैल तो क्रिया रखी जाती आ रही है। यह भी ज्ञातव्य है कि-भैंसा का बहुवचन है भैंसे और 'भैंस का बहुवचन होगा 'भैंसें'।

तीसरा महत्त्वपूर्ण ज्ञातव्य है कि यदि दो शब्दों में सन्धि की जाती है तो उत्तरार्द्ध में प्रयुक्त होनेवाले शब्द के लिंग के अनुसार ही वाक्य बनाया जाना चाहिए। जैसे—आपके आदेशानुसार, आपके योजनानुसार न कि आपकी योजनानुसार, इसलिए कि यहाँ 'अनुसार' शब्द पुँल्लिग है। यह सामासिक सन्धि है। चौथे, अंग्रेजी से अनूदित पारिभाषिक शब्द पुँल्लिग में प्रयुक्त होने चाहिए जैसे—टेलीफोन, टेलीग्राफ आदि। इस प्रकार अधिकाधिक अभ्यास द्वारा ही लिंग की समस्या का निराकरण किया जा सकता है। जो सन्दिग्ध और उभयलिंगीय शब्द हैं, उनके प्रयोग में कट्टरता नहीं अपनायी जानी चाहिए। संस्कृत और फारसी प्रयोगों को हमें अतिरिक्त छूट देनी होगी। शेष शब्दों को उपर्युक्त स्थूल फार्मूले के अनुसार वर्गीकृत तथा अंगीकृत करना ही समीचीन होगा।

सम्प्रति कुछ लिंग-परिवर्तन समाजिक परिवर्तन से भी प्रेरित दिखायी देते हैं, जैसे-शिक्षित लड़कियाँ अपनी बातचीत में पुँल्लिग क्रियापदों का ज्यादा प्रयोग करने लगी हैं, यथा—'हम जायेंगी' की जगह 'हम जायेंगे।' दूसरे सम्बोधन में यदा-कदा लड़की के लिए भी (महत्त्व देने के उद्‌देश्य से) 'बेटे' शब्द का प्रयोग किया जाने लगा है। तीसरे किसी समूह में जहाँ लड़के, लड़कियाँ दोनों एकत्र हैं, वहाँ प्रायः पुँल्लिग शब्द का प्रयोग किया जाता है, जैसे—'अब लड़के क्लास में आने लगे हैं' का अर्थ लड़के लड़कियाँ दोनों से है। यही स्थिति आदमी, मनई, श्रोता,

दर्शक, पाठक, नागरिक, ग्राहक, अभ्यर्थी, मतदाता, लोग आदि शब्दों की भी है।

हिन्दी वाक्यों में एक सतर्कता बरतनी होगी—इस (कर्त्ता) के अनुसार क्रिया के लिंग-विधान की, जैसे—1. उनसे सम्पर्क करना है। 2. उनसे भेंट करनी है। 3. उनसे मिलने के प्रयास करने हैं। 4. उनसे मिलने की कोशिशें करनी हैं।

तात्पर्य यह है कि हिन्दी का लिंग-विधान किंचित् जटिल और अभ्याससाध्य है।

'ने' परसर्ग

हिन्दी कारकों में 'ने' शब्द का प्रयोग अत्यन्त दुविधापूर्ण और विवादास्पद है। स्थूल रूप से कहा जा सकता है कि किसी वाक्य में जब भूतकालिक सकर्मक क्रिया प्राप्त होती है तो 'ने' का प्रयोग किया जाता है। जैसे—खाना, गाना, कहना, सुनना आदि शब्दों के भूतकालिक शब्द रूप हैं—क्रमशः खाया, गाया, कहा, सुना। ये सभी सकर्मक क्रियाएँ हैं, क्योंकि खाने, गाने, कहने, सुनने का कार्य किसी वस्तु पर घटित होता है। इसी प्रकार की अन्य क्रियाएँ हैं—उछाला, उबाला, शर्माया, भड़काया, रिझाया, तला, छला, डाटा, फुसलाया, रुलाया, दिखाया, सुनाया, बताया, समझाया आदि।

इसके विपरीत ऐसे अनेक क्रियापद हैं, जिनको अकर्मक कहा जाता है और जिनके साथ 'ने' का प्रयोग भूतकाल में नहीं किया जाता है। जैसे-आना, जाना, बोलना, मिलना, सोना, जागना, उछलना, उबलना, बदलना, मचलना, झुकना, लचकना, पकना, गुनगुनाना, लड़खड़ाना, सकपकाना, लजाना, शर्माना, उफनाना, अकुलाना, कसमसाना, सम्हलना, फिसलना, उतरना, तैरना, जलना, गलना, फैलना, खलना, छिलना, भिड़ना, उखड़ना गड़ना, पलना, हँसना, ललचाना, रोना, चिल्लाना, पढ़ना, उठना, बैठना, घूमना, रुकना, चढ़ना, चलना, रहना, भागना, मिलना, टलना, हिलना, नाचना आदि।

तात्पर्य यह कि 'ने' प्रयोग का कोई सर्वमान्य फार्मूला तो नहीं है, किन्तु कुछ नियम अवधारणीय अवश्य हैं, जैसे—

1. ने का प्रयोग कर्म कारक में नहीं किया जाना चाहिए। कभी-कभी पंजाबी के प्रभाववश 'मैंने जाना है'-जैसे वाक्य कहे या लिख दिये जाते हैं, जो अशुद्ध हैं।

2. पूर्वांचल में प्रमादवश प्रायः 'ने' का प्रयोग नहीं किया जाता और 'हम कहे थे, वे लिखे थे,-जैसे वाक्य प्रयुक्त हो जाते हैं, जो आपत्तिजनक हैं।

3. बम्बइया हिन्दी और दक्षिण भारत में कई सर्वनामों की जगह उन्ने, मन्ने, किन्ने अपुनने-जैसे प्रयोग काफी-कुछ चल पड़े हैं, जो संशोधनीय हैं।

4. जहाँ प्रेरणार्थक शब्द होते हैं, वहाँ 'ने' का प्रयोग करना पड़ता है, जैसे—'मैं समझा और मैंने समझा', 'मैं बोला और उसनें नीलामी बोली' एवं 'मैंने बुलवाया' आदि।

5. कुछ क्रियाएँ सकर्मक और अकर्मक दोनों भूमिकाएँ निभाती हैं, इसलिए वहाँ 'ने' का प्रयोग दोनों प्रकार से दिखायी पड़ता है, जैसे-

1. मैं समझा, आप चले गये।
2. अब मैंने समझा, आप क्या चाहते हैं?
3. वहाँ मैं कुछ नहीं बोला।
4. आज मैंने गिनती बोली।
5. मैं उन्हें नहीं पहचाना।
6. मैंने उन्हें नहीं पहचाना।
7. वह नहीं माना।
8. मैंने मान लिया है/माना है।

तात्पर्य यह है कि कुछ अपवाद हैं अथवा उभय रूप हैं। शेष जो घोषित रूप से गलत प्रयोग हैं, उनका निवारण किया जाना ही समीचीन होगा।

वर्तनी (ई/यी और ए/ये) का मानकीकरण

हिन्दी भाषा और देवनागरी लिपि में यह विवाद बहुत दिनों से लम्बित है कि ईकारान्त का प्रयोग करते समय स्वरवाला 'ई' लिखा जाये अथवा 'य' व्यञ्जन में दीर्घ 'ई' मात्रा लगायी जाये। इस सम्बन्ध में एक व्यवस्था केन्द्रीय हिन्दी निदेशालय ने मानक हिन्दी का समाधान प्रस्तुत करते हुए दी। निदेशालय का सुझाव था कि जहाँ स्वर और व्यञ्जन की द्विविधा हो, वहाँ प्राथमिकता स्वर को दी जाये, किन्तु यह तर्क पूर्णतः तथ्याश्रित नहीं है, इसलिए कि स्वर तो हर शब्द में, हर व्यञ्जन में होता है। अस्तु, इस पर पुनर्विचार करना होगा।

मेरे मतानुसार यदि व्याकरणिक कोटियों द्वारा इनका वर्गीकरण तथा निर्धारण कर लिया जाये तो यह समस्या सुलझ जायें।

इन स्वरों (ई+ए) से जुड़े हुए शब्दों की मुख्य चार कोटियाँ हैं—

1. संज्ञा 2. विशेषण 3. क्रियापद 4. अव्यय।

मेरा प्रस्ताव है कि संज्ञा और विशेषण शब्दों के साथ ई तथा 'ए' का प्रयोग किया जाये। जैसे—निम्नलिखित शब्द—

कलाई, कसाई, खाई, खटाई, जुताई, चटाई, सिंचाई, परछाईं (हीं), रजाई, लुगाई, भौजाई, नाई, भाई, टाई, बढ़ई, कताई, जुताई, जुलाई, दवाई, बधाई, उतराई आदि।

वस्तुतः 'इ' स्वर से दो अर्थ निकलते हैं, जैसे—सिलाई, पिसाई, सिंचाई, घिसाई, बनवाई आदि शब्द एक ओर विशिष्ट कर्म (पारिश्रमिक) का अर्थ देते हैं। दूसरे ये भूतकालिक क्रियापद हैं। जैसे—'लाई' एक चबैना है और लायी शब्द लाना क्रिया का भूतकालिक रूप है। 'गाई' शब्द बोलियों में गाय के अर्थ में आता है, यों वह गाना क्रिया का भूतकालिक रूप है। 'नाई' नापित का पर्याय है और अपनायी, सुनायी, बनायी रूप में क्रिया है। भाई (बन्धु) भायी (अच्छी लगी) में यही अन्तर है। 'छायी' से परछाईं (संज्ञा) बिछायी (क्रिया) दोनों का अर्थ भेद समझना होगा। इसी प्रकार जमाई (जमाता) और धाक जमायी (क्रिया) आदि शब्द एक ओर विशिष्ट कर्म हैं, दूसरी ओर क्रियापद भी हैं। जैसे—ले जायी (क्रिया) हँसाई (हास) हँसाई (क्रिया) पाई (सिक्का) (संज्ञा) पायी (क्रिया) पढ़ाई (अध्ययन) (संज्ञा) पढ़ायी (क्रिया) जुताई (संज्ञा) जुतायी (क्रिया) बुवाई (संज्ञा) बुनायी (क्रिया) कटाई (संज्ञा) कटायी (क्रिया) चटाई (क्रिया) गाई (गाय) गायी (क्रिया) कमाई (आय), कमायी (क्रिया) सुनवाई (स्पष्टीकरण) सुनवायी (क्रिया) कसाई (जाति-विशेष) कसायी (क्रिया) सिंकाई (सेंक) सिकायी (क्रिया) चाई (चाची) पहुँचायी (क्रिया), खिंचाई (भर्त्सना) खिचायी (क्रिया) रँगाई-पुताई (संज्ञा) रँगायी-पुतायी (क्रिया) लिखाई (संज्ञा) लिखायी (क्रिया) भराई (संज्ञा) भरायी (क्रिया) धुनाई (संज्ञा) धुनायी (क्रिया) भरपायी (संज्ञा) चमकायी (क्रिया/ आदि)।

आ से समाप्त होनेवाले भूतकालिक क्रियापदों में बहुवचन में 'ए' तथा स्त्रीलिंग में 'ई' का प्रयोग ही उचित होगा। इसमें अव्यय को अपवाद बनाकर स्वर 'ए' के साथ रखना होगा, जैसे-इसलिए में लिये क्रियापद है (जैसे-फल-लिये) लिए अव्यय है। 'हुए' शब्द 'हुआ' का भूतकालिक बहुवचन है। उसका 'स्त्रीलिंग रूप है— 'हुई' न कि हुयी। वर्धा, लिपि में 'अ' स्वर में बारहखड़ी लगाकर सारे स्वर बन जाते हैं। उसे अपनाना बेहतर होगा। 'अ' की परिणति 'य' और 'व' में भी हो जाती है। जैसे-कुआँ, कुवाँ, अँखुवा-अँखुआ, खोया, खोवा आदि। मानकीकरण हेतु अब स्वर (अ) को अपनांना इष्टकर होगा। इससे एकरूपता आयेगी, कुंजी पटल

छोटा होगा और अर्थगत भ्रम से मुक्ति भी मिल जायेगी। संचार भाषा के रूप में इस व्यवस्था को अपनाना इष्टकर होगा।

हलन्त प्रयोग

हिन्दी में हलन्त का प्रश्न दुस्साध्य है। संस्कृत भाषा के प्रभाववश कुछ लोग विद्वान, महान, बलवान, धनवान, गुणवान, भगवान, विराट्, सम्राट, हनुमान जगत् आदि शब्दों में भी हलन्त लगा देते हैं, जबकि हम विद्वान् से विद्वानों, बलवान से बलवानों, धनवान से धनवानों, सम्राट से सम्राटों, विराट् से विराटता, जगत् से जागतिक-जैसे शब्द बनाते हैं। हिन्दी में महान् से महानता और महत्ता दोनों शब्द चल रहे हैं, इसलिए इन शब्दों में हलन्त का प्रयोग निरर्थक होगा। इसी प्रकार आपात शब्द में हलन्त लगाना व्यर्थ होगा, इसलिए कि पात अपने में सम्पूर्ण शब्द है। आ उपसर्ग लगा देने से उसका अर्थ हो जाता है पूर्णतः लागू किया गया। हिन्दी में कुछ शब्द दुहरे रूप में लिखे जाते हैं जैसे-शरत् और शरद्। नियमानुसार वृहद का प्रयोग सन्धि के साथ ही होना चाहिए। सतत, विगत, पंचम, सप्तम अष्टम, नवम, दशम में हलन्त का प्रयोग यहाँ वर्जित किया गया है। षष्ठम की जगह षष्ठ शब्द ही पर्याप्त है।

हिन्दी के कुछ शब्द है जिनमें अर्द्ध अक्षर और हलन्त के क्रम को लेकर भ्रम हो जाता है। जैसे—चिह्न, ब्रह्मा। जिन शब्दों को लेकर प्रायः हम भ्रमित हो जाते हैं, उनके शुद्ध रूप इस प्रकार हैं—उपनिषद्, परिषद्, उद्भव, उद्घोष आदि। ज्ञातव्य है कि हिन्दी में संवाद और सांसद के साथ हलन्त नहीं लगाया जाता । दूसरी ओर उपनिषदों तथा पार्षदों-जैसे शब्दों का भी प्रयोग किया जाता है। यहाँ संविद् शब्द के साथ हलन्त लगता है, पर संविदा शब्द भी चलता है। जिन शब्दों में हलन्त की प्रायः त्रुटियाँ हो जाती है, वे हैं—चतुर्दिक्, किंचित्, पृथक्, पूर्ववत्, पश्चात्, श्रीयुत्, सुहृद्, साक्षात्, वर्चस्, श्रेयस्, बुड्ढा, वाङ्मय, लट्टू, षड्यन्त्र, सत् आदि। हिन्दी में अनेक शब्द ऐसे भी हैं, जिन्हें हलन्त द्वारा भी लिखा जा सकता है और पृथक् लिपि हिन्दी चिह्नों द्वारा भी, जैसे—विद्या, विद्या, बुद्धिमान आदि। वैज्ञानिक दृष्टि से और 'देवनागरी' के संक्षिप्तीकरण के उद्देश्य से अलग लिपि चिह्न बनाने के बजाय यदि ये शब्द हलन्त लगाकर अर्द्धाक्षर रूप में लिखे जायें तो हिन्दी का टंकण, मुद्रण अपेक्षाकृत ज्यादा सहज हो जाये।

मीडिया शब्द-सम्पदा

जनसंचार माध्यमों में इस बीच हिन्दी की अनेक प्रोक्तियों का विकास हुआ है और अनेक स्रोतों से शब्दों, मुहावरों तथा लोकोक्तियों का आह्वान करते हुए मीडिया ने अपनी अभिव्यक्ति-क्षमता का विस्तार किया है, यथा-

नवनिर्मित शब्दावली

मीडिया द्वारा बहु प्रयुक्त शब्द नये हैं—अगवा, आगाज, आवाजाई, इन्दर कुवाँ, कुड़ी, कवायद, कहर, किरकिरी, काबुली तकादे, कबूतरबाजी, खबरपालिका (पत्रकारिता), खूनखराबा, खँगाला, खुलासा, खरीखोटी, चमकार, चिल्लपों, जारजार, घुसपैठ, घपला, जानम, झकास, झोलाछाप, टिकटार्थी, दस्तक, दबोचा, दहशतगर्दी, थुक्का फजीहत, डग्गामार, दरबदर, दरिन्दगी, दो फाड़, धाड़े, धुँआँधार, नवाजे, नौबलिये, नौहे (मुहर्रम), धू धू, बिन्दास, बाहुबली, फौरी, फण्डा, फिरौती, पंगा, पलटवार, परचम, परसों, नरसों, तरसों, ठरसों, भितरघात, भूमाफिया, रिहाइस, रवायत, रफूचक्कर, लहुरा (छोटा), लाग-लपेट, लस्तपस्त, लुंजपुंज, लहूलुहान, सर्विलास (सुरक्षा व्यवस्था), सनम, साजन, से•गये, स्वाहा, सँझला, समझाइसि, शर्मसार, साठगाँठ, हेराफेरी, हबस, हड़बोंग, हुक्मरान आदि।

विशिष्ट मुहावरेदानी एवं प्रोक्तियाँ

सम्प्रति अखबारों में इन मुहावरों की भरमार दिखायी दे रही है—

आकण्ठ डूबे/ अंकुश लगाना/अन्तिम पायदान (आखिरी दौर), अधर में लटकी (अनिश्चय), उँगली उठायी (आरोप), आँखें नम, औने पौने (कम मूल्य) आ धमके/ अस्मत का सौदा (बेइज्जती), अमली जामा (वास्तविक रूप), औंधे मुँह गिरा (पूर्णतः विफल), आक्रोश का लावा (क्रोध), कसर न छोड़ी (भरसक), कन्धे-से-कन्धा मिलाकर (संगठित), क्लास ली (उपदेश दिया), कमर तोड़ (कठोर श्रम), कठपुतली बनी (पराधीन), कमान सँभाली (नेतृत्व), कस्ती डूबी (पतन), खुमार उतरा (नशा-आलस्य), खटाई में पड़ना (स्थगित), खाता खुला/ खँगाल डाला (खोजा), गाज गिरी (विपत्ति), गोटी फिट (सेटिंग), गुहार लगायी

(आग्रह), गाँधीगिरी (सत्याग्रह), गच्चा खा गये (असफल), घावों पर नमक (दुःखी करना), चपत लगी (हानि), चारों खाने चित (परास्त), चूल्हा ठण्डा होना (भुखमरी), छिटक गये/ चेहरा लाल पीला/ छूमन्तर हुए (गायब), छक्के छुड़ाये। जार-जार रोया (फूट-फूटकर रोना), जादू सिर चढ़ा (प्रभाव), झटक ली/ डकार गये (हजम), ठीकरा सिर पर फूटा/ डगर-डगर भटके/ढेर हुए/टेढ़ी नज़र/ टैंगड़ी मारी (विघ्न), डैने काटे (कमजोर करना), ताले लटके, ताल ठोकना (चुनौती), तमंचे की नोक/तलवार लटकी/ तालियाँ बटोरी (प्रशंसा), तबाही मचायी/ तार जुड़े/ दाँव पर लगी/ दरदर की ठोकर/ दम तोड़ी/ दामन में लगे दाग/दरवाजा खटखटाया/ दो टूक/ धूल चटायी (हराया), रौंद डाला/ धता बताकर (धोखा देकर), धौंस देकर (धमकी), धज्जी उड़ायी/धाक जमाना, नींद चुरायी/उड़ायी, नींद हराम/नकेल कसी/नप गये (कार्रवाई में फँसे), पिछले दरवाजे से/ पौ बारह (आनन्द), परवान चढ़ा (समर्पण), परचम लहराया (सफल), पंख परवाज (उड़ान), पैठ बनायी/ प्रकृति का प्रलय/ताण्डव/पारा गिरा (ठण्डक), पत्ता साफ/बन्दरबाट/ बावेला काटा (उपद्रव), बेदखल किया/बढ़त को पाटा/बिगुल बजा/बाजी मार ली/बाँधे रखा/ बैरंग वापस/ बल्ले-बल्ले (हर्ष), भाँड़ा फूटा (रहस्योद्‌घाटन), मैराथन बैठक (अति दीर्घ), मुहर लगी/ मंसूबे ढेर (विफल), मैदान मारा (विजय), मुँह की खायी (परास्त), म्याऊँ का ठौर (खतरों की जगह), मुँह काला किया (कुकर्म), मौत के घाट (हत्या), मलाईदार पद/ मुँहतोड़ जवाब/मंजर क्यों किया (विवरण), मातमी धुन (दुःखी), मिट्टी पलीद (परेशान), मरहम लगा/ मूसरों ढोल पीटा (प्रसन्नता), रियाज शुरू/ रूह काँपी (भयभीत), रेस में आगे/ रफूचक्कर (गायब), राह में रोड़े (बाधा), रास्ता साफ, लाइन हाजिर (दण्ड की कार्रवाई), लाठी भाँजी/लद गये/ बिस्तर गोल (स्थानान्तरित), लेने के देने/लाल फीताशाही/ लाइन मारना (अवैध हरकत), लील लिया/ लगाम लगी (नियन्त्रण), लाल पीला (रुष्ट), लकवा मार गया/ वर्दी उतरी (बर्खास्त), सेर का सवा सेर (बढ़-चढ़कर), साख बचायी/सुरक्षा में सेंध, शक की सुई, शक के घेरे में/सुराग लगा/सलाखों के पीछे (कैद), सियासी रंगत (राजनीति), सुर में सुर मिलाया /स्वाहा हो गया (भस्म), सन्नाटा चीरता हुआ/हाथ पीले किये (विवाह), हाथ खड़े कर दिये (पराजित/समर्पित), हरी झण्डी दिखायी (स्वागत), हाथ पाँव फूले (हतप्रभ), हत्थे चढ़ा (पकड़ा गया), हार के कगार पर/हरकत में आना (सक्रिय) आदि।

इसमें कुछ लोकोक्तियाँ हैं, जिनका सही अर्थ कान्वेण्ट शिक्षा-पद्धति से आये शहरी संचार-प्रशिक्षुओं को सिखाना होगा। उदाहरणार्थ, सेर का सवा सेर नाप-

तौलवाला सेर है, न कि जंगल का राजा शेर। मुहावरा-लोकोक्ति कोशों के सहारे इनका अभ्यास अपेक्षित है। कहना न होगा कि इस मुहावरेदानी के सहारे संचार भाषा रूप में हिन्दी की शक्ति एवं लोकप्रियता में आशातीत अभिवृद्धि हुई है। मुहावरे द्वारा भाषा-संवेदना और अर्थव्यञ्जना कई गुना बढ़ जाती है। बस, सावधानी अपेक्षित है।

अखबारी विशिष्ट प्रोक्तियाँ

समाचार-पत्रों में कुछ वाक्य, उपवाक्य तकियाकलाम की तरह प्रयुक्त होते दिख रहे हैं। ये प्रयोग उनकी सुरक्षा हेतु आवश्यक हो गये हैं, जैसे-सन्दिग्ध के लिए कथित-तथाकथित शब्द। इसी प्रकार के कुछ प्रयोग हैं—

1. विश्वस्त सूत्रों से ज्ञात हुआ है/पता चला है/ऐसी चर्चा है
2. सूत्रों ने बताया/सूत्रों का कहना है/खबर मिली है कि
3. मालूम हो/विदित हो/ध्यान रहे/विचारणीय है
4. ज्ञातव्य हो/स्मरणीय है/याद रखें/पाठक भूले न होंगे
5. बताते चलें/चलते-चलते यह भी कह दें/लब्बोलवाव यह है
6. गौर तलब है/सूच्य है/पुनर्विचार योग्य है।
7. यह उल्लेखनीय है/काबिलेगौर है/याद करें।
8. बताया जाता है/कहा जाता है/ऐसा सुना गया है।
9. किस्सा कोता यह है।
10. जानकारी के अनुसार/प्राप्त तथ्यों के अनुसार
11. खुलासा हुआ कि।/जरा सोचिये।
12. समझाइसि दी गयी/नवाजा गया आदि।

इस प्रकार के पुछल्ले पाठक से संवाद स्थापित करने में सहायक होते हैं।

प्राचीन पत्र-पत्रिकाओं से संकलित देशज शब्द, मुहावरे एवं लोकोक्तियाँ

उन्नीसवीं शती की पत्रिकाओं में बोलियों की शब्दावली का बाहुल्य रहा है। कुछ उदाहरण द्रष्टव्य हैं—

1. **रौरा**-(शोरगुल)—कमिटी में जब भाषा-विषयक विचार उपस्थित हुआ तक पूर्वोक्त मुसलमान मेम्बर ने बड़ा **रौरा** मचाया।

'सरस्वती' (इलाहाबाद) महावीरप्रसाद द्विवेदी

2. **सतर** (पंक्ति)—जो कुछ वे लिखें जनता ही के हित को लक्ष्य में रखकर लिखें। ईर्ष्या-द्वेष, वैमनस्य, स्वार्थ और व्यक्तिगत हानि-लाभ की प्रेरणा के वशीभूत होकर एक **सतर** भी न लिखें। (म.प्र.द्वि.)

3. **डाण्डामेड़ी** (स्पर्द्धा)—पूर्वी हिन्दी और बिहारी की **डाण्डामेड़ी** है, पर पूर्वी हिन्दी की तरह वह अर्धमागध अपभ्रंश से नहीं निकली। (म.प्र.द्वि.)

4. **जेठी** (बड़ी/अग्रज)—बोलचाल की कविता में उर्दू क्यों हिन्दुस्तानी, यद्यपि हिन्दी से **जेठी** है, तथापि गद्य दोनों का साथ-साथ ही उत्पन्न हुआ है। (म.प्र.द्वि.)

5. **लुर** (व्यर्थ) नहीं तो आपकी आपत्ति महज **लुर** है। (म.प्र.द्वि.)

6. **नटना** (वर्जना)—कारण इनका मुख्य बल कहकर **नटना** ही प्रसिद्ध है। (म.प्र.द्वि.)

7. **अटकाव** (बाधा)—सैकड़ों **अटकाव** और आफतें उन पर आयीं। (म.प्र.द्वि.)

8. **किवाड़** (कपाट)—माता के जगने पर **किवाड़** खुलते तक वे भीतर जाते। (म.प्र.द्वि.)

9. **सेंत-मेंत** (मुफ्त)—किताब और अखबार माँगकर पढ़ना या **सेंत-मेंत** व्याख्यान सुन लेना वे अनुचित समझते हैं। (म.प्र.द्वि.)

10. **छेके** (रोकना)—उसे कालचक्र अधिक समय तक दूसरों का स्थान **छेके** रहने की आज्ञा नहीं दे सकता। (प्रताप (कानपुर) गणेश शंकर विद्यार्थी

11. **ललचौंही** (ठगलची)—यूरोप आदि को मजाल न होगी कि वे अमेरिका के किसी राज्य पर **ललचौंही** दृष्टि डालें। (ग.शं.वि.)

12. **कूता** (अनुमान)—**कूता** गया है कि इस युद्ध का खर्च कम-से-कम 45 करोड़ पाउण्ड मासिक होगा। (ग.शं.वि.)

13. **लनतरानियों** (बड़बोलापन जर्मनी का अपना वीरता का राग अलापना और जीतों की तानें छेड़ना, लनतरानियों का लेना है। (ग.शं.वि.)

14. **टिर्र** (दम्भ)—यदि ये शासक अपनी खैर चाहते हैं तो अपनी **टिर्र** छोड़ें और होश सँभालें।

15. **हतक** (बेइज्जती)—जनरल डायर कहता है कि गोली चलाये बिना लोग भगाये जा सकते थे, परन्तु इससे मेरी **हतक** होती। (ग.शं.वि.)

16. **फिरण्ट** (नाराज)—हमारी सरहद पर आये दिन रक्तपात होता रहता है और काबुल आजकल इंग्लैण्ड और अंग्रेजी से जितना **फिरण्ट है** उसका परिचय देने की आवश्यकता नहीं। (ग.शं.वि.)

17. **धुन्नी** (मौन)—क्या जनता में इस कदम के प्रति वैसी **धुन्नी** नाराजी मौजूद है, जैसी कि आपातकाल के दमन के खिलाफ देश में पैदा हुई थी। (रा.मा.)

18 **तितिम्मा** (समूह)—कांग्रेस वकीलों का **तितिम्मा** नहीं है, भारत के सुशिक्षित मात्र का प्रयत्न है। (रा. मा.)

19. **हड़बोंग** (त्वरा)—**हड़बोंग** में तो एक-दो प्रतिशत छात्र नेता ही मशगूल रहते हैं। (रा. मा.)

20. **हिलगा** (लटका)—सर सैय्यद से याहिया खाँ तक यह आन्दोलन प्रायः नकली खूँटियों से हवा में **हिलगा** रहा। (प्र.जो.)

21. **घतकरम** (धूर्ताचार)—इनके **घतकरम** से फैले दावानल में चार सौ से ज्यादा लोग मारे गये। (प्र.जो.)

22. **टीन-टप्परी** (निराश्रय) —इस जमाने में बने पत्रकारिता के **टीन-टप्परी** ढाँचे में उन्हें (तिलक को) नहीं बैठाना चाहिए। (प्र.जो.)

23. **फोकटी** (मुफ्त)—यह **फोकटी** बहादुरी के लिए नहीं कह रहा हूँ। (प्र.जो.)

24. **खलास** (समाप्त)—फिर तो उसकी बात **खलास** हो गयी।(म.प्र.)

25. **सुलटाना** (निराकरण)—राजनीतिक और विभिन्न सत्ता गुटों की होड़ हो वह उसी तरह **सुलटाना** चाहती है। (प्र.जो.)

26. **गुल-गपाड़ा** (शोर)—दोपहर को बाजार में बड़ा **गुल-गपाड़ा** रहता है। (म.प्र.द्वि.)

27. **घोखना** (चिन्तन)—**घोंखने** से कोई कवि नहीं बन जाता। (म.प्र.द्वि.)

28. **बाँट-चूँट** (वितरण)—इन पदवियों की **बाँट-चूँट** बड़ी उदारता से की गयी है। (म.प्र.द्वि.)

29. **नर्राना** (चिल्लाना)—विक्षिप्त की तरह **नर्राने** से ऋषियों का आदर नहीं होता। (म.प्र.द्वि.)

30. **दिलजमई** (तसली)—जब सब तरह **दिलजमई** हो जाये तब रुपया देना चाहिए। (म.प्र.द्वि.)

31. **लग्गा** (शुरुआत)—बाल-बच्चों ने खाने का **लग्गा** लगा दिया। (म.प्र.द्वि.)

32. **चिन्हानी** (चिह्न)—उनकी दासता की सबसे बड़ी **चिन्हानी** है। (म.प्र.द्वि.)

33. **गाँसना** (घेरना)—तीन-तीन मुद्दों को एक ढाँचे में **गाँसने** की बातचीत हो रही है। (म.प्र.द्वि.)

34. **लल्लो-चप्पो** (तुष्टीकरण)—दादा भाई का काम का ढंग निर्भीकतापूर्ण था, उन्हें **लल्लो-चप्पो** नहीं आती थी। (बा.कृ.श.न.)

35. **मुस्टण्डे** (बाहुबली)—यही न कि वे **मुस्टण्डे** होकर और अत्याचार करें। (बा.कृ.श.न.)

36. **बुरज** (उद्गार)—कई लोगों को महात्मा जी से अपना दिली **बुरज** निकालने का मौका मिल गया। (बा.कृ.श.न.)

37. **कैंड़ा** (कोटि)—उसके कैंड़े का दूसरा वीर मिलना मुश्किल है। (बा.कृ.श.न.)

38. **भरभण्ड** (अस्त-व्यस्तता) एक समय तो ऐसा लगा कि सम्मेलन में **भरभण्ड** हो जायेगा। (बा.कृ.श.न.)

39. **भकुए** (मूर्ख)—**भकुए** समालोचकों को अब पेट में सिल सरकाकर सो जाना चाहिए। (म.प्र.द्वि.)

40. **देखतभूली** (प्रत्यक्ष त्रुटि)—सभापति ने सहकारिता की उस **देखतभूली** की चर्चा भी नहीं की। (म.प्र.द्वि.)

41. **चिलकौवा** (लक्ष्य)—उस समय का **चिलकौवा** नकद नारायण था। (म.प्र.द्वि.)

42. **खुटका**-(आवाज)—अभिसारिका की चाल ही क्या जो कुछ **खुटका** हो जाये। (च.श.गु.)

43. **मुछाकड़ा** (मुँछैल)—कोई कालेज में पढ़ता हुआ **मुछाकड़ा** लड़का ही अपने को हिन्दी भाषा का आलोचक समझ रहा हो। (च.श.गु.)

44. **खसड़ा** (खर्रा)—हम उस निर्जीव आख्यान को कंकड़ या **खसड़ा** कूतें तो क्या करें। (च.श.गु.)

45. **भुरकुस** (चोटिल)—कितने हाथ टूटे और कितनी ही अँगुलियाँ **भुरकुस** हुईं। (मतवाला)

46. **भहरा** (गिर गया)—फाटक **भहरा** पड़ा। (मतवाला)

47. **अलम** (पर्याप्त)—हम अपनी क्षुद्र शक्ति के अनुसार आपके दिखाये मार्ग से चलने का प्रयत्न करेंगे, यही कहना इस अवसर पर **अलम** है। (सरस्वती)

48. **पावना** (ऋण लेनदारी)—ब्रिटेन के ऊपर हमारा जो **पावना** चढ़ गया है उसे चुकाने की नीयत वहाँ के अर्थशास्त्रियों की नहीं जान पड़ती। (सरस्वती)

49. **बेजड़** (निर्मूल)—अकेले बार्हस्पत्य ही ने इस दोष को **बेजड़** सिद्ध कर दिया। (सरस्वती)

50. **असम** (असामान्य)—इस मुकदमे में आपने **असम** साहस दिखाया। (सरस्वती)

51. **छूछे** (रिक्त)—**छूछे** हाथ जैसे इस लोक में आते हैं वैसे ही यहाँ से चले जाते हैं। (सरस्वती)

52. **तोपना** (मूँदना)—फलों से आपकी अर्थी **तोप** दी गयी।(सरस्वती)

53. **बासन** (बरतन)—बामा दासी **बासन** माँज रही थी। (सरस्वती)

54. **चटकती** (लाभ)—कालर और कमीजें खूब मैली हो जाती है, धोबियों की अच्छी **चटकती** है। (सरस्वती)

55. **अण्डबण्ड** (निरर्थक)—हिन्दी में जो लोग **अण्डबण्ड** लिखकर उपन्यास के नाम से छापते हैं। (सरस्वती)

56. **खरही** (पयाल का ढेर)—उन्हें भिखारी का भेष धारण करना और कई दफे घास की **खरही** में छिपना पड़ा। (सरस्वती)

57. **फुरेरा** (सींक में लगी इत्रयुक्त रुई)—हाथ में विजय का **फुरेरा** लहराते हुए एक दिन अकस्मात् उस कन्या के सामने आकर खड़ा हो गया।(सरस्वती)

58. **आलोचना** (स्वादविहीन)—बिना चित्र के पाठकों को यह **आलोचना**-सा जान पड़ेगा। इसलिए मैं अपनी लेखनी को रोकता हूँ। (सरस्वती)

59. **टहलनी** (नौकरानी)—हमारी विधवाएँ प्रायः घर की **टहलनी** या **चाकरानी** हुआ करती हैं। (सरस्वती)

60. **डटाडट** (ठसाठस)—रेले के दोनों ओर से सड़कें **डटाडट** भरी हैं। (सरस्वती)

61. **चण्डूखाना** (अफीमची-अड्डा)—**चण्डूखाने** की गप्प। (मतवाला)

प्राचीन मुहावरे और कहावत हैं—

1. **हल्दी गाँठ**—इन **हल्दी गाँठ** चूहा पंसारियों के प्रसारण अब तक घर-घर नहीं देखे जाते तो इसमें घरवालों का ही नहीं, इनका भी हित है। (दिनमान)

2. **खींसे निपोरना** (लज्जापूर्ण मुस्कुराहट)—तब शुद्ध घी पार्टी **खींसे निपोर** कर कहेगी कि हमने अपनी कुर्बानी देकर जनता को विषाक्त भोजन से बचा लिया। (रा.मा.)

3. **अल्ला की गाय** (सीधी)— लेकिन जनता **अल्ला की गाय** है, वह कभी गलती नहीं करती। (रा.मा.)

4. **दरिया में खस-खस** (बहुत कम)—जिस सरकार के पास हजारों हथियारबन्द सिपाही हैं, उसने हजारों की भीड़ को रोकने के लिए चार-छह सिपाही भेजे जो **दरिया में खस-खस** के बराबर थे। (मा. ला. च.)

5. **चाचा जी की बखरी** (घरेलू वस्तु)—इस खुल्लम-खुल्ला सरकारी मदद और शासन को **'चाचा जी की बखरी'** समझने के कारण गोरे पत्रों का साहस इतना बढ़ जाता है कि वे भारतवासियों पर अपराध लगाते समय जरा भी आगे-पीछे नहीं सोचते। (मा.ला.च.)

6. **बखिये ढीले** (त्रस्त)—चार वर्ष से अधिक की इस लड़ाई ने उसके **बखिये भी ढीले** कर दिये हैं। (ग.शं.वि.)

7. **घोंघा-बसन्त** (मूर्ख)—क्या इन लोगों ने हिन्दुस्तानियों को **घोंघा-बसन्त** बनाने के लिए ही उनके देश का शासन-सूत्र अपने हाथ में लिया है। (म.प्र.द्वि.)

8. **लाख जाये पर साख न जाये**—(भौतिक हानि किन्तु प्रतिष्ठा सुरक्षित)—मसल मशहूर है **'लाख जाये पर, साख न जाये'**। (म.प्र.द्वि.)

9. **लाल-बुझक्कड़** (मनमानी)—उनकी लाल-बुझक्कड़ी व्याख्या करने की आदत बन गयी। (म.प्र.द्वि.)

10. **दून की हाँकना** (बड़बोलापन)—जब मैं कोई **दून की हाँकने** लगूँ तब आप लोग जरा खाँस दिया करें। (म.प्र.द्वि.)

11. **पशुबल के पण्डे** (पाशव शक्ति)—उसी समय पंजाब के **पशुबल के पण्डे** के गोले फट पड़े। (म.प्र.द्वि.)

12. **खून लगाकर शहीद बनना** (मिथ्या आत्मोत्सर्ग)—विरोधियों से इतनी सहायता मिलने पर भी बाबू साहब **खून लगाकर शहीद बनने** को तैयार थे। (च.श.गु.)

13. **गीला कम्बल छोड़ना** (दुर्वह बोझ)—भारतवासियों की राजनैतिक आशाओं पर यूँ **गीला कम्बल छोड़ा** गया। (च.श.गु.)

14. **पत्थर पर दूब जमाना** (असम्भव कार्य)—हमें ऐसा आश्चर्य हुआ मानो **पत्थर पर दूब जम** गयी हो। (मतवाला)

15. **आकाश में कोट बाँधना** (दुष्कर कार्य)—जिस मूर्ति को हृदय में रखकर वे **आकाश में कोट बाँधते** थे वह स्वयं पन्ना थी। (सरस्वती)

16. **दिल्ली के लड्डू** (प्रलोभन)—राज समूह की दुहाई देनेवालों को **दिल्ली के लड्डू** खानेवाला कहा था।

यह शब्दावली/मुहावरेदानी कालातीत हो गयी है, किन्तु संचार भाषा रूप में खड़ीबोली के विकासक्रम की जानकारी हेतु इनका संज्ञान अपेक्षित है।

ध्वन्यात्मक शब्दावली

हिन्दी में ध्वनियों पर आधारित शब्दावली का परिचय प्राप्त करना संचारकर्मी के लिए आवश्यक है। ये ध्वनिकेन्द्रित शब्द सभी व्याकरणिक कोटियों में सुलभ हैं। यहाँ उदाहरण के रूप में एक शब्द प्रस्तुत किया जा रहा है। इनकी अर्थगत बारीकी को समझे बिना न तो सही वाचिक अभिनय रेडियो, टी.वी. फिल्म आदि में हो पायेगा और न मुद्रित माध्यम की विभिन्न विधाओं के लेखन में पूरा अर्थबिम्ब सम्प्रेषित किया जा सकता है। अकारादि क्रम से प्रस्तुत इन लगभग 250 शब्दों का संज्ञान प्रत्येक प्रशिक्षु के लिए आवश्यक है—कुलकुल, कुहुकना, काँव, काँव (कौवे की), काँव (टिटिहरी की ध्वनि), कलकल, काकली (कलरव), कहकहा, काँखना, कहरना, किर्रकिर्र, किटकिटाहट, केंकार (सारस की ध्वनि), कुरमुरे, कचरी, किरकिरी, खटखट, खिसखिस, खिसकढ़ी, खाँसना, खखार, खीझ, खटाखट, खटपट, खौखाना, खलखल, खिलखिलाहट, खुट्टी, खड़खड़, खरखराहट, खुदबुद, गड़गडाहट, गल, गुड़ीमुड़ी, गड्डमड्ड, गहगह, गुर्राहट, गुड़गुड़ाहट, गुटुरगूँ, गपकना, गुंजार, घण्ट, घण्टा, घुन्न घुन्न, घर्र-घर्र, घहर घहर, घूँसा, घूत्कार (उल्लू की ध्वनि), चिहुँक, चौक, चकचक, चखचख, चूँ-चूँ, चबैना, चरचर, चरपट, चाँय-चाँय, चिड़चिड़ाहट, चुस्की, चिल्लपों, चटकारी, चहचहाना, चिग्घाड़ना, चम्पत, चटकना, चरमराहट, छौंक, छींक, छलकना, छीछी, छटपटाहट, छुकछुक, छक्का, छलछल, छपछप, छपछप, जलजला, जू, जू, जगरमगर, झार, झकाझक, झटपट, झमाझम, झाँय-झाँय (बहस), झरना, झपकना, झन्नाहट, झंकार, झुँझलाना, झलना, ठठेरा, ढुलमुल, ढकोलना (पीना), टूटना, टॉयटॉय,. टकटकी, टुनटुन, टंकार, टर्रटर्र, डुबकी, डकार, डहकहना (बैल की कण्ठ ध्वनि), डुगडुगी, डंका, डहडह, तड़ातड़, तमाचा, तिपतिप (ओस की ध्वनि), तड़तड़ाहट, तुतलाहट, थरथराना, थप्पड़, दलना, दुरदुराना, दहकन, दुलकी (मन्द गति), दनादन, दमदम, दहाड़, धक्का, धड़धड़, धूधूकर, धकधक, धमाधम, धाँय-धाँय, धुकधुकी, धौंस, धड़कना, धड़ाका, नकुनाय (ऊबना), नक्की, निनिहाना (याचना), पादना, पापा, पापड़, पत्ता, पड़पड़, पोंपों, फुदकना, फटाफट, फुसफुसाहट, फाँय-फाँय, फुर्रफुर्र,

फड़फड़, फर्राटा, फेकरना (चिल्लाना), फहरना, फिटफिटी, बलकना (उबाल), बिलबिलाना, बलना (जलना), बुलबुला, बकबक, बमचक, बकचक, बड़बड़,भड़भड़, भरभर, भगदड़, भागमभाग, भकभक, भभ्भड, भाँय-भाँय, भकोसना (खाना), भनभनाहट, भूँकना, भनभन, भुनभुनाना, भर्राना, महकना, मलना, म्याऊँ, मिमिआहट, मर्मर, रेंकना, रेलपेल, रिरियाना (दैन्य), रँभाना, रिमझिम, लपलप, लकदक, लथपथ, लटपट, लाँयलाँय (लालायित), लपक, लप्पड़, लहर, सिटकिनी, सरासर, सरसर, अण्टसण्ट, सुरसुराहट, सरफर, सरपट, सीटी, साँय साँय, सड़ाक, हाँफना, हिपहिपहुर्रा, हुमककर, हड़बड़, हड़बोंग, हाँयहाँय हा हा, ही ही, हूँ हूँ, हे हे, हकलाना, हुसकाना, हिचकी, हुनहुनाना, हिनहिनाना, हँकरना (बुलाना), हहराना, हाहाकार, हैहैखैखै (संघर्ष), हुड़दंग, हुंकार, हुवा हुवा (सियार की ध्वनि) आदि।

संस्कृत की विशिष्ट तत्सम शब्दावली

हिन्दी पत्रकारिता में यदा-कदा कृत्रिम एवं अति तत्सम शब्दों का प्रयोग कर दिया जाता है। जैसे—अधिग्रहण (कब्जा), अतिक्रमण (इन्क्रोचमेण्ट), अवमुक्त (रिलीज), आक्रान्ता (जिस पर हमला किया गया हो), अवमानना (उपेक्षा), अनुज्ञापी (लाइसेन्सी), आहरण (छीनना-विदड्राल), अनुबन्ध (काण्ट्रैक्ट), अन्तर (गैप), आपूर्ति (सप्लाई), अधिवक्ता (वकील), आक्रामक (हमलावर), अपमिश्रण (मिलावट), उड्डयन (उड़ान), अधिकरण (एथारिटी), असंसदीय (अनपार्लियामेण्ट्री), अग्निशामक (फायर ब्रिगेड), आयुक्त (कमिश्नर), अभियोजन (वादी), अभिलेख (रिकार्ड), अर्जित अवकाश (अर्न्डलीव), एकलपीठ (सिंगल बेंच), अनुमन्य (स्वीकार्य), अपहृत (हरण किया गया), आरोपी, आरोपित (वादी-प्रतिवादी), आबण्टन (एलाटमेण्ट), आवेदन (प्रार्थना-पत्र), आक्रोशित (नाराज), अनुपूरक (परिशिष्ट), आयात (इम्पोर्ट), औपनिवेशिक (इम्पीरियलिस्ट), ओषधीय उत्पाद (दवा निर्माण), उर्वरक (खाद), ऊष्मा (ताप), ऊर्जा (शक्ति), प्रतिसाद (रिटर्न), दृष्टिबाधित (अन्धा), निरुद्ध (बन्दी), निदेशिका (डायरेक्ट्री), निकाय (बाड़ी), ध्वस्तीकरण (गिरा देना), निस्तारण (निपटारा), नवीनीकरण (नया रूप), कर-वंचना (टैक्सचोरी), सीमा शुल्क/तट कर (कस्टम ड्यूटी), जैवी (बायोलोजिकल), गुणवत्ता (अच्छाई), दातव्य (चैरिटी), तत्काल (तुरन्त), निषेधाज्ञा (मनाही), निलम्बन (सस्पेन्शन), निर्गमन (रिलीज), निषेध (मनाही), प्राथमिकी (एफ.आई.आर.), परिसीमन (सीमित करना), पृष्ठांकन (इण्डोर्समेण्ट), बहिर्गमन (वाक् आउट), पारदर्शिता (ट्रांसपिरेंसी), परमाणु अप्रसार सन्धि (एटामिक फैलाव

का नियन्त्रण), पुनर्वास (फिर से बसाना), प्रभार (चार्ज), प्रावधान (सुविधा), प्राथमिकता (पहल), प्रभावी (लागू), प्रारूप (ड्राफ्ट), प्रतिभूति (सेक्यूरिटी), भयाक्रान्त (डरा हुआ), भूमण्डलीकरण (ग्लोबलाइजेशन), भयादोहन (ब्लैकमेल), प्रत्यावेदन (रिप्रेजेण्टेशन), प्रसाधन (सज्जा एवं टायलेट), सत्यापन (फिजिकल चेकिंग), याचिका (रिट), याची (रिट दायर करनेवाला), मुद्रिका (रिंग रोड), मितव्ययता (कम खर्च), मानदेय (आनरेरियम), मुख्यालय (हेड क्वार्टर), मुखाग्नि (दाह), मुद्रास्फीति (इनफ्लेमेशन), पुनरीक्षण (फिर से पड़ताल), प्रतिनियुक्ति (डेपुटेशन), प्रसूति (मैटर्निटी), परिदान (डिलीवरी), पुष्पचक्र (श्रद्धा पुष्प), उपक्रम (अण्डरटेकिंग), उदारीकरण (लिबरेशन), उच्च न्यायालय (हाई कोर्ट), सर्वोच्च न्यायालय (सुप्रीम कोर्ट), प्रौद्योगिकी (टेक्नीक), पारिश्रमिक (मेहनताना), प्रावधान (प्राविजन), प्रबन्धन (मैनेजमेण्ट), उपदान (ग्रेज्युटी), विनियम (रेगुलेशन), विनियोजन (प्लानिंग), वीरगति (शहीद), वैमानिक (हवाई जहाज के विशेषज्ञ), विमान पत्तन (हवाई अड्डा), वयस्क (मेजर), विपणन (मार्केटिंग), विनिमय (लेन-देन), विषाक्त (जहरीला), राजस्व (रेवेन्यू), विस्थापित (अपने स्थान से वंचित), लम्बित (स्थगित), लेखा परीक्षण (ऑडिट), संलिप्तता (जुड़ाव), स्वच्छकार (सफाई कर्मचारी), सत्रावसान (सेसन-समाप्ति), संवितरण (डिसबर्समेण्ट), संयन्त्र (प्लाण्ट), संविदा (शर्तनामा), संघीय गणतन्त्र (फेडरल रिपब्लिक), स्वामित्व/स्वत्व (अधिकार), सांख्यिकी (स्टेटिक्स), ज्ञापन (माँगपत्र), श्वेतपत्र (खुलासा), श्वेत क्रान्ति (डेयरी विकास), स्थानान्तरण (ट्रान्सफर), हरित क्रान्ति (कृषि विकास) आदि।

संचार माध्यमों में इस प्रकार की शब्दावली में सरलीकरण की आवश्यकता है। हाँ, पारिभाषिक शब्दों को उदारतापूर्वक अपनाना होगा।

बहुप्रयुक्त उर्दू शब्दावली

हिन्दी पत्र-पत्रिकाओं में सरलीकरण के नाम पर इधर कुछ अनावश्यक रूप से फारसीबहुला उर्दू का प्रयोग बढ़ता दिख रहा है। इसका नियन्त्रित-सन्तुलन करना आवश्यक है। इस प्रकार के कुछ बहुप्रयुक्त शब्द हैं—

आलाकमान, आगाज (आरम्भ), अंजाम (परिणाम), आमद, अहम, अफरातफरी, इजाफा (उन्नति), इत्तिफाक, इरादतन, इकबालिया बयान, कद्दावर (लम्बा तगड़ा), काबिल, करार, कलाम (शब्द), कामयाब, क़फ़स (पिंजड़ा), खिलाफत, मुखालिफ (विरोधी), मुखातिब (बोलनेवाला), गोकशी (गो हत्या), गुरेज (उपेक्षा), गौरतलब, गर्जमन्द, गुलशन (बाग), चश्का, चश्मदीद (आँखों

देखा), जमाल (सौन्दर्य), जमानत, जुम्मा, जिम्मा, जायज, जाहिर, जिलाबदर, जमीनी, तल्खतेवर, तस्दीक (प्रमाण), तहरीर (लिखायी), तब्दील (बदलाव), तैनात, तलब, तबादिला, तबज्जो (महत्त्व), तर्जीह (प्रधानता) तफ्तीश (तलाश), तादात, ताजातरीन, दीदार (दर्शन), दबिश, दास्ताँ, दाखिल, नशेमन (घोंसला), नजरबन्द, नजरन्दाज, परवरिश, पशोपेश, नवाजा, नामजद, पसन्दीदा, तवस्सुम (स्मिति), परवाज (उड़ान), फिलहाल, फना (मृत्यु), फिलवक्त, बेहद, बहशी, बर्खास्त, बरकरार, बुनियादी, बदहाल, फौरी, फरार, मायूस, मसलन, मंजर, मकसद, मद्देनजर, महरूम (वंचित), मौकामुआइना, मुताबिक, लिहाज, लिहाजा, लबरेज (लबालब), लावलश्कर, मुख्तसर (संक्षिप्त), हस्र (प्रलय), रिश्वत, रोजेदार, रश्क (ईर्ष्या), रिहाई, राहत, रफ्तार, रफ्ता, विसाल (मिलन), वज्म (महफिल), शगल, शुग्ल, शबाब, सिफत (विशेषता), सुरूर (नशा), सुराग, सूबा, सुपुर्दगी, सजायाफ्ता, हुलिया, हैरत आदि।

इन शब्दों में सर्वत्र नुक्ता न लगाकर इनका हिन्दीकरण अर्थात् हिन्दुस्तानी रूप बना लेना बेहतर होगा।

अंग्रेजी के बहुप्रचलित प्रयोग

हिन्दी एक लिंग्वाफ्रैंका (कई भाषाओं का संगम) है। उसमें संस्कृत, फारसी तथा अंग्रेजी शब्दों का बाहुल्य है। अस्तु, अधिकतर अखबारों में इन दिनों अंग्रेजी शब्दों की भरमार दिखायी दे रही है। जैसे—फण्ड (निधि), स्टोरेज (भण्डारण), एलियास (उर्फ), सबजूडिस (न्यायाधीन), बाइण्डिग (बन्धन), जीरो आवर (शून्य काल), रिव्यू (पुनरीक्षण), सुपरमिएशन (अधिवर्षिता), रिकरिंग (आवर्तक), सबार्डिनेट (अधीनस्थ), ट्रस्ट (न्यास), सप्लीमेण्ट (अनुपूरक), वोट आन एकाउण्ट (लेखानुदान), डिसक्रिएशनरी (विवेकाधीन), वालिण्ट्री (स्वैच्छिक), टाइमवार्ड (कालातीत), वोकल (मुखर), मॉडल (प्रादर्श), वाटरसप्लाई (जलापूर्ति), ट्राफी (वैजयन्ती), सुपरविजन (पर्यवेक्षण), असेट (आस्ति), टेण्डर (निविदा), शिड्यूल (अनुसूचित), काण्टिन्जेन्सी (आनुषंगिक), काण्ट्रैक्ट (संविदा), कोरम (गणपूर्ति), मेरिट (अर्हता), अण्डरग्राउण्ड (भूमिगत), कान्फिडेन्शल (गोपनीय), वेकेन्सी (रिक्ति), रिमाण्ड (प्रतिप्रेषण), वाल्यूम (आयतन), सिक्यूरिटी (प्रतिभूति), एडहाक (तदर्थ), ट्रांजिशन (संक्रमण), एडवान्स (अग्रिम), एडजस्टमेण्ट (समायोजन), एडल्ट (प्रौढ़), प्रोमोशन (पदोन्नति), यूनीवर्सल (सार्वभौम) आदि।

इसके अतिरिक्त आटोमेटिक, आफर, आन लाइन, ओवर हेड, आब्जेक्टिव, आइटमगर्ल, ईक्विटी, इण्टीरियर, इमीग्रेशन, इवेण्ट, इमैजिन, एअरपोर्ट,

एनर्जी, एरियर, एक्सरीज, एपार्टमेण्ट, कन्सल्टेण्ट, कोरग्रूप, कलेक्शन, क्लीनचिट, क्राफ्ट, केयर, कम्पार्टमेण्ट, कलेक्ट्रेट, काल सेण्टर, काल डिटेल्स, क्रीमीलियर, कुकिंग, कैरियर, कलर, कैरी, किचन, काम्बिग, कालेज, क्रियेटिव, काउण्टर, कोचिंग, गनर, गेम, गुड चेकिंग, चैम्पियन, चेंज, चेयरमैन, चार्ज, ज्वैलर्स, जेण्डरस्टडी, जीन्स, जेस्चर, जॉगिंग, ट्राई, टिप, ट्रस्ट, टर्मिनल, ट्रान्सपोर्टर, ट्रेन, ट्राली, टेस्टिंग, ट्रान्सलेशन, डबलडोज, डिजिटल, ड्रेस, डेलीन्यूज, ड्राइंगरूम, डिजाइन, ड्रग, डोमिस्टिक, डिस्टलरी, नेटवर्क, न्यूइयर, न्यूज पेपर, नेशनल, नाइट, नो हाऊ, परफ्यूम, पेण्ट, पैण्ट, पार्टी, पैकिंग, प्लान, प्रैक्टिकल, पैकेज, प्रेक्टिस, पब्लिशर, प्रोनोट, प्लेसमेण्ट, प्रमोट, प्रोसीजर, पेटेण्ट, प्रम्योचोर, पोस्टपोन, प्रियोन, प्रिण्ट, प्रिजर्वेटिव, प्राइस, प्राइज, फेश, फिनिश, फेवरिट, फाइट, फ्राई, फायर ब्रिगेड, बाईपास, बोल्ड, वीजा, बिडिंग, बिल्डिंग, ब्लैकमेल, मास्टर प्लान, मीडियाबूथ, मानीटरिंग, मल्टीनेशनल, माइक्रो, मोबाइल, मार्केट, रिमोट, रेंज, रिटर्न, रिजल्ट, रिद्म, रिलीज, रेफर, रेडीमेण्ट, रिस्क, रूट, रेस, रिवर्स, रिकवरी, लेबल, लुक, लोडिंग, लांच, लोकेशन, लेटर, लकी, लाइट, लिमिटेड, लोनिंग, वोटर, वाश, वरी, वाक्, वर्किंग, वाशवेसिन, वेव, बूमन, शापिंग, सिस्टम, स्टोर, सेलेक्ट, सीज, सर्विस, स्पोर्ट, सपोर्ट, स्टाइल, स्टे, सी.डी. सुगरसिटी, स्कालरशिप, स्टील, सस्पेण्ड, शैडो, शोपीस, सर्किल, सिंगल, स्पीड, साइलेण्ट, सर्च, स्टैण्ड, होमवर्क, हाइपर, हाईवे, हिस्ट्रीशीटर, सीनियर, ह्यूमनराइट, हाईप्रोफाइल, हैण्डिल, हैण्डिक्राफ्ट, हिट, हूटर, हण्टर, ह्वाट एबाउट, हाउएवर, हैवनाट्स, हैरेसमेण्ट आदि शब्द प्रायः संचार माध्यमों द्वारा प्रकाशित प्रसारित होते रहते हैं।

कई पत्रों में इस प्रकार के हिंग्लिश वाक्य भी धड़ल्ले से लिखे जा रहे हैं, यथा—पेरेण्ट्स के गाइड में यह आप्शन क्लिक करेगा। 'शाप कीपर और हाउस वाइव्स दोनों फेण्ट ड्रेस में कण्ट्रास्ट मल्टीकलर तथा सोबर कलर यूज करते हैं, जो एफोर्डेबल है।' इस प्रकार के वाक्य संचार भाषा हिन्दी हेतु घातक हैं, अतः परिमार्जनीय हैं। इन सबके लिए हिन्दी में शब्द हैं और बनाये जा सकते हैं। यह मात्र बाजार का नहीं, भाषा अस्मिता का भी प्रश्न है। अंग्रेजी के जो अपरिहार्य शब्द हैं, उनका प्रयोग वांछनीय हैं, किन्तु जिसका प्रति शब्द हिन्दी में है, वहाँ हिन्दी प्रयोग ही अभीष्ट है।

अंग्रेजी हिन्दी की समान शब्दावली

अंग्रेजी	हिन्दी	अंग्रेजी	हिन्दी
क्रिश्चियन	क्रिस्तान	रशियन	रूसी
ब्रिटेन	ब्रितानिया, वर्तानिया	पोर्टुगीज	पुर्तगाली
साक्रिटीज	सुकरात	बॉक्स	बक्सा
अरिष्टाटल	अरस्तू	सियर	सेर
प्लेटो	अफलातून	माउस	मूस, मूसक
एलक्जेण्डर	अलक्षेन्द्र, सिकन्दर	कैप्टन	कप्तान
व्यूगल	बिगुल	लार्ड	लाट
रिक्रूटमेण्ट	रँगरूट	करी	कढ़ी
बम्बूपोल्स	बमपुलिस	आफिसर	अफसर
सिपाय	सिपाही	माकरी	मक्कारी
मोजेइक	मुजायक	अलमरा	अलमारी
ओपियम	अफीम	ड्रार	दराज
टोमैटो	टमाटर	प्लास्टर	पलस्तर
मोरिन	मारकीन	इयररिंग	ऐरन
बुद्धिस्ट	बौद्ध	रिपोर्ट	रपट
सिगनल	सिंगल	बन (केक)	बन्द
गोडाउन	गोदाम	थियेटर	ठेठर
रेस्स्टोरेण्ट	रेस्तराँ	राई	राई (बीज)
चाइनीज	चीनी	फ्रेंच	फिरंगी
डक्वैट	डाकू	कफ	कफ
डाक	बन्दरगाह	बॉटल	बोतल
लंगर	लंगड	ग्लास	गिलास
पैकेट	पाकिट	बम	बेकार (बमचक)
टिकट	टिकस	माइण्ड	मन
क्लार्क	क्लर्क	आडरली	अर्दली
सेक्रेट्री	सिकत्तर	ब्रुचर	बूचड़खाना

कारवॉन	कारवाँ	काइनहाउस	काँजीहौज
सैलेट	सलाद	लैनटर्न	लालटेन
आक्सीजन	ओषजन	नाइट्रोजन	नेत्रजन
एकेडमी	अकादमी	कामेडी	कामदी
ट्रेजेडी	त्रासदी	हास्पिटल	अस्पताल
सर्वे	सर्वेक्षण	बारवेरियन	बर्बर
बबल	बुल्ला	सेटान	शैतान
पैण्टलून	पतलून	शटिंग	छालटीन
लौंगक्लाथ	लंकलाट	बाइसकिल	साइकिल
गार्ड	गारद	वाइस्कर्ट	वास्केट
लाइमजूस	लैमन जूस	कोर्ट	कोरट
कटिंग	काटना	बैंग्लो	बगँला
टैंक	टंकी	प्लाटून	पलटन
इण्ट्री	इन्द्रजाल	पोटैशियम	पोटास
डिक्री	डिगरी	मैडम	मदाम
ब्लाउज	बिलाउज	ट्राइपोल	तिरपाल
पेटीकोट	पेटीकोट	कलक्ट्रेट	कलेक्टरी
जम्पर	जम्फर	टॉवल	तौलिया
सैण्डल	सैण्डिल	कच्यूमर	कचूमर
फोज	फौज	बकल	बक्कल
क्लासी	खलासी	ऐग्रीमेण्ट	गिरमिटिया
स्टेबल	अस्तबल	ट्राई	त्रयी
ट्राइपाद	त्रिपाद	पाइपरमिण्ट	पिपरमेण्ट
मोसम्मी	मुसम्मी	टिन	टीन
ब्रेक	बिरिक	बनियान	बनियाइन
माइल	मील	रबर	रबड़
म्यूट	मूक	मदर	मादर
प्रोनोट	पुरनोट	रजिस्ट्रेशन	रजिस्ट्री

लैड	लड़का	सर्पेण्ट	सर्प
मदर	मादर	कैनून	कानून
काम्ब	कन्घा	क्रो	कौवा
ऊल	ऊन	बैण्ड	बाँध, बन्धा
ब्रिंजल	बैगन	बैरन	बीरान
ट्रेजरी	तिजोरी	डोर	द्वार
न्यू	नव	बेटर	वृहत्तर
विडो	विधवा	सेण्ट	सन्त
शुगर	शकर	यूथ	युवा
सन्दल	चन्दन	पाट	पात्र
सैटर्न	शनि	लैक	लाख़
च्यू	चबाना	गैंजेज	गंगा
बबल	बुल्ला	पाथ	पथ
टैबलेट	टिकिया	इण्डस	सिन्धु
कॉट	खाट	ऑरफन	हरफन
नियर	नेरे	वाल	दीवाल
कोक	कोयला	टुबैको	तम्बाकू
चिमनी	चिमनी	बाजार	बाजार
नेम	नाम	कॉटेज	कुटज
नो	नहीं	ओह	ओह
शेम	शर्म	मसाज	मालिश
मिरज	मृगतृष्णा	इण्टरिम	अन्तरिम
बाइण्डिग	बन्धन	जंगिल	जंगल आदि।

हिन्दी, अंग्रेजी, अरबी, फारसी की समान शब्दावली

हिन्दी	अंग्रेजी	अरबी-फारसी
तृषा	थर्स्ट	तश्न
द्वार	डोर	दर

नव	न्यू	नौ
बृहत्तर	बेटर	बेहतर
विधवा	विडो	बेवा
शत	सेण्ट	सद
शर्करा	शुगर	शकर
बन्ध	बैण्ड	बाँध
ऊर्णु	वूल	ऊन
माँ, मातृ, अम्माँ	माम, ममी	अम्माँ (बूआ) मादर
बाप, पिता, पितृ	फादर	पिदर
भ्रातृ-भाई	ब्रदर	बिरादर
दुहिता	डॉटर	दुख्तर
युव, युवन	यूथ	जवान
कपूर	कैंफर	काफूर आदि।

मीडिया लेखन में अनुवाद के विविध रूप और अनुवाद की भाषा

अनुवाद अत्यन्त प्राचीन एवं श्रमसाध्य कला है, जिसका महत्त्व आज प्रत्येक क्षेत्र में देखा जा सकता है। यह एक सोद्देश्य प्रशिक्षण कला है, जिसमें अर्थोपार्जन की अनन्त सम्भावनाएँ हैं। अनुवाद व्यापक रूप से शिक्षा के विविध साधनों में समाया हुआ है और इस शिक्षण से अनेक लाभ भी प्राप्त हो रहे हैं। अनुवाद वस्तुतः एक ऐसी विशिष्ट कला है, जिसमें अनुवाद-कर्म जमीन पर पाँव टिकाकर ही किया जाता है, लेकिन विचार दूर दृष्टि तक पहुँचता है। इसी कारण अनुवाद के कर्म को कठिन एवं परकाया प्रवेश की प्रक्रिया से भी सम्बद्ध किया जाता है।

अनुवाद-कला एवं उसका स्वरूप निरन्तर गतिमान् रहा है। अनुवाद का प्रथम रूप 'मक्षिका स्थाने मक्षिका' सिद्धान्त का प्रयोग कर इस कला को दोयम दर्जे का रूप देता है। जैसे-जैसे समाज में इस कला की कद्र होने लगी, वैसे-वैसे यह कार्य रचनात्मकता से सम्बद्ध होने लगा। समाज में परिवर्तन आने पर भूमण्डलीकरण एवं निजीकरण के परिणामस्वरूप विविध अन्तःसम्बन्धों की ओर समाज बढ़ा। आज छोटे-से-छोटा राष्ट्र स्वावलम्बी है जो कि अपना अस्तित्व बनाये रखने के लिए विविध विचारों और भावों के आदान-प्रदान को प्राथमिकता देता है। इस आदान-प्रदान हेतु प्रथम शर्त भाषा-ज्ञान की है। भाषा-ज्ञान की आवश्यकता को विश्व स्तर पर महसूस किया जा रहा है। आज राष्ट्र की सीमाएँ टूट रही हैं। विश्व स्तर पर यह भाषिक परिवर्तन हो रहा है। इस परिवर्तन के फलस्वरूप विश्व के प्रत्येक स्तर पर भाषा के प्रयोग को बढ़ाकर सांस्कृतिक आदान-प्रदान में वृद्धि की जा रही है।

मार्केटिंग एवं टेक्नोलॉजी में हो रही निरन्तर वृद्धि के फलस्वरूप देश एक-दूसरे के निकट आ रहे हैं। अतः आज की सबसे बड़ी आवश्यकता बहुभाषिक बनने की है। अनुवाद का प्रथम रूप Translation इसी आवश्यकता को पूरा करता है। ऐसी विविधतायुक्त यह कला पाँच रूपों में आज विकसित हो रही है। वे पाँच रूप हैं—(1) Translation (अनुवाद), (2) Transformation (रूपान्तरण),

(3) Transcreation (अनुसृजन), (4) Transrelation (अनुसम्पर्क), एवं (5) Transcommunication (संचार सम्प्रेषण)।

Translation का मूल कार्य किसी भाषा के विविध स्तरों को दूसरी भाषा में प्रकट करना है। अतः अनुवादक का दो भाषाओं पर पूर्ण अधिकार होना परमावश्यक है। ऐसे में हमें सांविधानिक आवश्यकता के अनुसार अपनी दक्षता बढ़ानी होगी। विविध प्रकार के सरकारी एवं गैर-सरकारी पत्र, वाक्य की संरचना के अनुसार दूसरी भाषा में उल्था करना तथा शब्द, पद, पदबन्ध, वाक्य, प्रोक्ति आदि स्तरों पर एकाधिकार करना, पारिभाषिक शब्दों की जानकारी रखना, संकेतार्थों का ध्यान रखना तथा अनुवाद के लिए भाषाविज्ञान, कोशविज्ञान, व्याकरण का ध्यान रखना भी बहुत जरूरी है। ऐसे ज्ञान के बाद ही अनुवाद के मूल रूप को पहचाना जा सकता है। अनुवाद के माध्यम से संस्कृति का ज्ञान प्राप्त कर शब्दों की निर्माण कला को भी आत्मसात् किया जा सकता है। वस्तुतः शब्द विविध सन्दर्भों और भिन्न अर्थों को प्रकट करता है। श्रेष्ठ अनुवाद हेतु विविध अर्थों और पर्यायों को याद रखना जरूरी है। जैसे Private शब्द के विविध सन्दर्भों के निजी व्यक्तिगत आदि रूप तथा General शब्द के साधारण, महा, आम, सामान्य आदि रूप प्राप्त होते हैं। इनके प्रयोग में स्वेच्छाचार नहीं करना चाहिए।

अनुवाद का दूसरा रूप Transformation अर्थात् रूपान्तरण के अन्तर्गत भाषा-ज्ञान प्रमुख रूप से आता है। सुयोग्य अनुवादक को स्नातक स्तर पर दो भाषाओं का ज्ञान होना तथा स्नातकोत्तर स्तर पर एक भाषा का ज्ञान होना जरूरी माना गया है। ऐसा अनुवादक, शब्दानुवाद के साथ-साथ भावानुवाद एवं छायानुवाद में भी सिद्धहस्त हो जाता है। ऐसे सिद्धहस्त लोगों का महत्त्व प्रशासनिक स्तर पर देखा जा सकता है। अतः इस कला में अनन्त सम्भावनाएँ छिपी हुई हैं। इसके अतिरिक्त रूपान्तरण एवं विज्ञापन में भी अनुवाद के विविध रूप देखे जा सकते हैं जिनका व्यावसायिक दृष्टिकोण से बड़ा महत्त्वपूर्ण स्थान है।

Transcreation या अनुसृजन अनुवाद का तीसरा रूप है, जो देश-विदेश की भाषाओं में हो रहे साहित्य सृजन से सम्बद्ध है। इस दिशा में आकर अनुवाद दोयम दर्जे का नहीं रह जाता, बल्कि साहित्य की रचनाशीलता या पुनःसृजनात्मकता से सम्बद्ध हो जाता है। ऐसे अनुवाद की आज बहुत आवश्यकता है, जिससे साहित्य एवं सृजन का सही स्तर लोगों तक आ सके।

अनुवाद का चौथा रूप Transcommunication सम्प्रेषण का एक खास लहजा है। सम्प्रेषण शब्दों द्वारा सम्भव है। शब्द विविध अर्थों से युक्त रहते हैं।

हम यदि एक ही भाव के चार शब्द कहेंगे तो अलग-अलग अर्थ निकलने लगेंगे। एक-एक शब्द की संवेदना अलग होती जाती है। अतः सम्प्रेषण के स्तर पर अनुवाद करते हुए हर भाषा एवं शब्द की नजाकत पर विचार करने की आवश्यकता है। सम्प्रेषण के क्षेत्र में विज्ञापन विशेष रूप से आते हैं, जिनके माध्यम से अपार धन कमाया जा सकता है। विज्ञापन का सफल फार्मूला यही है कि जो बताना चाह रहे हैं, उसका चित्र मन में अंकित हो जाये। संचार माध्यमों से जुड़े व्यवसाय में भी अनुवाद की आपार सम्भावनाएँ छिपी हैं। पत्रकारिता के अनेक माध्यमों में भी अनुवाद का विशिष्ट महत्त्व है। समाचार आदि विविध स्रोतों से आते हैं, जिनका अनुवाद करने के बाद ही उन्हें जनता तक पहुँचाया जाता है। इसके अतिरिक्त इलेक्ट्रॉनिक मीडिया में भी अनुवाद की उपयोगिता देखी जा सकती है। रेडियो चाहता है, ऐसी भाषा हो, जो कान को आँख बना दे। ऐसे में शिल्पगत जरूरत के अनुरूप ही अनुवाद करना चाहिए। Script की तकनीक समझकर ही अनुवाद किया जाना चाहिए। साहित्यिक अनुवाद इस क्षेत्र में हो सकता है, लेकिन तकनीक नहीं चल पाती है। ऐसे में भावानुरूप अनुवाद होता है। इलेक्ट्रॉनिक मीडिया एवं संचार के अन्तर्गत डबिंग, आशु अनुवाद, दुभाषिया, स्लोगन-लेखन, विविध वृत्तचित्र एवं फिल्मी अनुवाद के प्रकार देखे जा सकते हैं, जिसमें अनुवाद-कला निरन्तर विकसित हो रही है।

अनुवाद का अन्तिम एवं पाँचवाँ रूप Transrelation है। आज इस अनुसम्पर्क द्वारा दुनिया एक परिवार में तब्दील हो रही है। गाँव का आम आदमी भी केन्द्र सरकार तक अपनी बात पहुँचा रहा हैं। यह प्रचार-साहित्य का युग है। भिन्न-भिन्न माध्यमों से अनुवाद द्वारा प्रचार-साहित्य की माँग बढ़ रही है। अतः आज की आवश्यकता है, द्विभाषिक अधिकारों को जानने की तथा इस प्रवृत्ति द्वारा विविध शैलियों को अपनाते हुए अनुवाद-कर्म की ओर बढ़ने की। अनुवाद कर्म निष्ठा, लालसा एवं नेकनीयती का कर्म है। यदि भाषाओं पर एकाधिकार रखकर नेक नीयती से यह कर्म करें तो संचारकर्मी कुशल अनुवादक बनकर अपना कैरियर सँवारकर उसे स्वर्णिम उपलब्धियों से युक्त बना सकते हैं।

अनुवाद की भाषा

प्रामाणिक अनुवाद के लिए अपनी जड़ों से जुड़ना जरूरी है। इस दृष्टि से 'डिमोक्रेटिक डिसेण्ट्रलाइजेशन' के लिए 'पंचायती' प्रयोग बेहतर है। 'फूडग्रेन' अनाज कहा जायेगा न कि खाद्यान्न।

अनुवाद का अच्छा अभ्यास न होने के कारण प्रायः हास्यास्पद वाक्य बना

दिये जाते हैं, जैसे—'इक्सचेंज आफ फायर के लिए गोलियों का अदान-प्रदान। होना चाहिए—दोनों ओर से गोलियाँ चलीं। अंग्रेजी वाक्य-इफ द गवर्नमण्ट इज सीरियस' का उत्था 'यदि शासन गम्भीर है' हिन्दी की भाषिक प्रकृति के अनुकूल नहीं है। इसी प्रकार 'नयी जमीन तोड़ना', 'यह सन्देश जायेगा' आदि वाक्य हिन्दी में सुग्राह्य नहीं हैं।

हड़बड़िया अनुवाद के कारण प्रायः वाक्य आपस में उलझ जाते हैं। जैसे "प्राप्त विवरण के अनुसार स्थानीय मोहल्ला...के निवासी श्री का सोलह वर्षीय पुत्र जो कि कक्षा आठ में.....कालेज का विद्यार्थी है, को पिछली शाम को जब वह ट्यूशन पढ़ने जा रहा था, कुछ लोगों ने जिनकी शिनाख्त नहीं हो पायी है, चाकू मारकर घायल कर दिया।" इसी प्रकार का एक अन्य अनूदित वाक्य है—"गुटनिरपेक्ष शिखर सम्मेलन में नाभिकीय युद्ध से बचने तथा निशस्त्रीकरण को कार्यान्वित करने और उपनिवेशवादी हस्तक्षेप से पृथक् रहने की आवश्यकता है ताकि मुद्रास्फीति पर नियन्त्रण किया जा सके।" यह भाषा कृत्रिम है, भ्रामक है और अनगढ़ है। इसे कई साधारण वाक्यों में तोड़कर लिखा जाना बेहतर होता।

स्पष्ट है कि सही सम्प्रेषण सही अनुवाद पर निर्भर है।

हिन्दी की पारिभाषिक शब्दावली

पारिभाषिक या तकनीकी शब्द विभिन्न प्रयोजनों के लिए निर्मित किये जा सकते हैं। ज्ञान-विज्ञान के अध्ययन, अन्वेषण, प्रशासन, विपणन, जन-सम्पर्क आदि के लिए इनकी निरन्तर आवश्यकता रहती है। भारत में प्रशासनिक व्यवस्था से सम्बन्धित ये शब्द मुख्यतः छह स्रोतों में आये हैं—

1 संस्कृत और आकर भाषाओं (पालि, प्राकृत, अपभ्रंश) से।

2. मध्ययुगीन विदेशी शासन के दौरान अरबी, फारसी, पश्तो, तुर्की आदि भाषाओं से।

3. ब्रिटिश शासनकाल में अंग्रेजी, फ्रेंच, डच, पुर्तगाली आदि भाषाओं से।

4. देशी रियासतों में प्रचलित विभिन्न जनपदीय विभाषाओं से।

5. विभिन्न समकालीन भारतीय भाषाओं से

6. लोक भाषाओं से

भारत में पारिभाषिक शब्दावली के निर्माण का सिलसिला 1888 में गुजराती के प्रो. टी. के. गज्जर से शुरू हुआ था। उसी क्रम में 1898 में नागरी प्रचारिणी सभा की ओर से डॉ. श्यामसुन्दर दास ने हिन्दी में इसका शुभारम्भ कराया। 1999 में पहली बार डा. महेश चरण के प्रयास से रसायन विज्ञान की पारिभाषिक

शब्दावली तैयार हुई। इस दिशा में हिन्दी साहित्य सम्मेलन की भी एक ऐतिहासिक भूमिका रही है। राजर्षि पुरुषोत्तमदास टण्डन ने शब्दावली निर्माण का गम्भीर अभियान चलाया था। उन्होंने एक-एक शब्द पर बहस करायी और हिन्दी भाषा की प्रकृति के अनुरूप अनेक पारिभाषिक शब्द स्थिर कराये। उनके द्वारा सुझाये हुए दो शब्द 'डिस्काउण्ट' के लिए 'कटौती' और 'रिबेट' के लिए 'घटौती' तो अविस्मरर्णाय रहेंगे। हिन्दी के अन्य अनेक विद्वानों, जैसे—आचार्य रघुवीर, डॉ. बाहरी, डॉ. भोलानाथ तिवारी आदि का योगदान भी इस दिशा में श्रेयस्कर कहा जायेगा।

पारिभाषिक शब्दावली निर्माण की व्यवस्थित प्रक्रिया भारत सरकार द्वारा स्थापित वैज्ञानिक तकनीकी शब्दावली आयोग के माध्यम से तब शुरू हुई, जब 1370 पृष्ठों का एक पारिभाषिक शब्दकोश मात्र 12/- मूल्य पर 1961 में प्रकाशित हुआ। राजभाषा परिनियमावली में व्यवस्था की गयी थी कि ये पारिभाषिक शब्द चार तरह से बनाये जायेंगे—

1. मूल रूप से संस्कृत भाषा से गृहीत शब्द।

2 गौण रूप से भारतीय भाषाओं से गृहीत वे शब्द, जो हिन्दी में भी उसी अर्थ में प्रचलित हैं।

3. अंग्रेजी भाषा से गृहीत शब्द, साथ ही अन्तरराष्ट्रीय शब्दावली

4. जनपदीय लोकभाषाओं से गृहीत शब्द।

आयोग ने इस उद्देश्य से विभिन्न भाषाओं के विद्वानों से सहायता ली। हिन्दी के अनेक भाषाविद् और साहित्यकार भी इसमें सम्मिलित हुए। यहाँ तक कि दिनकर जी और नवीन जी ने अपना भरसक योगदान किया। यह गर्व का विषय है कि आयोग ने विगत लगभग चार दशकों में विभिन्न विषयों से सम्बन्धित लगभग आठ लाख शब्द बना डाले, किन्तु यह दुःख का विषय है कि उनमें से शायद 8000 शब्द भी पूरी तरह से लोक ग्राह्य नहीं हुए हैं। इसके अनेक कारण हैं—

1. मानकीकरण का अभाव—आयोग ने चूँकि विभिन्न भाषाविदों को इस कार्य में लगाया था, जो भाषावार राज्य विभाजन से प्रेरित भाषायी राजनीति और क्षेत्रीय मोह से न्यूनाधिक प्रभावित भी थे, इसलिए उन्होंने अंग्रेजी के एक-एक शब्द के लिए एक-एक दर्जन शब्द तक कोशों में डाल दिये। इनका प्रयोग अलग-अलग हिन्दीभाषी राज्यों ने स्वेच्छानुसार करना शुरू कर दिया। परिणामस्वरूप कहीं इंजीनियर के लिए अभियन्ता शब्द चला, कहीं यन्त्री और कहीं-कहीं इंजीनियर ही चलता रहा। कलेक्टर को कहीं जिलाधिकारी कहा गया, कहीं जिलाधीश। बिहार में 'समाहर्त्ता' लिखा जाता है। पुलिस-जैसे लोकप्रिय शब्द के

लिए 'आरक्षी' शब्द बनाया गया। इससे भ्रम की स्थिति उत्पन्न हुई। विभिन्न पदनामों के साथ आज भी यह स्थिति बरकरार है। वस्तुतः पारिभाषिक एक ही होना चाहिए, अनेक नहीं। लेकिन सहमति के अभाव में हिन्दी पारिभाषिक में समानान्तर शब्दों की अति हो गयी, जिसके कारण एक शब्द स्थिर नहीं हो पाया। अंग्रेजी में भी ऐसे कई शब्द हैं, जिनके अलग-अलग सन्दर्भों में अलग-अलग अर्थ होते हैं। प्राइवेट शब्द को सहायक सचिव के रूप में वैयक्तिक या निजी कहा जायेगा, किन्तु प्राइवेट परीक्षार्थी के अर्थ में निजी ने कहकर 'स्वयंपाठी' कहना उपयुक्त होगा। आवश्यकता यह है कि विभिन्न मन्त्रालयों, विभागों के राजभाषा अनुभागों तथा 'आयोग' के नेतृत्व में इन अनेकार्थी शब्दों में से अपने लिये सर्वोपयुक्त शब्द का चयन कर लें और प्रशासनिक, वाणिज्यिक, विधिक, शैक्षिक तथा साहित्यिक/ कोश अलग कर दिये जायें। इससे मानकीकरण काफी-कुछ निश्चित किया जा सकेगा।

2. सहजता का अभाव—संस्कृत के शब्दों को मूलाधार बनाना हिन्दी के वृहत्तर हित में नहीं है। यह सही है कि संस्कृत की शब्दावली काफी मात्रा में विभिन्न भाषाओं में प्राप्त होती है, किन्तु विज्ञान, तकनीक, प्रशासन, विपणन अर्थात् कामकाजी भाषा के शब्द संस्कृत में उतने नहीं हैं, जितने देशी भाषाओं में हैं या जितने हिन्दुस्तानी में हैं। संस्कृत मूल के आग्रहवश आयोग को धात्वर्थ के अनुसार नये-नये शब्द गढ़ने पड़े। अनावश्यक रूप से उपसर्ग और प्रत्यय भरने पड़े, जिससे कई शब्द कृत्रिम एवं जटिल हो गये। 'कोल्ड' के लिए 'ठण्डा' शब्द पर्याप्त था। 'अतप' शब्द गढ़ने की आवश्यकता नहीं थी। इन कृत्रिम शब्दों की बड़ी व्यापक प्रतिक्रिया देश में हुई। आचार्य रघुवीर का संकल्प था कि अंग्रेजी का ऐसा कोई शब्द छूटने न पाये। प्रत्येक का हिन्दीकरण अनिवार्यतः किया जाये। उन्होंने अपने प्रकाण्ड पाण्डित्य के सहारे हजारों शब्द गढ़ डाले, किन्तु उनमें अधिकतर उपहासास्पद एवं विवादास्पद सिद्ध हुए। वे लोग जो हिन्दी के राजभाषा बन जाने से सन्तप्त थे, या जो अंग्रेजी मानसिकता से ग्रस्त थे, डॉ. रघुवीर की शब्दावली का मखौल उड़ाने लग गये। उन्होंने डॉ. रघुवीर के नाम पर कई मनगढ़न्त शब्दों को उछाला और निर्माणाधीन हिन्दी शब्दावली को आघात पहुँचाया। यों कोई भी शब्द क्लिष्ट अथवा सरल नहीं होता। वह सहज या असहज होता है। यदि कोई शब्द भाषाभाषियों की प्रकृति के और उनकी भाषिक संस्कृति के अनुकूल होता है तो वह सहज सिद्ध होता है, अन्यथा असहज और अस्वीकार्य हो जाता है। हिन्दी की भाषिक प्रकृति लोकोन्मुखी है, शास्त्रोन्मुखी नहीं। उसमें तत्सम शब्दों की जगह तद्भव, देशज और आगत शब्दों की खपत ज्यादा है।

'फिक्स्ड डिपाजिट' की जगह यदि 'स्थिर निवेश' और 'करेण्ट एकाउण्ट' के लिए 'धारावाहिक लेखा' शब्द बनाये जायेंगे तो निःसन्देश उपहासास्पद सिद्ध होंगे। इनके लिए 'मियादी जमा' और 'चालू खाता' शब्द सर्वोत्तम हैं। फूड एवं सप्लाई के लिए 'खाद्य एवं आपूर्ति' शब्द अनगढ़ लगता है, रसद्र-जैसे शब्द सहज हैं। इंजीनियर के लिए अभियन्ता शब्द सर्वोत्तम है, जबकि 'यन्त्री' शब्द से केवल मैकेनिकल इंजीनियर का अर्थ निकलता है। इन शब्दों पर पुनर्विचार करने की जरूरत है।

3. नये प्रत्ययों का प्रयोग—पारिभाषिक शब्दों में संस्कृत के बजाय हिन्दी के मूल प्रत्ययों को बढ़ावा देने की आवश्यकता है। 'विद्यमानता' से 'हाजिरी', उपस्थिति-जैसे शब्द कहीं ज्यादा लोकग्राह्य हैं। अंग्रेजी के लोकप्रिय शब्दों को हिन्दी प्रत्ययों के अनुसार ढाल लेना भी बेहतर होगा। गारण्टी और बीमा चूँकि बहुत जनप्रिय शब्द हैं, इसलिए 'गारण्टित', 'बीमित' जैसे शब्द बनाना सर्वथा उपयुक्त है।

4. उपसर्गों का परिमित प्रयोग—हिन्दी पारिभाषिकों में सं.प्र.नु अधि, उप, सत् आदि उपसर्गों का अनावश्यक प्रयोग किया गया है। एक-एक उपसर्ग अनेक-अनेक अर्थों में रखा गया है। इससे भ्रमोत्पत्ति होती है। 'प्रपोजल' के लिए प्रस्ताव और 'मोशन' के लिए 'संस्ताव' इसी प्रकार के शब्द हैं। 'प्रस्ताव' तो सर्व स्वीकृत हो गया, पर संस्ताव नहीं हो पाया। पहला शब्द स्वाभाविक था, दूसरा कृत्रिम। इन शब्दों की लोकग्राह्यता के लिए उपसर्गों प्रत्ययों का यह खेल खत्म किया जाना चाहिए।

5. व्याकरणिक छूट -पारिभाषिकों का निर्माण कट्टर नियमों के अनुसार नहीं किया जा सकता। प्रचलन को अपेक्षाकृत अधिक महत्त्व देना चाहिए। सन्धि, समास, विभक्ति, परसर्ग, कारक, हलन्त, अनुस्वार, अनुनासिक, प्रातिपदिक आदि की जटिलता के कारण अनेक शब्द प्रचलित नहीं हो पाये हैं, इसलिए कि नियमों में उदारता नहीं बरती गयी है।

6. कल्पना और सर्जना शक्ति का उपयोग-इन शब्दों के निर्माण के लिए सबसे अधिक उपयोगिता है—रचनाधर्मिता अथवा नयी सूझ की। हमें भाषा-भाषी समाज के मनोलोक पर दृष्टि डालनी होगी। शब्दों को लचीला बनाना होगा, ताकि वे लेखन, मुद्रण, उच्चारण में सुगम एवं कर्णप्रिय सिद्ध हों। शब्द को पारदर्शी, सार्थक तथा निर्विकल्प होना चाहिए, साथ ही चुस्त एवं संक्षिप्त भी होना चाहिए, जिससे उसका द्रुत सम्प्रेषण हो सके। पारिभाषिक में न तो 'पुष्पिता वाणी' काम आती है और न 'मच्छिका स्थाने मच्छिका' वाली प्रवृत्ति।

7. आगत शब्दों का ग्रहण–पारिभाषिक को स्थिर करते समय ग्रहणशीलता को बढ़ावा देना होगा। अंग्रेजी और फारसी के जो शब्द जन-जीवन में व्याप्त हो गये हैं, उन्हें किसी भी नवगठित शब्द द्वारा हटाया नहीं जा सकता। बैंक, टिकट, ओवरड्राफ्ट-जैसे हजारों शब्द हमारे जन-जीवन में घुस गये हैं। इनके हिन्दी शब्द बनाना व्यर्थ श्रम सिद्ध होगा। वस्तुतः जिस देश से प्रौद्योगिकी आती है, वहीं से उस यन्त्र या तन्त्र से जुड़ी शब्दावली भी आती है। जनसाधारण कुछ शब्दों को यथावत् ग्रहण कर लेता है और कुछ शब्दों को तद्भव या देशज शब्दों में ढाल लेता है। हिन्दीभाषियों ने ऐसे हजारों शब्द चला दिये हैं, जिन्हें अब मान्यता देनी होगी। बेहतर होगा कि प्रौद्योगिकी के आयात के समानान्तर हम अपने शब्द बना ले जायें, अन्यथा विदेशी शब्द को स्वीकार करना ही पड़ेगा। उनका सरलीकरण कर लिया जाये तो अति उत्तम।

8. भाषा मनोविज्ञान का रहस्य—पारिभाषिकों के प्रचलन के पीछे समाज मनोभाषिकी की भूमिका दिखती है। रिंग रोड की जगह मुद्रिका मार्ग नहीं चल पाया, लेकिन परिवहन में 'मुद्रिका सेवा' शब्द लोकप्रिय हो गया है। मेखला मार्ग अभी चल सकता है। ऐसे प्रयोगों के पीछे भाषाभाषियों की अपनी अभिरुचि ही कारणभूत रहती है। इस मनोरहस्य को समझते हुए शब्द निर्माण करना उपयोगी सिद्ध होगा।

इस प्रकार स्पष्ट है कि पारिभाषिक शब्दों का निर्माण करते हुए इन दो शर्तों का अनुपालन दृढ़तापूर्वक करना होगा। विदेशी भाषाओं से आये हुए शब्दों का अधिकाधिक हिन्दीकरण किया जाये, अर्थात् हिन्दी की भाषिक प्रकृति के अनुसार उनके तद्भव शब्द बना लिये जायें, न कि संस्कृत की धातुओं से या अनावश्यक उपसर्ग और प्रत्यय जोड़-जोड़कर कृत्रिम शब्द बनाये जायें। यह बात स्पष्ट हो जानी चाहिए कि वर्तमान भौतिक व्यवस्था से उत्पन्न हुए पारिभाषिक शब्द संस्कृत से कहीं ज्यादा हिन्दुस्तानी और क्षेत्रीय भाषाओं में हैं। भारत विद्या अथवा अध्यात्म, दर्शन, साहित्य, कला आदि से सम्बन्धित प्रचुर शास्त्रीय शब्दावली संस्कृत में है, किन्तु विपणन, प्रशासन, जन सम्पर्क अर्थात् आधुनिक भौतिक व्यवस्था से सम्बद्ध व्यावहारिक शब्दावली उसमें बहुत कम है। विगत दो शताब्दियों में विश्व-व्यवस्था बहुत बदल गयी है। आधुनिक जीवन से सम्बन्धित इस शब्दावली की खोज यदि पारम्परिक शास्त्रों के बजाय लोकजीवन में की जाये तो बेहतर होगा। दूसरी आवश्यकता यह है कि विदेशी शब्दों को (यदि वे गाँवों तक प्रचिलित हो गये हैं तो) उदारतापूर्वक अपना लिया जाये। इसके लिए हिन्दीभाषी राज्यों का सर्वेक्षण करना जरूरी है। इस सर्वेक्षण के सहारे यदि प्रचलित शब्दों के लिए गढ़े गये

संस्कृत मूलवाले कृत्रिम शब्दों को निरस्त कर दें और उसी एक शब्द को लें तो एक मानकीकृत शब्दावली हमें यथाशीघ्र उपलब्ध हो जायेगी।

बहुप्रयुक्त प्रशासनिक शब्द

पत्रकारिता में इन शब्दों का बहुशः प्रयोग होता है। इनके अर्थगत सूक्ष्म अन्तर का संज्ञान अभ्यास द्वारा अर्जित किया जा सकता है, यथा—

अर्जित अवकाश	Earned leave
आकस्मिक अवकाश	Casual leave
विशेष अवकाश	Special leave
कर्त्तव्यावकाश	Duty leave
संगरोध अवकाश	quarrantine leave
आवश्यकता	Necessity
अपेक्षा	requirement
जरूरत	need
उत्पादन	Production
निर्माण	Construction
बनाना	Formation
रचना	Creation
कर	Tax
उपकर	Cess
उत्पादन कर	Excise duty
उदग्रहण	levy
चुंगी	Octrol
तटकर	Custom duty
सीमाशुल्क	Custom duty
महसूल	Impost
मार्गकर	toll
राजस्व	revenue
लगान	rent

शुल्क	duty
नियम	rule
अधिमत	canon
विनियम	regulation
सिद्धान्त	Principle
पूछ-ताछ	enquiry
अनुसन्धान	investigation
अन्वेषण	Explor
प्रतिबन्ध	Restriction
आबण्टन	Allotment
मूल्यांकन	Assesment
परीक्षण	Test/examination
लेखा परीक्षण	Audit check
स्पष्टीकरण	Explaination
अधिकार	Right
कब्जा	Possession
दावा	Claim
मिल्कियत	Ownership
स्वत्व	Right
स्वामित्व	Proprietorship
अध्याय	Chapter
अनुच्छेद	Paragraph
धारा	Section
उपधारा	Sub-section
भाग	Part
अभाव	Want
अल्पता	Paucity
कमी	lack

तंगी	Dearth
इण्टबम	आष्टिम
दुर्लभता	scarcity
विरलता	rarity
अवकाश	leave
सुविधा-अवकाश	Privilege leave
अध्ययन अवकाश	Study leave
असाधारण अवकाश	extra-ordinary leave
चिकित्सा अवकाश	Medical leave
निवर्तन-पूर्व अवकाश	leave preparatory to retirement
प्रतिदेय अवकाश	Compensatory leave
प्रतिनियुक्ति अवकाश	Deputation leave
प्रसूति अवकाश	Maternity leave
योजन अवकाश	Joining leave
एकल लाभ	Gross profit
क्षतिपूर्ति	Indemnity
परिदात	Delivery
आपूर्ति	Supply
वितरण	Distribution
संवितरण	Disbursment
प्राप्ति/पावती	Reciept
पुष्टि	Confirmation
घाटा	Defisit
हानि	Loss
निषेध	Prohibition
पाबन्दी	Binding
रोक	Ban
वर्जन	forbiddance

वारण	Banning
प्रार्थना	Prayer
अपील	Appeal
अभ्यर्थना	Solicitation/representation
आवेदन	Application
समनुदेशन	Assignment
याचना	beseech
याचिका	Petition
विज्ञापन	Advertisement
सूचना	Information
उद्घोषणा	Proclamation
संचार	Communication
घोषणा	Declaration
प्रकाशन	Publication
वितरण	Circulation
प्रसारण	Broadcast
बीजक	Invoice
विख्यापन	Announcement
विधि	Method/Law
कार्यविधि	Methodology
विधिमान्यता	Validity
तकनीक	technique
पद्धति	Procedure
प्रज्ञान	Know-how
प्रविधि	technique
प्रक्रिया	Process
वेतन	Pay, salary
पारिश्रामिक	Remuneration

परिलब्धियाँ	Emoluments
आदिशेष	Surplus
पेन्शन	Pension
अनुग्रहराशि	gracia
भत्ता	Allowance
उपदान	Gratuity
मानदेय	Honorarium
परिपक्वता	Maturity
वृत्ति	Stipend आदि।

संचार भाषा के लिए इन पारिभाषिक शब्दों का अभ्यास अत्यावश्यक है।

13. संकेताक्षर, संक्षिप्ताक्षर एवं कूटपद

विज्ञान एवं प्रौद्योगिकी के इस युग में प्रशासन, अन्वेषण, विपणन, सम्प्रेषण आदि क्षेत्रों में भाषा ने भी प्रौद्योगिकी तथा प्रबन्धन का रूप धारण कर लिया है। यह द्रुत जीवन से प्रभावित होकर अधिकाधिक चुस्त होती जा रही है। वैज्ञानिक वृत्ति का आग्रह है कि भाषा का उत्तरोत्तर निर्विकल्प रूप स्थिर होता रहे और हमारा सम्प्रेषण कम-से-कम शब्दों में हो सके। भारतीय दर्शन में नादब्रह्म तथा शब्दार्चन की परिकल्पना करते हुए, शब्द के अपव्यय को पांप कहा गया है। 'गीता' में ऊहापोही भाषा को 'पुष्पितावाणी' कहकर नकारा गया है। आवश्यकता है—सटीक पद-प्रयोग और त्वरित अभिव्यक्ति की। सम्प्रति 'प्रयत्नलाघव' की मनोवृत्ति प्रत्येक विश्वभाषा में पायी जा रही है। लेखन, मुद्रण, सम्भाषण तथा सम्प्रेषण में इसीलिए संक्षिप्ताक्षरों का प्रचलन बढ़ता जा रहा है। संक्षेपण में भाषा में कसाव आता है और श्रम, समय तथा स्थान की बचत होती है। भाषा को उन्नत तथा विकसित करने के लिए आवश्यक हो गया है कि अतिरिक्त शब्दों तथा दीर्घ पद-प्रयोगों को त्यागकर हम न्यूनतम शब्दों का प्रयोग करें। शब्दों के कलेवर को यथासम्भव संकुचित कर 'लघुपद गुम्फ' द्वारा हम भाषा को अपेक्षाकृत अधिक सुगठित, प्रभावोत्पादक, व्यञ्जक तथा सम्प्रेषणीय बना सकते हैं। भारतीय साहित्यशास्त्र में कम-से-कम शब्दों द्वारा अधिकाधिक भाव को व्यक्त कर देने की क्षमता को अर्थलाघव कहा गया है। इस लाघव-वृत्ति का फलितार्थ है—शब्दलोप या शब्द-संकुचन। शीघ्रबोध के लिए आवश्यक है कि शब्दों का परिविस्तार कम किया जाये, उसमें दूरान्वय न हो, ताकि वह तीव्र अर्थापन, अर्थबोधन करा सके। अर्नेस्ट वीकली ने ('रोमान्स ऑफ वर्ड्स' में) संक्षिप्त एवं द्रुत सम्प्रेषण को सहज मानवीय प्रवृत्ति घोषित करते

हुए कहा है कि जनप्रयोग में शब्दों की प्रवृत्ति सिकुड़ने की ओर होती है। इसीलिए, हर भाषा में व्यष्टि पदों के आद्यक्षर और समष्टि-पदों के संकेताक्षर दिनोंदिन निर्मित होते जा रहे हैं। कम्प्यूटरीकरण ने उसे विशेष बढ़ावा दिया है। (1) **संकेताक्षर** कम्प्यूटर के संकेत-चिह्न अब वैश्विक हो गये हैं। इस शती में हिन्दी को पूर्णतः कम्प्यूटर की भाषा बनाने की एक बहुत बड़ी चुनौती हमारे समक्ष है। कम्प्यूटर की भाषा को चुस्त, संक्षिप्त, सुगठित, निर्विकल्प और पारदर्शी होना होगा। अंग्रेजी में संश्लिष्ट शब्दों को संक्षेप में, या संकेताक्षरों में व्यक्त करने की अद्भुत क्षमता है, इसलिए कि रोमन के वर्णाक्षर परस्पर पृथक् रहते हैं और इसलिए भी कि वे प्रायः अर्थशून्य हैं, जबकि देवनागरी की वर्णमाला में ऊपर-नीचे, आगे-पीछे बारहखड़ी (मात्राओं) का प्रयोग किया जाता है। विभक्तियों, उपसर्गों, परसर्गों, कारकों आदि के प्रयोग से हमारा प्रत्येक शब्द कुछ-न-कुछ अर्थ व्यक्त करने लगता है। इससे संक्षिप्ताक्षर बनाने में बाधा पहुँचती है। हिन्दी का कोई स्वर-व्यञ्जन निरर्थक नहीं है, जैसे 'क' अर्थात् जल, 'ख' के माने हैं 'आकाश' और 'ग' का अर्थ है 'गमन करना' आदि। हिन्दी की यह अपनी विशिष्ट प्रकृति है, जो सभी उनचास स्वर-व्यञ्जनों में दिखायी देती है। लिपि की यह वैज्ञानिकता तथा ध्वनियों की परिपूर्णता एक ओर हमारी भाषिक क्षमता का प्रमाण दे रही है, किन्तु दूसरी ओर यह भाषा के संक्षिप्तीकरण में बाधक भी सिद्ध हो रही है।

संक्षिप्ताक्षर–शब्दों के संक्षिप्तीकरण की यह प्रवृत्ति बहुत पुरानी है। हमने अनेक बहुव्यवहृत शब्दों का लघ्वीकरण किया है। श्रीयुत की जगह 'श्री', पण्डित के स्थान पर 'प.', ठाकुर के लिए 'ठा.', चौधरी के लिए 'चौ.', मोहम्मद के लिए 'मो.'-जैसे संक्षिप्ताक्षर बहुत पहले से जन-जीवन में प्रचलित हैं। ज्योतिष-ग्रन्थों में सोमवार, मंगलवार, बुधवार, गुरुवार, शुक्रवार, शनिवार, रविवार के लिए क्रमशः सो. मं. बु., गु., शु. श. र. जैसे संक्षिप्ताक्षरों का सर्वत्र प्रयोग किया जाता है। इसी प्रकार ग्रहों और नक्षत्रों के संक्षेप प्रचलित हुए हैं। विपणन की भाषा में, महाजनी बही-खातों में और प्राचीन प्रशासनिक परिपत्रों में ऐसी अनेक संक्षिप्तियाँ देखी जाती हैं। किन्तु आज उतने शब्दों में 'सूचना प्रौद्योगिकी' का काम नहीं चल पा रहा है। हमें अंग्रेजी की स्पर्द्धा में हिन्दी को समर्थ संचार-भाषा बनाना है, प्रत्येक क्षेत्र के लिए उपयुक्त कामकाजी हिन्दी का विकास करना है और उसे अनुवाद के लिए सर्वथा सक्षम सिद्ध करना है, अतएव योजनाबद्ध रूप में संक्षिप्तीकरण का यह अभियान भी अब चलाना होगा।

संक्षिप्तता के 6 प्रकार अंग्रेजी में प्रचलित हैं—1. इनीशियल (आद्यक्षर) 2. एब्रीविएशन (संकेताक्षर) 3. एब्रिजमेण्ट (संक्षिप्ताक्षर) 4. कोडवर्ड (कूटपद)

5. कोडलैंग्वेज (कूटभाषा) 6. कोड नम्बर (कूटांक)। संकेताक्षर का तात्पर्य है वह वर्णाक्षर, जो किसी शब्द या शब्द-समूह के समूचेपन को संकेतित करता है। यह प्रायः किसी व्यष्टि या समष्टि-पद के प्रथमाक्षरों को लेकर बनाया जाता है, अथवा एकाधिक शब्दों के संक्षिप्ततम अंश को संकेत रूप में ग्रहण कर लेता है। ये शब्द प्रथमाक्षर के अतिरिक्त अन्त्याक्षर या मध्याक्षर भी हो सकते हैं। उदाहरणार्थ—प्रथमाक्षरों से निर्मित शब्द हैं—'नराकास' (नगर राजभाषा कार्यान्वयन समिति); इसी प्रकार प्रथम, मध्य और अन्त्याक्षरों से निर्मित शब्द है—भारोपीय (भारतीय एवं योरोपीय)। पूर्वोत्तर रेलवे ने 'संक्षिप्त पदनाम् एवं कार्यालयीय शब्दावली में तथा रेलवे बोर्ड (नयी दिल्ली) ने 'पदनाम संक्षेपिका' में ऐसे कई शब्द निर्मित किये हैं, जैसे

हिन्दी अधिकारी (हिन्धि)

भण्डार नियन्त्रक (भण्डानिक) आदि।

'एब्रीविएशन' के अर्थ में संक्षेपाक्षर, संक्षिप्ताक्षर तथा संकेताक्षर-इन तीन शब्दों को लेकर विवाद होता रहा है, किन्तु अब 'संकेताक्षर' शब्द रूढ़ हो गया है, क्योंकि इसके द्वारा संक्षिप्त अक्षरों, संकेत अक्षरों, संकेत चिह्नों एवं संकेतांकों की स्पष्ट प्रतीति हो जाती है। डॉ. धीरेन्द्र वर्मा ने व्यक्तिवाची संज्ञा शब्दों के लिए 'आद्यक्षर' और 'क्रियापदों' तथा विशेषणों के लिए 'संकेताक्षर' शब्द का प्रयोग किया था। तात्पर्य यह है कि अपने अल्पाक्षर विन्यास द्वारा एक परिपूर्ण अर्थ का द्योतन करनेवाला शब्द 'संकेताक्षर' रूप में मान्य हो गया है। इसकी एक निश्चित निर्माण-प्रक्रिया भी निर्धारित हो गयी है। पहले संयुक्त संकेताक्षर के प्रत्येक अक्षर के बाद बिन्दी लगायी जाती है। प्रचलन के बाद उसे समस्त पद बना दिया जाता है, जैसे-लखनऊ विकास प्राधिकरण (ल.वि.प्रा.) में अब 'लविप्रा' शब्द स्थिर हो गया है। भारतीय नाम अंग्रेजी में त्रिधा विभक्त होते हैं, जबकि उन्हें नाम और उपनाम में द्विधा विभक्त करना अधिक शुद्ध होगा और अधिक संक्षिप्त भी। जैसे—सूर्यप्रसाद दीक्षित अंग्रेजी में एस.पी. दीक्षित रूप में संक्षिप्तीकृत होगा, जबकि सूर्यप्रसाद समस्त पद है, अतः हिन्दी संक्षेपण सू. दीक्षित (या सूदी) में भी हो जायेगा। इस पद्धति द्वारा हिन्दी भाषा अंग्रेजी की तुलना में संक्षिप्ततर तथा समास संकुल की जा सकती है।

कभी-कभी प्रथमाक्षर से एक निश्चित अर्थ स्पष्ट नहीं होता, तो द्वितीय अक्षर का भी समावेश कर लिया जाता है, जैसे—अनुसन्धान शब्द के लिए 'अ' संकेताक्षर भ्रामक हो सकता है, इसलिए 'अनु' शब्द स्थिर किया गया है।

अंग्रेजी में अनेक ऐसे संज्ञा शब्द हैं, जिन्हें अवधारणात्मक अभिधान कहा जा सकता है। ये संकेताक्षर समूचे विश्व समुदाय में प्रचलित हैं। हिन्दी में इन्हें लिप्यन्तरित कर ग्रहण कर लिया गया है, जैसे—'साउथ ईस्ट एशियन ट्रीटी ऑर्गनाइजेशन' के लिए सीटो शब्द। ऐसे अनेक शब्द लिप्यन्तरण के साथ हिन्दी देवनागरी में स्वीकृत हैं। कहीं-कहीं किंचित् उच्चारण-परिवर्तन के साथ इन्हें स्वीकार किया गया है, जैसे—एल.टी.टी.ई. से लिट्टे बन गया है। कुछ शब्दों में अंग्रेजी और हिन्दी की दुहरी प्रयोग-प्रवृत्ति दिखायी देती है, उदाहरणार्थ-इण्टरनल सिक्योरिटी ऐक्ट से मीसा और उसी का अनुवाद करके 'आन्तरिक सुरक्षा कानून' से आसुका संकेताक्षर निर्मित हुआ है। यों इस प्रकार के अधिकतर शब्द लिप्यन्तरण के आधार पर ही हिन्दी में प्रचलित हुए हैं, जैसे-यूनेस्को, यूनिसेफ, नाटो, सार्क, हाल, गेट, फिक्की, नासा, इफ्को, एड्स आदि। इनका प्रयोग अब समेकित रूप में किया जा रहा है। **कूटशब्द**—अंग्रेजी में इन्हें 'एक्रोनिम और हिन्दी में परिवर्णी शब्द कहा जाता है। व्यक्तिवाचक संज्ञा शब्दों को भी यत्र-तत्र समेकित कर लिया गया है, जैसे—आर.सी. प्रसाद सिंह का 'आरसी' कुछ साहित्यकारों ने पर्यायवाची शब्दों का प्रयोग करते हुए अपने उपनामों का संक्षिप्ताक्षर बनाया है, जैसे—अयोध्यासिंह से हरिऔध शब्द बना-हरि (सिंह) औध (अयोध्या)। इसी प्रकार नलिन विलोचन शर्मा, केसरी कुमार, नरेश मेहता को मिलाकर 'नकेन' शब्द प्रचलित हुआ है। हिन्दी में अनेक समूहवाची कूटपद बने हैं, जैसे—अष्टछाप, 'सप्तक' आदि। स्मरण की सुविधा के लिए पिंगल, व्याकरण, दर्शन आदि के ग्रन्थों में कई गुर बनाये गये हैं, जैसे—गणों के लिए **'यमाताराजभानसलगा'** का सूत्र बनाया गया और उसमें सारे गणों का समावेश कर लिया गया। डॉ. हरदेव बाहरी ने इसी प्रकार विश्व के सातों भाषा-परिवारों के लिए भासामद्रजा यूची-जैसे कूट का निर्माण किया है। (हिन्दी, उद्भव, विकास और रूप-2, वर्ष 1965)

भारत में कूटपदों का प्रचलन प्राचीन काल से देखा जा रहा है। सन्त कवियों ने 'सन्ध्या भाषा' और 'उलटवाँसी' द्वारा इस क्षेत्र में कई विशिष्ट प्रयोग किये हैं। भक्त कवियों ने अनेक प्रकार के गणनामूलक कूटपद या 'दृष्टकूट' निर्मित किये हैं। उदाहरणार्थ सूरदास का एक प्रयोग द्रष्टव्य है—"नखत वेद ग्रह जोरि अर्ध करि सोइ बनत अब खात।"

एक पद में सूरदास ने पर्यायवाची शब्दों के माध्यम से कूटपदों का कला-कौशल प्रदर्शित किया है—

जलसुत प्रीतम सुत रिपु वन्धव आयुध आनन विलख भयो री।

प्रथम पंक्ति में नखत का अर्थ है सत्ताईस, वेद का अर्थ है चार और ग्रह का अर्थ है नौ। इनका जोड़ हुआ-चालीस। इन्हें आधा करने से संख्या बनी बीस, अर्थात् विष। कवि का गूढ़ार्थ है कि अब वही (विष) खाते बन रहा है। दूसरी पंक्ति में जलसुत है कमल, उसका प्रियतम है सूर्य। सूर्य का पुत्र अर्थात् कर्ण। उसका रिपु है—अर्जुन। अर्जुन का बन्धु है भीम। उसका आयुध है गदा। जिसका पर्याय है—रोग। कवि की उद्भावना है कि उसका मुख देखने से रोग, अर्थात् क्लेश हो रहा है।

कूटपदों का प्रयोग योग साधना में बहुत हुआ है। हठयोग का तो अर्थ ही है 'ह' अर्थात् सूर्य और 'ठ' अर्थात् चन्द्र की उपासना। इसी प्रकार ध्वनि-संघटन के अनुसार मन्त्रभाषा का निर्माण किया गया है। कूटपदों का विलक्षण प्रयोग पाणिनि ने 'अष्टाध्यायी' के सूत्रों में किया है। उन्होंने संस्कृत के समस्त व्याकरण को प्रत्याहार अर्थात् संक्षेपण के सहारे अइउण ऋलृक एओङ-जैसे 14 सूत्रों में समेट लिया है। इसी प्रकार गणित तथा विज्ञान के अन्तरराष्ट्रीय सूत्र निर्मित किये गये हैं।

कूटपद हमारे विपणन की भाषा में भी भरे पड़े हैं। सोना सुर्ख, तेल पतला, दाल लुढ़की आदि प्रयोग आर्थिक पत्रकारिता में प्रायः देखे जाते हैं। सैन्य प्रशासन में गोपनीयता की दृष्टि से इस प्रकार के कूटपद निरन्तर बनते रहते हैं। कारगिल युद्ध को 'ऑपरेशन विजय' तथा स्वर्ण मन्दिर की कार्रवाई को 'ऑपरेशन ब्ल्यू स्टार' कहा गया था। यू.पी. को 'शुगर बाउल' कहा जा रहा है। सी.बी.आई. प्रायः गुप्त भाषा का प्रयोग करती है। वहाँ पुलिस उप महानिरीक्षक के लिए 'टाइगर' शब्द स्थिर हो गया है। इसी सन्दर्भ में कुछ रूढ़ एवं गूढ़ शब्द भी विचारणीय हैं। हम अनेक शब्दों की जगह एक शब्द का प्रयोग कर गूढ़ार्थता का प्रमाण देते हैं, जैसे-गर्भिणी स्त्री की इच्छा को 'दोहद' या मार्ग में किये जानेवाले भोजन को 'पाथेय' कहा जाता है। यही गूढ़ार्थता समूहवाची शब्दों में दिखायी देती है, जैसे—'पंचगव्य' का अर्थ है—गोमूत्र, घी, दूध, दधि, गोबर और पंचामृत का अर्थ है—दुग्ध, शर्करा, घृत, दधि और मधु का सम्मिश्रण।

हिन्दी भाषा में प्रयुक्त कूट प्रयोग कई वर्गों में विभक्त किये जा सकते हैं, प्रथम कूटाक्षर जैसे—'एक्सप्रेस दूरसंचार सेवा तार के लिए एक्स टी (XT) इन दो अक्षरों का प्रयोग किया जाता है। इसी प्रकार साधारण अन्तर्देशीय तार के लिए 'क्यू' और साधारण तार के अर्थ में 'डब्ल्यू' अक्षर का प्रयोग संचार मन्त्रालय करता है। दूरसंचार ने 1986 में 'कूट पुस्तिका' (खण्ड 2) में ऐसे अनेक कूटाक्षर बनाये हैं। इन राष्ट्रीय कोडों में नगरों का नामोल्लेख अलग ढंग से किया जाता है। वहाँ

आगरा के लिए एजी, इलाहाबाद के लिए एडी, लखनऊ के लिए एलकेओ और लखनऊ जंक्शन के लिए एलकेजे का प्रयोग होता है।

इनका दूसरा वर्ग है—कूटांक। बधाई के तारों के लिए इनका प्रायः प्रयोग होता है। उदाहरणार्थ, चुनाव में सफलता के लिए बधाई का कूटांक है (12) और होली की शुभकामना का कूटांक है (20)। तीसरी श्रेणी है—कूट चिह्नों की। पत्राचार में आदेश, चेतावनी आदि के लिए यदा-कदा कूट चिह्नों का प्रयोग किया जाता है। प्रूफ संशोधन में ऐसे चिह्न सर्वत्र देख जाते हैं। चौथी श्रेणी है—कूटलिपि की, जो अन्तरराष्ट्रीय चिह्नों से परिचालित होती है। ....की दर से @ डालर $ इंच '' आदि इसी प्रकार के प्रयोग हैं।

पाँचवाँ वर्ग है—तारकूटों का। भारतीय रेल मन्त्रालय ने पदनामों के लिए अनेक 'तारकूट' निर्मित किये हैं, जैसे—'पूछताछ और आरक्षण कार्यालय' के लिए 'पूक्षण' तथा मुख्य सिगनल और दूरसंचार इंजीनियर के लिए 'पंशसंचा'। शीघ्र कार्य सम्पादन के लिए ऐसे सन्देश कूटों तथा पंजीकृत तारकूटों की बड़ी आवश्यकता है। पत्रकारिता तथा जनसंचार में इस प्रकार की तार भाषा की उपयोगिता निर्विवाद है। बड़े वाक्यों के लिए हिन्दी कूटपदों का प्रयोग दिनोंदिन बढ़ता जा रहा है। रेल तथा दूरसंचार विभाग के कुछ प्रयोग द्रष्टव्य हैं—1. मैंने पहले ही भेज दिया है (फलइचा) 2. कृपया पहली डाक से उत्तर भेजें (मैटर) आदि।

सम्प्रति इण्टरनेट, ईमेल, वीमेल, रेडियो पेजिंग, फैक्स, वीडियो कॉन्फ्रेन्स आदि के लिए इन संकेताक्षरों और कूटपदों की बड़ी आवश्यकता है। इन प्रयुक्तियों के कोश निर्मित किये बिना हिन्दी का यान्त्रिक विकास सम्भव नहीं है। इनके निर्माण में उच्चारण की सुगमता, कर्णप्रियता तथा असन्दिग्धता का ध्यान रखना होगा। इन्हें अधिकाधिक लचीला बनाकर हमें इनका त्वरित मानकीकरण करना होगा। हिन्दी भाषा में कुछ बहुत सुन्दर परिवर्णी शब्द बने हैं जैसे—Self Employed women Association के लिए 'सेवा' (SEWA) और Academy for Arts Research Training and Research Innovation के लिए आरती 'शब्द'। इसी प्रकार शब्दांशी संक्षेप (Clipped Word) भी बहुप्रचलित हैं। जैसे-रेफ्रीजरेटर के लिए फ्रिज, माइक्रोफोन के लिए 'माइक', जननी योजना के लिए आशा। हमारे यहाँ पूर्वांशी शब्द भी काफी पाये जाते हैं, जैसे—पाकिस्तान के लिए पाक। इसी प्रकार आस्ट्रेलिया के लिए कंगारू, वेस्टइण्डीज के लिए वी, चीन लिए ड्रैगेन- जैसे प्रयोग अटपटे होने के बावजूद सर्व-स्वीकार्य हो गये हैं। इन प्रयोगों के लिए आवश्यक है संकल्पबद्धता तथा ग्रहणशीलता। इनका निर्माण, विनिश्चय तथा

उत्तरोत्तर विकास भाषाविदों और अनुवादकों की संयुक्त कार्यशालाओं द्वारा 'वैज्ञानिक तथा तकनीकी शब्दावली आयोग के माध्यम से सर्वथा सम्भव है। इक्कीसवीं शती की हिन्दी की संवर्द्धना (बल्कि अस्तित्व-रक्षा) का यही सर्वाधिक महदनुष्ठान होगा।

कूट शब्दों का छठा वर्ग है पण्डे/पुरोहितों के बीच प्रचलित शब्दावली। जैसे—कजा (आदमी), कूबी (औरत), किर्री (गोदान), कामक्रीड़ा (सैर-सपाटा), रवोहर (अस्थि-अवशेष, फूल), श्वर्ती (गाँजा), रवोटर (पुलिस), झंझ (गरीब), झण्डा (पण्डा), चौकड़ (धनी जजमान), जण्टू (विदेशी पोशाकवाला), डापी (पिण्डा), डालना (बेचना), ढाल (घाट), तीरथ (मदिरा), सिद्दी, दाना घास (भाँग का भोज), आकाशी (ताड़ी), पण्डितजी (गाँजा-चरस), बरंगां (पान), बाजा (पिस्तौल), बावल (भोजन), मढ़ (लाश), राजा (जेबकतरा), रुस्तम (बदमाश), रगुल (चोर), रोजगारी (यात्री को लानेवाला), लग्घी (सहायक पण्डा), लहका (चन्दन), लौंधी (बछिया), श्वेता (ब्राह्मण), बेउटी (शराब) आदि।

इस पेशे में यजमानों की छह श्रेणियाँ हैं—1. नानकचन्द (मुफ्ती) 2. लह्यूराम (सामान्य) 3. डोलीदास (वापसी) 4. खैरातीलाल (दलाल) 5. मंगलदास (12% वाला) 6. गुदड़ीलाल (3% वाला)। दक्षिणा के अनुसार इनके वर्ग हैं—स्नान (दो रुपये), थोक (चार रुपये), बुद (5 रुपये), भण्डुवा (100 रुपया), सुत (121 रुपया), टाट (1000 रुपया), लकड़ी (लाख रुपया दान देनेवाला) आदि। यह गोपन शब्दावली गयावालों, प्रयागवालों और उनके दलालों के बीच गुप्त रूप से चलती रहती है।

प्रमुख संक्षिप्ताक्षर

समाचार-पत्रों में कुछ बहुप्रयुक्त शब्द, जो प्रशिक्षु पत्रकारों के लिए प्रयोजनीय हैं, इस प्रकार हैं—

भारतीय जनता पार्टी	भाजपा
जनता पार्टी	जपा
जनता दल	जद
लोक दल	लोद
दलित मजदूर किसान पार्टी	दमकिपा
द्रविड़ मुनेत्र कडगम	द्रमुक
मार्क्सवादी कम्युनिस्ट पार्टी	माकपा
कम्युनिस्ट पार्टी (मार्क्सवादी)	सी.पी.एम.

भारतीय कम्युनिस्ट पार्टी	भाकपा
कम्युनिस्ट पार्टी ऑफ इण्डिया	सी.पी.आई.
लोकतान्त्रिक कांग्रेस	लोकां
भारतीय दण्ड विधान	भादवि
बहुजन समाज पार्टी	बसपा
असम गण परिषद्	अगप
राष्ट्रीय मोर्चा	रामो
वाम मोर्चा	वामो
प्रगतिशील लेखक संघ	प्रलेस
शिवसेना	सेना
इण्डियन प्रीमियर लीग	आई.पी.एल.
समाजवादी पार्टी	सपा
नगर राजभाषा कार्यान्वयन समिति	नराकास
राज्य सभा	रास
लोक सभा	लोस
विश्वविद्यालय अनुदान आयोग	यू.जी.सी.
विधान सभा	विस
विश्व हिन्दू परिषद्	विहिप
भारतीय किसान यूनियन	भाकियू
राष्ट्रीय स्वयंसेवक संघ	रासंघ
राष्ट्रीय जनतान्त्रिक गठबन्धन	राजग
संयुक्त प्रगतिशील गठबन्धन	सम्प्रग
राष्ट्रीय जनता पार्टी	राजपा
समाजवादी युवजन संघ	सयुस
मणिपुर पीपुल्स पार्टी	एम.पी.पी.
तेलुगु देशम पार्टी	तदेपा
लखनऊ विकास प्राधिकरण	लविप्रा
अखिल भारतीय कांग्रेस समिति	अभाकांस
बाम्बे स्टेट ट्रान्सपोर्ट	बेस्ट

भारतीय राष्ट्रीय काँग्रेस	भाराकां
दिल्ली डेवलमेण्ट एथॉरिटी	डी.डी. ए.
लोक सेवा आयोग	लोस
साउथ ईस्ट इण्डियन ट्रीटी आर्गनाइजेशन	सीटो
राष्ट्रीय लोकतान्त्रिक मोर्चा	रालोमो
शिरोमणि अकाली दल	शिअद
राष्ट्रीय सुरक्षा कानून	रासुका
इण्टरनल सेक्यूरिटी ऐक्ट	मीसा
आन्तरिक सुरक्षा कानून	आसुका
राष्ट्रीय शैक्षिक अनुसन्धान परिषद्	एन.सी.ई.आर.टी.
राष्ट्रीय जनता पार्टी	राजपा
दक्षिण एशिया शिखर सम्मेलन	दक्षेस (सार्क)
उत्तराखण्ड क्रान्ति दल	उक्रांद
भारतीय मजदूर संघ	भामसं
समाजवादी युवजन सभा	सयुस
राष्ट्रीय जनता दल	राजद
समाजवादी जनता पार्टी	सजपा
तृणमूल कांग्रेस पार्टी	तृकापा आदि।

इसी प्रकार ग्राह्य हैं—कबीना, फिक्की, मनसे, सेज, पूसा, मनरेगा, आशा, यूनेस्को, इफ्को, लिट्टे, एड्स, कैन्सर, राडार, डूडा, पोटा, नाटो, गैट, बैट, नेट, हुडको, बेस्ट, इसरो आदि।

चतुर्मुखी शब्द-संसाधन

जन-माध्यमों में संचार भाषा के रूप में प्रयुक्त हिन्दी के चार रूप सम्प्रति दिखायी दे रहे हैं। लगभग डेढ़ सौ वर्ष पूर्व राजा शिवप्रसाद सितारे हिन्द ने उर्दू-फारसीबहुला भाषा 'बनारस अखबार' के माध्यम से गढ़ी थी। उसकी प्रतिक्रिया में राजा लक्ष्मण सिंह ने 'प्रजाहितैषी' द्वारा संस्कृतबहुला हिन्दी को प्रश्रय दिया था। भारतेन्दु जी ने दोनों का समन्वय करके हिन्दी को 'नयी चाल' में ढाला था। इसी बीच प्रतापनारायण मिश्र ने 'ब्राह्मण' में लोकवादी शब्दावली प्रस्तुत की, जिसकी गूँज अभी तक विद्यमान है। इधर हिन्दी के ये चारों रूप समानान्तर चल रहे हैं। उदाहरणार्थ कुछ शब्द चौखटे द्रष्टव्य हैं—

लोकपरक	संस्कृतपरक	उर्दूपरक (हिन्दुस्तानी)	अंग्रेजीपरक
कचहरी	न्यायालय	अदालत	कोर्ट
रोक	प्रतिबन्ध	पाबन्दी	बैन
सबेरा	प्रातः	सुबह	मॉर्निंग
घर	आवास	मकान	होम
दाम	मूल्य	कीमत	प्राइस
बेचना	बिक्री	फरोख्त	सेल
पगार	वेतन	तनख्वाह	सैलरी
मजूरी	पारिश्रमिक	मजदूरी	वेज
जच्चाघर	प्रसूतिगृह	जच्चाखाना	मैटरनिटी
अस्पताल	चिकित्सालय	सफाखाना	हास्पिटल
मजूर	श्रमिक	मजदूर	लेबर
खाना	भोजन	खूराक	फूड
पानी	जल	आब	वाटर
पढ़ाई	शिक्षा	तालीम	एजूकेशन
सरकार	शासन	हुकूमत	गवर्नमेण्ट
आग	अग्नि	आतिश	फायर
पाथर	प्रस्तर	पत्थर	स्टोन
घराना	वंश	खानदान	फेमिली
धरम	धर्म	दीन	रिलिजन
लाज	लज्जा	शरम	शेम
मानुस	मनुष्य	इनसान	ह्यूमैन
दीया	दीपक	चिराग	लैम्प
उजाला	प्रकाश	रोशनी	लाइट
कलेवा	अल्पाहार	नाश्ता	ब्रेकफास्ट
बाढ़	प्लावन	सैलाब	फ्लड
सूखा	अकाल	अनावृष्टि	ड्राट
जानवर	पशु	मवेशी	कैटल

जमीन	भूमि	जमी	लैण्ड
साग	शाक	सब्जी	वेजीटेबल
चाकरी	शिक्षक	खिदमत	सर्विस
मास्टर	शिक्षक	मुदर्रिस	टीचर
जनाना	स्त्री	औरत	वूमन
लरिका	सन्तान	औलाद	चिल्ड्रेन
बिटिया	पुत्री	दुख्तर	डाटर
बेटा	बेटवा	पुत्र	सन
छुट्टी	अवकाश	तातील	लीव
बाप	पिता	वालिद	फादर
महतारी	मातृ	मादर	मदर
सरग	स्वर्ग	बहिश्त	हेवन
नर्क	नरक	जहन्नुम	हेल
पहनावा	परिधान	पोशाक	ड्रेस
मौत	मृत्यु	इन्तकाल	डेथ
नहान	स्नान	गुसल	बाथ
दफ्तर	कार्यालय	आफिस	आफिस
ब्याह	विवाह	शादी	मैरिज
पोथी	पुस्तक	किताब	बुक
विद्यालय	मदरसा	मदरसा	स्कूल
राह	मार्ग	रास्ता	रोड
उमस	ताप	तपिश	हीट
ठण्ड	शीत	सर्दी	कोल्ड
गरीब	निर्धन	मुफलिस	पुअर
प्यार	प्रेम	मुहब्बत	लव
बड़ा	वरिष्ठ	बुजुर्ग	सीनियर
छोटा	लघु	कलाँ	जूनियर
धनी	धनवान	अमीर	रिच

कुव्बत	बल	ताकत	स्ट्रेन्थ
बगिया	वाटिका	बगीचा	गार्डन
मुलुक	राष्ट्र	वतन	नेशनल
नदी	सरिता	दरियाव	रीवर
बिरवा	वृक्ष	दरख्त	ट्री
कड़ुवा	कटु	तल्ख	बिटर
पीला	पीत	जर्द	यलो
काला	श्यामल	स्याह	ब्लैक
लाल	अरुण	सुर्ख	रेड
सफेद	श्वेत	सफेद	ह्वाइट आदि

मीडियोपयोगी शब्द ज्ञान

1. अनेकार्थक शब्द

हिन्दी के कई शब्द अलग-अलग कई-कई अर्थ देते हैं, जैसे—

1. **काल** (समय, मृत्यु, अकाल)
2. **कुल** (परिवार, सम्पूर्ण)
3. **काज** (कार्य, बटन का स्थान)
4. **टीका** (भाष्य, तिलक)
5. **तीर** (किनारा, बाण, पास)
6. **कनक** (सोना, धतूरा)
7. **केतु** (झण्डा, एक ग्रह)
8. **गुण** (रस्सी, विशेषता)
9. **काम** (एकदेवता, कार्य, कामना, अन्त्येष्टि, कृत्य)
10. **अर्थ** (धन, मायने)
11. **जलज** (कमल, जल में उत्पन्न जीव)
12. **कल** (मशीन, गत-अनागत दिवस)
13. **चल** (सचल, चलना)
14. **खल** (दुष्ट, कष्ट देना)
15. **जल** (पानी, जलना) आदि।

2. गूढ़ार्थवाची शब्द

ऐसे शब्द भी हिन्दी में बहुप्रचलित हैं जो लम्बे-चौड़े वाक्य का अर्थ अपने भीतर समेटे रहते हैं। प्रयत्नलाघव के इस युग में इन शब्दों की अर्थगत बारीकी को समझकर उन्हें प्रयोग में लाना अत्यावश्यक है। जैसे—

1. जो किसी की जगह कार्य कर रहा है— **स्थानापन्न**
2. जो पार्टटाइमर है—**अंशकालिक**
3. शास्त्र बनानेवाला—**शास्ता**
4. व्याकरण बनानेवाला— **वैयाकरण**
5. अवैध सन्तान—**जारज**
6. गोद ली गयी सन्तान—**दत्तक**
7. जो अपने पद के कारण रखा गया है— **पदेन**
8. सगा पुत्र—**औरस**
9. गर्भिणी की खाने-पीने की इच्छा—**दोहद**
10. जिसकी पत्नी मर गयी हो—**विधुर**
11. जिस पुरुष का दुबारा विवाह हो रहा हो—**कल्याणभार्य**
12. सगा भाई—**सहोदर**
13. जो धर्मार्थ मर मिटा हो—**शहीद**
14. युद्ध क्षेत्र में हताहत—**वीरगति प्राप्त**
15. जिसका कोई दुश्मन न हो—**अजातशत्रु**
16. साप्ताहिक बदली— **दुर्दिन**
17. देवता को अर्पित भोग प्रसाद—**नैवेद्य**
18. दान के सहारे चलनेवाला—**दातव्य**
19. बहुत धीमी गति से काम करनेवाला—**दीर्घसूत्री**
20. गुरु के पास रहनेवाला शिष्य—**अन्तेवासी**
21. जिसके हाथ घुटनों तक लम्बे हों—**आजानबाहु**
22. जीने की इच्छा—**जिजीविषा**
23. जानने की इच्छा—**जिज्ञासा**
24. अनिश्चित जीविकावाला— **आकाशवृत्ति**
25. जिसके बारे में कुछ पता न हो—**अज्ञातकुलशील**

26. दूर का रिश्ता—**बादरायण सम्बन्ध**
27. जिसके पास कुछ भी न हो—**अकिंचन**
28. जिस स्त्री का विवाह तय हो गया हो—**मँगेतर या वाग्दत्ता**
29. जो स्वयं उत्पन्न हुआ हो—**स्वयंभू**
30. जो पूर्णतः सज्जन हो—**सर्वतोभद्र**
31. सुनियोजित धार्मिक आयोजन—**पुरश्चरण**
32. सब इच्छाओं से मुक्त—**पूर्णकाम**
33. मुक्ति चाहनेवाला—**मुमुक्षु**
34. जो उपकार न माने—**कृतघ्न**
35. जिसका पति परदेस चला गया हो—**प्रोषिता**
36. जिसने सन्तान न जना हो—**वन्ध्या**
37. देह व्यापार करनेवाली—**पण्यवधू/मंगलामुखी**
38. विदेश में रहनेवाला—**आप्रवासी**
39. जो रिटायर हो गया हो—**विश्रान्त**
40. जिसको किसी का डर न हो—**अकुतोभय** आदि।

देवनागरी की गिनतियाँ

1 एक	2 दो	3 तीन	4चार
5 पाँच	6 छह	7 सात	8 आठ
9 नौ	10 दस	11 ग्यारह	12 बारह
13 तेरह	14 चौदह	15पन्द्रह	16 सोलह
17 सत्रह	18 अट्‌ठारह	19 उन्नीस	20 बीस
21 इक्कीस	22 बाईस	23 तेईस	24 चौबीस
25 पच्चीस	26 छब्बीस	27 सत्ताईस	28 अट्‌ठाईस
29 उनतीस	30 तीस	31 इकतीस	32 बत्तीस
33 तैंतीस	34 चौंतीस	35 पैंतीस	36 छत्तीस
37 सैंतीस	38 अड़तीस	39 उनतालीस	40 चालीस
41 इकतालीस	42 बयालीस	43 तैंतालीस	44 चौवालीस
45 पैंतालीस	46 छियालीस	47 सैंतालीस	48 अड़तालीस

49 उन्चास	50 पचास	51 इक्यावन	52 बावन
53 तिरपन	54 चौवन	55 पचपन	56 छप्पन
57 सत्तावन	58 अट्ठावन	59 उनसठ	60 साठ
61 इकसठ	62 बासठ	63 तिरसठ	64 चौंसठ
65 पैंसठ	66 छियासठ	67 सड़सठ	68 अड़सठ
69 उनहत्तर	70 सत्तर	71 इकहत्तर	72 बहत्तर
73 तिहत्तर	74 चौहत्तर	75 पचहत्तर	76 छिहत्तर
77 सतहत्तर	78 अठहत्तर	79 उन्यासी	80 अस्सी
81 इक्यासी	82 बयासी	83 तिरासी	84 चौरासी
85 पचासी	86 छियासी	87 सतासी	88 अठासी
89 नवासी	90 नब्बे	91 इक्यानबे	92 बानबे
93 तिरानबे	94 चौरानबे	95 पंचानबे	96 छियानबे
97 सत्तानबे	98 अठानबे	99 निन्यानबे	100 सौ

देशज शब्दावली

इधर 'जनपत्रकारिता' के आग्रहवश हिन्दी की लोक भाषाओं, बोलियों की शब्दावली हिन्दी पत्रों में काफी आ रही है। इससे भाषा का सम्प्रेषण बढ़ता है, किन्तु दूरवर्ती पाठक के लिए यह देशज शब्दावली कुछ कष्टकारक भी हो जाती है। अस्तु, सन्तुलन आवश्यक है। अब न महाबलिपुरम को 'मम्वलम' बनाना ठीक है और न लखनऊ से 'लक्ष्मणपुर'। इस बीच अखबारों में बहुधा पाये जानेवाले कुछ शब्द हैं— आनन-फानन, अन्धाधुन्ध (ब्लैक आउट), अनाप-शनाप, अबूझा (समझ से परे), अण्टसण्ट (अव्यवस्थित), अफरातफरी (अस्तव्यस्तता), उठापटक, ओट (छिपा), उतराई, उनींदे (निद्रालस), अड़ंगा (विघ्न), अगवा (अपहरण), अदहन (पकाना), अटारी (छत), औकात (शक्ति), औचक (अचानक), इक्का-दुक्का (बहुत कम), ऐरागैरा, कहासुनी, कबूतरबाजी (अपहरण), खोंसना (घुसेड़ना), खुन्नस (रोष), रवानगी, खूराक, खुलासा, खरीखोटी, खेप (किस्त), खसरा, खारिज (रद्द), खूसट (उल्लू), गाली-गलौज, गोठिल (गाँठदार), गाढ़ीकमाई, गुलगपाड़ा (धोखा), गिरोह, घुसपैठिया, जोहना (प्रतीक्षा), चीन्हा गया (चिह्नित), चोटिल (घायल), जंगलराज (अराजकता), ज़ोतबही (खेती का ब्योरा), जुगाड़ (युक्तिपूर्ण कारीगरी), छकास, जहरखुरानी

(विष खिलाना), टस-से-मस (हिलना), डग्गामार (अवैध), डाँवाँडोल (अस्थिर), टण्टा (झगड़ा), टोह (खोज), तिहरा, ताबड़तोड़ (शीघ्र), दबंग (दबानेवाला), दादागिरी, दहलीज, दूरदराज, बरामद, दिन बहुरे, दलील (तर्क), दस्तावेज, दफा, दलबदल, दिहाड़ी (दैनिक पारिश्रमिक), धूम-धड़ाम, धमाका, धुना (पीटा), धमाल (उमंग), नंग-धड़ंग, निरा (केवल), पड़ताल, फेरी, पैरोकार (समर्थक), फर्जीवाड़ा (धोखाधड़ी), फिसड्डी (पिछड़ा हुआ), फण्डा (प्रकरण), पाहुन, पसरना, पासंग (तोल), पनियल (पानी का), फुनगी (पेड़ की ऊपरी शाखा), फोकट (मुफ्त), वाचाल (बड़बोला), बिलबिलाना, बेचनामा (सेल्सडीड), बूम (प्रचार), बाउर (पागल), बूझना, बवाल, बंक (सोने जाना), बतंगड़ (व्यर्थ वार्त्ता), भनक, भौचक (चकित), भगवा (दक्षिणपन्थी), माल रोड (छायादार सड़क) रखरखाव, रंगदारी (बाजार का टैक्स), नोन तेल (दैनिक खर्च), लँगोटिया (घनिष्ठ), लकदक (चमकदार), लण्ठ (बौड़म), लागल (पेटू), ललचौहीं (लालायित), लुंजपुंज (ढीला), वसीयत, वास्ता दिया (सन्दर्भ), सेंतमेत (मुफ्त), बिसरना (भूलना), हीला-हवाला (बहाना), हालात, हड़बोंग (जल्दबाजी), सटोरिये, साठ-गाँठ (सन्धि), संकर (मिलावटी), हंगामा (हड़कम्प)।

•

विषयानुसार वर्गीकृत अभ्यास-शब्दावली

साहित्यिक पत्रकारिता की विशिष्ट शब्दावली

इस क्षेत्र की मुख्य शब्दावली है—

आंचलिक, अभिनय, आशुकविता, अकविता, अकहानी, अलंकार, अंकदृश्य, अनुवादक, अनुभाव, औचित्य, अंजुमन, अपभ्रंश, अतुकान्त, अवधी, आथर्स गिल्ड, इतिहास, उपन्यास, कला, कव्वाली, किरदार, कार्यशाला, काव्यशास्त्र, कवयित्री, काव्य सन्ध्या, कसीदा, कहानी, काव्य (महाकाव्य, खण्डकाव्य) कथा, कथानक, कथावस्तु, किस्सागोई, कलम, कविता, गीतिनाट्य, गद्यकाव्य, गीत (मुक्तक, रुबाई, गजल, लोकगीत, छन्द (दोहा, कवित्त, सवैया, सोरठा, बरवै), चारण काव्य, छद्म लेखन (नकली), छन्दोविधान, छत्तीसगढ़ी, छायावाद, जैन साहित्य, ट्रेजडी, डिंगल, तकनीक, तर्ज, तत्सम, तद्भव, देशज, विदेशी (आगत) दीवान, दकनी हिन्दी, ध्वनि सिद्धान्त, दलित चेतना, नयी कहानी, नयी कविता, नक्सली, नायक-नायिका (प्रतिनायक, खलनायक) नेशनल बुक ट्रस्ट, नखशिख, नेपथ्य, नाथ सम्प्रदाय, नवजागरण, नवगीत, नीतिकाव्य, नाटक (एकांकी, नुक्कड़ नाटक, लोक नाट्य, झलकी, ध्वनि-नाटक), प्राक्कथन, परिशिष्ट, प्रवेशांक, प्रशस्ति, पिंगल, पालि, प्राकृत, प्रतीक, पाठालोचन, पुनर्पाठ, प्रेसकापी, प्रगतिवाद, प्रयोगवाद, प्रवर्तक, प्रकाशक, प्रक्षेप, पाण्डुलिपि, भोजपुरी, भूत लेखन, भाषा सौष्ठव, भारतेन्दु-युग, भक्तिकाव्य, मुक्त लेखन, मुहावरा, मालवी, महफिल, मागधी, मजलिस, मुशायरा, मंगलाचरण, रूपक, रासो काव्य, रूपान्तरण, राजस्थानी, रचयिता, रचनातन्त्र, रचनात्मकता, रूपवादी, रिपोर्ताज, रेखाचित्र, रंगदीपन, रंगकर्म, रंग सज्जा, रंगशाला, रंग निर्देशक, रंगनिर्देश, पूर्वरंग, रंगारंग कार्यक्रम, रचना, रचनाकार, रामकाव्य, रीति, रससिद्धान्त, रहस्यवाद, राजस्थानी काव्य, लघु कथा, लोकसंस्कृति, लोक साहित्य, लक्षण ग्रन्थ, व्यावहारिक समीक्षा, विधाएँ, विशेषांक, वक्रोक्ति, व्यंग्य, वाङ्मय, वीर काव्य, ब्रज, बुन्देली, बघेली, संन्यास, शब्दकोश, स्वर-लय, स्वछन्दतावाद,

शायर, शमारोशन, संगोष्ठी, सम्मेलन, शिल्प, शैली विज्ञान, सोपआपेरा, सन्तकाव्य, सूफी काव्य, सिद्ध कवि, समारोह, संचालन, संयोजन, सम्पादन, समस्यापूर्ति, षड्ऋतु, शोध, साहित्यशास्त्र, हास्य-व्यंग्य, हाइकु (जापानी छन्द) हरियाणवी आदि।

आर्थिक पत्रकारिता विषयक शब्दावली

हिन्दी-जगत् में प्राचीन काल से अर्थ और व्यापार से सम्बन्धित अनेक शब्द प्रचलित हैं, जैसे—श्रेष्ठि (सेठ), महाजनपद (महाजन), आढ़त, बजाजा, शर्राफा, कुसीदी (महाजन), खजाना, राजकोश, व्योहर (वादी), वस्तु, चक्रवृद्धि ब्याज, प्रतिभू (गारण्टी), बया (तोलनेवाला), अमीन, अधिसाक्षी, धरोहर, न्यास, निक्षेप, उपनिधि, उगाही, कुर्की, तगादा, नीलामी, लाभ-हानि, ऋण-उऋण, धन-धान्य,स्वर्ण, रजत, रौप्य, रत्न, मुद्रा, कर्दपिका (कौड़ी), कोटि (करोड़), लक्ष (लाख), अयुत, सहस्र, शत, शतक, पण्य, हुण्डी, तोड़ा (थैली-गहना), दानपत्र, बसीठी (दौत्य कर्म), छदाम, धेला, अधेला, रत्ती, तोला, मासा, छटाक, पाव, सेर, पसेरी, दसेरा, मन, मानी (16 सेर के बराबर), परी, गोन आदि।

नयी अर्थ-व्यवस्था के अनुसार देश-विदेश के अनेक शब्द इधर हिन्दी में समाविष्ट हो गये हैं, जैसे—अन्तरण, आयात, अफ्तारी, अमानत (न्यास), आउट सोर्सिंग, आवर्ती, आवक, आढ़त, आयकर, अभिप्रेरण, आंशिक, धनापूर्ति, आस्ति (असेट), आई.एस.आई. मार्का, आहरण, अदाकर्त्ता (ड्राई), अनुसूची (शिड्यूल) ओवर, ओवरड्राफ्ट, इन्तखाब, इनवायस, इनपुट, इन्सेण्टिव, उदारीकरण, उद्योग, उधार, उद्यमिता, ऊर्जा, एजेण्ट (अभिकर्त्ता, दलाल), एक्साइज (आबकारी), एनजीओ, एकाउण्ट, कराधान, कैडिट, कोटा, कमीशन, किराया, करेन्सी, करवंचना, कालसेण्टर, काटेज, कार्पोरेट, कैपिटल, क्लीयरेन्स, कटान, कारोबार, कस्टम, कानी (16 दर्जन), कोड़ी (20) कुटीर उद्योग, खोखा (लाल), खाँड़सारी, ग्रेच्युटी, गल्लामण्डी, गबन, गिन्नी, गिरवी (प्लज), जी.डी.पी. (विकास दर), घरेलू उत्पाद, गल्ला (रेजगारी), घेलवा (तोल की क्षतिपूर्ति), घूस, घपला, घोटाला, चिल्लर, छीजना, जमापूँजी (बैलेन्स), जाब वाच, जंकफूड, जोन, ट्रेडयूनियन, टका, टकसाल, विलियन (करोड़), मिलियन (लाख), ट्रिलियन (अरब), ठेका, डाली, डिमाण्ड, ड्राफ्ट, डालर, ड्योढ़ा, सवाया, पौना, दुगना, तिगुना, चौगुना, ढाई, डेबिट, डेफ्सिट, ड्यूटी, डिबेंचर, डाइरेक्टर, डी.जी. डिमेट, तहबाजारी, तलवाना, तिलहन, तरलता (लिक्युडिटी), तकादी, तनख्वाह, दिहाड़ी, दलहन, दीवाला, दशमलव, दस्तूर, दौलत (सम्पदा), धनाढ्य,

धनादेश, धन्धापानी, धेला, निवेश, निक्षेप, न्यास, निर्यात, नफा, नीलाम, नजराना, नॉन रेकरिंग, रिफण्डेबल, नॉन प्राफिटेबल, पैकेज, पेशगी, प्रतिभूति, पाचन, पब्लिक ईस्यू, प्राइम, डाटाबेस, पब्लिक-प्राइवेट सेक्टर, प्वाइण्ट, पेटी (लाख), परमिट, पल्लेदार (भारवाहक), पैकिंग, प्राइवेट लिमि (मर्यादित), प्रोनोट, पेन्शन, पारिश्रमिक, परमल (चावल), प्लाण्ट, पुरसा (एक नाप), प्रोडक्ट, पॉयलट, प्रोजक्ट, पैन, पौण्ड, फ्रेजेल, फँकी, फूडप्लाजा, फूडकोर्ट, फार्म हाउस, फरोख्त, बकाया, बैनामा (बेच पत्र), बोहनी, बीमा, बेकरी, वित्त, ब्रोकर, बिचौलिया, बार्टर (वस्तु-विनिमय), ब्रोकेज, बिकवाली, बाउचर, बचत खाता, ब्याज, बट्टा, बोनस, बारदाना, बिनौला, बीजक, बनिया-बक्काल, बिजनेस, ब्राण्ड, बाण्ड, बन्धक (मोरटेज), भत्ता, भरान, मन्दी, महँगाई, माहवारी, महाप्रबन्धक, मेहनताना, मानदेय, मोटल, मुख्तार, मालगुजारी (भूमिकर), मिक्स्ड इकोनामी, मल्टीनेशनल, मुद्रास्फीति, म्यूचुअल फण्ड, मण्डी परिषद्, माइक्रो बीमा, मल्टी ब्राण्ड रिटेल सेण्टर, मालपानी (घूस), मल्टीनेशनल, मोहर, मालीहालत, मिलेनियम, यूरो, रेजगारी, रियल स्टेट (जमीन), रेहन (गिरवी), रोकड़, रुक्का, (बाण्ड) रुपया, रिश्वत, राष्ट्रीयकरण, रजिस्ट्री, लेबर, लोडिंग, लाइसेन्स, लिवाली (खरीद), लदान, लगान, लेजर, लांच, वेतन, वसूली, वसीका (वृत्ति), विज्ञापन, वारण्टी, विश्व बैंक, वर्ड ट्रेड सेण्टर, विपणन, सूचकांक, समानुपातिक (प्रोरेटा), संवितरित (डिसवर्स), सुपुर्दगी (डिलिवरी), संविदा (काण्ट्रैक्ट), सिक्का, शेयर, मार्केट, होल्डर (अंशधारक), शुद्धलाभ, स्मार्ट कार्ड, शेयरट्रेडिंग, वार्त्ता, शतअर्ध पारी, सेक्टर, सुपारी (हत्या हेतु पेशगी), सट्टा, सप्लाई (आपूर्ति), सेल्स टैक्स, सर्विस चार्ज, सेंसेक्स, हफ्ता, हड़पना, हस्ती, क्षतिपूर्ति (मुआवजा) आदि।

धार्मिक-सांस्कृतिक पत्रकारिता विषयक शब्दावली

इस क्षेत्र के प्रयोज्य शब्द हैं—अक्षत, आरती, अर्घ, अर्घा, अर्चना, आदम, आराधना, आस्था, अमृत, अपमार्जन, अष्टांग, आसन, अनुष्ठान, अष्टयाम, अनन्त चतुर्दशी (भाद्रशुक्ल 14), अवतार, उपदेवता, अन्नकूट, आस्तिक, अद्वैत, इस्लाम, इन्द्रिय निग्रह, ईद, ईदुलफितर, ईदुलमिलाद, इदुलजुहा (बकरीद), इमामबाड़ा, इलाही, इमाम (धार्मिक नेता), ईस्टर, इश्के मजाजी (प्रेमा भक्ति), इश्के हकीकी, उपनिषद्, उपासना, उर्स (वार्षिकोत्सव), औलिया (सन्त), करक चतुर्थी (करवा चौथ), कर्मकाण्ड, कथा, कजली, तीज, कड़ाप्रसाद, कृष्ण जन्माष्टमी (भाद्रकृष्ण 8), कलन्दर (सूफी सन्त), कुरान, क्रिसमस, खलीफा, खरमास, ग्रह शान्ति, गणेश चौथ, गुरुद्वारा, गंगा जल, गोवर्धन, ग्रहण, गृह प्रवेश, गंगा

दशहरा, गीता, गायत्री, गो सेवा, गोकुल, गनगौर, गोत्र, गया, गंगा सागर, दशहरा (ज्येष्ठ शुक्ल 10), पूर्णिमा, व्यास जयन्ती (आषाढ़ शुक्ल 12), चरणामृत, वक, चहल्लुम, चैटी, चन्द, झूले लाल जयन्ती (चैत्र शुक्ल 2) चातुर्मास्य (कार्तिक, फाल्गुन, आषाढ़), चौमासा (आषाढ़ से कुआर तक), चीवर (बौद्ध भिक्षुओं का वस्त्र), चन्दन, चढ़ावा, जैन (श्वेताम्बर, दिगम्बर), ज्योतिर्लिंग 12 तीर्थंकर, तत्त्व, (क्षिति, जल, पावक, गगन, समीर), तीर्थराज (प्रयाग), तन्त्र (शिव की रहस्यमयी उपासना), तुलसी (वृन्दा), पूजा कार्तिक पूर्णिमा (नानक जयन्ती), तिथि, मुहूर्त्त, तपस्या, दान, दातव्य, देवोत्थानी एकादशी (कार्तिक शुक्ल 11), दुर्गा अष्टमी, दरगाह, दशावतार, दृष्टान्त, दीक्षा गुरु, देवदासी, दीपोत्सव, धन तेरस (कार्तिक कृष्ण 12), धन लक्ष्मी, नक्षत्र (27), नवधा (श्रवण, कीर्त्तन, स्मरण, पाद, सेवन, अर्चन, वन्दन, दास्य, सख्य आत्म-निवेदन), नरक (21), नागा, नैमिष, नवरात्र (शारदीय, वासन्ती) नाग पंचमी, नीराजन, नन्दीश्वर, नौरोजा, पंचदेवोपासना (ब्रह्म, विष्णु, शिव, सूर्य, गणेश), पाखण्ड, पाप-पुण्य, परिक्रमा, प्रदक्षिणा, पार्थिव (मिट्टी से बना शिव लिंग), परब्रह्म, परमात्मा, पुराण (18), प्रणव (ओंकार), पवित्री (कुश मुद्रिका), प्राणायाम, पाठपारायण, पंचामृत, पुरश्चरण, पंचक, पुण्यतिथि, पंचपात्र, पार्खत, पंजीरी, पूर्णाहुति, प्रदोष, पूजा, पितृपक्ष, परलोक, पुरोहित, प्रेत, प्रजापति, पंचांग, पैगम्बर, फातिहा, फकीर, फरिस्ता, फतवा, बाइबिल, बदरीनाथ, बुढ़वा मंगल, वैशाखी, बुद्धपूर्णिमा, बारावफात, ब्रह्माण्ड, ब्रह्मराक्षस, भस्मिका, भोग, भण्डारा, भैया दूज, भक्ति, मौलि (रक्षासूत्र), मृत्यु (साकेतधामवास, गोलोकधामवास, कैलाशधामवास, वैकुण्ठ वास समाधि, इहलीला समाप्त, निर्वाण, पंचतत्त्वलीन), मुनि, मकर संक्रान्ति (14 जनवरी), महावीर जयन्ती (चैत्र शुक्ल 13), माथा टेकना, मस्जिद, मुल्ला, मौनी अमावस्या, मोक्ष, मुक्ति, मुखाग्नि, मुहर्रम, यज्ञ, योग, राम नवमी (चैत्र शुक्ल 9) रामलीला, रासलीला, रामायण, ऋषि, रुद्राभिषेक, रक्षा सूत्र, रात्रि जागरण, रामधुन, रंगपंचमी, रक्षाबन्धन (श्रावण शुक्ल 15), लक्ष्मी पूजन, लिंग पूजन, लोहड़ी, वेद, वेदांग, वेदान्त, वैदिक मत, वसन्त पचंमी, वट सावित्री, विजयादशमी, शनि, शोडषोपचार, सगुण, निर्गुण, शरीयत, शिया, सुन्नी, सन्ध्योपासन, संकल्प, संहिता, श्राद्ध, समिधा, साकल्य, सम्पुट, समाधि, सुन्नत, सप्तर्षि, स्मार्त वैष्णव, सिद्ध, संकष्ट चतुर्थी, सोमवती, शीतला अष्टमी, सूतक, संस्कार, सतुवाही अमावस्या (वैशाख कृष्ण 3), होम, हवन, हविष्य, हलषष्ठी (भाद्रपद कृष्ण 5), होलिका दाह, हिदायत, हिंवा (दान), हाजी, हजरत, हराम आदि। इनका संज्ञान धर्मशास्त्र और उपासना-पद्धतियों से सम्बद्ध पुस्तकों के सहारे सावधानीपूर्वक प्राप्त करना चाहिए।

खेलकूद पत्रकारेता विषयक शब्दावली

हिन्दी खेल पत्रकारिता अभी अर्द्धविकसित है। उसमें अंग्रेजी शब्दों की भरमार है। ज्ञातव्य है विशिष्ट शब्दावली—

आई.पी.एल., ओपनर, एम्पायर, ओपन, खिताब, अर्द्धशतक, स्केटिंग, कैम्पफायर, कोच, क्रिकेट टेस्ट, कोर्ट, कैच, क्रिकेट बोर्ड, कबड्डी, कराटे, कप्तानी, गिल्ली, गेंदबाज, गोलपेस्ट, गोलाफेक, गोल्फ, गुल्ली डण्डा, चैम्पियन ट्राफी, चौका, चौगान, चौपड़, छक्का, जाबाँज, जिम्नास्टिक, जूडो, जम्पिंग, टूर्नामेण्ट, टास, टीम, टाई, टेस्ट, टी-20, ड्रा डोपिंग, डिस्कस थ्री, तरणताल (स्वीमिंगपूल), ताश, तैराकी, निशानेबाजी, पारी, पगबाधा, फुटबाल, फील्डिंग, फिल्डर, पोलो, फाइनल, पिच, पतंगबाजी, लड़ाई (मुर्गा, साँड़, तीतर, फाख्ता), बल्लेबाज, बालर, बैडमिण्टन, बाक्सिग, बास्केटबाल, मैन ऑफ द मैच, मैन ऑफ द सिरीज/टूर्नामेण्ट, मिड ऑफ मैन, मेजवानी, मैच, रेफरी, मलखम्भ, मोटर रेस, मेडल, मैराथन, रन आउट, राउण्डअप, रिहर्सल, रस्साकसी, रेफरल सिस्टम, रिप्ले, शतक, विकेट, पतन, वन डे, वर्ल्डकप, वेट लिफ्टिग, वालीबाल, श्रृंखला, शाट, शतरंज, स्वीमिंग, सर्फिंग, स्कोर बोर्ड, सेमी फाइनल, सिंगल, सिरीज (श्रृंखला), सलामी बल्लेबाज, स्टेडियम, साइकिल रेस, सर्विस ब्रेक, स्पिनर, हाकी, हार्डिलरेस आदि।

वैज्ञानिक तकनीकी शब्दावली

1. अन्तरराष्ट्रीय शब्दों को यथासम्भव उनके अंग्रेजी रूपों में ही अपनाना चाहिए और हिन्दी एवं अन्य भारतीय भाषाओं की प्रकृति के अनुसार ही उनका लिप्यन्तरण करना चाहिए।

2. अन्तरराष्ट्रीय शब्दावली जैसे-हाइड्रोजन, कार्बन डाइआक्साइड, कैलोरी आदि को यथावत् रखना चाहिए।

3. शब्द जो व्यक्तियों के नाम पर बनाये गये है, जैसे—मार्क्सवाद (कार्ल मार्क्स), ब्रेल (ब्रेल), बॉयकाट (कैप्टन बॉयकाट), गिलोटिन (डॉ. गिलोटिन), गैरीमैण्डर (मि.गैरी) एम्पियर (मि. एम्पियर) फारेनहाइट तापक्रम (मि. फारेनहाइट) आदि इसी रूप में प्रयुक्त होने चाहिए।

4. ऐसे शब्द जिनका आमतौर पर सारे संसार में व्यवहार हो रहा है, जैसे—रेडियो, पेट्रोल, रेडार, इलेक्ट्रॉन, प्रोट्रॉन, न्यूट्रॉन आदि इसी रूप में ग्राह्य हैं। गणित और विज्ञान की अन्य शाखाओं के संख्यांक, प्रतीक चिह्न, और सूत्र, जैसे—साइन, कोसाइन, टेन्जेण्ट, लॉग आदि (गणितीय संक्रियाओं में प्रयुक्त अक्षर) रोमन या ग्रीक वर्णमाला के होने चाहिए।

5. प्रतीक, रोमन लिपि में अन्तरराष्ट्रीय रूप में ही रखे जायेंगे, परन्तु संक्षिप्त रूप नागरी और मानक रूपों में भी, विशेषतः साधारण तौल और माप में लिखे जा सकते हैं। सेण्टीमीटर का प्रतीक Cm का नागरी संक्षिप्त रूप से.मी. हो सकता है।

6. ज्यामितीय आकृतियों में भारतीयों के अक्षर प्रयुक्त किये जा सकते हैं, जैसे—क, ख, ग या अ, ब।

7. हिन्दी तथा भारतीय भाषाओं के शब्दों में यथासम्भव अधिकाधिक एकरूपता लाने के लिए ऐसे शब्द अपनाने चाहिए जो—

(क) अधिक-से-अधिक प्रादेशिक भाषाओं में प्रयुक्त हों,

(ख) संस्कृत की धातुओं पर आधारित हों।

8. ऐसे देशी शब्द जो हमारी भाषाओं में प्रचलित हो गये हैं, जैसे—telegraph/telegram के लिए तार, continent के लिए महाद्वीप, post के लिए डाक आदि इसी रूप में व्यवहार में लाये जाने चाहिए।

9. अंग्रेजी, पुर्तगाली, फ्रांसीसी आदि भाषाओं के ऐसे विदेशी शब्द जो भारतीय भाषाओं में प्रचलित हो गये हैं, जैसे—टिकट, सिगनल, पेन्शन, पुलिस, ब्यूरो, रेस्तराँ, डीलक्स आदि इसी रूप में अपनाये जाने चाहिए।

10. अन्तरराष्ट्रीय शब्दों का देवनागरी लिपि में लिप्यन्तरण अंग्रेजी उच्चारण के अधिकाधिक अनुरूप होना चाहिए। उनमें ऐसे परिवर्तन किये जायें, जो भारत के शिक्षित वर्ग में प्रचलित हों।

11. हिन्दी में अपनाये गये अन्तरराष्ट्रीय शब्दों को पुँल्लिग रूप में ही प्रयुक्त करना चाहिए।

12. पारिभाषिक शब्दावली में संकर शब्द जैसे—guaranteed के लिए गारण्टित, Classic के लिए क्लासिक, codifier के लिए कोडीफायर आदि के रूप में सामान्य और प्राकृतिक भाषाशास्त्रीय प्रक्रिया के अनुसार बनाये गये हैं। ऐसे शब्दरूपों को पारिभाषिक शब्दावली की आवश्यकताओं, यथा-सुबोधता, उपयोगिता और संक्षिप्तता का ध्यान रखते हुए व्यवहार में लाना चाहिए।

13. सन्धियों का यथासम्भव कम-से-कम प्रयोग करना चाहिए और संयुक्त शब्दों के लिए दो शब्दों के बीच हाइफन लगा देने चाहिए।

14. नये अपनाये हुए शब्दों में आवश्यकतानुसार हलन्त का प्रयोग करना चाहिए।

15. पंचम वर्ण के स्थान पर अनुस्वार का प्रयोग करना चाहिए, परन्तु lens, patent आदि शब्दों का लिप्यन्तरण लेन्स, पेटेण्ट ही करना चाहिए।

विभिन्न वैज्ञानिक विभागों/विषयों जैसे-भौतिकी, जीव विज्ञान, वनस्पति विज्ञान, गणित, सांख्यिकी, इलेक्ट्रॉनिक्स, रसायनशास्त्र, सैन्य/प्रतिरक्षा विज्ञान, गृह विज्ञान, नृ विज्ञान, मनोविज्ञान, कम्प्यूटरीकरण, जनसंचार, वास्तुशास्त्र, स्थापत्य, ज्योतिष, ऐस्ट्रोनॉमी, ऐस्ट्रोलॉजी, भूगर्भशास्त्र, जीव रसायन, मौसम विज्ञान, परमाणु विज्ञान, खनिज विज्ञान आदि की पारिभाषिक शब्दावली भारत सरकार ने प्रकाशित की है। उनके शब्दों के सही प्रयोग के लिए वैज्ञानिक एवं तकनीकी एवं पारिभाषिक शब्दावली आयोग के शब्दकोशों का उपयोग करना वांछित होगा। दैनिक जीवन में प्रयुक्त होनेवाले कुछ महत्त्वपूर्ण शब्द हैं—

अन्तरिक्ष अनुसन्धान संगठन (इसरो), ओषधि, औषध, आयुर्विज्ञान (मेडिकल), आई.आई.टी, आलेख, अभियान्त्रिकी, आनलाइन, आक्सीजन, इण्टर लिंग्वा, इण्टर स्पेस, इण्टरनेट, एफ.एम. इलेक्ट्रॉनिक ई.मेल, कार्बन उत्सर्जन, कम्प्यूटरीकरण, कोबाल, केबल, कोलाज, कुंजीपटल, केमिकल, कृषिशास्त्र, खनिज विज्ञान, खगोल विज्ञान (एस्ट्रोनॉमी), ग्राफिक्स, गैस, चिप्स, जीवाश्म, जिस्ट, जीवरसायन, ज्यामिति, जीवविज्ञान, जन्तुविज्ञान (जूलोजी), टेलीप्रिण्टर, टेलेक्स, टी.वी. कान्फ्रेन्सिंग, टेलीफिल्म, टेलीकाउन्सलिंग, डिक्टाफोन, डिजिटल पुस्तकालय, डिश ऐण्टिना, डविंग, डिक्शनरी, डी.टी.पी., डाटमेट्रिक्स, डाटाप्रविष्टि, डेस्कटाप, द्रव, द्रव्यमान (भार), दूरबीन, दूरसंचार (टेलीकम्युनिकेशन), पेजिंग, पनसारी, परम, प्राणिशास्त्र, प्रयोगशाला, प्रैक्टिकल, पुरातत्त्व विज्ञान, पशुचिकित्सा, (वेटेनरी), प्रोसेसिंग, पशुपालन (एनीमल हसबेण्ड्री), फाण्ट्स, भौतिकशास्त्र, फोरट्रॉन, फ्लापी, भारती, भूगर्भशास्त्र, भूगोल, मेमोरी, माइक्रोसॉफ्ट, मोबाइलफोन, मन्त्र, मानीटर, माड्यूल, मनोरोग विज्ञान (साइकेट्री), मल्टीमीडिया (मल्टीवर्ड), माइक्रोबायलॉजी, यूनीकोड, यान्त्रिक (मैकेनिकल), बाल रोग विज्ञान (पेडोलॉजी), रसायन, रडार, रेडियोफोनिंग, रैम, लोटस, लीला, लेजर, लैपटाप, लीड, लीपआफिस, वास्तुकला, वानिकी (फारेस्ट्री), वैश्विकगर्मी, वायरलेंस, विण्डोज, वेबसाइट, वनस्पतिशास्त्र, विप्रो, वाष्प, वैमानिकी, विमानपत्तन, वैद्युत् (इलेक्ट्रॉनिक) स्पीच टु टेस्ट, स्पेल चेक, साइबर, सी.डी.रोम सीडक, शब्दरत्न, सुलेख, शब्दसंसाधन, सांख्यिकी, शल्य शरीर, सामुद्रिक शास्त्र, हार्डवेयर, हाइड्रोजन आदि।

विधि-पत्रकारिता की विशिष्ट शब्दावली

वर्तमान पत्रकारिता में अपराध रिपोर्टिंग की भरमार दिखायी देती है, अतः पत्रकारिता प्रशिक्षु को भारतीय दण्ड संहिता और न्यायालयों की कार्यप्रणाली का संज्ञान प्राप्त करना होगा। अपराध पत्रकारिता में फौजदारी और दीवानी के मुकदमों से सम्बन्धित इस शब्दावली की जानकारी रखनी होगी—

अर्जीनवीस (प्रार्थना-पत्र लेखक), अपील, अधिवक्ता (वकील), अपर जिला मजिस्ट्रेट, आरक्षी (पुलिस), अभियुक्त (आरोपित), अभियोक्ता (वाद दायर करनेवाला), अभियोजन (बचाव पक्ष), अवैध (गैर कानूनी), असलहा (औजार), आबकारी (एक्साइज), अपहृत, अगवा (किडनैप), अण्डरग्राउण्ड (भूमिगत), आग्नेयास्त्र (फायर आर्म), अवमानना (डिसरिगार्ड), इन्दराज (इण्ट्री), इन्साफ (फैसला), इन्तिकाम (बदला), इन्तिखाब (नकल), इजलास (कचहरी), इस्मत (सतीत्व), इजहारेबयान (स्वीकारोक्ति), उम्रकैद, उचक्के, ऐयाशी (विलास), कुकृत्य, कथित, हत्यारे, कातिल, कत्लेआम, कलेक्ट्री, कमिश्नरी, कैद बामशक्कत (सश्रम कारावास), कोर्ट फीस, कोर्ट इन्स्पेक्टर (सरकारी वकील)।

काजलिस्ट (वाद सूची), खलल, खुलासा, खिलाफ मोर्चा, खुफिया, खूनी खेल, गैंगवार, गैंगेस्टर ऐक्ट, गस्ती, जुलूस, गुण्डा, गुजारा, गिरफ्तारी, चोटिल (घायल), चीफजुडीशियल मजिस्ट्रेट, चार सौ बीस (धारा विशेष), जुल्म (अत्याचार), जहरखुरानी (जहरखिलाना), जमानत (सेक्योरिटी), जमाखोरी (होर्डिंग), जिस्मफरोसी (देह व्यापार) जिला जज, जुर्माना, जोखिम, ट्रांजिट रिमाण्ड (छूट की प्रार्थना), तश्करी, तलाशी, तहकीकात, तफ्तीश (तलाश), तामील (अनुपालन), तोहमत, तलबाना (हर्जाना), दबिश (दबाव), दबंग, दरिन्दगी (पाशव), दहशतगर्दी (आतंकी), दलील (तर्क), दस नम्बरी, दो नम्बरी, दीवानी (सिविल), न्यायिक हिरासत (हवालात), जुडीशियल कस्टडी (अपराधी विशेष), दुष्कर्म, दुरभिसन्धि (षड्यन्त्र), धमक, धोखाधड़ी, नक्सलपन्थी, निरुद्ध (रोका गया), न्यायिक मजिस्ट्रेट, न्यायमूर्ति (जज), नामचीन हस्ती (प्रसिद्ध व्यक्ति), नारकोटिक्स (नशाबन्दी), नाफर्मानी (अवज्ञा), नायब तहसीलदार, पड़ताल, पोस्टमार्टम, पैरोल (अल्पकालीन मुक्ति), पर्दाफाश, पक्षकार, पैरोकार, पेशी, पेशीकार, पेशकार, (पी.ए.) पेटी (लाख), पोटा (सुरक्षा कानून), प्राथमिकी (एफ.आई.आर.), फिरौती, फायरिंग, फेहरिस्त, फौरी राहत (त्वरित सुविधा), फाँसी, फौजदारी, फसाद, फरार, फ़रीकान (पक्ष), बरामद (प्राप्त), बैराक, बुलन्द, बलात्कार, बेनकाब, बदहाल, बदहवाश, बेदखल, बाण्ड (बन्धपत्र), बैरल (नली), बहस, बख्शीस, माफिया, मुफगिर (गुप्त सूचक), मोहलत (छुट्टी), मासूम, मुचलका (सशर्त मुक्ति), मुवाअजा,

मुन्सिफ, मुल्जिम (आरोपी), मुल्जम (अपराधी), मुल्जमा (स्त्री अपराधी), मोहतरना (सुत्री), माकूल, मोस्टवाण्टेड, महानिरीक्षक, मुहैया (उपलब्धता), मुद्दई (वादी), मुद्दाले (प्रतिवादी), मुकदमा (वाद), मकबूल (उचित), मरहूम (दिवंगत), मुनासिब (उचित), मुमकिन (सम्भव), मुल्तवी (स्थगित), मानहानि, मोर्टार, माफीनामा, मर्सी अपील, राहजन (लुटेरे), रॉकेटलांचर, रिमाण्ड (छूट), रिश्वत, रिहाई, रंजिश (शत्रुता), लोफर, वारिस, लावारिस, लूटपाट, लाइसेन्स, वारदात, वारण्ट, वालिद (पिता), वाद, वादी, प्रतिवादी, वकील, वकालतनामा, शर्मसार (लज्जित), साकिन (निवासी), शातिर (खतरनाक अपराधी), शिनाख्त (पहिचान), शूटर (हत्यारा), सेसन कोर्ट (सत्र न्यायालय), सीरियल बम्ब ब्लास्ट, शान्ति भंग, सनद प्रमाण), सम्मन (बुलावा), सन्दिग्धावस्था, सिविल कोर्ट, साक्षी, सर्विलान्स (सुरक्षा व्यवस्था), सितम (अत्याचार), स्टेऑर्डर, संज्ञेय (कांग्नेजेवल), हैवानियत, हवस, हेराफेरी, हिरासत (अभिरक्षा या निगरानी), हत्याकाण्ड, हड़कम्प, हादसा, हैरतअंगेज, हाजिर, हताहत, हलफनामा, हराम, हलाल, हुक्मउदूली (अवज्ञा), हुजूर आदि।

फिल्मी पत्रकारिता की विशिष्ट शब्दावली

इस क्षेत्र के ज्ञातव्य शब्द हैं—अभिनेता, अभिनेत्री, आर्ट फिल्म, आइटम गर्ल, आइटम सांग, ओ.के., ओ.बी., आलेख (स्क्रिप्ट), इन्सेट (संचार उपग्रह), ओरोबिक्स (कसरत), आर्गनाइजर, आउटडोर, इण्टरव्यू, ऐक्शन, एपीसोड, एडिटिंग, ऐडफिल्म, ऐंकरिंग, एनीमेशन, एप्पल (उपग्रह), ऐंगल (कोण), उद्बोधन, उद्घोषणा, कम्पोज, कॉमेडियन, क्लोजलुक, केटुवुमन, कार्डलेस, माइक्रोफोन, कॉपीराइटिंग, कट (रोकना), काउण्ट डाउन शो, क्विज, कस्ट्यूम, केबल सेटलाइट, कैमरा मैन, कैप्सूल (10 सेकेण्ड का कार्यक्रम), कण्ट्रोल रूम, कम्पेयरिंग, कार्टूनफिल्म, कैमकार्डर, ग्राफिक्स, चरित्र अभिनेता, चैनल, छोटा पर्दा, जूम इन (दूर से पास), जूम आउट (पास से दूर), ट्रान्समिशन, टेलीकॉस्ट, ट्विस्ट (किस्सागोई), ट्रीटमेण्ट (चुनाव), टिल्टडाउन (नीचे-ऊपर), टेलीकम्युनिकेशन, टी.वी. रिकार्डर, टेलीटेक्स्ट (सूचनापरक पत्रिकाएँ), टावर, टाकीज, टाक, डबिंग (संवाद), ड्रीम गर्ल (हेमा), डमी डिस्कोडान्सर, डाक्यूमेण्ट्री, डायलॉग, डिजाइन, डिजाल्व, डाक्यू ड्रामा, धकधक गर्ल (माधुरी), धारावाहिक (सॉप अपेरा), निदेशक, न्यूडफिल्म, एन.जी. (बेकार), नेटवर्क, पैनिंग (कैमरे को दायें-बायें घुमाना), प्रायोजित, प्रसारभारती, पाज (ठहराव), पटकथा, प्रोड्यूसर, प्रादेशिक प्रकरण, फैक्स, फिल्मकार, फिल्मइण्डस्ट्री, फिल्मीपर्दा, फिजिकल कमेस्ट्री, फिल्माना, फ्लैशबैक, फ्लैश, फारवर्ड, फीचर, फोटोफीचर, वीटा कैम

(आधुनिक कैमरा), बाइस्कोप, फेडइन (दृश्य को उभारना), फेडआउट (विलीन), फ्लोर मैनेजर, फिल्मोग्राफी, भूमिका (रोल), माइक्रोफोन, मीडियम, मीडिया, मल्टीमीडिया, म्यूट (मूक), मेकअप, म्यूजिक, मेट्रो, रिलीज, रोल माडल, रुपहला पर्दा (टी.वी.), रूपान्तर, रिसर्च, रिकार्डिंग, रिटेक, वालीवुड, वायस ओवर (दृश्यों के साथ पार्श्व कमेण्ट्री), बाइट (लघु वक्तव्य), वाइल्ड साउण्ड (स्थानिक ध्वनि प्रभाव), वाइप, (अन्तराल), वीडियो, सेन्सर, सुपरिचित, सेक्सी सेक्सबम, सिलीब्रिटी, स्क्रीनप्ले, शाट (लांग-शार्ट), सजीव प्रसारण, सुपरफास्ट, शूटिंग, संगीतकार, सुपरहिट, सीरियल (धारावाहिक), सिनेजगत्, सेण्ट, सैटेलाइट, स्टूडियो, सुपरवाइजर, साउण्ड इफेक्ट (रिकार्ड ध्वनि) आदि।

यह उल्लेखनीय है कि फिल्मी पत्रकारिता में अंग्रेजी शब्दों का ही बाहुल्य विद्यमान है, यद्यपि अधिकतर शब्दों के हिन्दी प्रतिशब्द बन चुके हैं।

चिकित्सा पत्रकारिता की विशिष्ट शब्दावली

आइसोलेटेड वार्ड, आपरेशन थियेटर आर्थोपेडिक, ओरल, अण्डाणु, अल्ट्रासाउण्ड, अस्थिरोग, अस्थमा, इलेक्ट्राल, इंजेक्शन, एलर्जी, इण्टर्नशिप, एनेस्थेसिया, किडनी, कैन्सर, कास्मेटिक, खसरा, ग्लूकोस, गैस, गुर्दा, गुर्दा प्रत्यारोपण, गेस्ट्रो, इण्ट्रोलॉजी, चिकित्सीय परीक्षण, चेस्टफिजीशियन, चर्मरोग, जेनेटिक्स, टेस्टट्यूब बेबी, ट्रामासेण्टर, टीकाकरण, डाइलेसिस, डेंगू, डिप्थीरिया, दन्त शल्यचिकित्सा, दन्तरोग, नर्सिंग होम, न्यूरोफिजीशियन, नेफ्रोलॉजी, पल्सरेट, प्रजनन, प्रसूति, प्लास्टिक सर्जन, पैरामेडिकल, पोलियोड्राप, पीडियाट्रिक्स, फ्रैक्चर, फिजियोथिरेपिस्ट, फेकोविधि, फाइलेरिया, बच्चेदानी, आनकाइटिस, बाक्सिंग, भ्रूण, मनोरोग, मधुमेह, यूरोलॉजी, रक्तचाप, रक्ताल्पता, लिवर, लाइलाज, लैप्रोस्कोपी, सर्जरी, लान टेनिस, वार्ड, वायरस, शल्य सेलाइन, सालिडफूड, सामुदायिक स्वास्थ्य केन्द्र, साइकोथिरेपी, हार्ट, हार्मोन्स, एच.आई.वी. पाजिटिव, हारमोन्स, हाइपरटेन्शन, हीमोग्लोबिन आदि।

मीडियाकर्मियों के लिए प्रयोजनीय हिन्दी शब्दकोश

शब्दकोश निर्माण आज की सबसे बड़ी चुनौती है। अंग्रेजी शब्द Lexicology के लिए हिन्दी शब्दकोश विज्ञान है और Lexicograpgy को हिन्दी में 'कोशकला' कहते हैं। 'कोशविज्ञान कोश-निर्माण का सिद्धान्त-पक्ष है और कोशकला उसका प्रयोग-पक्ष अथवा व्यवहार-पक्ष।

सन् 1947 ई. के उपरान्त भारत की भाषाओं में जितने प्रकार के कोशों की रचना हुई, वे सब भारतीय कोशकला के विकास की सूचना देते हैं। हिन्दी और

हिन्दीतर भारतीय प्रादेशिक भाषाओं में अद्यावधि पर्याप्त कोशों का सम्पादन किया गया ह। अभी इस कार्य को युद्धस्तर पर सम्पन्न करना है।

यह गर्व की बात है कि भारत में ही कोश-निर्माण का कार्य सर्वप्रथम आरम्भ हुआ था। लगभग 1000 ई. पूर्व यहाँ 'निघण्टु' नाम से वैदिक शब्दों का संकलन किया गया था। निघण्टु कोश के प्रथम अध्याय में नदी के 37 पर्यायवाची शब्दों का एक साथ उल्लेख करते हुए उनमें एक नाम 'कुल्या' भी दिया गया है। हिन्दी का 'गूल' शब्द वैदिक भाषा के 'कुल्या' शब्द का ही विकसित रूप है। यास्क (ई. पू. 700 वर्ष) ने अपने 'निरुक्त' में वैदिक शब्दों की व्युत्पत्तियाँ वैज्ञानिक पद्धति से प्रस्तुत की हैं और उनके निर्धारण का प्रयास किया है। तब से आज तक भारत में कोश-निर्माण की अखण्ड परम्परा चली आ रही है। सन् 1947 ई. के बाद तो इसमें गति ही नहीं प्रगति भी आयी है। केन्द्रीय हिन्दी निदेशालय, नयी दिल्ली तथा वैज्ञानिक तथा तकनीकी शब्दावली आयोग, नयी दिल्ली से वैज्ञानिक कोशों का निर्माण हुआ है और सतत हो रहा है। भारत की प्रादेशिक ग्रन्थ-अकादमियाँ भी इस क्षेत्र में पर्याप्त योगदान कर रही हैं। उत्तर-दक्षिण भारत की आधुनिक प्रादेशिक भाषाओं में पर्याप्त संख्या में कोश कार्य हुआ है। इधर राजभाषा हिन्दी में पर्याप्त संख्या में मानविकी कोशों तथा वैज्ञानिक कोशों का सम्पादन कार्य सम्पन्न हुआ है। कन्नड़-हिन्दी और मलयालम-हिन्दी कोश भी प्रकाशित हुए हैं। हिन्दी-मलयालम कोश भी द.भा. हि.प्र. सभा, मद्रास से प्रकाशित हुआ है। हिन्दी-कन्नड़-अंग्रेजी कोश केन्द्रीय हिन्दी निदेशालय ने तैयार किया है।

हिन्दी में स्वतन्त्र भारत में अनेक भाषा-कोश रचे गये, जिनमें एकभाषीय और बहुभाषीय कोश समाविष्ट हैं।

हिन्दी-शब्दों के अर्थ जिन कोशों में हिन्दी-भाषा में ही लिखे गये हैं, उन्हें हिन्दी के एकभाषीय कोश के नाम से पुकारा जाता है। नागरी प्रचारिणी सभा, काशी ने सन् 1910 ई. से 1929 ई. तक हिन्दी शब्दसागर के नाम से आठ जिल्दों में हिन्दी का एकभाषी कोश तैयार कराया था। इस वृहत् कोश की सहायता से सभा ने श्री रामचन्द्र वर्मा द्वारा फिर सन् 1933 ई. में 'संक्षिप्त हिन्दी शब्द सागर' नाम से विद्यार्थियों तथा जनसाधारण के लाभ के लिए प्रकाशित कराया। इसी संक्षिप्त हिन्दी शब्द सागर का पंचम संस्करण सन् 1952 ई. में सभा ने पुनः सम्पादित कराकर उसका संशोधित एवं परिवर्द्धित संस्करण प्रकाशित कराया। सन् 1958 ई. में इसी का षष्ठ संस्करण प्रकाशित किया गया। इस कोश में व्याकरणिक कोटियों के उल्लेख के साथ शब्द की व्युत्पत्ति तथा लिंग-निर्देश करते हुए अर्थ लिखा गया है और यत्र-तत्र शब्द प्रयोग के उदाहरण भी दिये गये हैं।

इतने अधिक संशोधित संस्करण प्रकाशित हो जाने पर भी संक्षिप्त हिन्दी शब्द-सागर में कुछ शब्दों की व्युत्पत्तियाँ भ्रान्तिपूर्ण हैं। उड्डीयमान शब्द का मूल शब्द संस्कृत का उड्डीयमत और स्त्रीलिंग उड्डीयमती बताया गया है, जबकि उड्डीयमान स्वयं संस्कृत शब्द है, जिसमें शानच प्रत्यय है, अर्थ है उड़ता हुआ। इसका स्त्रीलिंग उड्डीयमान है।

इसी कोश में हिन्दी शब्द 'नाहर' को सं. नखरायुध से व्युत्पन्न माना है, जबकि सं. 'नाखर' से हिन्दी 'नाहर' विकसित है।

हिन्दी की वर्णमाला के स्वर-क्रम में 'अ' प्रारम्भ में और उसके बहुत बाद 'अं' आता है। संक्षिप्त हिन्दी शब्द-सागर में 'अंश' पहले और 'अऊत' बाद में लिखा गया है। हिन्दी में अनुनासिक चिह्न एक प्रकार से अर्द्ध अनुस्वार माना जाता है। अनुनासिक को वास्तव में अर्द्ध नासिक्य और अनुस्वार को पूर्ण नासिक्य कहना चाहिए। इस दृष्टि से 'अण्डुआ' पहले और 'अण्ड' बाद में आना अवैज्ञानिक है। 'संक्षिप्त हिन्दी शब्द सागर' में अण्ड के बाद में 'अण्डुआ' को रखा गया है।

नागरी प्रचारिणी सभा, काशी ने नागरी लिपि के अन्तर्गत शब्द-वर्तनी का उल्लेख करते समय पंचम वर्ण के स्थान पर अनुस्वार को ग्रहण किया है, लेकिन, संक्षिप्त हिन्दी शब्द सागर में 'अन्न', 'अंमामा' शब्द को पंचमवर्ण के साथ लिखा है। सभा को अपने सिद्धान्त के अनुसार 'अन' और 'अंगामा' रूप में लिखना चाहिए था।

सन् 1949 ई. में श्री रामचन्द्र वर्मा ने साहित्यरत्न-माला कार्यालय, 20 धर्मकूप, बनारस से अपना एक कोश 'प्रामाणिक हिन्दी कोश' नाम से प्रकाशित कराया, जिसमें हिन्दी शब्दसागर की कुछ व्युत्पत्तियों को संशोधित रूप दिया गया। अरबी शब्द जुकाम को हिन्दी शब्दसागर में जूड+धाम से व्युत्पन्न माना गया था। इसके उपरान्त श्री रामचन्द्र वर्मा ने व्युत्पत्तियों को विस्तार देते हुए पाँच भागों में 'मानक हिन्दी कोश' का सम्पादन किया, जिसे हिन्दी साहित्य सम्मेलन, प्रयाग ने प्रकाशित किया है।

हिन्दी भाषा में तद्भव, देशज आदि शब्द तो हैं ही। इसके अतिरिक्त संस्कृत, अरबी, फारसी, तुर्की आदि भाषाओं से भी अनेक शब्द आये हैं। सन् 1952 ई. में ज्ञान-मण्डल काशी ने 'बृहत् हिन्दी कोश' नाम से एक कोश प्रकाशित कराया, जिसका सम्पादन सर्वश्री कालिकाप्रसाद, राजवल्लभ सहाय और मुकुन्दीलाल श्रीवास्तव ने किया था। इस कोश की यह विशेषता है कि मूल शब्द के सामने कोष्ठक के अन्दर उस भाषा का नाम संक्षिप्त रूप से लिख दिया गया है। जैसे—

'चगत्ता' शब्द के दाहिनी ओर बड़े कोष्ठक में तु. लिख दिया है। इसका अर्थ है कि यह शब्द तुर्की भाषा से हिन्दी में गृहीत है। मूल भाषा-संकेत के लिए 'वृहत् हिन्दी कोश' वास्तव में बहुत सावधान है। हिन्दी में 'जागरण' के अर्थ में 'जागृति' शब्द प्रचलित है। इस कोश में इस शब्द के आगे कोई भाषा-संकेत नहीं है, क्योंकि यह शब्द हिन्दी में ही है, संस्कृत में नहीं है। 'जागरण' के अर्थ में संस्कृत में 'जागर्ति' शब्द है। 'जागर्ति' के आगे 'वृहत् हिन्दी कोश' में कोष्ठक में (सं.) संकेत दे दिया गया है। इसके प्रथम संस्करण में एक लाख पचीस हजार पाँच सौ अठारह शब्द संकलित किये गये थे। इस कोश में कुछ हिन्दी शब्दों की वर्तनी दुहरी लिखी गयी है—1 गेंडा, गैंड़ा = एक जंगली पशु (2) सेंहुड़, सैंहुड़ = एक काँटेदार पौधा।

हिन्दी के एकभाषीय कोशों में पं. रामचन्द्र पाठक के सम्पादन में श्री भार्गव बुक डिपो, बनारस ने 'भार्गव आदर्श हिन्दी शब्दकोश' प्रकाशित कराया था। इसके नाम में 'आदर्श' शब्द अवश्य है, लेकिन यह बहुत भ्रष्ट कोश है। व्याकरणिक कोटियाँ और लिंग-संकेत बहुत भ्रान्तिपूर्ण हैं। यथा 'जागरण' शब्द को संस्कृत का पुँल्लिग और 'जागरित' को संस्कृत का नपुंसक लिंग बताया गया है।

हिन्दी के देशज शब्दों का एक कोश सन् 1977 ई. में डॉ. चन्द्रप्रकाश त्यागी द्वारा सम्पादित किया गया था। हिन्दी के तद्भव शब्दों पर दो कोश प्रकाशित हो चुके हैं—एक सन् 1961 ई. में प्रो. मुरलीधर श्रीवास्तव का 'हिन्दी तद्भव शास्त्र' (कलाकार प्रकाशन, पटना-3) और दूसरा डॉ. सरनाम सिंह शर्मा 'अरुण' सम्पादित हिन्दी की तद्भव शब्दावली व्युत्पत्ति कोश (कालेज बुक डिपो, जयपुर)। डॉ. अरुण का कार्य अपेक्षाकृत कोश के ही अनुरूप है।

हिन्दी के द्विभाषीय कोशों की संख्या काफी है। द्विभाषी कोशों में आधार-शब्द एक भाषा में होते हैं और अनेक अर्थ दूसरी भाषा में दिये जाते हैं। जिन कोशों में आधार-शब्द हिन्दी के हैं और उनके अर्थ हिन्दी से भिन्न भाषा में लिखे गये है, वे हिन्दी के द्विभाषीय कोश हैं। जिन कोशों में आधार-शब्द हिन्दीतर भाषा के हैं और अर्थ हिन्दी भाषा में लिखे गये है, वे कोश भी हिन्दी के द्विभाषीय कोश माने जायेंगे।

अंग्रेजी शब्दों के अर्थ हिन्दी भाषा में प्रस्तुत करते हुए डॉ. हरदेव बाहरी ने सन् 1960 ई. में अच्छा कार्य किया। उस कोश का नाम है, 'बृहत् अंग्रेजी-हिन्दी कोश'। सन् 1966 ई. में वामन शिवराम आप्टे का 'संस्कृत-हिन्दी-कोश' प्रकाशित हुआ था। सन् 1981 ई. में प्रकाशित डॉ. बाहरी का शिक्षार्थी 'हिन्दी-अंग्रेजी शब्दकोश' भी उल्लेखनीय है। इसमें हिन्दी के 10500 शब्द हैं, जिन्हें मानक हिन्दी के आधारभूत शब्द माना गया है।

डॉ. फादर कामिल बुल्के का 'अंग्रेजी-हिन्दी कोश' सन् 1968 ई. में प्रकाशित हुआ था। इस कोश में अंग्रेजी शब्द का अर्थ रूप हिन्दी-शब्द देवनागरी लिपि में दिया गया है। यदि वह संज्ञा शब्द स्त्रीलिंग है, तो उसे पुष्पांकित कर दिया गया है। जैसे—अंग्रेजी BAIL शब्द के आगे 'जमानत' लिखकर उसे पुष्पांकित कर दिया गया है। इस चिह्न से प्रकट हो जाता है कि हिन्दी का 'जमानत' संज्ञा शब्द स्त्रीलिंग है। डॉ. भोलानाथ तिवारी का अंग्रेजी-हिन्दी कोश भी उल्लेखनीय है। हिन्दी-शब्दों के संस्कृत शब्द देकर श्री केदारनाथ शर्मा ने 'श्रीकोष' नाम से एक द्विभाषीय कोश तैयार किया था, जिसका तृतीय संस्करण सन् 1947 ई. में प्रकाशित हुआ था।

सन् 1928 ई. में चतुर्वेदी द्वारकाप्रसाद शर्मा ने संस्कृत-हिन्दी कोश, 'संस्कृत शब्दार्थ कौस्तुभ' नाम के द्विभाषीय कोश को लाला रामनारायण लाल, इलाहाबाद से प्रकाशित कराया था। फिर वही कोश संस्कृत शब्दों की व्याकरणिक निरुक्ति के साथ सन् 1957 ई. में प्रकाशित हुआ।

सन् 1958 ई. में सम्पादक श्रीपाद जोशी ने एक 'मराठी-हिन्दी तथा हिन्दी-मराठी कोश', वीनस प्रकाशन, पुणे से प्रकाशित कराया था। सन् 1957 ई. में वीर राजेन्द्र ॠषि द्वारा सम्पादित 'रूसी-हिन्दी शब्दकोश' दिल्ली से प्रकाशित हुआ था। सन् 1960 ई. में 'हिन्दी-चीनी शब्दकोश' प्रकाशित हुआ। वेस्क्रोबनी के 'रूसी-हिन्दी शब्दकोश' का संशोधित-परिवर्द्धित संस्करण सन् 1972 ई. में प्रकाशित हुआ था। इसमें 75000 शब्द संगृहीत हैं। सन् 1971 ई. में महाराष्ट्र राष्ट्रभाषा, पुणे ने 'बृहत् मराठी-हिन्दी शब्दकोश' (सम्पादक गो. पा. नेने एवं श्रीपाद जोशी) प्रकाशित किया।

हिन्दी के द्विभाषीय कोशों के अन्तर्गत पारिभाषिक कोश भी समाविष्ट हैं। अंग्रेजी पारिभाषिक शब्दों के समानान्तर हिन्दी-शब्दवाले शब्द-संग्रह भी हिन्दी पारिभाषिक कोश माने जाने चाहिए। जो कार्य स्वतन्त्र भारत में केन्द्रीय हिन्दी निदेशालय, भारत सरकार, नयी दिल्ली और वैज्ञानिक तथा तकनीकी शब्दावली आयोग (भारत सरकार) ने किया, उससे पहले भी भारत में वैसा कार्य कुछ संस्थाओं द्वारा किया गया था।

भारत-पाकिस्तान विभाजन के उपरान्त डॉ. रघुवीर नागपुर में रहने लगे थे। मध्यप्रदेश के तत्कालीन मुख्यमन्त्री श्री द्वारकाप्रसाद मिश्र ने डॉ. रघुवीर को हर प्रकार की सहायता दी। उसके फलस्वरूप डॉ. रघुवीर ने एक पारिभाषिक कोश सन् 1955 ई. में प्रकाशित कराया था, जिसका नाम था—'कोम्प्रिहेन्सिव इंगलिश-हिन्दी डिक्शनरी'। इसमें प्रायः सभी विषयों के अंग्रेजी शब्दों के लिए हिन्दी

प्रतिशब्द दिये गये हैं। इस कोश की विशेषता यह है कि इसमें एक शब्द केवल एक ही मूल अर्थ को व्यक्त करता है। अंग्रेजा शब्द के उपसर्ग के समानान्तर समानार्थी उपसर्गों का प्रयोग हिन्दी में किया गया है। जैसे—अंग्रेजी शब्द Perimeter के लिए हिन्दी-प्रतिशब्द परिमाप (परि + माप) = Peri + Meter बनाया गया है। इस कोश में विशेष ध्यान इस बात पर दिया है कि द्विपदीय समास में यदि अंग्रेजी शब्द का पूर्वांश 'टैली' है, तो उसका हिन्दी पूर्वांश दूर रखा गया है और फिर जितने सामासिक शब्द 'टैली' के साथ हैं, उनके हिन्दी-प्रतिशब्दों में पूर्वांश 'दूर' सब जगह रखा गया है। जैसे—'टेलीफोन' के लिए दूरभाष, टेलीविजन के लिए दूरदर्शन आदि। डॉ. रघुवीर के इस पारिभाषिक शब्दकोश में संस्कृत के धातु, उपसर्ग, प्रत्यय को आधार मानकर हिन्दी प्रतिशब्द बनाये गये हैं, ताकि वे सम्पूर्ण भारत में समझे जा सकें। इसी सिद्धान्त को आधार मानकर एक 'गणित कोश' सन् 1954 ई. में डॉ. ब्रजमोहन ने भारतीय हिन्दी परिषद्, प्रयाग के प्रस्ताव पर तैयार करके प्रकाशित कराया था। इसमें अंग्रेजी के प्रचलित शब्दों को ज्यों-का-त्यों स्वीकार कर लिया गया है। नये तथा अप्रचलित अंग्रेजी शब्दों के हिन्दी-प्रतिशब्द संस्कृत के आधार पर बनाये गये है। सन् 1948 ई. में हिन्दी साहित्य सम्मेलन, प्रयाग से महापण्डित राहुल सांकृत्यायन द्वारा सम्पादित 'शासन शब्दकोश' प्रकाशित हुआ था। सम्मेलन ने लगभग 25 विषयों की शब्दावलियों का निर्धारण और निर्माण कराया था। उन विषयों में से कुछ विषयों की शब्दावलियों के प्रतिशब्द निर्मित होकर प्रकाशित भी कराये गये थे।

सन् 1950-52 ई. में उस्मानिया विश्वविद्यालय, हैदराबाद के प्रयास से एक पारिभाषिक कोश बनाया गया, जिसका नाम है 'हिन्दी टर्म्स ऑफ सोशियोलॉजी'। इसमें अंग्रेजी शब्द के समानान्तर हिन्दी-शब्द दो प्रकार के रखे गये। पहला प्रतिशब्द हिन्दुस्तानी का और दूसरा संस्कृत का। जैसे—Reaction के लिए पहला शब्द 'पलटकारी' और दूसरा प्रतिक्रिया रखा गया है।

शिक्षा मन्त्रालय, भारत सरकार, दिल्ली के तत्त्वावधान में वैज्ञानिक तथा तकनीकी शब्दावली के हिन्दी पारिभाषिक शब्दों के लिए एक आयोग का गठन किया गया, जिसके अध्यक्ष डॉ. डी. एस. कोठारी बनाये गये। उस बोर्ड के प्रयास से भारत सरकार के केन्द्रीय निदेशालय ने सन् 1962 ई. में 'इंगलिश-हिन्दी पारिभाषिक शब्द-संग्रह' प्रकाशित कराया, जिसका नाम है—A consolidated glossary of Technical Terms। इसमें मानविकी तथा विज्ञान आदि के पारिभाषिक शब्दों के हिन्दी-प्रतिशब्द दिये गये। फिर इसी संस्था ने सन् 1964 ई. में विज्ञान शब्दावली का पारिभाषिक शब्द-संग्रह प्रकाशित कराया। मानविकी तथा विज्ञान के

विषयों के अलग-अलग शब्द-संग्रह भी समय-समय पर प्रकाशित कराये गये। अंग्रेजी की कृषि-शब्दावली के समानान्तर हिन्दी भाषा के प्रतिशब्दों का निर्माण करनेवाली समिति सन् 1960 ई. से 1975 ई. तक केन्द्रीय हिन्दी निदेशालय की सेवा करती रही। सन् 1967 ई. में वैज्ञानिक तथा तकनीकी शब्दावली के स्थायी आयोग द्वारा कृषि-शब्दावली प्रकाशित हुई, जिसमें अंग्रेजी शब्द के लिए हिन्दी-प्रतिशब्द रखा गया। अन्तरराष्ट्रीय शब्दों को वैसा ही स्वीकार किया गया। सन् 1969 ई. में मानविकी शब्दावली भाग पाँच भाषाविज्ञान शब्दावली (अंग्रेजी-हिन्दी तथा हिन्दी-अंग्रेजी) आयोग द्वारा प्रकाशित हुई। इस तरह डिप्लोमेसी तथा एडमिनिस्ट्रेशन आदि की शब्दावलियाँ भी प्रकाशित की गयीं।

वैज्ञानिक तथा तकनीकी शब्दावली के स्थायी आयोग के द्वारा जितने भी शब्द-संग्रह प्रकाशित हुए, उनमें अंग्रेजी-शब्दों के लिए हिन्दी-प्रतिशब्द प्रस्तुत करने में कुछ सामान्य नियमों का पालन किया गया है। सामान्य रूप से तो संस्कृत भाषा के शब्द को ही रखा गया है, लेकिन भारत की प्रादेशिक भाषाओं से जो भी उपयुक्त शब्द प्राप्त हो सके, उन्हें अपना लिया गया है। बुनियादी वैज्ञानिक और अन्तरराष्ट्रीय शब्दों का अनुवाद नहीं किया गया है। उनका अंग्रेजी उच्चारण के अनुसार देवनागरी में लिप्यन्तरण कर दिया गया है। कुछ अग्रेजी शब्दों के लिए हिन्दी-प्रतिशब्द के साथ-साथ अंग्रेजी-शब्द भी देवनागरी में लिख दिये गये हैं। जैसे—अंग्रेजी Acid के लिए अम्ल और तेजाब तो रखा ही गया है, लेकिन साथ में ऐसिड भी लिख दिया गया है।

संस्थाओं के अतिरिक्त कुछ व्यक्तियों के नाम भी पारिभाषिक शब्द-संग्रहों के लिए उल्लेख्य हैं, जैसे—

1. भौतिक विज्ञान कोश, डॉ. सत्यप्रकाश, सन् 1951 ई.।
2. विधि शब्दसागर, जगदीश प्रसाद चतुर्वेदी, सन् 1951 ई.।
3. मौलिक शब्दकोश और परिभाषाएँ, डॉ. अमरनाथ कपूर, सन् 1955 ई.।
4. स्टूडेण्ट डिक्शनरी, डॉ. जगन्नाथन, दिल्ली
5. पुस्तकालय विज्ञान कोश, प्रभुनारायण गौड़, सन् 1961 ई.।
6. दर्शन पारिभाषिक कोश, डॉ. नखड़े, सन् 1966 ई.।
7. मनोविज्ञान पारिभाषिक कोश, डॉ. पद्मा अग्रवाल, 1968 ई.।
8. मैकमिलन अर्थशास्त्र कोश, महेन्द्र चतुर्वेदी एवं पन्त, सन् 1974 ई.।
9. डॉ. भोलानाथ तिवारी ने कई कोशों का सम्पादन किया है। उनका भाषावैज्ञानिक कोश भाषाविज्ञान की पारिभाषिक शब्दावली का कोश है, जो ज्ञानमण्डल, वाराणसी द्वारा सन् 1964 ई. में प्रकाशित हुआ। इसमें भाषाविज्ञान

के हिन्दी-शब्दों के साथ कोष्ठक में अंग्रेजी शब्द देकर उनकी शास्त्रीय व्याख्या की गयी है। डॉ. भोलानाथ तिवारी और डॉ. कैलाशचन्द्र भाटिया का अखिल भारतीय प्रशासनिक शब्दकोश भी प्रकाशित है।

भारत सरकार के शब्दावली आयोग के द्वारा पारिभाषिक कोश भी गत कई वर्षों से बनाये जा रहे हैं। वैज्ञानिक शब्दों की पारिभाषिक शब्दावली हिन्दी भाषा में दी जा रही है। आजकल वैज्ञानिक तथा तकनीकी शब्दावली आयोग मैकेनिकल इंजीनियरिंग की अंग्रेजी-शब्दावली का हिन्दी परिभाषा कोश तैयार करा रहा है। जिस दिन विज्ञान तथा मानविकी के सभी विषयों के परिभाषा कोश हिन्दी में प्रकाशित हो जायेंगे, उस दिन हिन्दी भाषा के माध्यम से विश्वविद्यालयों की शिक्षा में किसी प्रकार की कठिनाई नहीं रहेगी। शब्दावली आयोग ने प्रायः सभी वैज्ञानिक विषयों के शब्द-संग्रह (अंग्रेजी-हिन्दी) प्रकाशित करा दिये है, लेकिन बड़े दुःख की बात है कि हिन्दी प्रदेशों के विश्वविद्यालयों के विज्ञान-प्रोफेसर भी उनकी सहायता लेकर हिन्दी में अपने व्याख्यान छात्रों को नहीं देते। सरकार ने करोड़ों रुपये खर्च करके जिस कोश-साहित्य को तैयार कराया है, उसका पूरा सदुपयोग नहीं किया जा रहा है।

देवनागरी लिपि में बहुभाषीय कोश भी तैयार हुए हैं। ऐसे कोशों में विश्वनाथ दिनकर नरवणे का भारतीय व्यवहार कोश महत्त्वपूर्ण है। यह सन् 1961 ई. में त्रिवेणी संगम, सारा मेंशन, गोखले रोड (उत्तर) दादर, मुम्बई-28 से प्रकाशित हुआ था। इसमें हिन्दी भाषा के व्यावहारिक शब्दों को आधार मानकर उनके समानान्तर निम्नांकित भाषाओं के प्रतिशब्द देवनागरी लिपि में दिये गये हैं। अंग्रेजी शब्दों को तो रोमन लिपि में ही लिखा गया है। भाषाओं के नाम क्रमशः इस प्रकार है—

इगंलिश, पंजाबी, उर्दू, कश्मीरी, सिन्धी, मराठी, गुजराती, बाँगला, असमिया, ओड़िया, तेलुगु, मलयालम, तमिल, कन्नड़ और संस्कृत। इस प्रकार हिन्दी को मिलाकर यह सोलह भाषाओं का कोश है। देवनागरी लिपि के माध्यम से भारत की वर्तमान प्रादेशिक भाषाओं का सामान्य ज्ञान प्राप्त करने के लिए यह कोश बहुत महत्त्वपूर्ण है। इसमें शब्दों के अतिरिक्त वाक्यों को भी लिखा गया है। उन वाक्यों के आधार पर उपर्युक्त सोलह भाषाओं के व्याकरण का भी कुछ ज्ञान पाठक को हो जाता है।

हिन्दी में पर्यायवाची शब्दों के कोश भी सम्पादित हुए हैं। पर्यायवाची शब्दों का प्रथम वैदिक संस्कृत कोश निघण्टु है। उसके बाद अमरकोश विरचित हुआ है। ऐसे कोशों में अकारादि क्रम से शब्द देकर प्रत्येक शब्द के समस्त पर्यायवाची

शब्द उसके साथ रख दिये जाते हैं। ऐसे कोशों में निम्नांकित कोश उल्लेखनीय हैं—

1. भोलानाथ तिवारी का 'वृहत् पर्यायवाची कोश', इलाहाबाद, सन् 1972 ई., द्वितीय संशोधित संस्करण।

2. सत्यपाल गुप्त और श्यामचन्द्र कपूर का 'अभिनव पर्यायवाची कोश', दिल्ली, सन् 1970 ई., दिल्ली।

3. चतुर्वेदी जी का व्यापारिक पर्याय कोश, सन् 1972 ई.।

इन कोशों में हिन्दी-शब्दों के मात्र पर्याय शब्द दे दिये गये हैं। उन पर्यायों में पारम्परिक भेदक रेखाएँ क्या हैं? उन पर प्रकाश नहीं डाला गया। पंकज और सरोज शब्दों को 'कमल' शब्द का पर्याय तो माना जा सकता है, लेकिन 'पंकज' और 'सरोज' की अर्थच्छवियाँ भिन्न-भिन्न हैं। इन भिन्न छवियों को अर्थ की भूमि पर स्पष्ट करना ही पर्यायवाची कोश में कुशल सम्पादक का प्रमुख सारस्वत धर्म है। इस दृष्टि से श्री रामचन्द्र वर्मा का कार्य हिन्दी में बहुत गम्भीर और महत्त्वपूर्ण है। उन्होंने शब्द-साधना शब्दार्थ-मीमांसा, शब्दार्थ ज्ञानकोश आदि पुस्तकें लिखकर हिन्दी-अर्थविज्ञान के क्षेत्र में अभिनव कार्य किया है। उनकी 'शब्दार्थक ज्ञानकोश' पुस्तक हिन्दी-अर्थविज्ञान और पर्यायकी की आधारशिला मानी जा सकती है। आचार्य कुन्तक और क्रोचे मानते हैं कि पर्यायवाची शब्दों में प्रत्येक अपना अलग अर्थ रखता है। वे समानार्थी नहीं होते।

'शब्दार्थक ज्ञानकोश' सन् 1967 ई. में शब्दलोक प्रकाशन, 47 लाजपतनगर, बनारस-2 से प्रकाशित हुआ था। इसमें समानार्थी दो, तीन, चार या पाँच हिन्दी-शब्दों को लेकर अर्थ की दृष्टि से उनकी भेदक रेखाएँ बतायी गयी हैं। जैसे—1. यथार्थ और वास्तविक 2. राजतन्त्र, राजनय और राजनीति 3. रोध, अवरोध, गत्यवरोध, प्रतिरोध और निरोध।

शब्द-साधना और शब्दार्थ-मीमांसा में वर्मा जी ने लगभग 2000 शब्दों के सम्बन्ध में परस्पर अर्थ, आशय, प्रयोग और भाव की दृष्टि से उनके सूक्ष्म अन्तर को रेखांकित किया है। सन् 1965 ई. में वर्मा जी ने 'शब्द और अर्थ' नाम से एक छोटी-सी पुस्तक प्रकाशित की थी। उसमें जीवन और प्राण-जैसे समानार्थी शब्दों का सूक्ष्म अर्थ-भेद तो बताया ही गया है, लेकिन पैर, मुँह, हाथ-जैसे शब्दों के अनेकार्थों तथा प्रयोगों पर भी प्रकाश डाला गया है और उनसे सम्बद्ध मुहावरों के अर्थ भी स्पष्ट किये गये हैं। अर्थविज्ञान के ऐसे सूक्ष्म कार्य को आगे बढ़ाना चाहिए। हिन्दी के कोश-साहित्य को इससे नया प्रकाश मिलेगा। हिन्दी में वैब्स्टर-

जैसी डिक्शनरी बनाने का लक्ष्य पूरा करना चाहिए। वह लक्ष्य तभी पूरा हो सकता है, जब हिन्दी-कोश-जगत् में श्री रामचन्द्र वर्मा के मिशन को सर्वोच्च कोटि पर पहुँचाया जायेगा। आज श्री रामचन्द्र वर्मा के लक्ष्य को लेकर हिन्दी में कोश-निर्माण के लिए टीम-वर्क होना परमावश्यक है।

हिन्दी भाषा की उपभाषाएँ अर्थात् हरियाणवी, कौरवी, ब्रजभाषा, कन्नौजी, बुन्देली, अवधी, बघेली, छत्तीसगढ़ी, राजस्थानी शब्दावली आदि हैं। इनमें से कई बोलियों के शब्दों पर शब्दार्थ के रूप में कई विश्वविद्यालयों में शोध-स्तर पर कार्य कराया गया है। इन उपभाषाओं से सम्बद्ध जनपदीय बोलियाँ भी हैं। उन बोलियों पर भी शब्दावली शोध का काम हुआ है। हरियाणवी, कौरवी, ब्रजभाषा, अवधी, छत्तीसगढ़ी नाम की हिन्दी-बोलियों पर शब्दावली शोध का काम हुआ है। सन् 1956 ई. में डॉ. हरिहरप्रसाद गुप्त की 'ग्रामोद्योग और उसकी शब्दावली' (राजकमल प्रकाशन, दिल्ली से) प्रकाशित हुई थी।

एक अवधी कोश मेरा भी है। सन् 1959 ई. में डॉ. विश्वनाथ प्रसाद के सम्पादकत्व में बिहार राष्ट्रभाषा परिषद् पटना से बिहारी बोलियों के विविध क्षेत्रों से गृहीत शब्दों का 'कृषि कोश' प्रकाशित किया गया था। इसमें व्युत्पत्तिक पर्याय सहित प्रामाणिक अभिधान मिलता है।

इसी क्रम में सन् 1960 -61 ई. में हिन्दुस्तानी एकेडमी, इलाहाबाद से 'कृषक जीवन-सम्बन्धी ब्रजभाषा शब्दावली' शीर्षक से प्रकाशित हुई। इसमें जनपदीय ब्रजभाषा के लगभग पन्द्रह हजार शब्दों का संकलन है। इसको आधार मानकर फिर अवधी, छत्तीसगढ़ी, कौरवी आदि की क्षेत्रीय शब्दावली पर शोध कार्य कराया गया। इसी ग्रन्थ के आधार पर पं. विद्यानिवास मिश्र की 'हिन्दी की शब्द-सम्पदा' 1970 ई. में प्रकाशित हुई। उन्होंने ब्रजभाषा कोश का पुनर्गठन किया है। इधर अवधी के कई शब्दकोश तथा साहित्यकोश प्रकाशित हुए हैं। उ.प्र. हिन्दी संस्थान का अवधी कोश भी सद्यः प्रकाश्य है।

सन् 1955 ई. में रामाज्ञा द्विवेदी 'समीर' का 'अवधी कोश' हिन्दुस्तानी एकेडेमी, इलाहाबाद से प्रकाशित हुआ था। डॉ. सम्पत्ति अर्याणी का मगही व्याकरण और कोश सन् 1965 ई. में पटना से प्रकाशित हुआ था। ऐसा ही एक शब्द-संग्रह डॉ. कान्तिकुमार का दिल्ली से सन् 1969 ई. में प्रकाशित हुआ था। उसका नाम है, 'छत्तीसगढ़ी बोली, व्याकरण और कोश'। 'राजस्थानी-हिन्दी शब्दकोश' सन् 1977 ई. में पंचशील प्रकाशन, जयपुर से बदरीप्रसाद साकरिया और भूपतिराय साकरिया ने प्रकाशित कराया था। राजस्थानी शोध संस्थान, जोधपुर से सीताराम लालस का 'राजस्थानी सबदकोश' पाँच खण्डों में प्रकाशित हुआ है।

यह निश्चय ही एक महत्त्वपूर्ण कोश है। इसे वास्तव में राजस्थानी का विश्वकोश कहा जा सकता है। सन् 1981 ई. में डॉ. बाहरी का 'सूरसागर शब्दकोश' प्रकाशित हुआ, जो सूरसागर, सूंरसारावली और साहित्यलहरी के शब्दों को संकलित करके तैयार किया गया है। सन् 1981 ई. में ही डॉ. बाहरी का 'भोजपुरी शब्द-सम्पदा' और 1982 ई. में 'अवधी शब्द-सम्पदा' सन् 1983 ई. में 'कुमाऊँनी-हिन्दी-व्युत्पत्तिकोश' प्रकाशित हुआ। (सम्पा. केशवदत्त रूवाली) ग्रन्थायम, अलीगढ़ से प्रकाशित हुआ।

इधर स्वतन्त्र भारत में भी कुछ विश्वकोशों का सम्पादन किया गया है। हिन्दी में सर्वप्रथम विश्वकोश 25 खण्डों में श्री नगेन्द्रनाथ वसु ने सन् 1998 ई. में बँगला से अनूदित तथा सम्पादित किया था। इस दिशा में नागरी प्रचारिणी सभा, काशी द्वारा बारह खण्डों में 'हिन्दी-विश्वकोश' को तैयार करना एक नया प्रयास माना जायेगा। नेशनल पब्लिशिंग हाउस, दिल्ली से 'विश्वज्ञान संहिता' नाम से एक विश्वकोश प्रकाशित हुआ है। मनोहर प्रभाकर का 'राजस्थान ज्ञान कोश' जयपुर से प्रकाशित हुआ था। किताब घर, कानपुर से शम्भुरत्न त्रिपाठी का 'समाज शास्त्रीय विश्वकोश' प्रकाशित है। सन् 1955 ई. में चार भागों में 'ज्ञानसरोवर' नाम से एक विश्वकोश चार भागों से सरकार की ओर से प्रकाशित किया गया था। इसी क्रम में 10 खण्डों में 1958 में प्रकाशित कृष्णवल्लभ द्विवेदी सम्पादित 'हिन्दी विश्वभारती', डॉ. विश्वनाथ मिश्र सम्पादित 'विश्वभारती इन साइक्लोपीडिया' भी महत्त्वपूर्ण है।

साहित्यकार के सम्पूर्ण साहित्य से सम्बद्ध शब्दकोश, साहित्यकार की किसी एक पुस्तक के शब्दों को लेकर लिखा गया शब्दकोश, साहित्यिक विधाओं से सम्बद्ध शब्दकोश, साहित्यशास्त्र के पारिभाषिक शब्दों के कोश, किसी साहित्यिक ग्रन्थ में आयी हुई अन्तःकथाओं के कोश, किसी ग्रन्थ में आये हुए पात्रों अर्थात् चरित्रों के कोश और किसी ग्रन्थ में प्रयुक्त पर्वतों, नदियों, वृक्षों, पशु-पक्षियों, नगर आदि के नामों के कोश भी साहित्यिक कोश की परिधि में आते हैं।

सूर-साहित्य के शब्दों को लेकर डॉ. प्रेमनारायण टण्डन का सन् 1950 ई. में लखनऊ विश्वविद्यालय से 'ब्रजभाषा सूर-कोश' प्रकाशित हुआ। इस कोश में यथासम्भव शब्द की व्युत्पत्ति और उसके अर्थ के साथ प्रयोग स्थल का उद्धरण भी दिया गया है। इस कार्य को विद्यानिवास मिश्र और हरदेव बाहरी ने ब्रजभाषा कोश तथा सूर शब्द-सागर (1981) कोश का निर्माण करके आगे बढ़ाया है।

हिन्दुस्तानी एकेडेमी, इलाहाबाद ने तुलसी के शब्दों के आधार पर सन् 1954 इ. में तुलसी शब्द-सागर प्रकाशित कराया। इसके संगृहीत शब्दों का सम्पादन कार्य डॉ. भोलानाथ तिवारी ने किया। रामचरितमानस के शब्दों के आधार पर सन् 1948 ई. में केदारनाथ भट्ट का 'रामायण कोश' प्रकाशित हुआ। 'रामचरितमानस' का शब्द-संग्रह काण्ड, चौपाई आदि के सन्दर्भ के साथ बद्रीदास अग्रवाल कृत 'मानस शब्द-सागर' कलकत्ता से सन् 1955 ई. में प्रकाशित हुआ था। 'मानस शब्दार्थ तत्त्व पुस्तक' सन् 1971 ई. में विज्ञान भारती, नयी दिल्ली से प्रकाशित हुई थी। हिन्दुस्तानी एकेडेमी, इलाहाबाद के लिए तुलसीकृत 'रामचरितमानस' के तत्सम शब्दों को आधार मानकर एक कोश डॉ. गयाप्रसाद शर्मा ने तैयार किया, जो काफी उपयोगी है। इसका नाम है—'रामचरितमानस के तत्सम शब्द'। इससे पर्यायवाची शब्दों की भेदक रेखाएँ स्पष्ट की गयी हैं और शब्दों के प्रमाण-सन्दर्भ दिये गये हैं। सन् 1957 ई. में सुधाकर पाण्डेय द्वारा सम्पादित 'प्रसाद काव्य कोश', काशी नागरी प्रचारिणी सभा द्वारा प्रकाशित किया गया था। 1957 ई. में ही भारती भण्डार, लीडर प्रेस, इलाहाबाद से डॉ. हरदेव बाहरी का प्रसाद-साहित्य कोश प्रकाशित हुआ था। सन् 1965 ई. में रामकुमार राय ने वाल्मीकि रामायण के नामों और विषयों की व्याख्यात्मक अनुक्रमणिका 'वाल्मीकि रामायण कोश' के नाम से चौखम्बा संस्कृत सीरीज आफिस, वाराणसी से प्रकाशित करायी थी।

सन् 1977 ई. में काशी नागरी प्रचारिणी सभा, वाराणसी ने डॉ. विजयपाल सिंह द्वारा सम्पादित 'केशव-कोश' (दो भाग) प्रकाशित किया। इसमें महाकवि केशवदास के काव्य-ग्रन्थों से शब्द संकलित किये गये हैं।

डॉ. धीरेन्द्र वर्मा के निर्देशन में 1954 ई. में हिन्दुस्तानी एकेडेमी, इलाहाबाद से 'हिन्दी कथा-कोश' नाम का कोश प्रकाशित हुआ था। ऐसे कोशों में पौराणिक कथाओं का संकलन किया जाता है। सन् 1952 ई. में 'हिन्दी साहित्य की अन्तःकथाएँ' (डॉ. भोलानाथ तिवारी) नामक कथा-कोश प्रकाशित हो चुका था। सन् 1954 ई. में प्रकाशित कथाकोश (गुलाब मेहता) इलाहाबाद से प्रकाशित हुआ था।

हिन्दी में डॉ. रामजी उपाध्याय का 'नीति-सूक्ति-कोश' लोकभारती, इलाहाबाद से प्रकाशित है। एक सूक्ति-कोश सन् 1955 ई. में आत्माराम एण्ड सन्स, दिल्ली ने 'साहित्य में सत्य और तथ्य' शीर्षक से प्रकाशित किया था। इसके सम्पादक श्री अरुण हैं।

साहित्य में पाये जानेवाले मुहावरों और लोकोक्तियों के आधार पर हिन्दी में कोश बनाये गये हैं। इसमें कुछ कोश तो मुहावरों और लोकोक्तियों को साथ-साथ लेकर बनाये गये हैं और कुछ कोश अकेले मुहावरों पर और कुछ अकेली लोकोक्तियों पर आधृत हैं।

सन् 1950 ई. में मुजफ्फरपुर से मदनमोहन गुप्त का 'मुहावरे और प्रयोग', सन् 1954 ई. में मथुरा से गोविन्ददास का लोकोक्ति और मुहावरे, सन् 1957 ई. में दिल्ली से बालमुकुन्द का 'मुहावरे और लोकोक्तियाँ' नामक कोश प्रकाशित हुए, जिन्हें विद्यार्थियों के लिए उपादेय माना जा सकता है। सन् 1951 में डॉ. भोलानाथ तिवारी का 'हिन्दी मुहावरा कोश' इलाहबाद से प्रकाशित हुआ। सन् 1959 में रामदहिन मिश्र का 'वृहत् मुहावरा कोश' प्रकाशित हुआ था। सम्पादक की मृत्यु के कारण यह काम अधूरा रह गया, लेकिन यह प्रयास स्तुत्य था। इलाहाबाद से बदरीनाथ कपूर का लोकभारती 'मुहावरा कोश' और प्रतिभा अग्रवाल का 'हिन्दी मुहावरे' भी उल्लेखनीय कार्य हैं। शरणकृत 'हिन्दी मुहावरा कोश' और 'हिन्दी मुहावरा कोश और कहावत कोश' दिल्ली से सन् 1985 ई. में प्रकाशित हुए हैं। ये छोटे कोश हैं।

हिन्दी की बोलियों से सम्बद्ध भी मुहावरा कोश और कहावत कोश प्रकाशित हुए हैं।

1950 ई. में अल्मोड़ा से चन्द्रलाल चौधरी ने कुमाऊँनी कहावतों का संग्रह प्रकाशित कराया। सन् 1949 ई. में कलकत्ता से 'राजस्थानी कहावतें' (सम्पादक रतनलाल मेहता) उदयपुर से प्रकाशित हुआ। सन् 1954 में उदयपुर से 'राजस्थानी भीलों की कहावतें कोश' (सम्पादक फूल जी भाई भील) प्रकाशित हुआ। कन्हैयालाल सहल का 'राजस्थानी कहावतें कोश' सन् 1960 में कलकत्ता से प्रकाशित हुआ था। डॉ. कृष्णचन्द्र शर्मा का 'कौरवी वाक् पद्धति और लोकोक्ति कोश' गाजियाबाद से सन् 1970 में प्रकाशित हुआ। सन् 1965 में पटना से भुवनेश्वरनाथ का कहावत कोश प्रकाशित हुआ जिसमें भोजपुरी, मगही और मैथिली की लोकोक्तियाँ संकलित की गयी हैं। श्रीमती कमला शुक्ल कृत 'अवधी लोकोक्ति कोश' भी पर्याप्त महत्त्वपूर्ण है।

इस बीच कुछ द्विभाषीय तथा बहुभाषीय कोश भी प्रकाशित हुए। सन् 1950 में पूना से गणेश रघुनाथ वैशम्पायन का 'हिन्दी-मराठी लोकोक्ति,कोश', सन् 1951 ई. में कटक से लिंगराज मिश्र और अनसूयाप्रसाद पाठक कृत 'हिन्दी-ओडिया मुहावरें और कहावतें' (कोश) और सन् 1965 में कृष्णा नायर की

'लोकोक्ति-मालिका' पुस्तक प्रकाशित हुई, जिसमें तुलनात्मक रूप मे हिन्दी, मलयालम और अंग्रेजी कहावतें दी हुई हैं।

कुछ वर्ष पूर्व पंचशील प्रकाशन, जयपुर से भागीरथ कानोडिया का 'राजस्थानी कहावत कोश' और शरण का 'अभिनव सूक्ति कोश' प्रकाशित हुए हैं। उसी पंचशील प्रकाशन से बदरीप्रसाद साकरिया का 'राजस्थानी हिन्दी शब्दकोश' प्रकाशित हुआ है।

जनपदीय भाषाओं से सम्बद्ध स्थान-नामों पर भी कुछ शोध-कार्य किया गया है, जिसे पूरी तरह से कोश कार्य तो नहीं माना जा सकता, लेकिन वह कोशोन्मुख अवश्य है। 'मुरादाबाद जिले के स्थान-नाम' (ऊषा चौधरी, 1971 ई.), 'अवध के स्थान नाम' (सरयूप्रसाद अग्रवाल, 1978 ई.) और 'दतिया जिले के स्थान नाम' (कामिनी) 1984 ई. उल्लेखनीय हैं।

साहित्यिक सिद्धान्तों, विधाओं अथवा साहित्यकारों से सम्बद्ध शब्दावली को लेकर जो कोश तैयार किये जाते हैं, उन्हें भी साहित्यिक कोश ही माना जाता है। एक 'हिन्दी साहित्य कोश' दो भागों में डॉ. धीरेन्द्र वर्मा के प्रधान सम्पादकत्व में ज्ञानमण्डल, वाराणसी से प्रकाशित हुआ था। इसके प्रथम भाग में साहित्यिक सिद्धान्तों से सम्बद्ध पारिभाषिक शब्दों की विवेचना है और द्वितीय भाग में साहित्यकारों, उनकी कृतियों तथा पात्रों का सारगर्भित परिचय दिया गया है। साहित्यशास्त्र की सारगर्भित पारिभाषिक शब्दावली से सम्बद्ध एक कोश डॉ. नगेन्द्र के सम्पादन में प्रकाशित हुआ था। डॉ. नगेन्द्र ने मानविकी (साहित्य) पारिभाषिक कोश का भी सम्पादन किया था, जो 1965 ई. में प्रकाशित हुआ था। मेरा वृहत् हिन्दी पत्र-पत्रिका कोश जिसमें पौने दो सौ वर्षों में प्रकाशित 18,000 हिन्दी पत्रों का विवरण है, इस सन्दर्भ में उल्लेखनीय है।

अब समय आ गया है कि स्वतन्त्र भारत में शीघ्र ही मानक हिन्दी की आधारभूत शब्दावली को लेकर एक कोश शृंखला प्रकाशित की जाये। इस दृष्टि से एक थिसारस प्रकाशित किया है। इस कोश में समान्तर प्रतिशब्द देवनागरी लिपि में दिये गये हैं। डॉ. अरविन्द एवं कुसुम कुमार की यह एक ऐतिहासिक पहल है। इसी तरह देवनागरी लिपि में हिन्दी-तमिल, हिन्दी-तेलुगु, हिन्दी-कन्नड़, हिन्दी-मलयालम, हिन्दी-पंजाबी, हिन्दी-बँगला, हिन्दी-उड़िया, हिन्दी-मराठी, हिन्दी-गुजराती, हिन्दी-सिन्धी और हिन्दी-कश्मीरी कोश बने हैं फिर भी और बनने चाहिए। इससे हिन्दी के राष्ट्रीय स्वरूप को व्यापकता मिलेगी। इससे हिन्दी तथा भारतीय प्रादेशिक भाषाओं में प्रचलित समान शब्दों का भी पता लगा जायेगा।

शब्दावली का विकास इण्टरनेट में भी द्रष्टव्य है। हिन्दी भाषा और देवनागरी लिपि में इधर वृहत् व्युत्पत्ति कोश बना है। मानक हिन्दी के व्युत्पत्तिमूलक महाव्युत्पत्ति कोश की रचना का प्रयास निरन्तर होना चाहिए। हिन्दी संघ की राजभाषा है और अब विश्वभाषा बनने की ओर अग्रसर है, अतः मानक उच्चारण कोशों का भी अधिकाधिक निर्माण उसकी वरीयता होनी चाहिए।

●

नयी सदी की संचार भाषा प्रौद्योगिकी

भाषा मनुष्य के आन्तरिक चिन्तन, वैचारिक विनिमय एवं मनोगत भावों के प्रकटीकरण का सबसे सुगम और मूल माध्यम है। उसके बिना न तो अभिव्यक्ति हो सकती है और न चिन्तन की कोई प्रक्रिया ही चल सकती है।

मानव समाज की भाषा की अनेकानेक विशेषताएँ परिलक्षित की जा चुकी हैं। उसके उद्‌भव और विकासक्रम पर देश-विदेश में बहुत चिन्तन हुआ है। निरन्तर हो भी रहा है। यह प्रायः स्वीकार किया गया है कि भाषा का स्वरूप सर्वदा-सर्वथा परिवर्तित होता रहता है। आगामी दशकों में ये भाषिक रूप उत्तरोत्तर अधिकाधिक परिवर्तित होते जायेंगे, बल्कि परिवर्तन का यह अनुपात दिनोंदिन तेज होता जायेगा। ऐसी स्थिति में यह जिज्ञासा बड़ी ही स्वाभाविक है कि भविष्य की हिन्दी भाषा कैसी होगी? अथवा यह कहें कि हमारी भाषा का भविष्य क्या है?

यहाँ भविष्य से भी दो अर्थ निकाले जा सकते हैं—एक आनेवाला समय और दूसरे भावी योगक्षेम। एक कालवाची, दूसरा भाववाची शब्द। भविष्य स्थूलतः दो प्रकार का होता है—

1. आसन्न भविष्य अर्थात् लगभग एक शताब्दी का विस्तार और
2. सुदूर भविष्य अर्थात् युग-युगीन यात्रा।

सम्प्रति हम आसन्न भविष्य पर ही विचार कर सकते हैं। वह भी विगत और आगत के आधार पर। अनागत की एक धुँधली आकृति बनायी जा सकती है। यह 'फ्यूचर स्टडीज' का विषय है, न कि ज्योतिष का या कि किसी चमत्कारी साधना का। वस्तुतः भविष्य कोई बनी-बनायी 'पेटेण्ट' वस्तु नहीं है। वह विकास-प्रक्रिया की एक कालसाधित स्वचालित परिणति होती है। इसलिए घटित के आधार पर घटमान तथा घटितव्य का संकेत प्राप्त किया जा सकता है। अर्थात् भूत से वर्तमान तक की यात्रा के मोड़ों को सतर्कतापूर्वक परखते हुए भवितव्य का संकेत निकाला जा सकता है। किन्तु इसे इदमित्थम् नहीं कहा जा सकता। तथ्य यह है कि आज

जो जैसा घटित हो रहा है, उसकी भावी प्रतिक्रिया अनुकूल भी हो सकती है, और प्रतिकूल भी। एक सीमा के बाद प्रत्येक कार्य-कारण अन्यथा रूप धारण कर लेता है। फिर भी वर्तमान और विगत के सहारे भविष्यत् का कुछ-न-कुछ प्रत्यय बनता अवश्य है। बशर्ते हम इतिहास-दर्शन का पूरी निष्ठा के साथ सहारा लें और स्वाध्यायपूर्ण सघन चिन्तन करें। यही नहीं, बल्कि हम हर क्षण के सजग साक्षी बने रहें और महाकाल की लीला को निस्संग-निरपेक्ष भाव से निहारते चलें। भाषा के भविष्य का आभास इसी प्रविधि से किया-कराया जा सकता है। इसके लिए समाज मनोभाषिकी, ऐतिहासिक भाषाविज्ञान, तुलनात्मक भाषाशास्त्र और विकासवादी अवधारणा की बड़ी आवश्यकता है।

गत एक शताब्दी के भाषिक परिवर्तन को देखते हुए अगली शताब्दी में होनेवाले भाषिक परिवर्तनों को इस प्रकार चिह्नित किया जा सकता है—

1. **सरलीकरण**-इन दिनों हर भाषा को जनभाषा बनाने का प्रयास किया जा रहा है, इसलिए कि प्रत्येक दिशा में जनसहभागिता बढ़ती जा रही है। भविष्य में **मास लैंग्वेज** का महत्त्व **क्लास लैंग्वेज** से ज्यादा होगा। बहुसंख्यकता या बहुभाषिकता सबसे बड़ी शक्ति मानी जायेगी। यह शक्ति प्रकट होती है, भाषा के सरलीकरण से। इसलिए अब महत्त्व बढ़ रहा है सरल, तद्भव, देशज शब्दों का। इसीलिए हिन्दी में सड़क चौड़ीकरण, दोहरीकरण, टीकाकरण-जैसे शब्द धड़ल्ले से प्रयुक्त होते जा रहे हैं। इसी प्रकार लम्बे वाक्यों का प्रयोग घट रहा है। संयुक्त एवं मिश्र वाक्यों की जगह छोटे एकल वाक्यों का भविष्य में ज्यादा चलन होगा। जटिल वाक्य-विन्यास की जगह साफगोई का भविष्य में और महत्त्व बढ़ेगा। जार्गन्स, क्लिष्ट, पर्यायवाची और कवित्वपूर्ण, गूढ़ार्थ व्यञ्जक शब्द धीरे-धीरे लुप्त हो जायेंगे। बोलचाल की भाषा के शब्द अपेक्षाकृत चिन्तन तथा सर्जनात्मक लेखन पर हावी होते जायेंगे। ग्रीक, लैटिन, संस्कृत और प्राचीन **आकर** भाषाओं की तुलना में अब लेमैन लैंग्वेज को ज्यादा वरीयता मिलेगी। कुछ दशकों बाद धीरे-धीरे ये जनभाषाएँ ज्ञान-विज्ञान से समृद्ध होकर कुलीन तन्त्र से जुड़ जायेंगी, यानी सीमित हो जायेंगी और उनका स्थान वे बोलियाँ ले लेंगी, जो अभी तक मशीनीकृत नहीं हो पायी हैं। कालक्रम में वे विभाषाएँ भी नष्ट हो जायेंगी। पूरे विश्व का संचार सौ-दो सौ भाषाओं में सिमट जायेगा। लोकभाषाओं की क्षति होगी, किन्तु लोकोक्तियों एवं मुहावरों का प्रयोग बढ़ेगा। विशेषणों का प्रयोग घटेगा। लोचदार भाषा बढ़ेगी अर्थात् एक शब्द का परिविस्तार कई व्याकरणिक कोटियों में होगा। दुहरे क्रियापदों को एकीकृत-संघटित किया जायेगा। हिन्दी की लगभग 300 बोलियों-उपबोलियों का साहित्य, व्याकरण एवं शब्दकोश अभी आदिम अवस्था

में है। अर्थात् पूरी तरह से कामकाजी रूप में ये विकसित नहीं हो पायी हैं। विश्व की अनेक स्थापित भाषाएँ यद्यपि अपने सरलीकरण में लगी हुई हैं, किन्तु साहित्यिक भाषा, राजभाषा, संचार भाषा आदि रूप धारण कर लेने के कारण बहुत अर्से तक वे जनभाषाएँ नहीं रह पायेंगी।

उद्भव और पराभव का यह क्रम एक नैसर्गिक नियम है।

2. मशीनीकरण-आनेवाले वर्षों में कम्प्यूटर लैंग्वेज का विकास अधिक होगा। हर भाषा में कुछ-न-कुछ व्याकरणिक अपवाद पाये जाते हैं। अभी दिन-प्रतिदिन यह प्रयोगगत वैविध्य बढ़ता जा रहा है। ऐसी स्थिति में प्रत्येक प्रोक्ति को कम्प्यूटरसाधित बनाना आवश्यक हो गया है। अनुवाद कार्य कम्प्यूटर पर तेजी से चल पड़ा है। वर्तनी का नियन्त्रण अब उसी के हाथ में है। उच्चारण उसके द्वारा प्रतिबन्धित होते जा रहे हैं। भाषा का मानकीकरण भविष्य में कम्प्यूटर के द्वारा ही सम्भव होगा। वह उच्चारण के साथ ही श्रुतिलेख के आधार पर समानान्तर **डिक्टाफोन** के सहारे टंकण मुद्रण करने में सक्षम है। यह मशीनीकरण भाषा के प्रत्येक कार्य में किया जाना अवश्यम्भावी है। विशेष रूप से फार्मूलाबद्ध लेखन के क्षेत्र में जहाँ 'पेटेण्ट' शब्दावली होती है, मशीनें ही स्वचालित लेखन करेंगी। मशीन द्वारा सही प्रोक्ति की खोज सरल हो जायेगी।

3. अप्रचलित शब्दों का लोप-प्रत्येक क्षेत्र में साभिप्राय और सार्थक शब्दों को बढ़ावा मिलेगा। हिन्दी में जल के कई पर्यायवाची शब्द हैं, किन्तु प्रयोग में जल और पानी दो ही शब्द प्रमुख हैं। शेष शब्द पद्य में चलते रहे हैं। कुछ-कुछ आज भी चल रहे हैं। किन्तु एक तो कविता ही अस्तित्वहीन होती जा रही है। दूसरे, जो बची है, वह गद्यात्मक हो गयी है, इसलिए भविष्य की कविता में भी इन पर्यायवाची शब्दों का उपयोग नहीं हो पायेगा और ऐसे हजारों शब्दों का लोप हो जायेगा।

4. नयी शब्द-संरचना-मानव समाज की नयी आचार संहिताओं और जीवन-पद्धतियों के अनुरूप अनुदिन नये-नये शब्द प्रत्येक जीवित भाषा में बढ़ते जा रहे हैं। यह बढ़ोत्तरी भविष्य में अनवरत रूप से होती रहेगी। पचास वर्षों बाद भाषा का परिकल्प इतना बदल जायेगा कि यह भाषा सामाजिक सर्जनात्मक भाषा की जगह यान्त्रिक भाषा बन जायेगी और भाषा भी प्रौद्योगिकी में ढल जायेगी।

5. संक्षेपण-द्रुतजीवन के कारण छोटे वाक्यों का प्रयोग बढ़ेगा। एस.एम.एस. की भाषा हिन्दी में भी विकसित होगी। अधिकाधिक संक्षिप्ताक्षर तथा कूटपद भी निर्मित होंगे।

6. संकर शब्दों का प्रयोग-भूमण्डलीकरण के दौर में विश्व भाषाओं का मिश्रण अनिवार्य हो गया है। अब हिंग्लिश का प्रयोग बढ़ेगा। परस्पर आदान-प्रदान होता रहेगा और बहुभाषिकता बढ़ेगी।

7. व्याकरणिक शैथिल्य–हड़बड़ी के कारण भाषा की भूलों को नजर-न्दाज किया जायेगा। अशुद्ध प्रयोगों को ग्लानि की जगह गर्व का विषय माना जायेगा। सप्रयास विरूपण होगा।

8. आक्रामकता-दिनोंदिन भाषा तेज तर्रार होती जायेगी। महाप्राणत्व और बलाघात पर अधिक जोर होगा। स्त्रैणता कम होगी और परुषावृत्ति हावी होती जायेगी। कर्तृवाच्य बढ़ेगा।

9. सुरुचि संस्कार-सभ्यता के विकास-क्रम के शब्दों का परिमार्जन होगा। पाखाना, सण्डास की जगह क्रमशः शौचालय, सुलभ प्रसाधन, जनसुविधा, शब्दों का उत्तरोतर प्रयोग इसका प्रमाण है।

10. भाषा-संवेदना का ह्रास-इस सदी में भावोच्छ्वासपूर्ण भाषा की जगह औपचारिक भाषा की बढ़त होगी। सम्बोधन तथा विस्मयादिबोधक प्रयोग कम होंगे। आवेग कम होगा, फिर भी सम्प्रेषण में वृद्धि होगी।

11. देह भाषा का व्याकरण-विधान-नयी सदी में इस पर जोर दिया जायेगा। भाषा का लिखित रूप दिनोंदिन होता जा रहा है। अभी मशीनी भाषा पर जोर है, आगे देह भाषा तथा अन्तर्मन की भाषा की पहचान पर होगा। कालक्रम में इस शब्दातीत सम्प्रेषण का सिद्धान्त स्थिर हो जायेगा।

12. जीनोम—भाषा डी.एन.ए. क्लोनिंग और मानव जीनोम से जुड़ जायेगी। आठों दोषयुक्त जीन्स को नियन्त्रित कर लेने पर भाषा पूरी तरह वशवर्तिनी हो जायेगी, ऐसी सम्भावना।

अस्तु, हिन्दी भाषा के भविष्य-निर्माण की दिशा में सतर्कता अपेक्षित है, साथ ही भाषा प्रौद्योगिकी का और इसके प्रबन्ध विज्ञान का समय रहते संज्ञान तथा क्रियान्वयन सुनिश्चित करना भी अनिवार्य है।

भाषा प्रौद्योगिकी का प्रशिक्षण

भारत एक बहुभाषी और जनसंख्याबहुल राष्ट्र है। इस देश की 96 प्रतिशत से अधिक जनता हिन्दी और क्षेत्रीय भाषाओं पर निर्भर है। भारत में दो दर्जन स्वीकृत भाषाएँ हैं, जिनमें लगभग 1650 बोलियाँ हैं। ये सब भाषाएँ दस लिपियों में लिखी जाती हैं। सूचना प्रौद्योगिकी के वर्तमान दौर में अब यह आवश्यक हो गया है कि—

1. भारतीय भाषाओं में डिजिटल पुस्तकालय बनाये जायें।

2. पोर्टल का विकास किया जाये ताकि भाषा संसाधन को गति मिले।

3. अन्तर-भाषिक अनुवाद को बढ़ावा दिया जाये।

4. कम्प्यूटर द्वारा स्मृति (मेमोरी), भाषान्तरण और संक्षेपण का कार्य सुगम बनाया जाये।

5. मशीनसाधित मौखिक (आशु) अनुवाद (स्पीच टू स्पीच) की व्यवस्था की जाये।

6. अक्षरों की पहचान, वाणी की पहचान, सम्भाषण और समझ मशीन द्वारा विकसित हो जाये।

7. भाषिक कम्प्यूटरीकरण का अधिकाधिक प्रशिक्षण दिया जाये।

8. यन्त्रों द्वारा भाषा संस्कार का सर्व-सम्भव बनाया जाये।

9. रोमन लिपि से भारतीय लिपियों में मानकीकृत लिप्यन्तरण हो सके तो व्याकरण, वर्तनी, लिपि और उच्चारण का मानकीकरण हो जाये।

इसके लिए आवश्यक है कि भाषा को प्रौद्योगिकी के रूप में गठित किया जाये भाषा प्रौद्योगिकी के अन्तर्गत कम्प्यूटर द्वारा अनेक कार्य सम्पादित किये जा सकते हैं। जैसे—1. शब्द-संचय या शब्द-भण्डारण, 2. अनुक्रम-समनुक्रम अर्थात् शब्दों, वाक्यों की क्रमबद्धता 3. विच्छेदन (पार्जिंग) 4.अन्तरण या अनुवाद 5. संशोधन (स्पेलचेक) 6. इण्टर लिंग्वा अर्थात् अन्तर भाषिकता। कम्प्यूटर के माध्यम से स्रोत भाषा से लक्ष्य भाषा में मानव और मशीनसाधित अनुवाद अब सम्भव हो गया है। 'जिस्ट' नामक सॉफ्टवेयर ने इस दिशा में यथेष्ट सफलता प्राप्त कर ली है। हिन्दी में बेसिक **कोबोल** अर्थात् सामान्य कामकाजी भाषा और **फोरट्रान** अर्थात् फार्मूला ट्रान्सलेशन की पूरी सम्भावना उद्घाटित हो चली है। इण्टरनेट द्वारा अनेक डिजिटल साइबर आप्टिक और वेबसाइट विकसित हो गये हैं। माइक्रोसॉफ्ट की भी इसमें अनेक सम्भावनाएँ हैं। इण्टरनेट पर अब टेलोफोनी और मोबाइल टेलीफोन की शुरुआत हो गयी है। धीरे-धीरे **इण्टर स्पेस** की संकल्पना बढ़ती जा रही है। पूरे विश्व में लगभग 10,000 भाषाएँ हैं, जिनमें 300 विश्व भाषाएँ हैं, जिनका प्रयोग 95 प्रतिशत जनता करती है। इनमें अंग्रेजी, स्पेनिश, फ्रेंच, जर्मन आदि का कम्प्यूटरीकरण सबसे आगे है। इन भाषाओं में सृजनात्मक रूप घट रहा है और कामकाजी रूप बढ़ रहा है। विडम्बना यह है कि अभी इण्टरनेट पर अधिकांश जानकारी अंग्रेजी के माध्यम से ही मिलती है। देवनागरी लिपि के प्रयोक्ता 22 प्रतिशत व्यक्ति पूरे संसार में फैले हैं, किन्तु अभी

इसमें इण्टरनेट का प्रयोग लगभग .3 प्रतिशत ही हो रहा है, इसलिए यहाँ अंग्रेजो ही सम्पर्क-सूत्र बनी हुई है।

भारत में भाषा प्रौद्योगिकी का विकास 1976 से क्रमशः बढ़ोत्तरी पर है। यहाँ अब कोबायल नेट भी शुरू हो गया है। सम्प्रति हिन्दी-अंग्रेजी अनुवाद को प्राथमिकता दी जा रही है। 'मन्त्र' द्वारा कार्यालयीय आदेशों का हिन्दी अनुवाद तेजी से चल पड़ा है। भाषिक विकास के लिए आवश्यक है कि वाक्य संरचना, शब्दानुवाद, संयुक्त क्रिया-संज्ञा प्रयोग, व्याकरणिक समन्वय और सूचना प्रसारण को निरन्तर प्रश्रय दिया जाये।

सूचना प्रसारण के क्षेत्र में हमारे देश में **मल्टीमीडिया** आज काफी सक्रिय है। इसके माध्यम से टेलीप्रिण्टर, टेलीग्राफ, टैलेक्स, वायरलेस, राडार, रेडियो फोनिंग, टी.वी. कान्फ्रेन्सिंग, डबिंग, परिगणन, ग्राफिक्स, भावान्तरण, सन्दर्भ चयन, कोलाज, पेजिंग और कृत्रिम चिन्तन तक के कार्य होने लगें हैं। कम्प्यूटर अब परिकलन-अभिकलन के अतिरिक्त शब्द संसाधन और डाटा प्रविष्टि के कार्य भी करता है। **देवदास** और **लोटस** को इस दिशा में काफी सफलता मिली है। मेमोरी के क्षेत्र में सी.डी. रोम और रैम दोनों ही प्रचलित हैं। गत दशकों में हिन्दी में भी अनेक प्रकार के सॉफ्टवेयर और हार्डवेयर विकसित हो गये हैं, जो अनुप्रयोग और कार्यप्रणाली, दोनों में उपयोगी हैं। इस क्षेत्र में आई.आई.टी. कानपुर का 'जिस्ट' और मी डैक का 'परम' काफी सफल हुआ है।

हिन्दी मुद्रण के क्षेत्र में कम्प्यूटर के कारण नयी क्रान्ति आ गयी है। सैकड़ों प्रकार के **फाण्ट्स** विकसित हो गये हैं। **डाटमेट्रिक्स, इंकजेट, लेजर, डी.टी.पी.** आदि कई मुद्रण प्रणालियाँ सम्प्रति हिन्दी में प्रचलित हैं। **विण्डोज** और **कोरल** को इस दिशा में बड़ी सफलता मिली है।

रोमन से देवनागरी लिपि के लिप्यन्तरण में **अक्षर, शब्दमाला, आलेख, मल्टीवर्ड, सुलेख, शब्द रत्न, भारती** आदि का प्रयोग बढ़ता जा रहा है।

भाषा-शिक्षण के क्षेत्र में कम्प्यूटर द्वारा उच्चारण, लिपि शिक्षण और वाक्य-विन्यास का कार्य होता है। **लीला** द्वारा प्रबोध, प्रवीण और प्राज्ञ परीक्षाओं के लिए महत्त्वपूर्ण पाठ्यक्रम विकसित किये गये हैं। समेकित पारिभाषिक शब्दावली की खोज में, थिसारस के क्षेत्र में, व्युत्पत्ति की खोज में और अर्थ बोधन में कम्प्यूटर से विशेष सहायता मिलती है। भारत की सॉफ्टवेयर इण्डस्ट्री ने इन्फोसिस और शब्दावली क्लब निर्माण में पर्याप्त सफलता अर्जित की है।

इस भाषा प्रौद्योगिकी का विकास अभी निम्नलिखित पाँच क्षेत्रों में अपेक्षित है—

1. राजभाषा क्षेत्र में-इसके अन्तर्गत द्विभाषी या बहुभाषी अनुवाद, पारिभाषिकों का निर्माण, कूटपद (कोड) का निर्माण, टंकण-आशुलेखन का विस्तार और भाषा का मानकीकरण अत्यावश्यक है। साथ ही प्रारूपण, टिप्पण, पत्राचार और कम्प्यूटरीकरण का प्रशिक्षण भी।

2. संचार भाषा के क्षेत्र में-इसमें मल्टीमीडिया अर्थात् मुद्रित श्रव्य, दृश्य माध्यम का विस्तार पहली आवश्यकता है। इन जन-माध्यमों से प्रसारित विधाओं का विकास प्रौद्योगिकी का विषय है। चाहे फीचर, रेडियो वार्त्ता, भेंटवार्त्ता, रिपोर्ताज, रूपान्तरण, टेलीफिल्म, डाक्यूड्रामा, विज्ञापन, प्रचार सामग्री, स्लोगन, पटकथा, संवाद आदि का लेखन कार्य हो, चाहे पत्र-पत्रिकाओं का पृष्ठ विन्यास-कार्य हो या चाहे वाचनकला, जैसे-कमेण्ट्री, संचालन (ऐंकरिंग), उद्घोषणा, समाचार वाचन, काव्य-कथा-वाचन आदि से सम्बन्धित कलाएँ हों, ये सब प्रौद्योगिकी से सम्बन्धित हैं।

3. माध्यम भाषा के क्षेत्र में-इसके अन्तर्गत कोश-निर्माण, विचारपरक लेखन, अध्यापन, अनुसन्धान, भाषा-शिक्षण आदि कार्यों का विकास अपेक्षित है।

4. रचना कर्म के क्षेत्र में-इसके अन्तर्गत सृजन, प्रशिक्षण, नाट्यान्दोलन, लोक साहित्य संचयन, जनपदीय साहित्य संकलन, पाठ-सम्पादन, समीक्षा आदि को बढ़ावा देना आज का युगधर्म है।

5. कामकाजी भाषा के क्षेत्र में-हिन्दी माध्यम से विपणन, विधिक कार्रवाई आदि की व्यवस्था करनी अभीष्ट है। इस क्षेत्र में पोस्टर, स्टीकर, बैनर, बधाई-पत्र, फोल्डर आदि की निर्माण-प्रविधि का संज्ञान प्राप्त करना अब आवश्यक हो गया है।

भाषा से जुड़े उन पाँचों प्रकार्यों की प्रविधि का प्रशिक्षण प्राप्त करना ही भाषा प्रौद्योगिकी है। ये कार्य दैवी देन से नहीं, बल्कि अभ्यास द्वारा सम्भव हैं। काव्य, कथा, नाटक, समीक्षा आदि विधाओं में हम तकनीक का अध्ययन करते रहे हैं। इसका तात्पर्य यह है कि ये सभी कार्य टेक्नोलॉजी के अंग हैं। अब चूँकि हिन्दी भाषा सृजन तक ही सीमित नहीं है, इसलिए इसकी प्रौद्योगिकी का भी परिविस्तार होना चाहिए। भाषा प्रौद्योगिकी नामक एक स्वतन्त्र विषय का आविर्भाव इस युग की विशिष्ट देन है।

●

संचार भाषा-प्रबन्धन

किसी भी भाषा को विकसित करने के लिए प्रबन्धन विज्ञान की बहुत बड़ी आवश्यकता होती है। हिन्दी भाषा के जो पाँच रूप प्रचिलित हैं—1. बोलचाल की कामकाजी भाषा 2. राजभाषा 3. रचनाधर्मी भाषा 4. संचार भाषा और 5. शिक्षण माध्यम भाषा। इसमें हिन्दी का व्यवहार बढ़ाने के लिए प्रबन्धन अनिवार्य है। इसके लिए आवश्यक है कि प्रयोक्ता वर्ग के समाज मनोविज्ञान का यानी परिस्थिति का सही विश्लेषण किया जाये। प्रबन्धन का उद्देश्य होता है—कार्मिकों के मन में लगाव और निष्ठा उत्पन्न करना। यह एक प्रकार का मनोवैज्ञानिक उपचार है। जो वर्ग यथास्थितिवादी हो जाता है या जो प्रमादवश या प्रतिक्रियावश अथवा किसी हीन ग्रन्थि से प्रेरित होने के कारण हिन्दी की अवमानना कर रहा है, उसे दो उपायों द्वारा हिन्दीकरण की दिशा में प्रेरित किया जा सकता है—1. विधायन द्वारा और 2. अनुधावन या कार्यान्वयन द्वारा। भारतीय संविधान की राजभाषा परिनियमावली के अनुच्छेद 343 से 354 तक राजभाषा विषयक अनेक व्यवस्थाएँ और आचार संहिताएँ निर्धारित की गयी हैं। उनका दृढ़ता के साथ अनुपालन करते हुए, यथोचित कानून बनाते हुए निम्नलिखित संशोधन किये जाने चाहिए-

1. हिन्दी को राजभाषा ही नहीं, बल्कि राष्ट्रभाषा का दर्जा दिया जाये, ताकि राष्ट्रीय जीवन के समस्त कार्यकलाप में उसका अनुप्रयोग हो।

2. राजभाषा संशोधन 1963 द्वारा उसका जो निरवधि स्थगन किया गया है, उसे अब समयबद्ध कर दिया जाये और यह निर्णय सर्वसम्मति द्वारा नहीं बहुमत द्वारा लागू किया जाये।

3. भाषा प्रयोग का जो विवेकाधिकार लोकसभा अध्यक्ष और मण्डलाध्यक्ष को दिया गया है, उसका जनतान्त्रिक फार्मूला निर्धारित किया जाये।

4. 14 सितम्बर को भारतीय भाषा-दिवस के रूप में आयोजित किया जाये।

5. राजभाषा संशोधन (1963) द्वारा देवनागरी लिपि का प्रयोग स्थगित नहीं हुआ है, इसलिए देवनागरी राष्ट्रीय लिपि बनायी जाये।

6. न्यायपालिका में द्विभाषी नीति और त्रिभाषाफार्मूला लागू किया जाये। मात्र उच्च न्यायालय के स्वविवेक पर इस निर्णय को छोड़ देना न्यायोचित नहीं है।

7. हिन्दी शब्द-निर्माण यदि मूलतः संस्कृत के आधार पर न करके हिन्दुस्तानी के आधार पर किया जाये तो भाषा का सरलीकरण होगा और उसकी लोकप्रियता बढ़ेगी।

8. राज्यों का क, ख, ग वाला विभाजन समाप्त किया जाये और हिन्दी को सम्पूर्ण राष्ट्र की भाषा की मान्यता दी जाये।

9. स्वायत्तशासी संस्थाओं पर भी हिन्दीकरण की व्यवस्था लागू की जाये।

10. राजभाषा अधिकारियों का स्वतन्त्र कैडर गृह मन्त्रालय में स्थापित किया जाये और विभिन्न विभागों में उन्हें अधिकृत करके प्रतिनियुक्ति पर भेजा जाये।

11. अंग्रेजी अनुवाद की जगह मूल लेखन को बढ़ावा दिया जाये और भाषा को एक मानवाधिकार माना जाये।

उपर्युक्त व्यवस्था जन-आन्दोलन तथा प्रबन्ध का विषय है।

हिन्दी कार्यान्वयन-यह प्रबन्धन का सर्वाधिक महत्त्वपूर्ण पक्ष है। इसके अन्तर्गत पाँच प्रकार के कार्यक्रमों की आवश्यकता है—

1. प्रोत्साहन कार्य अर्थात् हिन्दी प्रयोक्ताओं को पुरस्कार और सम्मान देना, अच्छे कार्य के लिए वेतन वृद्धि करना, प्रतियोगिताएँ आयोजित करना और भाषा प्रकोष्ठ स्थापित करके वार्षिक लक्ष्य की आपूर्ति को सुनिश्चित करना, प्रगामी कार्यक्रमों में यह रीति उपयोगी सिद्ध होगी।

2. **प्रबोधन**-जनसाधारण को प्रेरित करने के लिए आवश्यक प्रचार-सामग्री को प्रकाशित-प्रसारित करते रहना और प्रभावी व्यक्तियों द्वारा हिन्दी प्रयोग की अपीलें जारी करते रहना, समय-समय पर संस्थाओं का गम्भीर निरीक्षण करके उन्हें सचेत करते रहना और जन संवाद द्वारा उनकी शंकाओं को निरस्त करके मंगलाशाओं का संचार करना उपयोगी होगा।

3. **सुविधा-विस्तार**-हिन्दीकरण के लिए समय-समय पर सम्बन्धित व्यक्तियों को भाषिक प्रशिक्षण देते रहना चाहिए, ताकि वे अनुवाद में, पारिभाषिक शब्दावली के संयोजन में और संकेताक्षर तथा कूटपद-निर्माण में दक्षता प्राप्त कर लें, फिर वे स्वयं अपने कामकाजी-कोश प्रकाशित करें और भाषा का मानकीकरण कर डालें। सम्प्रति इलेक्ट्रॉनिक उपकरणों की उपलब्धता अत्यावश्यक है। भाषाविदों की अधिकाधिक नियुक्ति तो होती ही रहनी चाहिए। इसके अतिरिक्त हिन्दी पुस्तकालय

की भी सुव्यवस्था सुनिश्चित करनी चाहिए। भौतिक सुविधाएँ व्यक्ति के मनोविज्ञान को बदल देती हैं। अस्तु, यह भाषा प्रबन्धन का एक महत्त्वपूर्ण पक्ष है।

4. भाषिक चाकचिक्य–प्रदर्शनप्रियता के इस दौर में यदि कोई भाषा आर्थिक और सामाजिक दृष्टि से गरिमामण्डित हो उठती है, तो उसका प्रचलन स्वतः ही बढ़ने लगता है। इस दृष्टि से विराट् हिन्दी मेलों, सम्मेलनों, सेमिनारों और प्रदर्शनियों का आयोजन, साथ ही अच्छी पत्र-पत्रिकाओं एवं पुस्तकों का प्रकाशन अत्यन्त हितकर सिद्ध होगा। इसके लिए हिन्दी अनुभागों के रख-रखाव को भी स्तरीय बनाना बेहतर होगा।

5. दण्ड-विधान-मनोभाषिक को देखते हुए इसकी युक्तियाँ बैठानी भी आवश्यक हैं। यदि हिन्दी प्रयोग की सोद्देश्य अवमानना करनेवालों से समय-समय पर स्पष्टीकरण माँगा जाये, उनकी चरित्र-पंजिका में इस आशय की प्रविष्टि कर दी जाये, इस अवज्ञा के फलस्वरूप उनका दूरस्थ स्थानान्तरण कर दिया जाये और उनकी वेतन वृद्धि भी स्थगित कर दी जाये तो इस सांविधानिक व्यवस्था का उल्लंघन काफी-कुछ रुक जाये। इसके लिए नगर राजभाषा कार्यान्वयन समितियों को अधिकाधिक अधिकार देने होंगे, ताकि सभी विभागाध्यक्ष सही तिमाही रिपोर्ट भेजें और निर्धारित वार्षिक लक्ष्य पूरे करें। इस प्रकार भाषा प्रबन्धन द्वारा यह अभियान चलाना अत्यावश्यक होगा कि शिक्षा का माध्यम हिन्दी बने। उममें चिन्तनपरक साहित्य का लेखन-प्रकाशन होता रहे। जनसंचार माध्यमों से अधिकाधिक हिन्दी कार्यक्रम प्रचारित-प्रसारित हो। विज्ञापन, विपणन, प्रचार अर्थात् साइनबोर्ड, रसीद, कैशमेमो, बिल, संविदा, निविदा तथा सम्बन्धित समस्त प्रपत्रों में हिन्दी का प्रयोग हो, अदालतों में हिन्दी को स्थान मिले और दैनिक व्यवहार में भी हिन्दी का अधिकाधिक प्रयोग किया जाये। यदि भाषा प्रबन्धन का ऐसा बहुआयामी विधान विकसित हो जाये तो हिन्दी का प्रचार-प्रसार भी सुनिश्चित हो जायेगा। हाँ, इसके लिए हिन्दी अधिकारी संघ, हिन्दी उपभोक्ता मंच और हिन्दी प्रकोष्ठ की अधिकाधिक स्थापना करनी होगी, साथ ही अहिन्दीभाषियों का हिन्दी का कार्यसाधक ज्ञान कराने के लिए निःशुल्क प्रशिक्षण व्यवस्था करनी होगी। हिन्दी का कम्प्यूटरीकरण, इण्टरनेट, वेबसाइट निर्माण, कम्प्यूटर बुक्स (संकलन, डाटा संसाधन, सूचना संग्रहण कार्य) तो युद्ध स्तर पर होना चाहिए। विधायन और कार्यान्वयन को इस मिली-जुली कार्य-पद्धति द्वारा इस भाषा-प्रबन्धन को पर्याप्त गति दी जा सकती है।

इस प्रकार भाषा प्रौद्योगिकी और प्रबन्धन-विज्ञान को समझकर तथा अपनाकर हम वर्तमान भाषिक उथल-पुथल में हिन्दी की रक्षा कर सकेंगे। भाषा बचेगी तो आयडियोलॉजी और एस्थेटिक्स की भी चर्चा बेहतर होगी।

भविष्य की भाषा के समक्ष एक नया खतरा मँडरा रहा है लिंगो स्लैंग्स का। अंग्रेजी में इस प्रकार के अराजकतापूर्ण प्रयोग देखे जा रहे हैं, जैसे—दुःखी के अर्थ में Blue, बेवकूफ के लिए Blod, बेकार के लिए Blabe, महत्त्वपूर्ण के लिए Big wheel big shot, विस्मयकारक के अर्थ में Bingo, बहुत पैसे के लिए Bucks, गलती के लिए Boo Boo आदि।

यह स्वेच्छाचार हिन्दी में भी आ सकता है, अतः सतर्कता अपेक्षित है। तात्पर्य यह है कि भावी दशकों में 'ग्लोबल लिग्विंस्टिक्स' की नयी-नयी संरचनाएँ सम्भावित हैं, जिनके संग्रह त्याग हेतु हमें सन्नद्ध होना होगा। हिन्दी को आदर्श संचार भाषा बनाने से उसकी सर्वाङ्गीण श्रीवृद्धि सुनिश्चित है।

देहभाषा

भाषा समाज द्वारा स्वीकृत एक सार्थक प्रतीक व्यवस्था है। उच्चरित भाषा के अतिरिक्त हम विधि और निषेधपरक विभिन्न प्रकार की कायिक चेष्टाओं द्वारा भी भाव व्यंजित करते रहते हैं। जैसे-ऊपर से नीचे की ओर सिर हिलाने का अर्थ है—'स्वीकार' और दायें-बायें सिर हिलाने का अर्थ है—'अस्वीकार'। ऐसी हरकतों द्वारा जब हम भाव व्यक्त करते हैं तो उसे देहभाषा कहा जाता है। पश्चिम के विकसित राष्ट्रों में देहभाषा के प्रशिक्षण के लिए वर्षों पहले ऐसे संस्थान खोले गये हैं। पश्चिमी विचारकों का मत है कि प्रशासनिक, व्यापारिक और व्यावहारिक सफलता प्राप्त करने के लिए देहभाषा का अभ्यास अत्यावश्यक है। किसी अधिकारी के कार्यालय में प्रवेश करते समय हमारी मुद्रा क्या होनी चाहिए? उसे अभिवादन कैसे करना चाहिए? आसन ग्रहण करते हुए सामने बैठे तथा अधिकारी से वार्त्ता करते हुए फिर यहाँ से प्रस्थान करते हुए हमें किस प्रकार के अनुभाव प्रकट करने चाहिए, यह प्रशिक्षण प्राप्त करना हमारी पहली आवश्यकता है।

साहित्य में विशेष रूप से नाट्यशास्त्र में देहभाषा में बड़ा बल दिया गया है। वन पथ पर जाती हुई सीता से ग्राम बघूटियाँ पूछती हैं—"साँवरों सो सखि रावरो को हैं?" सीता इसके उत्तर में केवल-राम की ओर तिरछी दृष्टि करके प्रश्नकर्त्ता को अपना मन्तव्य समझा देती हैं। मध्ययुगीन भारतीय परम्परा में सामाजिक मर्यादाबोध के अन्तर्गत पति का परिचय देते हुए उसका नामोल्लेख करना वर्जित रहा है। जब शब्द निषिद्ध हो जाता है तो मनोमुद्रा का सहारा लेना पड़ता है। यही देहभाषा है। प्रायः अपने अभ्यागत का स्वागत करते हुए हम विशेष प्रकार के हावभाव दिखाते हैं। इसे अंग्रेजी में 'जेस्चर' कहा जाता है। इन्हें लोग प्रायः सहज सामान्य बुद्धि द्वारा अपने वातावरण अथवा वंशानुक्रम से ग्रहण करते रहते हैं, किन्तु आज के गतिशील जीवन में जबकि व्यापारिक प्रशासनिक स्पर्द्धा बहुत बढ़

गयी है, वह पारम्परिक ज्ञान पयोप्त नहीं है। आवश्यकता यह है कि विभिन्न क्षेत्रों के देह प्रतीकों का विस्तृत विश्लेषण किया जाये और एक अन्तरराष्ट्रीय देहभाषा कोश बनाया जाये।

यह देखा जाता है कि अपने प्रिय जन के मिलने पर हम भाँति-भाँति के उपक्रम करते हैं। कहीं उसका मत्था सूँघा जाता है, कहीं परस्पर हाथ मिलाते हैं, कहीं गले लगाते है, कहीं चुम्बन करते हैं, कहीं चरण स्पर्श करते है, कहीं करबद्ध अभिवादन करते हैं, कहीं सेल्यूट मारते हैं और कहीं मुट्ठी तानते हैं। इस प्रकार के बहुत-से उपक्रम हैं। यदि इन विधि-विधानों का सही ज्ञान नहीं होगा तो हम सार्वकालिक सफलता प्राप्त नहीं कर पायेंगे।

अनुभूति से अधिक महत्त्वपूर्ण होती है, अभिव्यक्ति। आँसू और हँसी की सर्वाधिक उपयोगिता है। हँसी प्रसन्नता की हो सकती है, व्यंग्य की हो सकती है, उपेक्षा की हो सकती है तथा आत्मग्लानि की भी हो सकती है। उसी तरह आँसू के पचासों अर्थ निकाले जा सकते हैं। यदि इन आदिम मनोभावों को हम ठीक से नहीं समझ पायेंगे तो निश्चय ही अनर्थ हो जायेगा।

देहभाषा के अनेक प्रकार विकसित किये जा सकते हैं। एक—सार्वभौमिक, दूसरा—राष्ट्रीय, तीसरा—क्षेत्रीय। आदिम जनजातियों में अभी इसके प्रागैतिहासिक तत्त्व विद्यमान हैं, जबकि आधुनिक समाजों में एक मिली-जुली सार्वभामिक भाषिक संस्कृति विकसित हो गयी है। फिर भी हर समाज की अपनी एक निजता रहती है, जिसे देहभाषा की बहुमूल्य थाती कहा जा सकता है।

देहभाषा के अध्ययन के लिए आवश्यक है कि उसका एक मानक व्याकरण तैयार किया जाये। इसके मुख्य चार उपकरण स्थिर किये जा सकते हैं—

1. मानक उच्चारण 2. वाचिक अभिनय 3. विभिन्न देशकालों और उसकी संस्कृतियों का संज्ञान 4. अभ्यास।

यदि उच्चारण दूषित हो तो भाषा-प्रयोगशाला के सहारे सुधारा जा सकता है। रही मानक व्याकरण और जानकारी की बात, वह निरन्तर अभ्याससाध्य है। फिल्मों और मंच प्रस्तुतियों को देख-देखकर हम यह अन्दाजे बयाँ सीख सकते हैं। साक्षात्कार कला पर इधर कई पुस्तकें प्रकाशित हो गयी हैं। इसके सम्बन्ध में दो मतभेद विद्यमान हैं—एक, भारतीय दृष्टि जिसमें विनम्रता और लोकशील को विशेष महत्त्व दिया गया है। दूसरे, अमेरिकी पद्धति जिसमें 'एस्सर्ट' करते हुए दूसरे पक्ष को अपने प्रभाव में ले लेने का निर्देश दिया जाता है। आज के व्यापारिक प्रशासन में सम्भव है अमेरिकी पद्धति ज्यादा कारगर होती हो, किन्तु कुल मिलाकर

जीवनव्यापी सफलता प्राप्त करने के लिए भारतीय पद्धति ही सर्वोपरि है। कोई व्यक्ति बिना पूछे बोलना शुरू कर दे, देर तक बोलता रहे, बीच-बीच में टोका-टाकी करता रहे और मुख्यतः नकारात्मक दृष्टिकोण लेकर चले-यह आदर्श नहीं है। धैयपूर्वक सुनना, बिन्दुवार बोलना, पहले संक्षेप में सब-कुछ कह जाना, अवसर मिलने पर उसका विस्तार करना, निष्कर्षात्मक निर्णय न देना, 'मैं', 'मैं' अर्थात् अहंभाव को अधिक उजागर न करना-भारतीय सामाजिक परम्पराओं के अधिक अनुरूप है।

देहभाषा बहुत-कुछ देशकाल पर निर्भर व्यक्ति और परिस्थिति सापेक्ष होती है। छोटों के प्रति हमारी मुद्राएँ कुछ और होती हैं, समवयस्क के प्रति कुछ और तथा बुजुर्गों के प्रति और। तात्पर्य यह है कि इसका कोई 'पेटेण्ट फार्मूला' नहीं बनाया जा सकता। इसके लिए आवश्यक है कि अपने प्रतिपक्षी मनोवैज्ञानिक को तेजी के साथ और प्रामाणिकतापूर्वक पहचान लें। उसे प्रमाणित करने के लिए आवश्यक है कि हम उसके अहम् की तुष्टि करें, बिना अपने को गिराये हुए। अर्थात् आत्म गरिमा की रक्षा करते हुए। यह सब व्यवहार बुद्धि पर निर्भर है। एक-दो वाक्य सावधानीपूर्वक सुनते ही हमें अपने प्रतिपक्षी की सारी वस्तुस्थिति का पूर्वानुमान हो जाता है। अब आवश्यकता है अपने मनोभावों को शब्दों में बाँधने की और उसके अनुकूल गात्र प्रक्षेपण की। इसमें 'ओवर ऐक्टिंग' भी उसी प्रकार बाधक होती है, जैसे—निश्चेष्टता। आवश्यकता है—संयम और सन्तुलन की। इसका अभ्यास श्रव्य-दृश्यात्मक माध्यमों द्वारा विशेष प्रशिक्षण शिविर लगाकर कराया जाये तो अनजाने-अनचाहे की जानेवाली बेजा हरकतों (शारीरिक चेष्टाओं) से हम बच सकते हैं, साथ ही उनसे होनेवाली हानियों से भी। देहभाषा का यही प्रमुख प्रयोजन है। निष्कर्ष यह है कि जो कुछ कहा जाता है, यह तो महत्त्वपूर्ण है ही, पर वह कैसे कहा जाता है? यह और भी महत्त्वपूर्ण है। जीवन की सारी सफलताएँ इसी पर निर्भर हैं। एक प्रसिद्ध उक्ति है—'बातन हाथी पाइये, बातन हाथी पाँव'। अर्थात् बात करते बने तो पुरस्कारस्वरूप हाथी मिल जाते हैं और बात बिगड़ गयी तो हाथी के पाँव तले कुचला भी जा सकता है। 'बतरस' और वार्त्तालाप कायिक प्रतीकों द्वारा ही अर्थ खोलते हैं, इसलिए इनके प्रति पूरी सतर्कता अपेक्षित है। देहभाषा की अध्ययन प्रविधि के तीन महत्त्वपूर्ण मुद्दे हैं—

1. नाटकीय मुद्राओं का अभ्यास—यह रंगमंच अथवा अभिनय-केन्द्रित विषय है। यदि बोलते हुए हस्त संचालन करके अथवा मुख-मुद्राओं, विशेषतः आँखों के इशारे से हम अपने कथ्य का चित्र बनाते चलें तो बात अधिक स्पष्ट हो जाती है। वार्त्ता के क्रम में हम सदैव समरूप नहीं रह सकते।

हमारी आवाज में उतार-चढ़ाव आते रहते हैं। कभी हम द्रुत होते हैं, कभी विलम्बित। जिन कथनों पर हमें विशेष जोर देना होता है, उन्हें हम दुहराते हैं। हम अनेक समानार्थी शब्दों और पदबन्धों द्वारा अपने विचारों की आवृत्ति भी करते हैं। ध्यानाकर्षण करने के लिए कहीं अन्तराल कर देते हैं और कहीं उछाल मारते हैं। प्रश्नपरक वाक्य हम अधिक बनाते हैं। प्रस्तावना भाग यदि कुतूहलपरक होता है, समापन आकस्मिक होता है और बीच-बीच में कई बार शिखर बन जाते हैं तो यह सम्भाषण शैली अपेक्षाकृत बहुत सफल सिद्ध होती है। देहभाषा के लिए स्पीच, वाल्यूम, आर.पी.एम., पाज आदि से युक्त सम्भाषण कला की बहुत आवश्यकता है। रेडियो नाटक और टी.वी. फिल्म के लिए इसका अभ्यास अत्यावश्यक है।

2. भाषाज्ञान—सर्वोत्तम कम में सर्वोत्तम शब्द प्रयोग की जानकारी यदि हमें न हुई तो 'लिखित-सुधाकर गा लिखि राहू' की स्थिति पैदा हो जायेगी। शब्दार्थ को जाने बिना हमारा कायिक अभिनय भी सहीं नहीं होगा।

इस प्रकार देहभाषा में हमें एक अमूर्त व्याकरण का निर्माण करना होता है। यह हर भाषा-भाषी और प्रत्येक भाषिक इकाई के लिए आवश्यक है। हर भाषा के अलग-अलग मिथक होते हैं और अलग-अलग 'कोड्स' भी। हर देश की मूर्तिकला, चित्रकला और काव्यात्मक उक्तियों के कितने अर्थ हैं? इसे आज तक व्यावहारिक रूप नहीं दिया जा सका है।

संगीत, नृत्य, स्थापत्य, फोटोग्राफी आदि की भी अपनी-अपनी भाषा होती है। सबका अपना-अपना छन्दोविधान है। इन्हें सही सन्दर्भों में पकड़ पाना दुष्कर है, किन्तु असम्भाव्य नहीं है। आवश्यकता है—हिन्दी की देहभाषा के व्याकरण तथा कोश-निर्माण की और व्यवस्थित प्रशिक्षण की।

रोबोट की भाषा

इस बीच वैज्ञानिकों ने बोलते हुए रोबोट का आविष्कार किया है। सन् 2010 में अमीरात एअर लाइन्स के यात्री आई.वी.एन. सिना नामक रोबोट ने अपने सहयोगियों से अरबी में बात की। जापान ने इस दिशा में बहुत प्रगति की है। वहाँ दुनिया के आधे (लगभग 40 लाख) रोबोट भिन्न-भिन्न प्रकार के कार्य कर रहे हैं। कहीं पादरी बनते हैं, कहीं मैरेज रजिस्ट्रार बन जाते हैं और कहीं घरेलू काम करते हैं। इनमें कृत्रिम चिन्तन क्षमता तथा संवेदना भरी जा रही है। अमेरिका की एक कम्पनी ने रोबोटिक गर्लफ्रेण्ड तैयार की है, जो बोलती है और स्पर्श की अनुभूति कराती है। भविष्य में मानव क्लोनिंग डी.एन.ए. और 'जीवोम' के उपयोग से इस

रोबोट टेक्नोलॉजी और रोबोटिक लैंगुएज के विकसित हो जाने की सम्भावना है। इससे संचार भाषा में भारी क्रान्ति हो सकती है।

अन्य रूप

इन दिनों मोबाइल का बड़ा प्रचार है। उसमें क्रमशः सूचना संचार की नयी-नयी प्रविधियाँ बढ़ती जा रही हैं। शब्द भण्डार, अनुवाद, सही उच्चारण, शुद्ध-अशुद्ध प्रयोग और व्याकरिणक कोटियों की जानकारी निकट भविष्य में मुटठी में बन्द मोबाइल द्वारा प्राप्त हो जायेगी, ऐसी सम्भावना है। इसके बावजूद संचार भाषा की तासीर को समझने और एक-एक शब्द का प्रभावी प्रयोग करने का अभ्यास नये संचारकर्मियों को निरन्तर करते रहना है। सफल और श्रेष्ठ पत्रकारिता का तात्पर्य है, सार्थक भाषा, सही अभिव्यक्ति और सुसंवेद्य प्रयुक्तियाँ। यह भाषा संवेदना वस्तुतः संचार कर्म की संजीवनी है।

●

समाहार

संचार भाषा को दो भागों में विभक्त किया जा सकता है—1. व्याकरणिक अध्ययन अर्थात् संज्ञा, सर्वनाम, विशेषण, क्रिया, क्रिया-विशेषण, अव्यय, कारक, लिंग, वचन, वाच्य, काल, सन्धि, समास, विरामचिह्न आदि का सही संज्ञान।

2. शब्द ज्ञान अर्थात् पर्यायवाची, विलोम, समश्रुत, अनेकार्थक, गूढ़ार्थवाची विदेशी शब्द, लुप्तप्राय शब्दावली, नयी गढ़ी गयी शब्दावली, अशुद्ध वाक्य प्रयोग, पैराग्राफिंग, शीर्षकीकरण, वर्तनी की त्रुटियाँ और शब्द के मर्म की सही पहचान। यह शब्दावली समूचे संचार के लिए प्रयोजनीय है। यों अखबार, रेडियो, टी. वी. की भाषा में थोड़ा-थोड़ा अन्तर भी है।

हिन्दी भाषा जनसंचार माध्यमों में बहुत लोकप्रिय हुई है। इसका मुख्य कारण यह है कि इस भाषा का जन-सम्पर्क बहुत विराट् है। इसमें अद्‌भुत संवेदना शक्ति है। उसे पहचानने और आजमाने की जरूरत है। पत्रकारिता के नये प्रशिक्षुओं से अपेक्षित है कि वे संचार भाषा का विधिवत् अभ्यास करें।

•